214

Kohlhammer
Urban Taschenbücher

W0057160

Band 593

Stefan Creuzberger

Stalin

Machtpolitiker und Ideologe

Verlag W. Kohlhammer

Für K. H.

Alle Rechte vorbehalten
© 2009 W. Kohlhammer GmbH
Gesamtherstellung:
W. Kohlhammer Druckerei GmbH + Co. KG, Stuttgart
Printed in Germany

ISBN 978-3-17-018280-6

Inhaltsverzeichnis

Karten und Abbildungen

Einleitung

Stalin ist aktueller denn je. Das zeigen die gegenwärtigen Auseinandersetzungen zwischen Russland und Georgien oder die nach wie vor anhaltenden gewaltsamen Konflikte in der Unruheregion Nordkaukasus. All diese Krisenherde haben ihre Wurzeln u.a. in der Zeit des Stalinismus. Aber auch die bemerkenswerte Renaissance, die der ehemalige sowjetische Diktator im heutigen Staate Medvedevs und Putins erfährt, veranschaulicht, wie allgegenwärtig Stalin immer noch ist. Dabei sind es weniger die Nachrichten, in denen etwa St. Petersburger Kommunisten unlängst von der orthodoxen Kirche forderten, Iosif Stalin heilig zu sprechen – ein Unterfangen, das das leidgeprüfte Moskauer Patriarchat kurzerhand als ungeheuerlich ablehnte.[1] Solche Beispiele gehören eher ins Kuriositätenkabinett.

Bedenklicher verhält es sich dagegen mit den Bemühungen der gegenwärtigen russischen Regierung, gegenüber dem Land und der Bevölkerung mit einem offiziellen Geschichtsbild aufzuwarten, das nicht nur durchgängig positiv besetzt ist, sondern auch den patriotischen Gemeinsinn besonders stärken soll. Unter diese Rubrik fällt eine Reihe geschichtspädagogischer Lehrbücher und lexikalischer Nachschlagewerke, wie etwa die als zwanzigbändiges Großprojekt angelegte „Große Enzyklopädie des russischen Volkes", von der die ersten Bände inzwischen vorliegen. Zu nennen ist in diesem Zusammenhang aber ebenso ein 2007 veröffentlichtes offizielles Handbuch für Lehrer. Die unter dem Titel „Eine moderne Geschichte Russlands: 1945–2006" erschienene Publikation, die der scheidende Präsident Putin noch im vergangenen Jahr nachdrücklich den russischen Pädagogen ans Herz gelegt hat, liefert staatlich erwünschte Interpretationen, die mit Blick auf die historische Figur Stalins eine gefährliche Geschichtsklitterung betreiben.

All diesen offiziellen, auf die bildungspolitische Arbeit zielenden Werken ist eines gemein: Sie verharmlosen die historische Bedeutung Stalins in unverantwortlicher Weise. Der Despot aus Georgien erscheint hier als großrussischer Patriot und bedeutender Modernisierer, der fast schon in einem Atemzug mit Peter dem Großen genannt wird. Er steht stellvertretend für eine positive Entwicklung in der sowjetischen Geschichte, die die Überwindung der über Jahrhunderte währenden russischen Rückständigkeit mit sich brachte. Den Preis, den die Völker der damaligen UdSSR zu bezahlen hatten, die Brutalität und die immensen Opferzahlen, die Stalins Kollektivierung der Landwirtschaft, seine rücksichtslose Industrialisierung und nicht zuletzt der von ihm zu verantwortende Massenterror der 1930er Jahre mit sich brachten, wird dabei sträflich heruntergespielt.[2] Mehr noch: Stalins Aufstieg zur Macht, sein Krieg gegen das eigene Volk und die von ihm errichtete Diktatur werden sogar durch die Behauptung legitimiert, dass sie unter den Bedingungen der damaligen Verhältnisse erforderlich gewesen seien. Der aufkommende Kalte Krieg, den in dieser Lesart selbstverständlich die Amerikaner zu verantworten hatten, gewährte dem Diktator angeblich keinerlei Optionen für wie auch immer geartete Demokratisierungsversuche.[3]

Stalin symbolisiert darüber hinaus den Aufstieg der UdSSR zur Welt- und Supermacht – ein Status, den die gegenwärtige politische Führung in Moskau wieder zurückerlangen möchte. Und auch dieser Umstand erfährt heutzutage eine bedenkliche historische Rechtfertigung. Denn nichts anderes ist es, wenn etwa der russische Sicherheitsdienst FSB den einheimischen Historikern eine harte rhetorische Abfuhr erteilt, die den Hitler-Stalin-Pakt mit seinem geheimen Zusatzprotokoll und die stalinistischen Deportationen der kleinen Kaukasusvölker verurteilen. Sie werden durch die Geheimdienstler kurzerhand als „Geschichtsfälscher" diffamiert. Geradezu beispielhaft demonstrierte dies der für Öffentlichkeitsarbeit zuständige FSB-Sprecher Ignatenko, als er im Mai 2008 in diesem Zusammenhang unumwunden erklärte: „Den Pakt als auch die Deportationen abzuurteilen, kommt den Interessen der westlichen Geschichtspropaganda entgegen, in die Russlands Feinde viel Geld investieren."[4]

Angesichts einer solchen staatlichen Geschichtspropaganda überrascht es wenig, dass sich hier bereits erste Erfolge zeigen: Nicht anders ist es zu werten, wenn im Rahmen einer vom staatlichen russischen Fernsehen im Sommer 2008 durchgeführten

Umfrage Stalin sich in der Gunst der befragten Russen ein Kopf-an-Kopf-Rennen mit dem letzten russischen Zaren Nikolaj II. liefert.[5]

Vor diesem Hintergrund bietet der vorliegende Band auf der Grundlage der aktuellen Forschung einen biographischen Überblick über das Leben Iosif Stalins. Er wendet sich in gleicher Weise an Studierende der Geschichtswissenschaft wie an ein breiteres historisch interessiertes Publikum. Das Buch möchte gerade für diese Klientel eine Schneise durch das Dickicht der nur noch sehr schwer zu überschauenden Fachliteratur schlagen. Im Mittelpunkt steht der politische Stalin – freilich im Rahmen eines erweiterten Politikverständnisses. Es umfasst sowohl Aspekte der politischen Kultur als auch – soweit erforderlich, etwa für die prägenden Jugendjahre des Kaukasiers – kulturhistorische Erklärungsansätze. Dabei wird der sowjetische Diktator in diesem Band im Unterschied zu vielen anderen Stalin-Biographien gleichgewichtig als Innen- und Außenpolitiker präsentiert. Gerade ein solcher Zugang verdeutlicht, dass Stalin nicht erst als absoluter Diktator, sondern schon unmittelbar nach der Oktoberrevolution von 1917 auf außenpolitischem Gebiet beachtliche Aktivitäten entfaltete. In diesem Sinne setzt das vorliegende Buch eigene Akzente und hofft auf eine interessierte Leserschaft.

Ich möchte mich an dieser Stelle ganz herzlich bei Anja Iven, Sabine Grabowski und Jutta Unser bedanken. Sie haben das Buchmanuskript kritisch gelesen und waren mir mit ihren konstruktiven Anregungen und Gesprächen stets eine sehr große Hilfe.

Zeittafel

(bis zum 1.2.1918 nach dem julianischen Kalender)

1878, 6.12.	Geburt Stalins in Gori, Georgien
1890–94	Besuch der Pfarrschule in Gori
1894	Eintritt in das orthodoxe Priesterseminar in Tiflis
1898, 1.–3.3.	Gründungskongress der Russischen Sozialdemokratischen Arbeiterpartei (RSDAP) in Minsk
1898	Anschluss Stalins an den georgischen marxistischen Zirkel *mesame-dasi,* aus dem der örtlichen Zweig der im Aufbau befindlichen RSDAP hervorging
1899	Ausschluss aus dem Tifliser Priesterseminar
1902	Verhaftung in Batumi wegen revolutionärer Untergrundtätigkeit
1903	Verbannung in das sibirische Novaja Uda
1903	Annahme des Pseudonyms „Koba"
1903, 17.6.–10.7.	II. Parteikongress der RSDAP und Spaltung der Partei zwischen Men'ševiki und Lenins Bol'ševiki
1904	Flucht Stalins aus der sibirischen Verbannung und Rückkehr nach Transkaukasien (Baku)
1904–05	Russisch-Japanischer Krieg
1905	Teilnahme Stalins an der Russischen Revolution im Transkaukasus
1905, 12.–17.12.	1. Parteikonferenz der RSDAP im finnischen Tammerfors, erste Begegnung Stalins mit Lenin
1906, 10.–25.4.	Teilnahme Stalins am IV. (Vereinigungs-)Kongress der RSDAP in Stockholm
1906	Hochzeit mit Ekatarina Svanidze

1907, 30.4.–19.5.	Teilnahme Stalins am V. Parteikongress der RSDAP in London
1907	Geburt des Sohnes Jakov und Tod Ekatarinas
1907, 13.6.	Spektakulärer Banküberfall in Tiflis unter Stalins Leitung
1908–12	Wiederholte Verhaftungen, Verbannungen und Flucht
1912, 5–17.1.	6. (Prager) Parteikonferenz, endgültige Spaltung zwischen Men'ševiki und Bol'ševiki; Kooptation von Stalin in das Zentralkomitee des bolschewistischen Parteiflügels der RSDAP; Beteiligung Stalins an der Gründung und redaktionellen Aufbauarbeit der Parteizeitung „Pravda" (Wahrheit)
1912–13	Annahme des Pseudonyms „Stalin" (der Stählerne); zweimaliger kurzer Aufenthalt bei Lenin in Krakau (November 1912–Februar 1913)
1913	Aufenthalt Stalins in Wien, Abfassung seiner ersten wichtigen theoretischen Abhandlung „Marxismus und nationale Frage" (Januar)
1913–17	Rückkehr nach Petersburg, abermalige Verhaftung (Februar) und Verbannung in das sibirische Dorf Kurejka
1914–18	Erster Weltkrieg
1917, 25.–27.2.	Generalstreik und Februarrevolution
1917, 2.3.	Bildung der Provisorischen Regierung; Abdankung des letzten Zaren Nikolai II.
1917, 12.3.	Rückkehr Stalins aus der Verbannung in das revolutionäre Petrograd; in der Folgezeit Mitarbeit in der „Pravda"-Redaktion und im Zentralkomitee der Bol'ševiki
1917, 4.4.	Lenin verkündigt seine „April-Thesen"
1917, 3.–4.7.	Juli-Aufstand der linken Opposition; Flucht Lenins nach Finnland; Stalin wird in dessen Abwesenheit zum führenden Spre-

15

	cher der Bol'ševiki im Petrograder Sowjet und Mitglied des neuen Zentralkomitees der Partei
1917, 25.–26.10.	Oktoberrevolution; Bildung des Rats der Volkskommissare, Ernennung Stalins zum Volkskommissar für Nationalitätenfragen
1918	Stalins Hochzeit mit Nadežda Allilueva
1918, 5.–6.1.	Eröffnung und gewaltsame Auflösung der verfassunggebenden Versammlung durch die Bol'ševiki
1918, 3.3.	Stalin unterstützt nachhaltig den durch Lenin favorisierten Frieden von Brest-Litovsk zwischen dem revolutionären Sowjetrussland und den Mittelmächten
1918–1920	Teilnahme Stalins als politischer Kommissar im Russischen Bürgerkrieg; Jahre des Kriegskommunismus
1918, 4.–10.7.	V. Allrussischer Sowjetkongress und Verabschiedung der Räte-Verfassung der RSFSR
1919, 2.–6.3.	Gründung der Kommunistischen Internationalen (Komintern)
1920–21	Gewaltsame Einverleibung der unabhängigen Republiken Armenien, Azerbajdžan und Georgien in den sowjetischen Territorialverband
1920–21	Bauernaufstände in Tambov und Voronež
1921, 2.–18.3.	Meuterei von Kronstadt
1921, 8.–16.3.	X. Parteikongress der RKP (b), Verkündigung der Neuen Ökonomischen Politik (NEP)
1921, 18.3.	Friede von Riga mit Polen
1921, 21.12	Billigung des GOELRO-Plans zur Elektrifizierung Sowjetrusslands durch die Regierung der RSFSR
1921–922	Hungersnot
1922, 3.4.	Stalin wird Generalsekretär der RKP (b)

1922, 16.4.	Vertrag von Rapallo mit dem Deutschen Reich, diplomatische Anerkennung Sowjetrusslands durch Deutschland
1922, 23.12.	Lenin diktiert sein politisches Testament
1922, 27.12.	Gründung der UdSSR
1923, 4.1.	Postskriptum Lenins zu seinem politischen Testament, in dem er Stalins Ablösung als Generalsekretär wegen charakterlicher Schwächen vorschlägt
1923, 15.10.	Kritik der „Gruppe der 46" an den sich verschärfenden diktatorischen Zuständen innerhalb der Partei, Forderung nach mehr innerparteilicher Demokratie und weniger Bürokratisierung
1923	Erste Rückschläge für Trockij im Kampf um die politische Macht; Stalin eröffnet in einer Artikelserie in der Parteizeitung „Pravda" den Kampf gegen den „Trockismus" (4.–11.12.)
1924, 24.1.	Tod Lenins
1924, 2.2.	Diplomatische Anerkennung der UdSSR durch die britische Labourregierung; damit geling dem Sowjetregime der entscheidende Einbruch in die internationale Front der „kapitalistischen" Staaten
1925, 27.–29.4.	Stalin vertritt die These vom „Sozialismus in einem Lande" auf der 14. Parteikonferenz der VKP (b) und setzt sich gegen Trockijs Konzept der „Permanenten Revolution" durch
1925, 18.–31.12.	Bestätigung von Stalins Industrialisierungskonzeption auf dem XIV. Parteikongress der VKP (b); Verurteilung der von der Leningrader Parteiorganisation um Zinov'ev und Kamenev getragenen Opposition gegen Stalins Kurs zum Aufbau des „Sozialismus in einem Lande"; Wahl von

	Stalins Anhängern Molotov, Vorošilov und Kalinin in das Politbüro
1925–1926	Ausweitung von Stalins Kampagne gegen Trockij um seine innerparteilichen Kritiker Zinov'ev und Kamenev
1926, 4.1.	Gleichschaltung der bis dahin von Zinov'ev, dem Führer der „Neuen Opposition", geleiteten Leningrader Parteiorganisation; S. M. Kirov löst Zinov'ev als Leningrader Parteisekretär ab
1926, 24.4	Berliner Vertrag, Freundschafts- und Neutralitätsabkommen mit dem Deutschen Reich
1926, 14.–23.7.	Trockij kritisiert als Führer der „Neuen Opposition" auf der gemeinsamen Sitzung des Zentralkomitees und der Zentralen Kontrollkommission der VKP (b) offen die Politik Stalins
1926, 23./26.10.	Ausschluss von Trockij aus dem Politbüro der VKP (b); Zinov'ev verliert die Leitung der Komintern; Kamenev verliert den Status eines Kandidaten des Politbüros
1926, 26.10.–3.11.	Offene Abrechnung Stalins mit der Opposition auf der 15. Parteikonferenz der VKP (b)
1927, 27.5.	Abbruch der diplomatischen Beziehungen zur UdSSR durch Großbritannien
1927, Herbst	Zahlreiche politische Fehlentscheidungen Stalins führen zu einem Fiasko in der sowjetischen Chinapolitik und zum Abbruch der diplomatischen Beziehungen (Dezember)
1927, 2.–19.12.	Verurteilung der sogenannten Linksabweichler verbunden mit dem Parteiausschluss von Trockij und Zinov'ev auf dem XV. Parteikongress der VKP (b); mit ihnen werden weitere 75 Oppositionelle aus der Partei ausgestoßen; Beschluss zur Kollekti-

	vierung der Landwirtschaft und forcierten Industrialisierung der UdSSR
1928, 15.5.–6.7.	Šachty-Prozess gegen Ingenieure und Techniker aus dem Donec-Becken wird zum Vorbild für die großen Moskauer Schauprozesse der 1930er Jahre
1928–1932	1. Fünfjahrplan
1928–1929	Vorgehen gegen die sogenannten Rechtsabweichler (Bucharin, Rykov und Tomskij)
1929, 18.1.	Ausweisung Trockijs aus der UdSSR
1929, 23.–29.4.	Billigung des 1. Fünfjahrplans und Aufruf zum „sozialistischen Wettbewerb" durch die 16. Parteikonferenz, Verurteilung der „Rechtsabweichler" als größte Gefahr für die Partei
1929, 25.11	Rechtsabweichler unterwerfen sich in einer Erklärung an das Zentralkomitee der VKP (b)
1929–1931	Zwangskollektivierung der Landwirtschaft
1931, 1.–9.3.	Inszenierung eines Schauprozesses gegen Führer den Men'ševiki in Moskau
1931, 10.6.	Stalin initiiert eine öffentliche Kampagne gegen die „Rechts-," und „Linksabweichler"
1932, 12.12.	Wiederaufnahme der diplomatischen Beziehungen zwischen der UdSSR und China
1932–1933	Große Hungersnot
1933–1937	2. Fünfjahrplan
1933, 16./17.11	Diplomatische Anerkennung der UdSSR durch die USA
1934, 26.1.–10.2.	XVII. Parteikongress der VKP (b) (Parteitag der Sieger)
1934, 4.2.–17.9.	Regelung der politisch-diplomatischen Beziehungen zu einer Reihe von „bürgerlich" und „antibolschewistisch" eingestellten Kleinstaaten in Ostmittel- und Südosteuropa im Zuge der von der sowjetischen

	Diplomatie verfolgten kollektiven Sicherheitspolitik
1934, 18.9.	Eintritt der UdSSR in den Völkerbund
1934, 1.12.	Ermordung des Leningrader Parteichefs S.M. Kirov
1935, 15.1.–17.1.	Hochverratsprozess gegen Zinov'ev und Kamenev mit relativ milden Urteilen gegen die Hauptangeklagten
1935, 2.5.	Beistandspakt mit Frankreich
1935, 16.5.	Beistandspakt mit der Tschechoslowakei
1935, 25.7.–20.8.	VII. Weltkongress der Komintern und Verkündigung einer konsequenten Volksfront-Politik gegen Nationalsozialismus und Faschismus
1935, 30./31.8.	Beginn der Stachanov-Bewegung
1936, 19.–24.8.	Auftakt des „Großen Terrors": 1. Moskauer Schauprozess gegen das „trockistische-zinov'evistische terroristische Zentrum" („Prozess der 16")
1936, 26.9.	N.I. Ežov löst G.G. Jagoda als Chef der Geheimpolizei ab
1936, 5.12.	Neue Verfassung der UdSSR („Stalin-Verfassung")
1937, 23.–30.1.	2. Moskauer Schauprozess gegen die Mitglieder des „sowjetfeindlichen trockistischen Parallelzentrums" („Prozess der 17")
1937, Februar/März	Plenum des Zentralkomitees der VKP (b), Vorentscheidungen für den bevorstehenden Massenterror
1937, 11.6	Verhaftung führender Militärs mit anschließendem Geheimprozess und Todesurteilen
1937, 21.8.	Unterzeichnung eines Nichtangriffs- und Freundschaftspakts mit der nationalchinesischen Kuomintang-Regierung unter Chiang Kai-shek
1938, Juli	Beginn des grenzenlosen Massenterrors („Ežovščina")

1938, 2.–13.3.	3. Moskauer Schauprozess gegen den „Anti-sowjetischen Block der Rechten und Trockisten" („Prozess der 21")
1938, 1.10.	Veröffentlichung des Kurzen Lehrgangs der „Geschichte der Kommunistischen Partei der Sowjetunion (Bol'ševiki)
1938, 17.11.	Anordnung zur Beendigung des Massenterrors
1938, 8.12.	L.P. Berija löst den berüchtigten NKVD-Chef N.I. Ežov ab
1939, 10.4.	Verhaftung von N.I. Ežov
1939, 23.8.	Unterzeichnung des Hitler-Stalin-Pakts mit geheimem Zusatzprotokoll
1939, 15.9.	Beendigung des mandschurisch-mongolischen Grenzkonflikts und Einigung auf einen Waffenstillstand zwischen Japan, der UdSSR und der Mongolischen Volksrepublik
1939, 17.9.	Sowjetischer Einmarsch in Ostpolen und Annexion des im Pakt mit Deutschland zugebilligten Territoriums
1939–1940	Sowjetisch-Finnischer Winterkrieg
1940, 2.–6.8.	Eingliederung der am 28.6. von der Roten Armee besetzten rumänischen Gebiete Bessarabien und Nordbukowina sowie von Lettland, Litauen und Estland in den Staatsverband der UdSSR
1940, 20.8.	Ermordung Trockijs in Mexiko auf Anordnung Stalins durch den Komintern-Agenten Mercader
1941, 11.2.	Unterzeichnung eines sowjetisch-japanischen Neutralitätsabkommens
1941, 22.6.	Deutscher Überfall auf die UdSSR, Beginn des „Großen Vaterländischen Krieges"
1941, 30.6./1.7.	Bildung des Staatlichen Verteidigungskomitees (GKO)
1941, 3.7.	Rundfunkansprache Stalins und Aufruf zum „Großen Vaterländischen Krieg"

1941, 16.7.	Wiedereinführung der 1940 abgeschafften politischen Kommissare in der Roten Armee
1941, 19.7.	Übernahme der Leitung des GKO durch Stalin
1941, 28.8.	Beschluss des Obersten Sowjet der UdSSR zur Zwangsumsiedlung der Wolgadeutschen nach Sibirien
1941, 8.9.	Beginn der 900-tägigen Blockade Leningrads
1941, 25.9.	Dekret über die Auflösung der „Autonomen Sowjetrepublik der Wolgadeutschen"
1941, 7.11.	Beginn des U.S.-amerikanischen Hilfsprogramm „Lend-Lease" für die UdSSR
1941, 26.12.	Verschärfung der Arbeitsbedingungen in der Industrie
1942, 26.5.	Bündnis- und Freundschaftsvertrag mit Großbritannien
1942, 9.10.	Abschaffung des in der Roten Armee bestehenden Regimes der Politoffiziere
1942–1943	Schlacht von Stalingrad
1943, 15./22.5.	Auflösung der Komintern
1943, 28.11.–11.12.	Konferenz von Teheran
1944, 10.10.	Prozent-Abkommen Stalins mit Winston Churchill über die Abgrenzung von Einflusszonen in Südosteuropa
1945, 4.–11.2.	Konferenz von Jalta
1945, 9.5.	Wiederholung der deutschen Gesamtkapitulation im sowjetischen Hauptquartier in Berlin-Karlshorst
1945, 17.7.–2.8.	Konferenz von Potsdam
1945, 8.8.	Sowjetische Kriegserklärung an Japan
1946, 18.3.	Gesetz über den 4. Fünfjahrplan für den nationalen Wiederaufbau
1946, 14.8.	Ende der liberalen Phase in der Kulturpolitik, Auftakt für den ideologischen und kulturpolitischen Terror der sogenannten *Ždanovščina*

1946, 19.9.	Wiedereinführung des Kolchosstatuts von 1934
1946–1947	Hungersnot
1947, 27.6.–2.7.	Ablehnung der sowjetischen Beteiligung am Marshall-Plan auf der Außenminister konferenz von Paris
1947, 22.–27.9.	Gründung des Kommunistischen Informationsbüros (Kominform)
1947, 30.9.	Andrej Ždanov verkündet anlässlich der Kominform-Gründung seine „Zwei-Lager-Theorie"
1948, 20.3.	Aufkündigung der sowjetischen Zusammenarbeit im Alliierten Kontrollrat für Deutschland
1948, 28.6.	Politischer Bruch Stalins mit dem jugoslawischen Parteiführer Tito, Ausschluss der jugoslawischen KP aus dem Kominform
1948, 31.8.	Tod des Leningrader Parteichefs Ždanov; Beginn der Leningrader Affäre, die sich bis 1949 hinzieht
1948–1949	Sowjetische Berlin-Blockade
1949, 25.1.	Gründung des Rats für gegenseitige Wirtschaftshilfe (RGW)
1949, 4.4.	Gründung des Nordatlantischen Verteidigungsbündnisses NATO
1949, 25.9.	TASS-Meldung über die erste Zündung einer sowjetischen Atombombe
1949, 28.9.	Kündigung des sowjetisch-jugoslawischen Freundschafts- und Beistandspaktes durch die UdSSR; endgültiger Bruch zwischen Moskau und Belgrad
1949, 1.10.	Sieg der chinesischen Kommunisten im Bürgerkrieg und Gründung der Volksrepublik China
1949, 1.–2.10.	Diplomatische Anerkennung der Volksrepublik China durch die Sowjetunion; Abbruch der bis dahin bestehenden Bezie-

	hungen zur nationalchinesischen Regierung Chiang Kai-sheks
1949, 7.10.	Gründung der DDR
1949, 16.12.	Staatsbesuchs Maos in der UdSSR und Treffen mit Stalin
1950, 12.1.	Wiedereinführung der 1947 abgeschafften Todesstrafe für Hochverrat, Spionage und Sabotage
1950, 14.2.	Freundschafts- und Beistandspakt mit der Volksrepublik China
1950, 26.6.	Beginn des Korea-Kriegs
1952, 10.3.	Stalin-Note über einen Friedensvertrag und die Neutralität Deutschlands
1952, 5.–14.10.	XIX. Parteikongress der KPdSU (b), Annahme eines neuen Parteistatuts
1953, 9.1.	Aufdeckung der sogenannten Ärzteverschwörung
1953, 5.3.	Tod Stalins
1953, 10.7.	Sturz und Verhaftung des Innenministers L.P. Berija
1953, 23.12.	Hinrichtung Berijas nach Geheimprozess vor einem Militärtribunal
1953–56	Periode der sogenannten Kollektiven Führung
1956, 14.–25.2.	XX. Parteikongress der KPdSU, N.S. Chruščevs Geheimrede gegen den Personenkult
1961, 17.–31.10.	XXII. Parteikongress der KPdSU und Höhepunkt der Entstalinisierungskampagne; Entfernung von Stalins Leichnam aus dem Mausoleum am Roten Platz

Karten

Russland im Kaukasus, 1800–1900

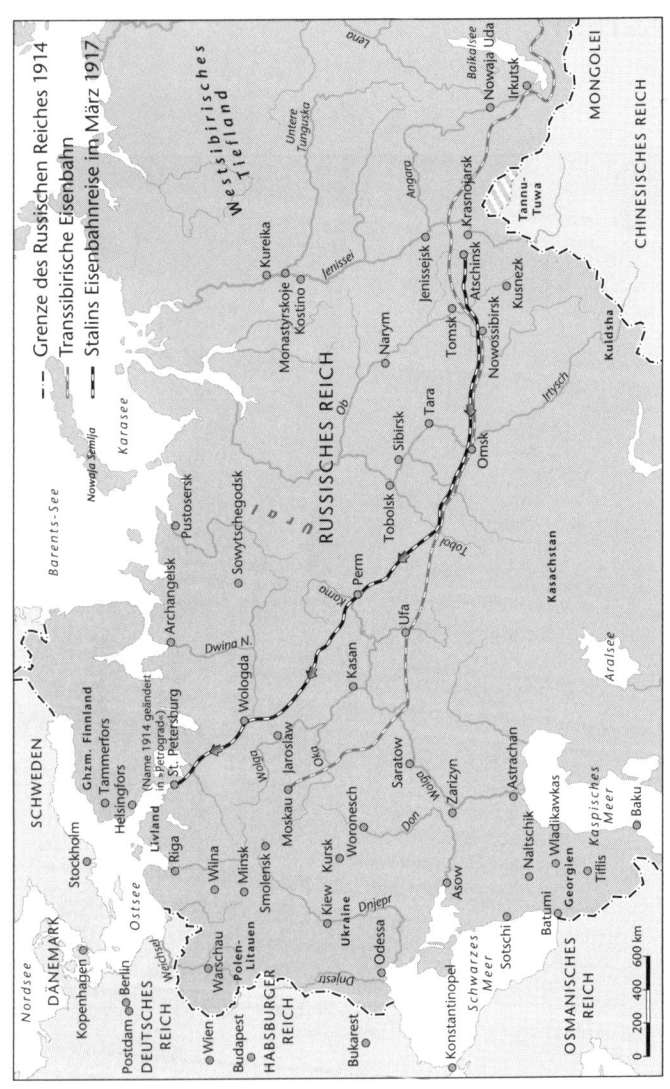

Das Russische Reich 1878–1917

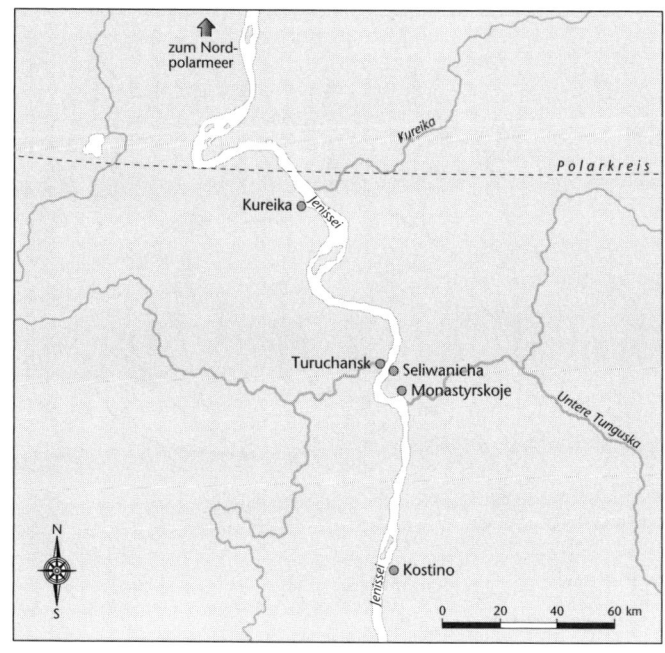

Stalins letzte Verbannung, Turuchansk, Sibirien, 1913–1917

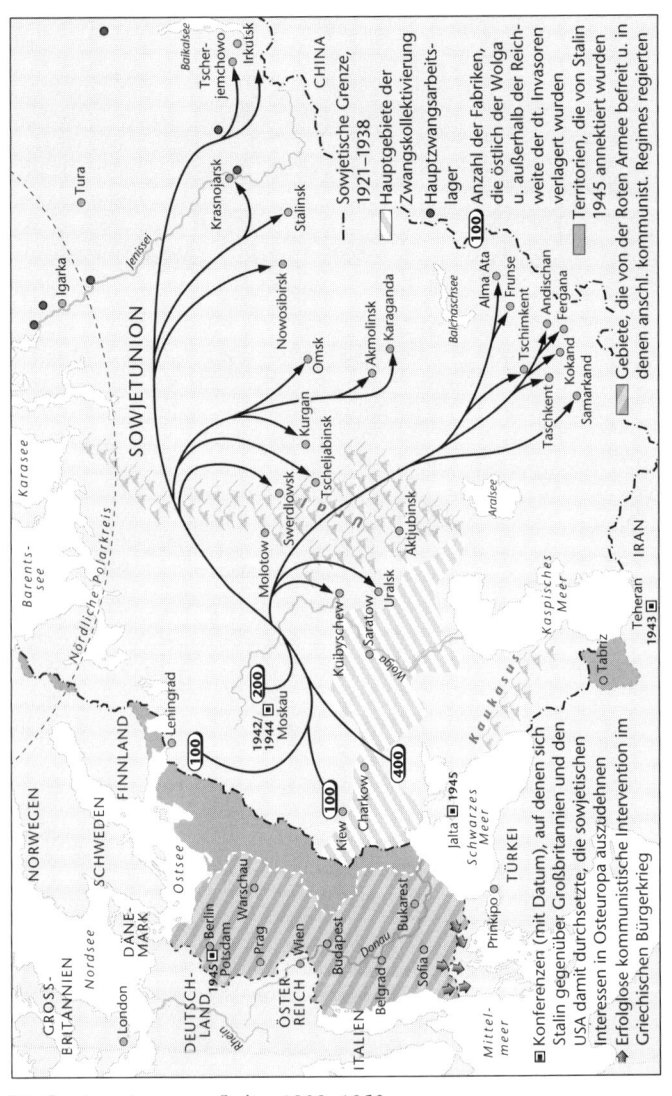

Die Sowjetunion unter Stalin, 1922–1953

Legende:

– · – Sowjetische Grenze, 1921–1938

⬜ Hauptgebiete der Zwangskollektivierung

● Hauptzwangsarbeitslager

[100] Anzahl der Fabriken, die östlich der Wolga u. außerhalb der Reichweite der dt. Invasoren verlagert wurden

▨ Territorien, die von Stalin 1945 annektiert wurden

▨ Gebiete, die von der Roten Armee befreit u. in denen anschl. kommunist. Regimes regierten

◼ Konferenzen (mit Datum), auf denen sich Stalin gegenüber Großbritannien und den USA damit durchsetzte, die sowjetischen Interessen in Osteuropa auszudehnen

⬆ Erfolglose kommunistische Intervention im Griechischen Bürgerkrieg

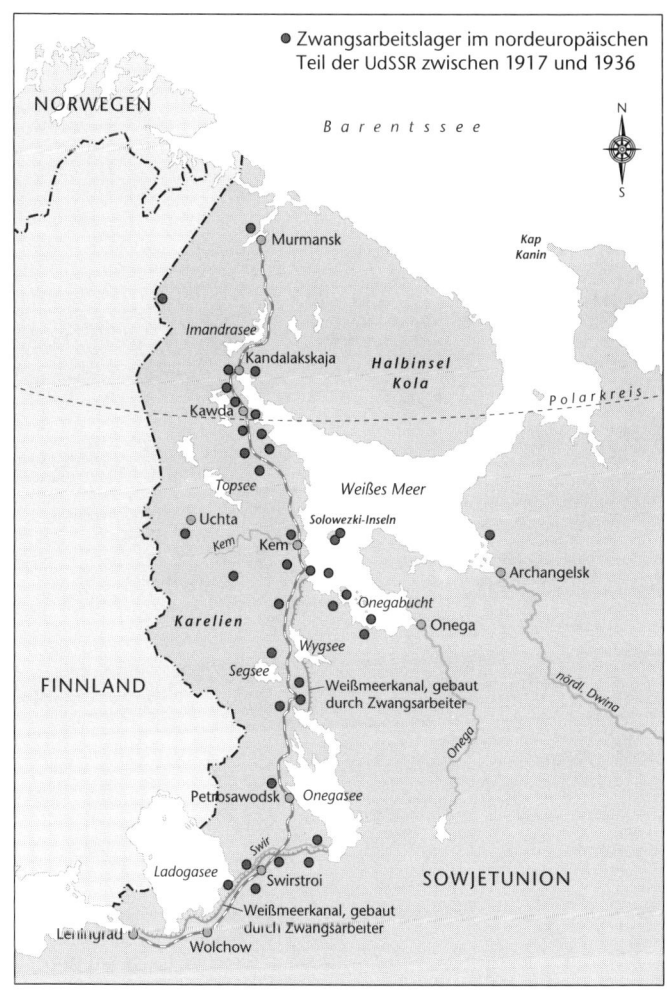

Arbeitslager im europäischen Teil der Sowjetunion, 1917–1936

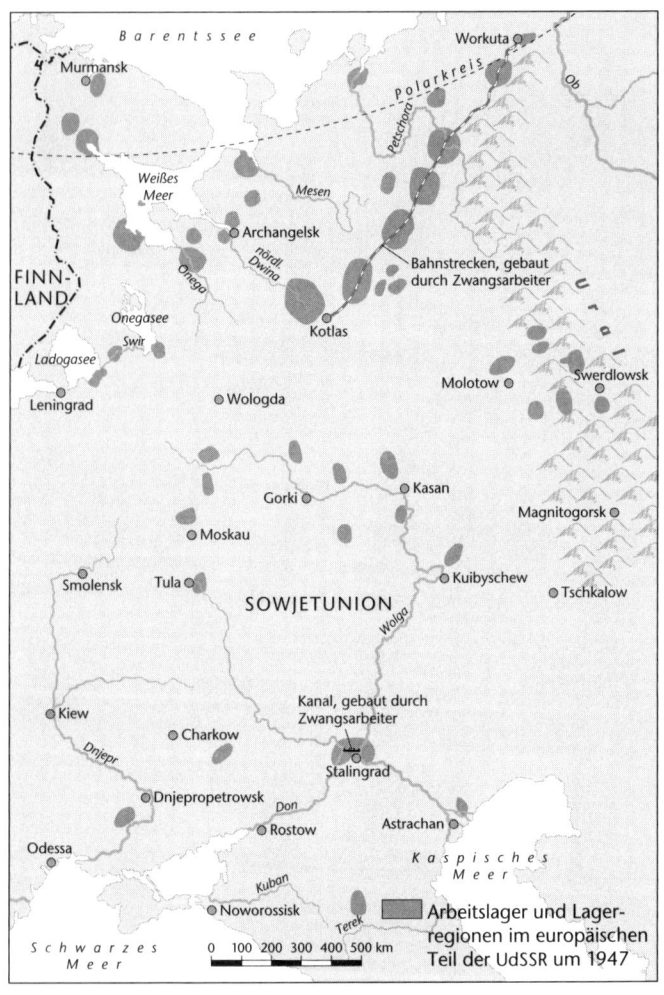

Arbeitslager im europäischen Teil der Sowjetunion, 1937–1957

Labels on map:

Barentssee
Murmansk
Workuta
Polarkreis
Ob
Petschora
Weißes Meer
Mesen
Archangelsk
nördl. Dwina
Bahnstrecken, gebaut durch Zwangsarbeiter
FINN-LAND
Onega
Kotlas
Ural
Onegasee
Swir
Ladogasee
Leningrad
Wologda
Molotow
Swerdlowsk
Gorki
Kasan
Moskau
Magnitogorsk
Smolensk
Tula
SOWJETUNION
Kuibyschew
Tschkalow
Wolga
Kiew
Kanal, gebaut durch Zwangsarbeiter
Charkow
Dnjepr
Stalingrad
Dnjepropetrowsk
Don
Rostow
Astrachan
Odessa
Kaspisches Meer
Kuban
Noworossisk
Terek
Schwarzes Meer
0 100 200 300 400 500 km
Arbeitslager und Lagerregionen im europäischen Teil der UdSSR um 1947

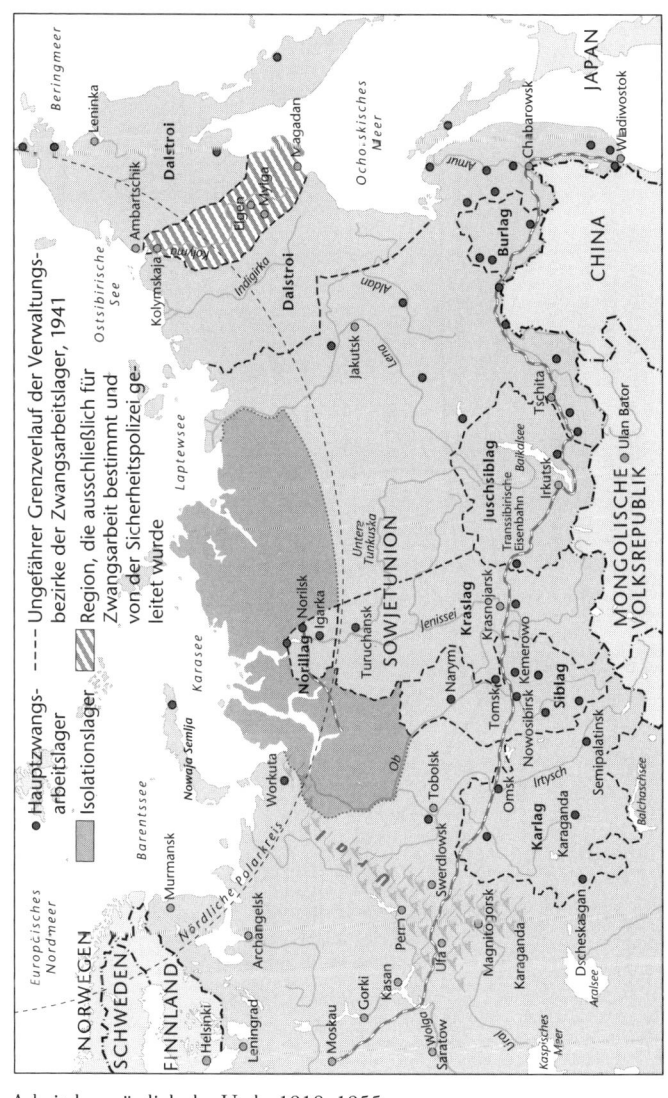

Arbeitslager östlich des Urals, 1918–1955

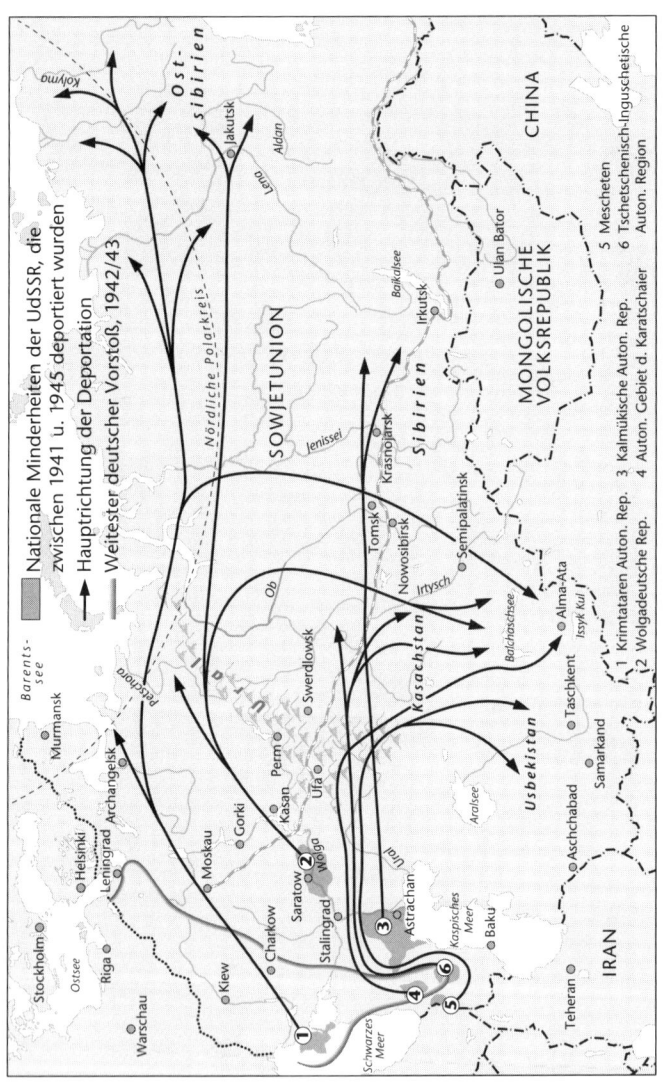

Deportationen von nationalen Minderheiten unter Stalin, 1941–1945

Die stalinistische UdSSR und Osteuropa, 1945–1948

Territorien, die von der UdSSR zwischen 1939 und 1940 annektiert bzw. 1944/45 wieder in den sowjet. Staatsverband inkorporiert wurden

Früheres dt. und tschechoslowakisches Territorium, das 1945 von der UdSSR annektiert wurde

Staaten, die durch die Rote Armee befreit u. in denen nach 1944/45 kommunistische Regimes errichtet wurden

Sowjet. Besatzungszone in Deutschland und Österreich

Brit., franz. und amerik. Besatzungszone

Verlauf des Eisernen Vorhangs im Jahre 1948

①②③ Deutsche Territorien, die 1945 von Polen annektiert wurden

Jugoslawische Erwerbungen von Italien 1945

I. Ende und Anfang eines Revolutionärs

1. Unerwarteter Abgang

Als in den frühen Morgenstunden des 4. März 1953 für die Moskauer Bevölkerung der Arbeitsalltag anbrach, ahnte wohl niemand, dass dieses Datum bald in die persönliche Geschichte eines jeden damaligen Sowjetbürgers eingehen würde. In der Hauptstadt schien alles wie gewöhnlich – ein typisch spätwinterlicher Mittwochmorgen, der zwar kalt, aber nicht eisig war, weil sich die Sonne durchsetzte und die weiten schnee- und eisbedeckten Flächen der Stadt mit Licht erfüllte. Und dennoch war an jenem Tage etwas anders als sonst. Was die Moskowiter irritierte, war die Tatsache, dass sie auf ihrem Weg zur Arbeit auf die gewohnte morgendliche Zeitungslektüre verzichten mussten. Die Kioske auf den Straßen und an den Eingängen zur Metro waren wie leergefegt. Irgendetwas musste den Druck oder die Auslieferung der Presse verzögert haben. Um 8.30 Uhr schließlich gab es dafür eine plausible Erklärung. Zu jenem Zeitpunkt unterbrach Radio Moskau plötzlich alle Rundfunksendungen. Nach einigen Minuten Stille konnte man dann die Stimme des Chefnachrichtensprechers Jurij Levitan vernehmen. In ernstem und getragenem Ton verlas er eine Meldung, die das gesamte Land für einen Moment erstarren ließ:[1]

> *„Das Zentralkomitee der Kommunistischen Partei der Sowjetunion und der Ministerrat der UdSSR geben ein Unglück bekannt, das unserem Land und unserem Volke widerfahren ist – eine schwere Erkrankung des Genossen Stalin.*
> *In der Nacht vom 1. auf 2. März ist der Genosse Stalin, der sich in seiner Moskauer Wohnung befand, von einem Bluterguss im Gehirn betroffen worden, der die lebenswichtigen Teile des Gehirns erreicht hat. Der Genosse Stalin hat das Bewusstsein ver-*

loren. Der rechte Arm und das rechte Bein sind gelähmt. Der Gebrauch der Sprache ist verlorengegangen. Ernste Störungen der Herztätigkeit und der Atmungsorgane haben sich eingestellt."[2]

Etwas, woran kaum jemand zu denken gewagt hatte, war passiert. Stalin, den die staatliche Propaganda und der Personenkult zum Übervater mit gottähnlichen Zügen erhoben hatten,[3] war plötzlich von einem menschlichen Schicksalsschlag eingeholt worden.

Wie ein Lauffeuer verbreitete sich die unglaubliche Nachricht in der Stadt. Nachbarn und Freunde wurden umgehend informiert. Und wer nicht auf diese Weise die Neuigkeiten erfuhr, den erreichte die Meldung spätestens über eine der zahlreichen Lautsprecheranlagen, die sich im ganzen Lande auf öffentlichen Plätzen oder in den Fabriken und Arbeitsstätten befanden. Selbst in den entlegensten Winkeln des sowjetischen Imperiums, in den staatlichen Arbeits- und Konzentrationslagern in Sibirien und Fernost, erreichten die Informationen aus Moskau die Menschen.

Als dann die ersten Zeitungen an jenem Tage verspätet erschienen und die emotional aufgewühlte Bevölkerung sich in langen Schlagen vor den Verkaufsständen anstellte, um weitere Details zu erfahren, machte sich Enttäuschung breit. Was die Parteiführung und Pressezensur an die Öffentlichkeit dringen ließ, war kaum mehr als die vom staatlich gelenkten Rundfunk bereits zuvor verbreiteten Mitteilungen.[4] Doch soviel stand fest: Der Gesundheitszustand des sowjetischen Diktators gab Anlass zu schlimmsten Befürchtungen. Daran änderte auch der Umstand wenig, dass – wie das offizielle Kommuniqué eigens betonte – die höchsten medizinischen Autoritäten des Landes um das Leben des Genossen Stalin rangen – und zwar unter „dauernder Aufsicht des Zentralkomitees der Kommunistischen Partei der UdSSR und der sowjetischen Regierung".[5]

Was sich während dieser bewegenden Stunden und Tage indes hinter den mächtigen Kremlmauern im Zentrum der politischen Macht tatsächlich abspielte, wurde den Sowjetbürgern von staatlicher Seite jahrzehntelang vorenthalten. Erste Details über den letzten Lebensabschnitt des sowjetischen Diktators erreichten sie allenfalls über das westliche Ausland. Hier waren es die illegal außer Landes gebrachten, 1970 in den USA veröffentlichten

Memoiren des inzwischen in Ungnade gefallenen früheren sowjetischen KPdSU-Generalsekretärs Nikita Chruščev und die von Stalins Tochter Svetlana Allilueva nach ihrer Ausreise aus der UdSSR 1967 publizierten Erinnerungen,[6] die seit dieser Zeit als *samizdat*, als Untergrundliteratur, in der Sowjetunion kursierten. Daran vermochten auch die Zensur und der sowjetische Geheimdienst wenig zu ändern. Erst in den Jahren von *glasnost'* und *perestrojka* änderte sich die Situation in dieser Hinsicht grundlegend. Als der damalige Moskauer Militärhistoriker Dmitrij Volkogonov 1989 eine zweibändige Stalin-Biographie auf russisch veröffentlichte, gewährte nunmehr erstmals die wissenschaftliche Arbeit eines sowjetischen Kollegen tiefere Einblicke in die mysteriösen Vorgänge jener denkwürdigen Märztage des Jahres 1953.[7]

Opfer des eigenen Systems

Was geschah hinter den politischen Kulissen, das die damalige Parteiführung dazu veranlasste, erst mit zweitägiger Verspätung die sowjetische Öffentlichkeit über den Schlaganfall des *vožd*, des Führers, zu unterrichten? Es waren vor allem die Umstände, die dafür sprachen, möglichst wenig nach außen dringen zu lassen. Entgegen allen offiziellen Verlautbarungen erlitt Stalin seinen Hirnschlag nicht im Kreml. Er befand sich, wie so häufig in seinen letzten Lebensjahren, in seiner Datscha in Kuncevo, als ihn die tödliche Krankheit heimsuchte. Dass sein Gesundheitszustand nicht der Beste war, hatten ihm seine Ärzte bereits kurz nach Kriegsende bescheinigt. Auf deren Anweisungen, sich zu schonen, gab er jedoch nicht viel. Im Gegenteil: Sie förderten eher seine Vorbehalte und sein generelles Misstrauen gegenüber diesem Berufsstand. Stalin vertraute eher auf Eigendiagnose. Er war fest davon überzeugt, dass seine kaukasische Natur ihm ein langes Leben bescheren würde. Dass seine physische Konstitution angeschlagen war, auch wenn er es nicht wahrhaben wollte, bewiesen seine immer länger werdenden Urlaubsaufenthalte. Zwischen 1950 und 1952 verbrachte er allein drei bis vier Monate des Jahres am Schwarzen Meer. Und selbst nach seiner Rückkehr in den Kreml klagte er stets gegenüber Molotov oder Berija, von Schwindel und Übelkeit gequält zu werden.[8]

Der Ablauf der Ereignisse in jenen Märztagen mutet wie eine ironische Fußnote in der Geschichte des Stalinismus an – der Diktator wurde am Ende in mancherlei Hinsicht das Opfer seines eigenen Systems. Am 1. März 1953 hatte sich Stalin gegen vier Uhr morgens in den Privattrakt seiner Datscha zurückgezogen. Vorausgegangen war wieder einmal eines jener opulenten Abendessen, bei denen in gezwungen feucht-fröhlicher Atmosphäre der engste politische Führungszirkel, die Männerrunde aus Malenkov, Berija, Chruščev und Bulganin, ihm die Zeit vertreiben musste. Zu diesem Zeitpunkt schien nichts darauf hinzudeuten, dass dies die letzte Begegnung sein würde, wie Nikita Chruščev rückblickend bemerkte. Die letzte Anweisung Stalins galt seinen Leibwächtern. Er befahl, bis auf weiteres unter keinen Umständen gestört werden zu wollen.[9]

Als bis zum Mittag aus Stalins Zimmer kein Lebenszeichen drang, zeigten sich das Datscha-Personal und die vom Geheimdienst gestellten Wachen allmählich beunruhigt. Da sie zuvor jedoch klar instruiert worden waren, setzte sich niemand über diese strikte Anordnung hinweg. Unklar war zudem, wer in dieser Situation die Kompetenz besaß, einen persönlichen Befehl Stalins aufzuheben. Nikolaj Vlasik, der Chef seiner Leibgarde, oder Aleksandr Poskrebyšev, sein langjähriger persönlicher Sekretär und enger Vertrauter, die man ansonsten in solchen Fällen um Rat fragte, waren dem notorischen Misstrauen des Diktators zum Opfer gefallen und seit 1952 bzw. Anfang 1953 nicht mehr in ihren Ämtern. Und wer aus dem Partei-Präsidium, dem vormaligen Polit- und Organisationsbüro, hier hätte weiterhelfen können, war ebenso ungewiss.[10]

Erleichterung stellte sich kurzfristig ein, denn gegen 18.30 Uhr wurde in Stalins Raum schließlich das Licht angeschaltet. Doch entgegen aller Regel verlangte er diesmal nicht nach Essen. Auch keinerlei Anweisungen waren zu vernehmen, was wiederum verwunderte, da er in dieser Hinsicht gewöhnlich wie ein Uhrwerk funktionierte. Erneut machte sich Ratlosigkeit breit. Als ungefähr dreieinhalb Stunden später die Post aus dem Zentralkomitee eintraf und Stalin nicht danach verlangte, musste spätestens jetzt eine Entscheidung getroffen werden. Verängstigt wurde unter den Anwesenden diskutiert, wer nun das Zimmer betreten sollte. Am

Ende traf es Pavel Lozgačev, der normalerweise für die Korrespondenz zuständig war. Was sich nun ereignete, ließ ihn geradewegs erstarren, wie er später zu Protokoll gab:

„Ich öffnete die Tür und ging geräuschvoll den Flur entlang. Da gibt es einen Raum, in dem wir die Post ablegen, kurz vor einem kleinen Esszimmer. Ich betrat diesen Raum und sah durch die offene Tür in das kleine Esszimmer. Und da lag nun der Chef [...]. Er hatte offenbar noch nicht das Bewusstsein verloren, aber er konnte nicht sprechen. [...]. Ich lief schnell auf ihn zu und sagte: ‚Genosse Stalin, was ist los?' Er hatte [...] sich durchnässt, während er dort lag [...] Er machte ein undeutliches Geräusch. [...] Während ich ihn ungefähr zwei bis drei Minuten lang befragte, gab er plötzlich ein kleines Schnarchgeräusch von sich, so wie jemand im Schlaf schnarcht. Ich griff zum Hörer des Haustelefons. Ich zitterte, Schweiß brach aus, ich rief [den stellvertretenden verantwortlichen Wachhabenden] Starostin an [...].[11]

Erneut funktionierten die Mechanismen des stalinistischen Systems – und auch diesmal zum Nachteil seines Erfinders. Was sich dabei abspielte, war geradezu kafkaesk. Anstatt, wie selbstverständlich in einer solchen Situation, sofort nach einem Arzt zu rufen, verständigten die Wachen zunächst Sergej Ignat'ev, den sowjetischen Minister für Staatssicherheit. Sie verlangten nach Instruktionen. Dieser wiederum sah sich außerstande, selbstständig Entscheidungen zu treffen. Er wollte sich in dieser Angelegenheit zuvor beim stellvertretenden Ministerpräsidenten Georgij Malenkov und vor allem bei dem mächtigen Innenminister Lavrentij Berija rückversichern. Da Berija nicht sogleich zu erreichen war, zögerte auch Malenkov, ohne dessen vorherige Zustimmung zu handeln.[12]

Als beide gegen drei Uhr morgens endlich auf Stalins Datscha in Kuncevo eintrafen – abermals war kostbare Zeit verstrichen –, herrschte Berija das orientierungslos wartende Personal an. Panikmache war seiner Auffassung nach nicht angebracht, da der Genosse Stalin offenbar lediglich fest schlafe. Am Ende vergingen nahezu 24 Stunden, bis nach dem Schlaganfall des Diktators die Ärzte eintrafen, um mit ihren vergeblichen Rettungsversuchen zu beginnen. Und auch dies verlief keinesfalls problemlos. Zuvor musste deren „ethnische Unbedenklichkeit" geklärt und vor allem sichergestellt sein, dass dem Team der behandelnden Mediziner keine Juden angehörten.

Überhaupt bereitete es ernste Schwierigkeiten, auf die Schnelle die anerkanntesten Fachleute für die Behandlung Stalins zu mobilisieren. Denn ein Großteil von diesen war bereits zuvor verhaftet worden. Sie waren die Opfer einer von Stalin Ende 1952, Anfang 1953 konstruierten Ärzteverschwörung. Viele von ihnen saßen zu jenem Zeitpunkt in den Untersuchungszellen der berüchtigten Lubjanka, des Sitzes des sowjetischen Geheimdienstes. Sie waren zuvor gefoltert worden und warteten nun auf einen bevorstehenden Schauprozess, der für sie sicherlich mit langjähriger Lagerhaft, wenn nicht gar mit der Todesstrafe enden würde. Es besaß geradezu etwas Tragikkomisches: Bei den Bemühungen, sich ein Bild vom Gesundheitszustand Iosif Stalins und vor allem von dessen Überlebenschancen zu machen, holte sich die politische Führung – unabhängig von den regulär behandelnden Ärzten – bei jenen unglücklich Inhaftierten eine zusätzliche Expertise ein. Aber auch diese konnten dem Präsidium der KPdSU kaum Hoffnungen machen. Stalins Tod war mit höchster Wahrscheinlichkeit nur noch eine Frage weniger Tage oder Stunden, wie sich Jakov Rapoport, einer der konsultierten Mediziner, erinnerte.[13]

Alles in allem gestaltete sich der letzte Akt in Stalins Leben äußerst bizarr. In Kuncevo war eine Medizinerschaft versammelt, die höchst verunsichert den Sterbenskranken betreute. Sie arbeitete unter höchster Anspannung. Keiner wagte anfänglich offen auszusprechen, wie aussichtslos die Situation im Grunde war. Jeder fürchtete, im Fall des Ablebens für den Tod des Despoten verantwortlich gemacht zu werden. Und das wiederum konnte sehr schnell bedeuten, dass man sich – ebenfalls auf der Anklagebank – gemeinsam mit jenen bereits inhaftierten vermeintlichen Ärzteverschwörern vor einer politischen Strafjustiz zu rechtfertigen hatte.

Im Nachbarzimmer wachte unterdessen mit dem versammelten Präsidium der KPdSU der nicht minder verunsicherte engste politische Führungszirkel, der sich allmählich mit dem Gedanken an eine Zeit nach Stalin vertraut machen musste. Unter ihnen war es abermals Berija, der Geistesgegenwart und Handlungswillen zeigte. Als sich am 4. März immer deutlicher das Ende abzeichnete, begab er sich offenbar für wenige Stunden in den Moskauer Kreml, um dort Stalins persönliche Safes auf ein mögliches politisches Testament hin zu durchsuchen. Denn soviel stand fest: Anders als Molotov oder Mikojan, die schon früher einmal von Stalin als potenzielle Nachfolger genannt worden waren, galt dies nicht für seine Person. Sichtlich entspannt kehrte er nach Kuncevo zurück.[14]

Tags darauf, am 5. März 1953 um 21.50 Uhr, trat dann ein, worauf sich inzwischen alle in der Datscha Anwesenden eingestellt hatten: „Das Herz des Kampfgefährten und genialen Fortsetzers der Sache Lenins", wie es in der offiziellen Mitteilung prosaisch hieß, „des weisen Führers und Lehrers der Kommunistischen Partei und des Sowjetvolkes [… hatte] aufgehört zu schlagen".[15]

Unrühmliche Rolle der engsten Weggefährten

Die Rolle, die Stalins langjährige engste Weggefährten während seiner letzten Tage spielten, war eher unrühmlich. Gewiss ließ sich dies einerseits darauf zurückführen, dass sie ebenfalls von den Vorgängen in Kuncevo unvorbereitet getroffen wurden. Ansonsten gewohnt, Anweisungen vom Führer entgegenzunehmen, waren sie nunmehr auf sich allein gestellt. Dies musste umso dramatischere Auswirkungen haben, als zu jenem Zeitpunkt vollkommen ungeklärt war, wie es um eine Nachfolgeregelung stand.[16] Andererseits gab es aber auch gute Gründe, sich dem offenbar bevorstehenden Tod des Diktators möglichst nicht entgegenzustellen. Denn in mancherlei Hinsicht kam sein Ableben gerade rechtzeitig. Zwischen 1949 und 1952 waren in der Folge der sogenannten Leningrader Affäre Tausende von dortigen Staats- und Parteifunktionären verhaftet worden, die Anhänger des 1948 in Ungnade gefallenen und kurz darauf verstorbenen Parteichefs Andrej Ždanov waren. Die meisten von ihnen wurden erschossen. Stalins geradezu pathologischen Verdächtigungen ließen nicht nach, sondern drohten allmählich auch auf den Moskauer politischen Führungszirkel überzugreifen: Er tyrannisierte seinen loyalsten Anhänger, Außenminister Vjačeslav Molotov, den er kurzerhand der Spionage für den britischen Geheimdienst bezichtigte, was bei diesem einen Nervenzusammenbruch auslöste. Lazar' Kaganovič, einen seiner brutalsten Helfershelfer während des Großen Terrors, zwang er im Zusammenhang mit der fingierten Ärzteverschwörung Anfang der 1950er Jahre, öffentlich dem „Zionismus" abzuschwören. Auch Kliment Vorošilov, der Verteidigungsminister, und Anastas Mikojan, bis 1949 Chef des Außenhandelsressorts, mussten in den letzten Lebensjahren des Diktators erkennen, wie sehr ihr Stern inzwischen gesunken war. Und selbst Lavrentij Berija, der nicht nur sein Landsmann, sondern ihm auch als Geheimdienstchef und Innenminister stets treu ergeben war, konnte sich keineswegs in Sicherheit wiegen.[17]

Noch am letzten Abend in Kuncevo überkam den Diktator in der geselligen Runde seiner Entourage ein plötzlicher Stimmungsumschwung – wie es gegen Ende seines Lebens immer häufiger der Fall war. Er sparte nicht mit üblen Beschimpfungen und Anschuldigungen, überhäufte die Runde mit absurden Klagen über ihre Untätigkeit, die letztlich die desolate Lage in Korea oder das widerspenstige Verhalten Titos in Jugoslawien herbeigeführt habe. Überall im Lande herrsche zudem Sabotage. Die sichtlich schockierten Genossen flüchteten sich in devote Erklärungen. Sie versprachen Läuterung und wollten unverzüglich entsprechende Gegenmaßnahmen einleiten. Gleichzeitig wurde ihnen bei dieser Gelegenheit abermals deutlich, wie ungefestigt ihre Machtpositionen waren. Denn diese verdankten sie ausschließlich der Person Stalins.[18]

Es war kaum mehr auszuschließen, dass er sich in absehbarer Zeit seiner bis dahin loyal ergebenen Gefolgschaft entledigen würde. Angst und Erinnerungen an die blutigen Ereignisse der 1930er Jahre lebten wieder auf. Die wüsten Anschuldigungen wurden als möglicher Auftakt für einen neuen Großen Terror interpretiert. Insofern kam Stalins Tod nicht zur Unzeit. Gleichwohl greifen die Gerüchte zu weit, die bald darauf in der UdSSR die Runde machten. Dass Stalin ermordet wurde, wie Berija sich insgeheim dieser Tat gegenüber Molotov rühmte, mag wohl kaum zutreffen.[19] Allerdings hat die anfangs zögerliche Hilfeleistung nach seinem Schlaganfall sicher dazu mitverholfen, dass der Diktator zumindest nicht mehr aktiv in die Politik zurückkehren würde.

Von all dem bekam die sowjetische Bevölkerung selbstverständlich nichts mit. Sie wurde nach den bangen Stunden des Abwartens und Zitterns um das Überleben des Genossen Stalin zwei Tage nach der ersten offiziellen Verlautbarung lediglich mit einer endgültigen Gewissheit konfrontiert: Stalin, der „größte Mensch unserer Epoche", war tot.[20] Die Meldung darüber verkündete abermals Chefsprecher Levitan in den frühen Sechs-Uhr-Nachrichten von Radio Moskau am 6. März 1953: Ein mächtiger Trommelwirbel, gefolgt von der Nationalhymne – und damit war jedem klar, was nun folgen musste. Die 25-minütige Erklärung sparte nicht an Lobeshymnen über die Selbstlosigkeit, mit der sich der Verstorbene für die Sache des Kommunismus und des sowjetischen Volkes eingesetzt hatte. Nicht von ungefähr wurde in diesem Zusammenhang nachdrücklich an die „stählerne Einheit und eherne Geschlossenheit" von Partei und Volk appelliert.[21] Und dies um so mehr, als davon auszugehen war, dass der Tod von Stalin unter der Bevölkerung einen Schock auslösen würde.

Orientierungslosigkeit und Paralyse

Die Trauer und Bestürzung, die viele Sowjetbürger in diesem Moment überkam, waren keineswegs vorgetäuscht. In den über zweieinhalb Jahrzehnten, in denen Stalin die Geschicke der UdSSR lenkte, waren die Untertanen daran gewöhnt worden, weniger durch die Partei als vielmehr durch den Diktator selbst Führung und Orientierung zu erhalten. Stalin, so die unablässige propagandistische Indoktrination, war ihr Beschützer und ihr Vater, der nun nicht mehr unter den Lebenden weilte. Existenzielle Zukunftsängste kamen auf. Viele stellten sich die Frage nach dem „wie weiter" und dies insbesondere in Zeiten, in denen der staatliche Propagandaapparat die Jahre des Ost-West-Konflikts als Zeiten der „kapitalistisch-imperiatischen Einkreisung" und der potenziellen Kriegsgefahr charakterisierte.[22]

In Moskau machten sich wenige Minuten nach Bekanntgabe der Todesnachricht die Menschen zu Tausenden spontan in Richtung Roter Platz und Kreml auf. Daran hinderten sie auch die frühe Morgenstunde und die eisigen Temperaturen nicht. Die zusätzlich in der Nacht installierten öffentlichen Lautsprecheranlagen übertrugen Trauermusik, die allenfalls von den immer wieder vorgelesenen offiziellen Kommuniqués unterbrochen wurden. Als bekannt gegeben wurde, dass der Tote noch am selben Tag ab drei Uhr nachmittags im Säulensaal des Gewerkschaftshauses der Moskauer Innenstadt aufgebahrt und die Beisetzung am 9. März stattfinden würde, strömten die Sowjetbürger aus allen Teilen des Imperiums in die Metropole. Der Andrang ließ in den folgenden Tagen nicht nach, sondern nahm im Gegenteil noch erheblich zu. Die in höchste Alarmbereitschaft versetzten Miliz- und Sicherheitskräfte waren kaum mehr in der Lage, einen geordneten Ablauf zu garantieren. Straßen wurden mit Hilfe von Kraftfahrzeugen abgesperrt, und man bildete auf diese Weise Korridore, um die kilometerlangen Menschenschlangen einigermaßen kontrolliert zum Ort der Aufbahrung zu geleiten. Als der Druck der aus der Puškinskaja und Neglinnaja Straße zum Sarg drängenden Massen nicht nachließ, als Menschen auf dem Eis ausrutschten oder in dem Gewühl stolperten, kam Panik auf. Hunderte von Menschen erlitten Erstickungsanfälle oder wurden in dem chaotischen Gedränge einfach totgetrampelt – und dies vor allem deshalb, weil man die Absperrungen nicht aufhob und somit kaum Ausweichmöglichkeiten für die nicht endende Flut nachdrückender Trauergäste und Schaulustiger bestanden.[23] Auch diese Situation hatte etwas von Ironie des Schicksals: Selbst auf dem Totenlager forderte der langjährige sowjetische Diktator unablässig seine Opfer.

In Moskau und in weiten Teilen der Sowjetunion, aber ebenso in den osteuropäischen Hauptstädten wurde in jenen Tagen große Anteilnahme am Ableben Stalins zum Ausdruck gebracht. Gewiss mag manches davon inszeniert und ritualisiert gewesen sein. Aber den Grad an echter Trauer sollte man dabei keinesfalls unterschätzen. Freilich gab es aber auch Kreise, die dem Despoten keine Träne nachweinten. Zu diesen zählten vor allem die Opfer des Regimes, das Heer der Lagerinsassen des stalinistischen GULag-Imperiums. Bei ihnen kam im ersten Moment jedoch nicht unbedingt Freude auf. Das Gegenteil war vielfach der Fall. In den

Stalins Beisetzung, 9.3.1953, als Sargträger (v.r.): Berija, Malenkov, Molotov, Bulganin (Foto: akg-images)

Lagern machte sich anfänglich eher Unruhe breit. Hier wurde vor allem befürchtet, angesichts eines drohenden Ausnahmezustandes möglicherweise erschossen zu werden. In dem im nördlichen Polarkreis gelegenen Lagerkomplex Vorkuta standen am Morgen des 6. März 1953 die Inhaftierten hochgradig verunsicherten Wachposten gegenüber. Anders als sonst nahm man dort aber nicht die täglich gewohnte Zwangsarbeit auf. Die generelle Verunsicherung wich indes alsbald. Als am Abend endgültig Gewissheit bestand, dass der Diktator gestorben war, brachten jene Opfer des Stalinismus ihre Erleichterung darüber zum Ausdruck, indem sie in ihren Lagerbaracken heimlich den Tod des Tyrannen feierten.[24] All das verband sich mit der stillen Hoffnung, in absehbarer Zeit mit spürbaren Hafterleichterungen rechnen zu dürfen. Und in der Tat blieben diese Sehnsüchte keineswegs unerfüllt. Bereits wenige Wochen später war es Lavrentij Berija, Stalins ehemaliger oberster GULag-Aufseher, der sich am 26. März 1953 im Präsidium des ZK der KPdSU mit einem Amnestie-Vorschlag durchsetzte. Innerhalb der folgenden drei Monate brachte diese

Maßnahme rund 1,5 Millionen Inhaftierten die lang ersehnte Freiheit.[25]

Vorerst jedoch war der soeben verstorbene Führer allgegenwärtig. Nichts deutete darauf hin, wie schnell er in der Folgezeit der Vergessenheit ausgesetzt sein würde, am allerwenigsten die offizielle Beisetzung am 9. März 1953. An diesem grauen eisigen Spätwintertag versammelten sich Hunderttausende von Sowjetbürgern in der Moskauer Innenstadt und auf dem Roten Platz, jenem Ort, an dem der letzte Akt der Stalinschen Diktatur zelebriert wurde. Unter den Klängen von Čajkovskijs sechster Symphonie rollte auf einer von sechs Rappen gezogenen Geschützlafette der in rotes Tuch gehüllte Sarg mit Stalins sterblichen Überresten vor das Lenin-Mausoleum, gefolgt von Marschällen und Generälen der Sowjetunion, die dessen militärische Auszeichnungen auf roten Samtkissen präsentierten, hinter ihnen die kommunistische Parteiführung mit schwarzem Trauerflor. Während man den Sarkophag auf einen Katafalk hob und die Fahnen der Moskauer Garnison und der Militärakademien gesenkt wurden, postierte sich die Elite der sowjetischen KP und der kommunistischen Bruderparteien auf der Tribüne des Mausoleums. In kurzen Ansprachen würdigten Malenkov, Berija und Molotov abermals den Genius des Verstorbenen und gelobten, dessen Vermächtnis treu zu bewahren. Und als die Kremlglocken des Spaskij-Turms zur Mittagsstunde läuteten, trugen die Vertreter der sowjetischen Partei- und Regierungsspitze den Leichnam ins Innere des Mausoleums, wo sie ihn an der Seite Lenins aufbahrten. All das war minutiös geplant und theatralisch in Szene gesetzt: Chopins Trauermarsch wurde aufgespielt, dumpf dröhnende Trauersalven der Artillerie erklangen, minutenlang anhaltende „Töne der Fabrik- und Werk-, der Zug- und Schiffssirenen [… zerschnitten] das über Moskau und dem ganzen Lande [… liegende] Schweigen". Die Nationalhymne ertönte, und die auf Halbmast gesetzte sowjetische Staatsflagge wurde über der Kuppel des Kremlpalastes wieder emporgezogen. Und daraufhin traten die militärischen Formationen „zu ihrer letzten Parade vor Joseph Stalin an".[26]

Zweifelhaftes politisches Erbe

Auch wenn es zu jenem Zeitpunkt niemand offen eingestehen konnte – das politische Erbe, das Stalin seinen Paladinen vermachte, war keineswegs so glänzend, wie dies die sowjetische Propaganda suggerierte. Das Stalinsche Vermächtnis, dem zahlreiche potenzielle Gefahren innewohnten, zeichnete sich vielmehr durch Ambivalenz aus. Für den Bereich der Außenpolitik schien die Erfolgsbilanz auf den ersten Blick durchaus positiv auszufallen: Das, was Lenin nicht gelungen war, nämlich dem Bolschewismus mit Hilfe der Weltrevolution zum internationalen Durchbruch zu verhelfen, hatte Stalin mit Mitteln zynischer Macht- und Realpolitik zumindest für einen gewichtigen Teil des östlichen Europa erreicht. Die Sowjetunion war nicht nur zur Weltmacht aufgestiegen, sondern das hochgerüstete Imperium, das nunmehr über Atombomben verfügte, besaß neben den USA den Status einer Supermacht. Fortan bestimmte Moskau die internationale Politik maßgeblich mit.

So glanzvoll dies alles erscheinen mochte, die damit geschaffenen und aufgebürdeten Schwierigkeiten sollten auf lange Sicht für die staatliche Existenz der UdSSR fatale Folgen haben. Stalin hatte als außenpolitischer Akteur spätestens ab 1947 entscheidend dazu beigetragen, die Welt nach einem heißen in einen Kalten Krieg zu stürzen. Selbst wenn es zu seinen Lebzeiten keinesfalls so erschien, schuf er dadurch jedoch Rahmenbedingungen, die seinen politischen Nachfolgern nur äußerst begrenzte Handlungsspielräume gewährten. Über kurz oder lang leitete daher sein außenpolitisches Erbe unweigerlich den Anfang vom Ende der Sowjetunion ein.[27]

Für die Innenpolitik sah die Bilanz nicht weniger zweifelhaft aus. Gewiss ist kaum zu bestreiten, dass Stalin die Sowjetunion unter der Prämisse „Sozialismus in einem Lande" einer grundlegenden Modernisierung unterwarf. Die UdSSR wurde in den 1930er Jahren und abermals im Zuge des Wiederaufbaus nach dem Zweiten Weltkrieg zu einem hochindustrialisierten Staat. Doch der Preis für jene durch Terror-, Gewalt- und Verfolgungsmaßnahmen erzwungenen sozio-ökonomischen Veränderungen stand in keiner Relation zu den erzielten Ergebnissen der sozialistischen Plan- und Mangelwirtschaft.[28] Die Methoden, mit denen der Diktator den wirtschaftlichen Umbau forcierte, hatten zudem tiefe Auswirkungen auf das Bewusstsein und die Mentalität der sowjetischen Bevölkerung: Kreative Eigeninitiative, Unternehmungsgeist oder gar Eigenverantwortung – Eigenschaften, die ohnehin traditionell nur sehr gering in Russland ausgeprägt waren – gab es von da an nicht mehr im sozialistischen Kommandosystem stalinistischer Prägung. An ihre Stelle traten staatliche Bevormundung und strikte Unterordnung unter das Diktat der Parteiführung.

Ein geradezu ins Absurde reichender Personenkult, der 1949 seinen absoluten Höhepunkt erreichte,[29] zielte darauf ab, die Untertanen zu Sowjetmenschen und damit zu willfährigen Instrumenten des Regimes zu machen. Stalin allein wollte Führung und Orientierung geben. Seine Diktatur durchdrang alle Lebensbereiche. Sie war bestrebt, möglichst keine politikfreien Lebensräume zu gewähren. Wie geradezu grotesk die Allgegenwart des Führers war, verdeutlicht die Tatsache, dass selbst ein Kochbuch, das Anfang der 1950er Jahre in hoher Auflage in der Sowjetunion Verbreitung fand, für die Zwecke der Politik instrumentalisiert wurde. In ihm legte der *vožd* seinen Untertanen nicht nur nahe, vermehrt die Speisen und Gerichte seiner georgischen Heimat zu kochen. Er wartete darin auch sonst mit allerlei erbaulichen Lebensweisheiten auf, die als Randbemerkungen die Seiten jener Publikation zierten.[30] Dass öffentliche und private Sphäre in den Jahren der Stalin-Ära kaum mehr auseinander zu halten waren, spiegelt sich zudem in den zahlreichen Tagebüchern wider, die heutzutage der historischen Alltags- und Mentalitätsforschung zur Verfügung stehen.[31] Insofern überrascht es kaum, dass ein Großteil der sowjetischen Bevölkerung geradewegs fassungslos, um nicht zu sagen paralysiert die Nachricht vom Tode Stalins aufnahm.

Wer war diese Person, die derartige Reaktionen bei den Bewohnern der Sowjetunion auslöste und das Land in einem solchen Zustand zurückließ? Wie kam es, dass er sich zu einem der blutrünstigsten Diktatoren der Geschichte des zwanzigsten Jahrhunderts entwickeln konnte? Antworten auf diese und andere Fragen lassen sich nur finden, wenn man sich in die Welt des jungen

Stalin begibt und die Zeit jener kaukasisch-georgischen Jugendjahre beleuchtet, in denen nicht Stalin, sondern Iosif Vissarionovič Džugašvili – der spätere „Stählerne" – seine Sozialisation und revolutionäre Prägung erhielt.

2. Revolutionäre Jugendjahre

War Stalin „ein Mann ohne Biographie", wie der ebenfalls aus Georgien stammende menschewistische Emigrant Grigorij Uratadze in seinen Memoiren über den frühen Lebensabschnitt des sowjetischen Diktators im Kaukasus behauptete?[32] Auf den ersten Blick mag diese Beobachtung durchaus zutreffen. Stalins Jugendjahre und sein Weg in die revolutionäre Bewegung entzogen sich über lange Jahrzehnte dem gesicherten Zugriff der Historiker. Die Spur zu den Wurzeln seiner frühen Sozialisation schien sich geradewegs in der wilden kaukasischen Bergwelt zu verlieren. Und das wiederum eröffnete ein weites Feld für zahlreiche Spekulationen und Gerüchte. Hier waren es zumeist ehemalige oder vermeintliche Jugendfreunde, aber auch einstige politische Weggefährten, die im Zuge der Stalinschen Machtergreifung zu Gegnern seines Regimes wurden und nunmehr als selbst ernannte Experten die Interpretationshoheit über den jungen Stalin für sich beanspruchten.

„Mann ohne Biographie"?

Zu den prominentesten Vertretern, die in diesem Zusammenhang sehr lange das bestehende Bild prägten, zählte etwa Iosif Iremašvili, ein Kindheitsfreund Stalins aus Gori und den Jahren des gemeinsamen Priesterseminars in Tiflis.[33] Ebenso beeinflusste Lev Trockij, der erbittertste politische Gegenspieler, den die Schergen des stalinistischen Geheimdienstes 1940 in seinem mexikanischen Exil brutal ermordeten, mit seiner Stalin-Biographie nachhaltig die Sicht auch auf die Jugendzeit des sowjetischen Despoten.[34] Auffassungen, die von einem uncharismatischen, intellektuell wie theoretisch wenig inspirierenden Apparatschik sprachen, einem „Dschingis Khan, der Marx liest" (Bucharin),[35] sich durch rücksichtloses Intrigantentum auszeichnete und möglicherweise sogar im Dienste der zarischen Geheimpolizei Ochrana gestanden haben soll,[36] beherrschten die Diskussionen um die dunkle Vergangenheit von Lenins „prächtigem Georgier".[37] Und diese endeten – je nach politischer Couleur der Interpreten – zumeist damit, das Phänomen Stalin im Wesentlichen auf drei Kategorien zu reduzieren: „Stalin als ‚großer Mann', als ein pathologischer Krimineller und als ein bürokratischer Despot."[38]

Zweifellos hat Stalin dadurch, dass er seine Jugend und Untergrundtätigkeit im Kaukasus weitgehend verschwieg, erheblich zu solchen – mitunter keinesfalls abwegigen – Interpretationen beigetragen. Während seiner Herrschaft gab es lediglich drei von ihm autorisierte Anlässe, in denen er hier äußerst begrenzte Einblicke zuließ: 1937 anlässlich einer in Moskau veranstalteten großen Ausstellung über georgische Kunst, 1939 im Rahmen der von der Zeitschrift „Molodaja Gvardija" (Die junge Garde) veröffentlichten Jugendzeugnisse und 1946 im Zusammenhang mit den ersten publizierten Bänden seiner gesammelten Werke erfuhr die damalige sowjetische Öffentlichkeit erstmals etwas über die bis dahin völlig ausgeklammerten georgischen Wurzeln ihres großen „Führers".[39] Dies allerdings blieb lediglich auf kleinere Details beschränkt. Und selbst eine 1947 im Moskauer Verlag für fremdsprachige Literatur erschienene „Kurze Lebensbeschreibung" kam nicht über allgemeine Belanglosigkeiten hinaus – das Ganze verfasst im rhetorischen Stil des damals vorherrschenden Personenkults.[40]

Es gab gute Gründe, weshalb der damalige Kremlherr so nachdrücklich darauf bestand, möglichst wenig Licht in das Dunkel seiner politischen Anfänge gelangen zu lassen. Denn das, was seine Vergangenheit vor 1917 tatsächlich aufwies, hätte zu jenem Zeitpunkt nicht in das offizielle Bild gepasst, das die staatliche Propaganda den sowjetischen Untertanen und der kommunistischen Weltbewegung tagtäglich zu vermitteln suchte. Stalins Rolle als gelehrigster Schüler Lenins – festgeschrieben in der offiziellen Parteigeschichte von 1938[41] – und seine daraus abgeleitete Funktion, als dessen alleiniger, politisch-ideologisch rechtmäßiger

Nachlassverwalter zu wirken, hätten dadurch einen erheblichen legitimatorischen Schaden erlitten. Zudem passten seine mitunter zweifelhaften Aktivitäten im politischen Untergrund keineswegs in das Image eines Staatsmannes, der sich anschickte, ein zur Welt- und Supermacht aufstrebendes Land zu leiten.

Um die Person Stalin angemessen verstehen zu können, reicht es bei weitem nicht aus, lediglich einige biografische Daten und Etappen seiner mitunter schwierigen Jugendjahre Revue passieren zu lassen. Es ist vielmehr erforderlich, sich in den Kaukasus des ausgehenden 19. Jahrhunderts zurückzuversetzen. Denn der Kulturraum an der südöstlichen Peripherie des russischen Imperiums prägte mit seinem Wertesystem tief jenen jungen Iosif Vissarionovič Džugašvili, der dort am 6. Dezember 1878 in Gori geboren wurde.[42] Nicht zuletzt dadurch wird deutlich, dass Stalin und das von ihm etablierte Terrorregime kein einfacher Betriebsunfall der Geschichte waren. Der künftige sowjetische Diktator war ebenso sehr das Produkt seiner kaukasischen Sozialisation wie der Gewaltkultur, der Lenin mit seiner bolschewistischen Ideologie und Partei von Berufsrevolutionären das Wort redete, indem er allen Feinden, die sich dem Gesellschaftsentwurf der Bol'ševiki entgegenstellten, gnadenlos den Kampf ansagte. Schließlich wurde all dies durch die dörfliche Gewalttradition des überwiegend agrarisch verfassten Zarenreichs erheblich begünstigt.[43]

Wie wenig Stalin sich mitunter als Europäer fühlte, hatte er auf dem Höhepunkt des Großen Terrors im Jahre 1937 unmissverständlich zum Ausdruck gebracht. Bei dieser Gelegenheit bezeichnete er sich als „russifizierter georgischer Asiate".[44] Er war ein Kind jener georgischen Grenzregion, die im Zuge der russischen imperialen Südostexpansion 1801 annektiert und in den zarischen Reichsverband inkorporiert worden war. Diese Grundkonstellation, aber auch die Tatsache, dass St. Petersburg zwischen 1804 und 1828 die aserbaidschanischen Chanate eroberte und bis 1859 in einen verlustreichen Krieg gegen die nordkaukasischen Bergvölker verstrickt wurde, hatte tiefgreifende Auswirkungen auf die Gesellschaften, Mentalitäten und Verhaltensweisen jener unterworfenen Völkerschaften gegenüber der imperialen Reichszentrale. Und dies um so mehr, als die russischen Eroberer im Rahmen einer groß angelegten – am Ende weitgehend gescheiterten – „Zivilisierungsmission", mit der Europa an die gemeinhin als rückständig betrachtete Peripherie gebracht werden sollte, geradezu unüberbrückbare Gegensätze, Spannungen und Krisen heraufbeschworen. Als darüber hinaus die letzten beiden Zaren Aleksandr III. und Nikolaj II. seit den 1880er Jahren die Einheit des Vielvölkerimperiums über eine verschärfte kulturelle Russifizierung zu erreichen suchten, eskalierten in den dortigen Grenzländern die bestehenden Aversionen gegen den großrussischen Chauvinismus. Vielfach nahm die Stimmung ausgesprochen russophobe Züge an.[45]

Kaukasische Sozialisation

In diesem generellen geistig-politischen Klima des ausgehenden 19. Jahrhunderts beeinflusste eine Reihe von Faktoren und besonderen Rahmenbedingungen nachhaltig die persönliche Entwicklung des jugendlichen Stalin, der sich alsbald in den Dienst der Revolution stellte. So konnte sich Soso, wie der junge Iosif Džugašvili während seiner Kindheit im Kreise der Familie und engsten Freunde allgemein genannt wurde, kaum der Tradition des kaukasischen Rebellentums und Widerstandsgeistes gegen innere wie äußere Feinde entziehen. Die über lange Jahrhunderte hinweg durch ausländische Interventionen und Besetzungen geprägte kaukasische Gesellschaft hatte sich zu einer Kriegergesellschaft entwickelt. Der Kaukasier stand deshalb in dem Ruf, ein ausgesprochen tapferer Kämpfer zu sein. Die Russen selbst hatten dies während der längjährigen brutalen Befriedungsaktionen gegenüber den Aufstandbewegungen unter Imam Šamil vor allem in Tschetschenien und Dagestan erfahren müssen.[46]

All das wurde in zahlreichen historischen Überlieferungen und folkloristischen Erzählungen immer wieder stolz gepriesen. Es trug damit zweifellos vor allem unter der dortigen Intelligencija zur Identitätsbildung und Abgrenzung von den russischen Kolonisatoren bei. Für Stalin selbst ist belegt, wie sehr er sich mit manchem, in die georgische Literatur eingegangenen Helden identifizierte. Hier war es die Romanfigur des „Koba", die ihm in diesem Zusammenhang besonders imponierte. Der tugendhafte kaukasische *Robin Hood*, der in Aleksandr Kasbegis nationalistischen

Geschichten über die aufrührerischen Bergvölker den zarischen Eroberern entschlossen die Stirn bot, hatte ihn so fasziniert, dass er während seiner revolutionären Untergrundtätigkeit dessen Namen zeitweilig als Pseudonym wählte.[47]

Gewaltkultur, Blutrache als probates Mittel gewohnheitsrechtlicher Konfliktlösungen und ein – kaum weniger hervorstechender – Männlichkeitskult, der einem speziellen Ehrenkodex unterlag, besondere Loyalitäten abverlangte und mitunter die verschworene Gemeinschaft von Räuberbanden idealisierte, dominierten jedoch nicht nur jene fantastischen Volkserzählungen. In den überwiegend traditionellen Stammesgesellschaften der kaukasischen Alltagswelt standen konfliktgeladene Zusammenstöße, die meist blutig endeten, häufig auf der Tagesordnung. Und so überrascht es kaum, wenn es während der Revolution von 1905 gerade in den Städten und Dörfern der Kaukasusregion oft zu viel extremeren Gewaltexzessen kam als in den übrigen Teilen des russischen Reiches.[48] Eine solche Umgebung, die von der Rohheit der Straße beherrscht wurde und in der sich deshalb zumeist der physisch Stärkere zu behaupten verstand, ließ auch den jungen Soso nicht unbeeindruckt.

Was ihn darüber hinaus tief beeinflusste, waren die tagtäglichen Begegnungen und daraus erwachsenden Probleme mit einer hochgradig multikulturellen Gesellschaft am Rande des Imperiums. Nur wenige Kilometer nördlich von Stalins Geburtsort bestimmten noch weitgehend feudal-patriarchalische Strukturen das Stammesleben der Abchasen, Swanen und Osseten. Selbst in Gori war die Bevölkerung stark ethnisch-religiös durchmischt. Dort standen sich Georgier, Armenier, Juden und Russen mitunter feindlich gegenüber, weil patriarchalisch-tribale und urbanfrühindustrielle Lebensstile aufeinanderprallten.

Das soziale und geistige Gefüge erfuhr zudem weitere Belastungen, als ab der zweiten Hälfte des 19. Jahrhunderts der Südkaukasus mit fremden Ideen und Ideologien durchdrungen wurde. Hier stießen „Asien" und „Europa" zusammen, als georgische Studenten, die an russischen Universitäten in St. Petersburg oder Moskau ausgebildet worden waren, mit neuem, westlichem Gedankengut in ihre alte Heimat zurückkehrten. Das Phänomen verstärkte sich, als sich mit zunehmender Institutionalisierung im

Zuge der Großen Reformen seit den 1860er Jahren die städtische Behördenstruktur verdichtete. Das Ganze war begleitet von einer steigenden Zahl russischer Beamter, die dafür sorgten, dass die Bildung, die Sprache und das Recht der Eroberer in einem bislang ungekannten Ausmaß die Alltagswelt der Kaukasier erfassten. So drangen russische Literatur, aber auch Werke der westeuropäischen aufklärerischen Philosophie und Geistesgeschichte in eine bis dahin von solchen Entwicklungen nur wenig berührte Region. Es war daher kaum überraschend, dass marxistisches Gedankengut vor allem über russische Kanäle seine Verbreitung im Süd- und Transkaukasus fand.[49]

Was den weiteren politischen Lebensweg des sich bald der revolutionären Sache verschreibenden Stalin zudem begünstigte, war folgender wichtiger Umstand: Anders als in den übrigen Teilen des autokratischen Russland konnten außergewöhnlich viele georgische Arbeiter lesen und scheiben. Das lag vor allem am hochentwickelten Handwerkswesen, das nicht nur auf eine qualifizierte Ausbildung seiner Arbeitskräfte größten Wert legte, sondern auch einen bedeutenden Teil der mit beginnender Industrialisierung dringend benötigten Arbeitskräfte stellte. Aus diesen Reihen rekrutierten sich jene ersten klassenbewussten Arbeiter, die den Kontakt zur revolutionären Studentenschaft und Intelligencija sowie zu den Marxisten suchten. Gemeinsam mit Facharbeitern, die aus dem Norden des Imperiums in die boomenden Industriezentren des Kaukasus drangen, ließen sie sich für organisierte Streikbewegungen gewinnen. Hier also formierten sich bereits sehr früh ein revolutionäres Potenzial und Forum, deren Nähe der auf Agitation, Untergrundtätigkeit und Umsturz spezialisierte Stalin seit den späten 1890er Jahre suchen sollte.[50]

Es zählt zu den Wesenszügen des Stalinismus, dass er sich bei seinem Verlangen, Eindeutigkeit herzustellen und Ambivalenzen zu überwinden, auf das Mittel erbarmungsloser Gewaltanwendung verlegte. Der sowjetische Diktator Stalin und der Kreis seiner Helfershelfer träumten dabei „von übersichtlichen Ordnungen, aus denen jede *Uneindeutigkeit* herausgebrannt war". Das von ihnen als rückständig betrachtete russische Vielvölkerreich sollte deshalb in eine „kulturell homogene Zone" verwandelt werden.[51] Zu einem solchen am Ende menschenverachtenden Konzept konnte sich indes nur durchringen, wer unter den Bedingungen einer multiethnischen, kulturell vielfältigen Lebenswelt sozialisiert worden war. Und das traf zweifellos in ganz besonderem Maße nicht nur auf Stalin selbst, sondern ebenso auf den größten Teil seiner engsten Vertrauten und willigsten Vollstrecker zu, die allesamt durch die Erfahrung der imperialen Peripherie geprägt waren.

Wie stand es nun um die unmittelbare Umgebung, in die Stalin im Dezember 1878 hineingeboren wurde? Seine Vaterstadt Gori und die umliegende Provinz waren im Großen und Ganzen ein Mikrokosmos. Hier bündelten sich all jene charakteristischen politischen, wirtschaftlichen, sozialen und kulturellen Merkmale der Kaukasusregion. Gleichwohl war die Stadt mit ihren rund 20.000 Einwohnern und einem eigenen Eisenbahnanschluss keinesfalls ein verschlafenes Provinznest. Zwar dominierten zunächst landlose Arbeiter und Kleinbauern nach der Bauernbefreiung von 1864 das städtische Bild. Handwerk und Handel und kleine Unternehmen bildeten das Rückgrat der heimischen Wirtschaft. Mit den beginnenden Großen Reformen unter Aleksandr II. wurde Gori zu einem nicht unbedeutenden kulturellen und politischen Zentrum der georgischen nationalen Wiedergeburt. Außer einer Pfarrschule, die für viele Absolventen – ähnlich wie später für den jungen Stalin – das Sprungbrett zu weiterführenden Bildungseinrichtungen in der nahegelegenen georgischen Hauptstadt Tiflis wurde, befand sich in Gori seit Ende der 1870er Jahre auch das Transkaukasische Lehrerseminar. Gegründet von Šo Davitašvili, einem Volkstümler, der enttäuscht aus Tiflis zurückgekehrt war und nun in seiner Lehranstalt das Gedankengut der *narodoniki* zu verbreiten suchte, erlangte das Seminar unter der späteren Generation von Revolutionären bald ein besonderes Ansehen. Doch auch schon früher bildeten sich in der Stadt politisch oppositionelle Zirkel und illegale Lesegemeinschaften heraus, die politisch aufklärerisch unter den dortigen georgischen Bauern wirkten. Sofron Mgalobišvili, einer der führenden Köpfe innerhalb dieses konspirativen Milieus, hatte eine einschlägige umfangreiche Privatbibliothek, die er auch Außenstehenden zur Verfügung stellte. Das intellektuelle Klima erfuhr nicht nur dadurch eine Bereicherung. Gori selbst zählte zu den wenigen

Orten im Südkaukasus, die ein eigenes Theater hatten. Und dies wiederum zog sowohl Schauspieler als auch Schriftsteller aus der Kaukasusmetropole Tiflis an.[52]

Kindheitstage in Gori

Das also waren die allgemeinen äußeren Rahmenbedingungen, als der junge Džugašvili dort seine ersten Lebensjahre verbrachte. Wie gestaltete sich sein engstes persönliches Umfeld? Die familiären Hintergründe waren keineswegs so erbärmlich, wie der spätere Diktator seit den 1930er Jahren gegenüber Freunden und näheren Verwandten immer wieder behauptete. Die Džugašvilis lebten anfänglich durchaus in einem gewissen Wohlstand. Dieser basierte vor allem darauf, dass sein Vater Vissarion, ein gelernter und geachteter Schuhmacher, eine eigene kleine Werkstatt mit zeitweilig bis zu zehn Mitarbeitern besaß.[53] Das passte natürlich nicht in die offizielle Biographie des künftigen Führers der bolschewistischen Sowjetunion.

Freilich währte der wirtschaftliche Erfolg von Stalins Vater nicht allzu lange. Vissarions krankhafte Neigung zum Alkoholismus und der damit einhergehende Rückgang von Kunden ruinierten auf Dauer nicht nur sein Geschäft. Sie förderten seinen Jähzorn. In der Öffentlichkeit genoss er bald den zweifelhaften Ruf eines heruntergekommenen Schlägertypen. Und diesen lebte er zunehmend hemmungsloser auch gegenüber seiner jungen Ehefrau Ekaterina, genannt Keke, und dem kleinen Soso aus. Das Familienleben stand von da an unter keinem glücklichen Stern. Es war von einem unaufhaltsamen Niedergang gekennzeichnet, weshalb die Ehe keine Zukunft hatte und 1890 schließlich scheiterte.[54]

In dem Maße, in dem der Vater die Familie tyrannisierte, investierte die tiefreligiöse, hochambitionierte und stets eigensinnige Keke alle Liebe und Strenge in die geistige Entwicklung des von ihr vergötterten Sprösslings. Hier wirkte sich positiv aus, dass sie – auf eine für ihre Zeit untypische Weise – zu den wenigen georgischen Frauen zählte, die lesen und schreiben konnten. Mit dem Bild ihres erbärmlich gescheiterten Ehemanns vor Augen stand für sie bereits früh fest, dass der Sohn eine Priesterkarriere einschlagen sollte. In ihren kühnsten Träumen sah sie ihn insgeheim schon als Bischof von Tiflis. Doch unter den widrigen Umständen, die das Leben der Džugašvilis prägten, wäre sie trotz ihres eisernen Willens allein nicht dazu in der Lage gewesen, Soso eine solche Ausbildung zu ermöglichen. Wenn es dennoch gelang, dann nicht zuletzt deshalb, weil Keke sich auf die Förderung einer Reihe außenstehender Personen verlassen konnte. Geld, Arbeit und Protektion gewährte ihr und ihrem Sohn Jakov Egnatašvili, ein erfolgreicher lokaler Weinhändler, der zugleich ein früherer Trauzeuge war. Ebenso unterstützte sie der Geistliche Čarkvjani. Er sorgte letztlich dafür, dass Stalin ab 1890 die örtliche Pfarrschule besuchen durfte – ein Privileg, das ansonsten nur Mitgliedern von Klerikerfamilien zustand. Zu nennen ist in diesem Zusammenhang aber auch der örtliche Polizeichef Damjan Davričevy, der Keke und ihrem Jungen in schwierigen Lebenslagen finanziell regelmäßig zur Seite stand.[55]

Hier deutete sich bereits an, was Stalin auch in späteren Jahren mehrfach widerfahren sollte. Selbst vor und während seiner revolutionären Untergrundtätigkeit meisterte er immer wieder kritische Lebenssituationen mit Hilfe einflussreicher Gönner und Fürsprecher. Sie ließen etwa ihre Kontakte spielen, wenn es darum ging, ihn am Tifliser Priesterseminar unterzubringen, sie brachten das erforderliche Schulgeld auf, solange Soso kein Stipendium erhielt. Zu den prominentesten Vertretern zählte die Fürstin Baratova. In Fürst Aleksandr Zulukidze, dem Sohn eines der reichsten aristokratischen Familien Georgiens, und in Lado Kecchoveli, einem Priestersohn aus Gori, fand er zudem wichtige Mentoren, die ihm den Weg in die bolschewistische Bewegung wiesen. Schließlich wäre Stalins Existenz im revolutionären Untergrund ohne das finanzielle Zutun verschiedener Großunternehmer, so etwa des Bakuer Ölbarons Abraham Nussimbaum, und einiger Mittelständler, die sich enttäuscht von der zarischen Autokratie abgewandt hatten, kaum gesichert gewesen.[56]

Mit Blick auf die weitere Geschichte hat auch dies geradezu etwas von Ironie des Schicksals. Denn für Sosos und Kobas frühe Karriere engagierten sich mitunter Adelige, wohlhabende Kaufleute, aber auch Unternehmer, Kleriker und lokale Honoratioren. Sie alle gehörten zu sozialen Eliten, die wenige Jahrzehnte später als Klassen- und Volksfeinde stigmatisiert und damit jenen Verfemten zugerechnet wurden, die das stalinistische Terrorregime rücksichtslos verfolgen und physisch liquidieren ließ.

Es führt sicher zu weit, Stalins brutale Diktatur rein monokausal auf die frühkindheitlichen Gewalterfahrungen im engsten Familienkreise zurückzuführen. So lieferten Iosif Iremašvilis Erinnerungen, dass die Schläge, denen Soso nahezu täglich ausgesetzt war, ihn bald so hart und herzlos wie seinen tyrannischen Vater machten,[57] die Vorlage für verschiedene psychohistorische Interpretationen. Psychoanalytiker wie Gustav Bychowski und Daniel Rancour-Laferriere sahen gerade darin das ultimative Schlüsselereignis, das bereits den künftigen Diktator vorherbestimmte.[58] Dabei stützten sie sich ausschließlich auf die Erklärungskraft von psychoanalytischen Modellen, ohne indes den historisch-kulturellen Kontext angemessen zu berücksichtigen. Für sich genommen, überzeugen solche Argumente aber wenig, um Stalins Persönlichkeit und Karriere ausreichend zu erklären. Anders sieht es dagegen aus, wenn sie in Sosos weiteres persönliches Umfeld eingeordnet werden. Denn die Art, wie er sich auf der Straße, im Kreise seiner Freunde oder etwa in der Schule gerierte, prägten in kaum geringerem Ausmaß seinen späteren Charakter.

Schon sehr früh verhielt sich Stalin gegenüber seinen Mitmenschen besonders auffällig. Ungeachtet seiner durch verschiedene Krankheiten und Unfälle angeschlagenen physischen Konstitution besaß er dennoch einen ausgeprägten Geltungsdrang. Selbstbestätigung suchte er auf den Straßen von Gori im Kreise von Jugendbanden. Häufig ließ er sich auf Raufereien ein. Dabei scheute er sich nicht, ältere und stärkere Herausforderer zu provozieren. Mitunter waren die Methoden, die er bei dieser Gelegenheit anwandte, alles andere als fair. So brach er mit gängigen Verhaltensregeln, wenn ihm dies zum Erfolg verhalf. Das wiederum brachte ihm den Ruf ein, besonders hinterlistig zu sein. Es reichte ihm nicht aus, Gegner einfach zu besiegen. Er empfand – im Gegenteil – Freude dabei, sie in ihrer Niederlage besonders zu demütigen und endgültig zu vernichten.

Zu all dem kam sein bereits zum damaligen Zeitpunkt ausgeprägter Wille zur Macht. Sein Selbstvertrauen und die sichere Art, aufzutreten, führten ihm zahlreiche Anhänger zu. Er liebte es geradewegs, von Gefolgsleuten umgeben zu sein. Diesen verlangte er stets höchste Loyalität ab. Freundschaft beruhte für ihn auf Vertrauen. Dies war etwas, was in der georgischen Kultur so hoch wie Ehre veranschlagt wurde. Und so war der Verrat eines Freundes die schwerste Sünde, die jemand begehen konnte. Doch gab es – auf seine eigene Person bezogen – in dieser Hinsicht deutliche Grenzen: Wurde in den Lokalbanden Sosos Führungsanspruch in Frage gestellt, dann zögerte er nicht, ins gegnerische Lager zu wechseln, wenn er dadurch wieder in eine exponierte Stellung gelangte. Den Abtrünnigen gegenüber brachte er allerdings ebenso Misstrauen und besondere Rachsucht entgegen wie allen anderen, die grundsätzlich höher gestellt waren als er.[59]

All das widerspricht stellenweise dem, was darüber hinaus von dem jungen Schüler Iosif Stalin überliefert ist. Für jemanden, der aus dem sozialen Milieu der Džugašvilis stammte, war es geradewegs ein Glücksfall, sich weiterbilden zu dürfen. Schnell bewies der gerade erst elfjährige, überaus intelligente Soso, wie sehr die Anstrengungen seiner Mutter gerechtfertigt waren, ihm im Jahre 1890 den Zugang zu einer Schule zu verschaffen. Zuvor musste der georgische Muttersprachler in einer Art zweijährigen Vorschule Russisch lernen. Denn die von Aleksandr III. dekretierte kulturelle Russifizierung setzte dies zwingend voraus, um an einer Elementarschule zugelassen zu werden.

Wenn sich Stalin rasch zu einem ehrgeizigen und äußerst erfolgreichen Schüler entwickelte, dann trug indirekt auch sein Vater mit dazu bei. Dieser war alles andere als von der Idee begeistert, den Sohn auf eine Schule zu schicken. Er wollte ihn vielmehr das Schusterhandwerk erlernen lassen. Nicht zuletzt deshalb entführte er ihn kurzerhand von Gori nach Tiflis, wo der beruflich gescheiterte Vissarion sich in einer Schuhfabrik als Tagelöhner mehr recht als schlecht durchs Leben schlug. Für Stalin, den künftigen Führer des sowjetischen Arbeiter- und Bauernstaates, sollten diese wenigen Monate in der georgischen Hauptstadt die einzigen, widerwillig gemachten praktischen Erfahrungen mit der tristen und eintönigen Welt des ausgebeuteten Fabrikproletariats darstellen.[60]

Mit Hilfe ihrer lokalen Protektoren gelang es Keke jedoch, Soso bald wieder zurück nach Gori zu holen. Und dieser wusste es nach seinen Tifliser Erlebnissen zu schätzen, wie außerordentlich privilegiert er war, die intellektuell anregende Atmosphäre einer Schule erleben zu dürfen. Stalin besaß eine bemerkenswert schnelle Auffassungsgabe. Sein Wissensdrang war so ausgeprägt, dass er selbst in der Freizeit viel las. Er entwickelte sich geradewegs zu einem Musterschüler. Zur Freude seiner Mutter zeichnete sich Soso zudem durch eine auffällige Frömmigkeit aus. Er verpasste kaum einen Gottesdienst und tat sich nicht zuletzt wegen seiner stimmlichen Qualitäten als besonders virtuoser Chorknabe hervor. Aber auch in anderer Hinsicht gab er sich gern als Tugendbold. Selbst wenn es nur schwer mit dem gewohnten Bild in Einklang zu bringen war, das Stalin mit seinen Grobheiten auf der Straße bot: Im Klassenzimmer profilierte er sich während der ihm zugeteilten Dienste, indem er Zuspätkommer, Abschreiber oder sonstige Betrügereien ordnungsgemäß meldete. Das wiederum brachte ihm am Ende den Spitznamen „der Gendarm" ein. Gleichwohl verhielt er sich seinen Lehrern gegenüber nicht devot.[61]

„Internat für Revolutionäre"

Nach vier Jahren erfolgreicher Elementarbildung in Gori erfüllte Stalin spielend die fachlichen Voraussetzungen, um eine weiterführende Schule besuchen zu können. Für seine weitere Karriere war es daher entscheidend, im September 1894 die Zulassung für das Priesterseminar in Tiflis zu erhalten. Auch in diesem Fall gelang es seiner Mutter Keke, spezielle Fürsprecher zu mobilisieren. Denn Stalins Leistungen allein hätten kaum ausgereicht, um an dieser über die Grenzen Georgiens hinaus im ganzen Kaukasus renommierten Religionsakademie aufgenommen zu werden, an der in erster Linie Söhne aus der gesellschaftlichen Oberschicht, des ärmeren Adels und der Geistlichkeit studierten.

Die Leitung des Seminars und das dortige Lehrpersonal waren alles andere als bekannt für liberale politische und soziale Überzeugungen. Sie zeigten sich vielmehr aufgeschlossen für die damals von der Petersburger Reichszentrale verordnete obrigkeitsorientierte Russifizierungspolitik und befürworteten nachhaltig die Prinzipien eines streng konservativen Schulregimes. Dessen

Programmatik zielte in erster Linie darauf ab, gewissenhafte Gottesdiener heranzubilden, die sich loyal zur zarischen Autokratie und zu den Ideen des russischen Imperiums bekannten. Die Pflege georgischen Nationalbewusstseins war damit ebenso tabu wie das Studium kritischer zeitgenössischer russischer Schriftsteller seit Aleksandr Puškin, darunter Autoren wie etwa Lev Tolstoj, Fedor Dostoevskij oder Nikolaj Turgenev. Beides wurde kategorisch abgelehnt.

Das Haus gewährte keinerlei Privatsphäre. Die meisten Seminaristen hatten eher das Gefühl, in einem Kloster, wenn nicht gar in einer straff geführten Gefängnisanstalt zu leben. Dabei waren es nicht die fest geregelten Tageszeiten und Arbeitsabläufe, sondern vor allem die permanente Überwachung, sichergestellt durch spezielle Spitzelringe, die in ihnen solche Emotionen weckten. Dass ein solcher Ort den geeigneten Nährboden für Dissens und Abweichung lieferte, konnte kaum verwundern. Keine weltliche Bildungsinstitution in der Region, so Filip Macharadze, ein damaliger Kommilitone und zeitweiliger Weggefährte Stalins rückblickend, brachte daher „so viele Atheisten hervor wie das Seminar von Tiflis". Schon vor Sosos Eintritt avancierte die Lehranstalt im wahrsten Sinne des Wortes zu einem „Internat für Revolutionäre". Sie wurde zu einem Zentrum für Anti-Regierungsaktivitäten, das zahlreiche intellektuelle Rebellen produzierte. Aus diesen Reihen rekrutierte sich dann die erste Generation georgischer Marxisten, darunter Persönlichkeiten wie Silibistro Džibladze, Noe Žordanija oder der bereits erwähnte Macharadze.[62]

Stalin selbst machte zunächst keinerlei Anstalten, ins Milieu der Widerspenstigen abdriften zu wollen, im Gegenteil. Er betrieb seine Studien mit dem gleichen Eifer, wie man es von ihm bereits aus seiner Zeit in Gori gewohnt war. Vorbildlichkeit und Pflichtbewusstsein zeichneten ihn aus, weshalb er auch dort schnell zum Kreise der gelehrigsten Seminaristen aufrückte. Das von ihm bewältigte Unterrichtspensum machte zudem eins überaus deutlich: Dass Stalin ein wenig gebildeter Mensch der Peripherie gewesen sei, wie manche seiner politischen Gegner später zu suggerieren versuchten, gehört ins Reich der Legenden. Gewiss war das geistliche Seminar auf die Ausbildung künftiger Priester orientiert. Die Lehrpläne umfassten aber vor allem in den ersten Studienjahren sehr wohl auch weltliche Inhalte. Außer den theologischen Fächern wurden hier Mathematik, russische Literatur, Geschichte, Georgisch, Latein und Griechisch gelehrt.

Dies geschah freilich nur im Rahmen der herrschenden Staatsdoktrin. Insbesondere die Geschichtskurse basierten auf dem staatstragenden Lehrbuch von D.I. Ilovajskij, einem einzigen Lobgesang auf die Dynastie der Romanovs und deren zum Wohle des Reiches betriebenen territorialen Expansion.[63] In der altsprachlichen Ausbildung standen klassische Philosophen und Theoretiker auf der Lektüreliste, darunter Xenophons historische Schrift *Anábasis* oder Platons *Apologia*, in der der *homo politicus* Sokrates als vorbildlicher Polisbürger gepriesen wurde, weil er in geradezu idealer Weise die Einheit von politischer und moralischer Existenz verkörperte.

Natürlich entsprach dies nicht gänzlich dem Fächerkanon des klassischen Gymnasiums im damaligen Russland. Doch ungeachtet solcher Einschränkungen bleibt festzuhalten, dass Stalin eine erhebliche Bildung vermittelt bekam, die durchaus den zeitgenössischen europäischen Standards entsprach.[64] Was in diesem Zusammenhang zudem nicht unterschätzt werden darf, sind die generellen Folgewirkungen solch bildungspolitischer Erfahrungen. Sie förderten Sosos generelle intellektuelle Neugierde und weckten vor allem sein großes, lebenslanges Interesse am Selbststudium.

So war er ein äußerst belesener Mensch. Bücher übten auf ihn eine magische Anziehungskraft aus.[65] Und das wiederum verstärkte sich, je selbstkritischer er im Verlauf der Jahre die Methoden der Lehranstalt und die dort vermittelten Inhalte zu hinterfragen begann. All dies wurde letztlich durch die Tatsache begünstigt, dass sich das Priesterseminar in der georgischen Hauptstadt Tiflis befand. Denn die kosmopolitische Atmosphäre der Kaukasusmetropole mit ihren Theatern und öffentlichen Bibliotheken – ganz zu schweigen vom dortigen Zeitungs- und Zeitschriftenangebot –[66] bot den zur Renitenz neigenden Seminaristen nicht nur Abwechslung zum tristen Studienalltag. Sie gewährte auch Möglichkeiten, den ihnen strikt verbotenen Geisteswelten nachzuspüren. Um nicht Gefahr zu laufen, von der

Iosif Stalin als Schüler des orthodoxen Priesterseminars in Tiflis, um 1894/99 (Foto: akg-images/RIA Novosti)

Schule relegiert zu werden, übten sich diejenigen, die sich bewusst auf Abwege begaben, freilich schon sehr früh in konspirativen Techniken. Häufig wurden heimlich Redaktionen kritisch-intellektueller Journale aufgesucht, so beispielsweise die von Georgij Ceretelis Zeitschrift „Kvali" (Der Pflug), einem Blatt, in dem sowohl Agrarsozialisten als auch Marxisten zu Wort kamen. Hier konnten die abtrünnigen Priesterkandidaten weitaus ungestörter ihrer Lektüre nachgehen als in den Lesesälen der städtischen Bibliothek, wo sie nicht vor Denunziationen sicher waren. Aber auch die kleine Buchhandlung von Zacharija Čičavadze gewährte ihnen Unterschlupf und Gelegenheit, sich dort unbehelligt in die verbotene Literatur zu vertiefen oder diese zu diskutieren.[67]

Stalins Wandel vom Musterschüler zu einem – sich allmählich vom Glauben abwendenden – Unruhestifter fiel in die Jahre 1896/97. In dieser Zeit weckte er bei der Seminarleitung ersten Argwohn, als er auf dem Schulgelände mit Lektüre aufgegriffen wurde, die dort auf dem Index stand. Gemessen an anderen Kommilitonen, die mit marxistischer Literatur ertappt worden waren, haftete dem Vergehen Stalins jedoch wenig Spektakuläres an. Man konfiszierte Bände von Victor Hugos „Arbeiter des Meeres" oder dessen Revolutionsroman „1793", die Soso mit großem Interesse verschlungen hatte, und das ins Russische übersetzte Buch des französischen Ethnografen und Darwinisten Charles Letourneau „L'Évolution literaire dans les divers races humaines". Gleichwohl hatte er sich damit erheblichen Ärger eingehandelt. Er wurde zwar nicht der Schule verwiesen, jedoch – als erste Verwarnung – mit Karzer bestraft.[68] Doch beeindruckte ihn das insgesamt wenig. Er ließ nicht davon ab, verbotene Romane zu lesen, die er über einen von ihm mitgegründeten konspirativen Klub namens „Billige Bibliothek" regelmäßig bezog. Sympathien brachte Stalin in diesem Zusammenhang besonders für Émile Zola und dessen Werk „Germinal" auf. Hier faszinierte ihn, wie sich die in kärglichen Verhältnissen lebenden nordfranzösischen Bergarbeiter am Ende in einer sozialen Revolution gegen die unterdrückende Bourgeoisie zu befreien versuchten. Die russischen Satiriker Michail Saltykov-Ščedrin und Nikolaj Gogol' mit ihrer bissigen Gesellschaftskritik zählten ebenso zu seinen geschätzten Autoren wie Anton Čechovs pointierte Beschreibungen der Dekadenz des Kleinbürgertums oder Fedor Dostoevskijs Meisterwerk „Die Dämonen", das ganz im Zeichen revolutionärer Verschwörung und Verrat stand.

Stalin war nicht nur mit der – in jener Zeit vor allem aufgeklärt-kritische Kreise bewegenden – großen belletristischen Literatur vertraut. Er zeigte überdies starke historische Interessen. In seiner spärlichen Freizeit sowohl im Priesterseminar als auch in späteren Jahren las er – selbst in schwierigen Lebenslagen, etwa in der sibirischen Verbannung oder während der Revolutionswirren von 1917 – begeistert Abhandlungen über europäische Geschichte, darunter die Klassiker der russischen Historiografie des ausgehenden 18. und 19. Jahrhunderts, Nikolaj Karamzin und Sergej Solov'ev. Mit fortschreitendem Alter übten der Renaissance-Autor Niccolò Machiavelli mit seinem oft als Handbuch für Tyrannen charakterisierten „Der Fürst", das Standardwerk für kriegstheoretische Studien des preußischen Generalstabchefs Carl von Clausewitz „Vom Kriege", Otto von Bismarcks „Gedanken und Erinnerungen" und – in späteren Jahren – Adolf Hitlers

„Mein Kampf" eine besondere Anziehung auf ihn aus. Dabei bewältigte er ein ungeheures Lesepensum, mitunter bis zu 500 Seiten täglich. Was er zudem als Tifliser Seminarist aus dem Unterricht über die offizielle mittelalterliche Geschichte Georgiens gelernt hatte, waren die geschickten und skrupellosen Methoden, mit denen es die dortige Dynastie der Bagratiden verstanden hatte, die Macht an sich zu reißen und über mehrere Jahrhunderte hinweg zu behaupten.[69]

Während der ersten Jahre auf der Priesterschule kam aber auch eine andere Seite Stalins zum Vorschein, die man im ersten Moment nicht ohne weiteres automatisch mit der Person des künftigen Despoten in Verbindung gebracht hätte: Gemeint ist der poetische, romantische Stalin. Dieser gerademal 16-jährige schrieb Gedichte, deren Themen um die georgische Natur und Nation kreisten und deren Schönheit vor allem in der „Zartheit und Reinheit des Rhythmus und der Sprache" lagen. Sie verbanden kunstvoll persische, byzantinische und georgische Metaphern, weshalb sie die Aufmerksamkeit des Dichters Ilja Čavchavadze weckten, der einige in seiner renommierten Zeitung „Iverija" (Georgien) veröffentlichte.[70]

Die romantisch-nationalistische Dichterphase währte indes nicht lange. Sie endete zur gleichen Zeit, als der vorbildliche Schüler Soso 1896/97 endgültig seine Ambitionen begrub, dem Wunsch der Mutter gemäß ein treuer Gottesdiener zu werden. Sein Abdriften ins ideologische Fahrwasser des Marxismus hatte dabei manches gemein mit anderen angehenden russischen Revolutionären. Dabei war auch für ihn die Begegnung mit Nikolaj Černyševskijs Roman „Was tun?" ein Schlüsselerlebnis. Das 1862 publizierte Werk, das eine ganze Generation russischer Marxisten, darunter auch Vladimir Il'ič Lenin, nachhaltig prägte, beeindruckte durch seine vorbildliche Heldenfigur Rachmet'ev: ein asketischer, zum Puritanismus neigender Mann, dem es nicht an übermenschlichem Willen fehlte, sein ganzes Sinnen und Trachten in den Dienst der revolutionären Untergrundarbeit zu stellen. Es mag überraschen, doch bekehrte dieser Roman in Russland zeitweilig mehr Menschen, sich der Sache des Umsturzes zu verschreiben, als die klassische Lektüre von Karl Marx oder Friedrich Engels.[71]

Stalins Weg zum Marxismus vollzog sich dennoch keinesfalls geradlinig, sondern eher in verschiedenen Etappen. Das lag nicht zuletzt daran, dass er bereits in seinen Jugendjahren ein überaus vorsichtiger, um nicht zu sagen: misstrauischer Mensch war. Wenn in seiner offiziellen Biographie aus dem Jahre 1938 behauptet wurde, er sei schon als 15-jähriger Seminarist der revolutionären Bewegung, namentlich den illegalen Gruppen russischer Marxisten beigetreten, dann entsprach dies allenfalls den Erfordernissen des damaligen Personenkults,[72] nicht aber den historischen Realitäten. Er gehörte erst seit 1897 einem Geheimbund an, der sich am Tifliser Internat gebildet hatte. Und auch dies war für sich genommen noch keineswegs so aufsehenerregend, wie man zunächst meinen mochte. Abgesehen von harmloser Literatur, die die Schulleitung jedoch gebannt hatte, diskutierte man hier über verschiedene politisch-ideologische Schriften von Marx und Georgij Plechanov, einem der geistigen Väter der russischen Sozialdemokratie.

Sosos Mitgliedschaft in der Studiengruppe bedeutete indes nicht, dass er sogleich vom christlich-orthodoxen Priesterkandidaten zum radikalen Revolutionär mutierte. Seine Entwicklung zum Marxisten brachte ihn bemerkenswerterweise kurzfristig mit der Welt der *narodniki*[73] in Berührung. So begab er sich während der Sommerferien des Jahres 1897 für mehrere Wochen mit seinem Freund Mišo Davitašvili in das Dorf Cromu. Hier wollten sich beide unter das Volk begeben und – ganz entsprechend den Prinzipien der *narodničestvo*-Bewegung – aufklärerisch wirken. In jenen Monaten reifte bei Stalin zeitweilig der Gedanke heran, sich künftig auf die Rolle eines Dorfschreibers zu verlegen, um sich in dieser Funktion für die Armen engagieren und kämpfen zu können. Auch über diese Vorgänge aus Stalins Jugend gingen die offiziellen Parteihistoriker großzügig hinweg, denn Affinitäten zu den Volkstümlern waren unvereinbar mit den damaligen ideologischen Grundpositionen der Bol'ševiki.

Erst der Kontakt zu Lado Kecchoveli stellte für Sosos revolutionäre Zukunft eine wichtige Zäsur dar. Stalin war ihm erstmals im Herbst 1897 begegnet. Lado, der gleichfalls dem Priesterseminar in Tiflis angehört hatte, dort allerdings vier Jahre zuvor relegiert worden war, weil er zu den führenden Köpfen einer Protest-

und Streikaktion zählte, wurde fortan zu Stalins geistigem Mentor. Über ihn lernte er nicht nur das weitere Umfeld der illegalen marxistischen Arbeiterzirkel in der georgischen Hauptstadt kennen. Kecchoveli half ihm darüber hinaus bei der weiteren Beschaffung einschlägig weltanschaulicher Literatur. Schließlich war es auf Lados Einfluss zuruckzuführen, dass Stalin im Jahr darauf der *mesame-dasi* beitrat, dem örtlichen Zweig der im Aufbau befindlichen Russischen Sozialdemokratischen Arbeiterpartei (RSDAP), aus der später dann der politische Flügel der Bol'ševiki hervorgehen sollte.

Je mehr Stalin sich auf dieses Milieu einließ, desto stärker regte sich bei ihm das Verlangen, innerhalb des Priesterseminars Unruhe zu stiften. Dabei war er – im Unterschied zu seinem geistigen Ziehvater Lado – freilich noch kein radikaler Aktivist. Gleichwohl legte Stalin sich von da an verstärkt mit der Internatsleitung, den Schulinspektoren und den Lehrern an. Aufsässigkeit und Widerspruch prägten sein Auftreten. Die Noten wurden rasant schlechter, weil er keinen Sinn mehr in den dort vermittelten Unterrichtsinhalten erblickte. Stattdessen konzentrierte er sich darauf, die Fragen des Sozialismus und der politischen Ökonomie intensiver zu studieren, um den abhanden gekommenen Glauben durch die Erklärungskraft der marxistischen Weltanschauung zu kompensieren.

Es war nur noch eine Frage der Zeit, bis der unausweichliche Bruch mit seinem bisherigen Leben vollzogen wurde. Im Frühjahr 1899 kam schließlich die längst überfällige Wende. Stalin verließ aus eigener Initiative die Lehranstalt, die ihm bei allen Widrigkeiten und Entbehrungen jedoch zweierlei für seinen weiteren Werdegang mitgab: eine für die damalige Zeit erstaunlich solide klassische Bildung und ein Gefühl für die Wirksamkeit repressiv-konspirativer Methoden.[74] Wie die meisten der insgesamt wenig bekannten Details aus Sosos Jugendjahren wurde auch jenes biografische Ereignis von den späteren bolschewistischen Geschichtsapologeten mit den Vorstellungen einer idealen Parteikarriere in Einklang gebracht. Und so konstruierte man den revolutionären Mythos – wie konnte es anders sein –, dass der große *vožd*, der Führer Stalin, am 29. Mai 1899 „wegen Propaganda des Marxismus aus dem Seminar ausgeschlossen" worden sei.[75]

Kultur der Russischen Sozialdemokratie

Spätestens mit dem 21. Geburtstag und seiner Wandlung zum Berufsrevolutionär geriet der im Kaukasus sozialisierte Stalin in den Sog einer neuen politischen Kultur. Es war die Kultur der Russischen Sozialdemokratie „mit ihren besonderen moralischen und persönlichen Verhaltensformen".[76] Und das wiederum bewirkte auf längere Sicht, dass Soso nicht zuletzt dank des Zusammentreffens und der Kooperation mit kosmopolitischen Marxisten wie etwa Lev Kamenev den engen politischen Horizont einer allein auf Georgien bezogenen Perspektive allmählich überwand.[77] Gleichzeitig machte sich bei ihm ein Identitätswandel bemerkbar, den seine Tochter Svetlana Allilueva später so charakterisierte: Nun begann er, „ganz und gar Russe" zu werden.[78]

Die riskante politisch-revolutionäre Untergrundtätigkeit während der letzten beiden Jahrzehnte der zarischen Autokratie zwang ihn darüber hinaus, sein besonderes Talent, konspirativ zu arbeiten und sich gegenüber Mitmenschen zu verstellen, weiter zu perfektionieren. Nachhaltige Auswirkungen auf sein politisches Denken und Handeln hatten aber auch die innerparteilichen Auseinandersetzungen und Diskussionen zwischen den in Russland verbliebenen *praktiki* – den sogenannten Praktikern, zu denen sich bald auch der spätestens ab 1903 unter dem Pseudonym „Koba" agierende Stalin zählte – und den sozialdemokratischen Intellektuellen und Theoretikern wie etwa Plechanov, Lenin oder Bogdanov. Letztere lebten zumeist unbehelligt im westeuropäischen Exil. Sie gehörten unterschiedlichen politischen Strömungen an und leisteten sich in ihrem Emigrationswirrwarr gar zu oft den Luxus, sich in endlos ideologisch-philosophischen Streitigkeiten zu verlieren, was 1903 wiederum mit der Spaltung der Partei in einen menschewistischen und einen bolschewistischen Flügel endete.[79] Mit den politisch-gesellschaftlichen Realitäten des Zarenreiches und den daraus abgeleiteten praktischen Notwendigkeiten hatte dies mitunter nur noch wenig zu tun. Die *men on the spot*, die tagtäglich vor Ort unter den Bedingungen der Überwachung durch die zarische Geheimpolizei Ochrana ihre Sicherheit und ihr Leben aufs Spiel setzten, brachten dem wenig Verständnis entgegen. Für sie, allen voran Stalin, waren daher jene Theoretiker des Exils oftmals Personen, denen bisweilen das Gefühl für die revolutionäre Lagebeurteilung und das realistisch Machbare abhanden gekommen war.[80]

Stalins erstes Jahrzehnt als Handlungsreisender des politischen Umsturzes spielte sich im Südkaukasus vor allem in dem revolutionären Dreieck Tiflis, Batumi und Baku ab. Kaum hatte er sich in die Reihen der russischen Sozialdemokratie begeben, fand und positionierte er sich sogleich in einem dort sehr erbittert geführten Streit. Der Disput, der auch die georgischen Marxisten nachhaltig umtrieb, war über folgende ungeklärte Fragen entbrannt: Sollte die Rolle der Partei in erster Linie darin bestehen, Arbeiter lediglich politisch zu schulen, um dadurch ihr proletarisch-revolutionäres Klassenbewusstsein zu stärken, oder galt es allein, das Proletariat über gezielte Agitation für politische Aktionen auf der Straße zu mobilisieren?

Für „Koba", dessen fanatischer Hass sich gegen die bestehende Staatsgewalt und gegen alle besitzenden Klassen richtete, gab es in dieser Hinsicht keinen Zweifel. Als Mann der Tat plädierte er uneingeschränkt für den Kampf. Es überrascht daher wenig, wenn 1900 in der georgischen Hauptstadt entsprechende Flugblätter auftauchten, die zu direkten politischen Aktivitäten aufriefen. Stalin zeigte sich in dieser Angelegenheit geradezu kompromisslos. Seine publizistischen Äußerungen jener Jahre, veröffentlicht etwa in der sozialdemokratischen Zeitung „Brdzola" (Der Kampf) oder in anderen zahlreichen Pamphleten, kennzeichnete eine blutrünstige Rhetorik, die selbst für einen angehenden Bol'ševik außergewöhnlich war. Leidenschaftlich rief er – besonders während der revolutionären Unruhen von 1905 – zu blutigen Racheakten auf. Die Gewalt musste auf die Straße getragen werden, jenem Ort, an dem sich seiner Meinung nach allein Erfolg oder Misserfolg der Revolution entscheiden sollte. Nach 1907 hatte es zwar den Anschein, als würde sich Koba in seiner grenzenlosen Wut zu zügeln verstehen. Doch war dies eher taktische Zurückhaltung, die lediglich von kurzer Dauer sein sollte.[81]

Überall, wo Stalin zum damaligen Zeitpunkt erschien, ereignete sich zumeist zweierlei: Er polarisierte innerhalb der Parteigremien und förderte durch seine despotisch-intrigante Art sowie die mangelnde Bereitschaft, sich ein- bzw. unterzuordnen, oftmals spalterische Tendenzen. Schon damals präsentierte er sich in den Augen vieler seiner Zeitgenossen als kleiner Diktator. Sein Auftauchen war darüber hinaus häufig von einem weiteren Phänomen begleitet: An solchen Orten kam es innerhalb kürzester Zeit zu Streiks und Arbeiterunruhen. Hier erwies er sich als glänzender Organisator. Das mussten selbst seine politischen Gegner respektvoll anerkennen. Als überaus vorteilhaft zeigte sich abermals das Handwerkszeug, das ihm das Tifliser geistliche Seminar mitgegeben hatte: „Eines bringt einem der Priester bei", vertraute er einst im Alter dem sowjetischen Marschall Aleksandr Vasilevskij an, „nämlich [zu] verstehen, was die Menschen denken".[82] Diese Gabe beherrschte Stalin geradezu meisterhaft. Er stachelte die zum Aufruhr bereiten Kreise nicht nur mit Hilfe illegaler politisch-ideologischer Flugschriften und Kampfmaterial an. Der begnadete Propagandist, der durch derlei Untergrundaktivitäten bald in das Visier der Geheimpolizei geriet, begeisterte zudem in kleinen Arbeiterzirkeln durch seine einfache Sprache und durch klare instruktive Beispiele.[83] Das galt etwa für Tiflis, wo es 1901 zu Mai-Demonstrationen kam, genauso wie für Batumi, jenem Industrieort und Seehafen am Schwarzen Meer, der ein wichtiger Umschlagplatz für Erdöl aus Baku war. Hier profilierte sich Koba gleichfalls noch im selben Jahr erfolgreich als militanter Initiator von Arbeiterunruhen. Sie endeten allerdings mit der traurigen Bilanz von 13 Toten.

Die politische Arbeit in Batumi, wo die Partei ungeachtet der Tatsache, dass es sich um eine aufstrebende Industriemetropole handelte, noch reichlich unterrepräsentiert war, konzentrierte sich darauf, der Bewegung verbesserte Organisationsstrukturen und ein deutlicheres Profil zu verschaffen. Dagegen hatten die dortigen Genossen an sich nichts einzuwenden. Was sie indes gegen Stalin aufbrachte, war dessen anhaltende Neigung zu kapriziösen Touren. Ähnlich wie zuvor in der georgischen Hauptstadt geriet er auch hier mit den lokalen Parteigenossen in Konflikt. Politisches Intrigantentum, auf das er sich virtuos verstand, paarte sich mit grenzenlos arrogantem Auftreten. Er gerierte sich übertrieben selbstbewusst und machte auf respektlose Art deutlich, für wie einfältig er seine Genossen hielt. Allein sein politisches Erfolgsrezept, das verdeckte Aktivitäten, illegale Agitation und vor allem eine feste Kontrolle über die Arbeiter propagierte, ließ er gelten. In der Frage, in welchem Umfang einfache Proletarier der marxistischen Sozialdemokratie beitreten und damit zum aktiven Parteileben beitragen sollten, nahm er eine dezidierte Grundhaltung ein. Seine oberste Priorität galt dem Gedanken, alles zu unterlassen, was die Autorität erfahrener Organisatoren – wie seine eigene – unnötig gefährden würde. Es war gerade dieser elitäre Zug revolutionär-konspirativer Parteiarbeit, der ihn über kurz oder lang in das engere Umfeld Lenins bringen sollte. Überhaupt ist auffallend, wie sehr sich Stalin damit zu einem erstaunlich frühen Zeitpunkt – die Russische Sozialdemokratische Arbeiterpartei war noch keinesfalls gespalten – als ein Bol'ševik in Lauerstellung präsentierte.[84] Die Unzufriedenheit, die der Praktiker Koba dadurch in den Parteireihen von Batumi säte, stand insgesamt in keinem Verhältnis zu seinem ansonsten in dieser Stadt erfolgreich geführten revolutionären Tagesgeschäft.

Geselle der Revolution

Für seine kaukasische Parteikarriere stellte der Wechsel nach Baku eine besondere Zäsur dar. Dorthin verschlug es den soeben frisch mit Ekatarina Svanidze Verheirateten im Jahre 1907. Er begann in der boomenden Erdölmetropole am Kaspischen Meer als erfahrener *komitetčik*, als Gremienarbeiter, der auf die harte und entbehrungsreiche Schule des politischen Untergrunds zurückblicken konnte. In bewährter Manier gelang es ihm daher auch hier, dem bolschewistischen Parteiflügel die Kontrolle über die sozialdemokratische Organisation zu verschaffen. Bei dieser Gelegenheit lernte er mit Kliment Vorošilov, Grigorij (Sergo) Ordžonikidze und Andrej Vyšinskij, der als blutrünstiger Chefankläger der großen Schauprozesse in die Geschichte der Sowjetunion eingehen sollte, einige seiner später loyalsten Parteigänger kennen.

Baku stellte für Koba aber auch in anderer Hinsicht eine Herausforderung dar. Während er seine Zeit in Tiflis und Batumi als „revolutionäre Feuertaufe" charakterisierte, die ihn zum „Lehrling der Revolution" machte, stählten ihn die „drei Jahre revolutionärer Arbeit unter den Arbeitern der Erdölindustrie […] als Kämp-

71

fer und einen der Leiter der praktischen Arbeit am Ort. Im Umgang mit […] fortschrittlichen Bakuer Arbeitern […] und im Sturm schwerster Konflikte zwischen Arbeitern und Erdölindustriellen […] erfuhr ich zum erstenmal, was es heißt, große Arbeitermassen zu führen. Dort, in Baku, erhielt ich somit meine zweite revolutionäre Feuertaufe. Dort wurde ich ein Geselle der Revolution", wie er fast zwanzig Jahre später in einer Ansprache vor Eisenbahnarbeitern betonte.[85]

In den Planungen der Bol'ševiki kam dieser Stadt eine Schlüsselfunktion zu. Und dies umso mehr, als sich spätestens nach der Revolution von 1905 herausgestellt hatte, wie überaus erfolgreich die Men'ševiki in weiten Teilen des Kaukasus, vor allem in Georgien, waren. Von Baku aus wollte man nunmehr zum Schlag gegen sie ausholen und sie aus den proletarischen Zentren des Transkaukasus vertreiben.[86] In Baku wurde deshalb der sonst eher auf verdeckte Operationen spezialisierte Koba in einem bislang ungekannten Ausmaß in die Probleme und besonderen Finessen offener Gewerkschaftsarbeit involviert. Gleichwohl rückte er dabei keinesfalls grundsätzlich von seinen alten revolutionären Positionen ab. Dennoch bewirkten die unmittelbaren Einblicke in den alltäglichen Kampf der Arbeiterklasse bei ihm eine realistischere Sicht auf die bevorstehenden Aufgaben der Partei. Denn jetzt zeigte er sich erstmals davon überzeugt, dass ein aktives „Eingreifen der Gewerkschaften und unserer Organisation zu einem der sichersten Mittel für den Zusammenschluss des Proletariats werden kann. […] Wir dürfen nicht vergessen", so relativierte er manche elitären Vorstellungen über die lediglich von einem kleinen Zirkel verschworener Berufsrevolutionäre zu leistenden Parteiarbeit, „dass unsere Organisation nur nach Maßgabe des aktiven Eingreifens in alle Angelegenheiten des proletarischen Kampfes wachsen wird".[87]

Es war nur konsequent, dass er in diesem Zusammenhang auch andere Überzeugungen zu modifizieren begann. So gab er seinen kategorischen Widerstand gegen die aus der ersten russischen Revolution von 1905 hervorgegangene Staats-Duma auf. Damit wechselte er in das politische Lager derjenigen, die für eine parlamentarische Arbeit votierten. Koba erkannte und akzeptierte schließlich, welche Möglichkeiten sich – neben dem von ihm favorisierten bewaffneten Kampf und Terror auf der Straße – durch eine begrenzte Kooperation mit dem Petersburger Parlament boten. Die Duma ließ sich künftig als legales Forum für die bolschewistische Agitation instrumentalisieren. Folgerichtig gab Stalin auch sein entschiedenes Nein auf, wenn es darum ging, die Bol'ševiki an den Duma-Wahlen fortan zu beteiligen.[88]

Das wiederum versöhnte ihn zusehends mit Lenin, der in den Revolutionswirren des Jahres 1905 eindringlich zu solch temporär taktischen Winkelzügen geraten hatte. Für Lenin hegte er bereits tiefe Sympathien, seit er in den späten 1890er Jahren dessen Schriften gelesen hatte. Nach dem von Vladimir Il'ič 1903 auf dem II. Parteitag der Russischen Sozialdemokratischen Arbeiterpartei in Brüssel bzw. London herbeigeführten Bruch zögerte Koba nicht, sich augenblicklich dem radikalen bolschewistischen Flügel unter Lenins Führung anzuschließen. Von da an wurde er zu einem glühenden Leninisten. Vladimir Il'ičs Konzept von der kleinen, zentralistisch organisierten Elitepartei, deren Erfolg er vor allem durch die strenge Disziplin einer verschworenen Gruppe professioneller Umstürzler gewährleistet sah, deckte sich in weiten Teilen mit den Vorstellungen Stalins. Fortan schrieb sich der Praktiker Koba auf die Fahnen, den gegnerischen Men'ševiki in seiner kaukasischen Heimat bei jeder Gelegenheit kompromisslos die Stirn zu bieten.[89]

Bei aller Bewunderung, die er seinem revolutionären Ideal entgegenbrachte, entwickelte sich Stalin aber zu keinem unreflektierten, blinden Gefolgsmann. Schon im Dezember 1905, anlässlich der ersten Begegnung auf der Parteikonferenz im finnischen Tammerfors, erhielt sein bisheriges Lenin-Bild manche Blessuren. Dabei war es nicht nur die eher blasse Erscheinung seines „Helden der Arbeiterklasse", des „Bergadlers", die ihn dort im ersten Moment enttäuschte. Was ihn noch mehr irritierte, war Lenins vermeintlicher Kurswechsel, die Gunst der revolutionären Stunde nicht zum Sturz der verhassten zarischen Autokratie zu nutzen. Vladimir Il'ič votierte stattdessen für taktische Zurückhaltung, die Stalin – wie bereits angedeutet – spätestens 1907 dann zeitweilig unterstützte.[90]

Aber auch in der Folgezeit sollte es immer wieder Anlässe für Meinungsverschiedenheiten geben – sei es etwa in der Beurteilung der Agrarfrage oder beim taktischen Umgang mit den Men'ševiki. So plädierte Lenin als Verfechter einer „revolutionär-demokratischen Diktatur der Proletarier und Bauern" dafür, in der Zeit nach dem Sturz des Zarismus eine weitgehende Verstaatlichung des Agrarlandes anzustreben. Dem widersprach Stalin vehement. Er hielt solche Forderungen für naiv und wenig realistisch, weil sie die ländliche Bevölkerung leichtfertig in die Hände des politischen Gegners treiben würden. 1908 kam es in der Frage zum Dissens, wie mit dem menschewistischen Parteiflügel in der Staats-Duma zu verfahren sei. Es mochte in diesem Zusammenhang freilich überraschen, wenn gerade Stalin, der wenige Jahre zuvor noch als unerbittlicher Menschewistenfresser aufgetreten war, Lenin in diesem Punkt die Gefolgschaft versagte. Die Zusammenarbeit mit der menschewistischen Fraktion in der Duma aufzukündigen, schien seiner Auffassung nach nur unnötig Verwirrung und Verärgerung in den eigenen Reihen zu stiften.[91]

Wenn Koba so argumentierte, dann geschah dies allein unter dem Eindruck der Politik, die der damalige Ministerpräsident Petr Stolypin zwischenzeitlich gegenüber dem russischen Parlament eingeschlagen hatte. Um die widerspenstige Staats-Duma zu bändigen, hatte Stolypin nämlich das Wahlgesetz so verändert, dass der Einfluss von Proletariern, Bauern und nationalen Minderheiten drastisch zurückgedrängt, die Repräsentation der Aristokratie dagegen erheblich gestärkt wurden. Als sich die dritte Duma im November 1907 konstituierte, dominierten fortan die regierungsfreundlichen Parteien, die Konstitutionellen Demokraten und sozialistischen Gruppen waren indes zu zersplitterten Minderheiten zusammengeschmolzen.[92] Damit wird deutlich, warum Stalin daran lag, mit seiner Haltung der weiteren Schwächung des sozialistischen Lagers entgegenzuwirken.

In diesem Sinne zeigte er sich auch reserviert gegenüber Lenins intellektueller Angriffsfreude auf dem Gebiet der Philosophie. Dessen Auseinandersetzungen mit dem Parteitheoretiker Aleksandr Bogdanov, die eskalierte und schließlich in erbitterte Feindschaft mündete, war für Koba eher konstruiert – ein Sturm im Wasserglas, nichts anderes als unnötige Zeitverschwendung und allenfalls von marginaler Bedeutung für die Sache der Revolution. Vor diesem Hintergrund plädierte Stalin für Mäßigung, um die

Organisation und Schlagkraft der Bol'ševiki nicht unnötig zu gefährden. Ungeachtet solch kontroverser Beurteilungen, die es auch in den Folgejahren immer wieder geben sollte, waren Stalin und Lenin allerdings beide Politiker, die sich durch ein erhebliches Maß an Pragmatismus auszeichneten. Was sie zusammenführte und letztlich dann auch zusammenhielt, waren die gemeinsamen revolutionären Prinzipien, denen am Ende ein gelegentlicher Dissens über operative Fragen nichts anhaben konnte.[93]

Nicht zuletzt deshalb brachte Stalin – trotz seiner charakterlichen Defizite – gute Voraussetzungen für einen politischen Aufstieg innerhalb der bolschewistischen Partei mit. Wenn er im Transkaukasus bereits in der ersten Dekade des 20. Jahrhunderts eine herausragende Stellung im sozialistischen Parteiengefüge einnahm, dann gibt es dafür eine einfache Erklärung: Abgesehen von seinen persönlichen Ambitionen und Intrigen, die ihn mit nach oben brachten, waren es die generellen politischen Umstände, die dort seine Karriere begünstigten. Der Kaukasus war eine traditionelle Hochburg der Men'ševiki. Im Unterschied dazu zeichneten sich deren bolschewistischen Gegenspieler durch erhebliche personelle und organisatorische Schwächen aus. Allein in Georgien zählten sie zeitweilig lediglich 500 Mitglieder. Der Mangel an geeigneten Kadern – und damit potenziellen Konkurrenten – eröffnete daher dem jungen Koba mit seinem außerordentlichen Organisationstalent schon frühzeitig ungeahnte Chancen. So verwundert es kaum, dass er im Januar 1904 in das sogenannte Komitee der Kaukasischen Union kooptiert wurde, das die gesamte bolschewistische Parteiarbeit in der Region koordinierte. Während der turbulenten Revolutionsereignisse von 1905 nahm er dort eine wesentlich einflussreichere Funktion ein als alle anderen späteren Mitglieder des Ende 1917 gebildeten ersten Politbüros der RKP (b), der Russischen Kommunistischen Partei der Bol'ševiki. Spätestens seit 1907 zählte Koba zu den unbestrittenen bolschewistischen Führern Georgiens. Seine doktrinäre Orthodoxie zweifelte keiner mehr an. Selbstbewusst gerierte er sich als „Lenin des Kaukasus".[94]

Stalin war also keineswegs ein unbedeutender Provinzpolitiker, wie es manche politische Gegner im Nachhinein darzustellen versuchten. Wenn Lenin auf ihn aufmerksam wurde, dann nicht nur, weil er Kobas unermüdlichen revolutionären Aktionismus an der südöstlichen Peripherie des zarischen Vielvölkerimperiums, sondern auch dessen zügellose Skrupellosigkeit zu schätzen wusste. Stalin erlangte schnell den Ruf, Lenins Mann fürs Grobe zu sein. Er war es, der in erster Linie für die Aufbesserung der Parteikasse und damit die Finanzierung der revolutionären Aktivitäten eine zentrale Rolle spielte. Hinter den gemeinhin als „Expropriation" bezeichneten Unternehmungen standen in der Regel gewaltsame Banküberfälle, die häufig blutig endeten. Innerhalb der Russischen Sozialdemokratie waren diese zweifelhaften Methoden der Geldbeschaffung nicht unumstritten. Sie wurden deshalb auf dem V. Parteitag geächtet und untersagt. Doch Lenin und Stalin setzten sich respektlos darüber hinweg.

Der spektakulärste Coup, der sogar außerhalb Russlands in der damaligen internationalen Presse seinen Widerhall fand, gelang Koba am 13. Juni 1907. An jenem Tag erbeutete sein Überfallkommando in der Tifliser Innenstadt die ungeheure Summe von umgerechnet rund 3 Millionen Euro. Was dem Raub darüber hinaus ein solches Aufsehen verschaffte, war die äußerste Brutalität, mit der die Täter dabei vorgingen. Neben normalen Handfeuerwaffen setzten sie auf die geballte Kraft von Bomben und Handgranaten. 40 Tote, darunter drei Kosaken, Bankangestellte und eine – unglücklicherweise zu jenem Zeitpunkt am falschen Platz stehende – größere Zahl von Passanten sowie 50 Verwundete krönten die traurige Bilanz dieses Anschlags.

Stalin vermied es stets, unmittelbar an solchen Operationen beteiligt zu sein. Stattdessen agierte er aus dem Hintergrund, ohne dabei die Fäden aus der Hand zu geben. Für die eigentlich operativen Dienste hatte er permanent Räuberbanden und geheime Mordkommandos zusammengestellt, die sich ihm gegenüber stets loyal verhielten. Außer Bankraub oder Schutzgelderpressung betrieben diese auch geheimen Waffen- und Munitionsschmuggel. Schließlich zögerte Stalin nicht, seine kriminellen Gefolgsleute für Auftragsmorde einzusetzen. Sie waren es, die innerparteiliche Gegner oder Spitzel der Ochrana, die sich in die Reihen der Partei eingeschlichen hatten, am Ende liquidieren mussten. Koba war besonders dafür bekannt, gnadenlose Hexenjagd auf potenzielle

Informanten der zarischen Geheimpolizei zu veranstalten. Dabei konnte es durchaus vorkommen, dass selbst Unschuldige hingerichtet wurden. Doch für ihn rechtfertigte der revolutionäre Kampf solche Opfer. Stalin führte zudem den Spionage- und Gegenspionagedienst seiner Partei. Damit fiel es in seine Zuständigkeit, Mitarbeiter der lokalen Gendarmerie oder Offiziere der Ochrana anzuwerben. Das fiel gerade im Kaukasus mitunter überaus leicht. Denn die dortige Polizei war für ihre Käuflichkeit berüchtigt. So gelangten die Bol'ševiki immer wieder an nützliche Informationen über Verräter oder bevorstehende Razzien. Gelegentlich ließen sich diese Kontakte aber ebenso dafür benutzen, um inhaftierte Parteigenossen vorzeitig freizubekommen.[95]

In diese Zeit fallen zudem verschiedene Gerüchte, denen zufolge Stalin ein Agent der zarischen Geheimpolizei gewesen sein soll.[96] Die Spekulationen darüber stützten sich besonders auf die Tatsache, dass Koba sich häufig rechtzeitig politischen Verhaftungswellen entziehen konnte. Indes gibt es bis heute, selbst nach Öffnung der russischen Archive, keine stichhaltigen Beweise, die solche Unterstellungen erhärten würden. Das Gegenteil ist vielmehr der Fall. Allein der Tatbestand, dass Stalin zwischen 1908 und 1917 lediglich anderthalb Jahre in Freiheit verbrachte, lässt erhebliche Zweifel an Behauptungen aufkommen, Koba sei ein bezahlter Spitzel der Ochrana gewesen. Gewiss verstand er es gelegentlich, noch aus dem Gefängnis heraus seine gesamte Autorität und besonderen Kontakte dafür einzusetzen, um inner- wie außerhalb der Haftanstalt politische Unruhe und Aufruhr zu schüren. Doch reichte das bei weitem nicht aus, um sich für die Bedürfnisse der Geheimpolizei zu qualifizieren. Diese setzte vielmehr auf Informanten, die sich auf freiem Fuß befanden und von dort aus im Dienste der Autokratie operativ tätig wurden. Das beste Beispiel hierfür war Roman Malinovskij, einer der mit Abstand prominentesten Agenten auf der Gehaltsliste des zarischen Geheimdienstes, der im engsten Führungszirkel um Lenin platziert werden konnte. Er gehörte sowohl der Duma-Fraktion als auch dem Zentralkomitee der Bol'ševiki an und genoss damit Lenins volles Vertrauen.[97]

Spätestens ab 1911 begann auch Stalins politischer Aufstieg außerhalb seiner georgischen Heimat. Dass er in die zentralen

Entscheidungsgremien der bolschewistischen Partei aufrückte, war einerseits der Förderung durch Vladimir Il'ič Lenin und andererseits besonderen historischen Umständen, um nicht zu sagen, Glücksfällen zu verdanken. Beeindruckt von Kobas außergewöhnlichem Organisationstalent hatte ihn Lenin für eine Parteischulung in Longjumeau bei Paris ausgewählt – eine weiterqualifizierende Maßnahme und wichtige Voraussetzung, um die höheren Weihen der Parteiarbeit zu erlangen. Die Einladung dafür sollte Stalin, der zum damaligen Zeitpunkt als Verbannter in Vologda lebte, allerdings nicht erreichen. Alles in allem erwies sich dies als Wink des Schicksals. Hätte Koba an der Schulung in Frankreich teilgenommen, wäre er möglicherweise von Lenin damit beauftragt worden, die für Januar 1912 in Prag vorgesehene Parteikonferenz vorzubereiten und an ihr teilzunehmen. Ungeachtet dessen wurden auf der Prager Veranstaltung aber dennoch die Weichen für Stalins weitere Parteikarriere gestellt. Zwar regte sich unter den dortigen Delegierten zunächst Unmut, als Lenin vorschlug, Koba in Abwesenheit ins zehnköpfige Zentralkomitee zu wählen. Vladimir Il'ič machte schließlich jedoch von seinem Recht Gebrauch, Stalin ins ZK und damit in die politische Schaltzentrale der Partei zu kooptieren. Gleichzeitig wurde Koba in das Russische Büro berufen, wo er zusammen mit vier anderen Mitgliedern künftig die bolschewistische Untergrundarbeit innerhalb Russlands koordinieren sollte.[98]

Wenige Wochen danach denunzierte der Polizeispitzel Roman Malinovskij, der gleichfalls an der Prager Konferenz teilgenommen hatte, einen Großteil der ins Zarenreich zurückgekehrten bolschewistischen Führungsspitze an die Ochrana. Diese reagierte mit einer großen Verhaftungswelle. Und das wiederum waren die historisch glücklichen Umstände, die Stalin nunmehr endgültig den Weg für die höchsten Parteiaufgaben freiräumten. Er war nicht nur ein belastbarer, zuverlässiger Bol'ševik, der – ohne damit sogleich ein origineller Theoretiker zu sein – über das erforderliche marxistische Rüstzeug verfügte. Aus Lenins Sicht hatte Koba zudem in den zurückliegenden Jahren reichhaltige publizistische und redaktionelle Erfahrungen gesammelt. Nicht zuletzt deshalb wurde er mit der prestigeträchtigen Aufgabe betraut, sich am Aufbau der ersten, seit April 1912 legal in Russland erscheinenden populären bolschewistischen Tageszeitung „Pravda" (Die Wahrheit) zu beteiligen. Hier arbeitete er nun bis zu seiner abermaligen Verhaftung als Redakteur. Er gelangte damit zugleich in den inneren Führungszirkel der Petersburger Bol'ševiki, die nachhaltig um die Gunst des dortigen Industrieproletariats warben.[99]

Für Lenins außerordentliches Interesse an Stalin gab es aber auch einen weiteren handfesten Grund. Im Unterschied zu den Men'ševiki fehlte es dem bolschewistischen Parteiflügel an ausgesprochenen Experten für Nationalitätenfragen. Wer indes darauf spekulierte, in Russland dauerhaft die politische Macht zu ergreifen, kam nicht umhin, mit den Besonderheiten und Finessen eines multinationalen Imperiums vertraut zu sein. In diesem Zusammenhang trat nunmehr Koba auf den Plan. Als Mann der kaukasischen Peripherie verfügte er über die erforderlichen Voraussetzungen und die Expertise, sich künftig als Lenins Nationalitäten-Spezialist zu profilieren.[100]

Als er im Februar 1913 – seit diesem Jahr führte er regelmäßig den Kampfnamen „Stalin" – nach einem kurzen Auslandsaufenthalt von der Ochrana verhaftet wurde, überraschte es kaum, dass sein weiteres Schicksal Lenin nicht unberührt ließ. Wiederholt bemühte sich Vladimir Il'ič darum, Stalin, der zusammen mit Jakov Sverdlov für die nächsten vier Jahre in das nördlich des Polarkreises in der Provinz Enisej gelegene Dorf Kurejka verbannt worden war, die Flucht nach Westeuropa zu ermöglichen. Um beide Spitzenfunktionäre aus der sibirischen Einöde zu befreien, stellte er erhebliche Geldsummen aus der Parteikasse bereit. Doch blieb es diesmal ein vergebliches Unterfangen, nicht zuletzt weil Roman Malinovskij, der Ochrana-Agent, mit der Befreiungsaktion beauftragt worden war.[101]

In all den Jahren der Verbannung – insgesamt erlebte er dies dreimal, unterbrochen von erfolgreichen, aber auch gescheiterten Fluchtversuchen – zeigte sich Stalin abermals in seiner ganzen charakterlichen Widersprüchlichkeit. Als die Wächter der Autokratie ihn politisch kalt zu stellen versuchten, indem sie ihn kurzerhand in den hohen russischen Norden oder ins sibirische Nichts expedierten, nutzte er diese Möglichkeit, um sein theoretisch-ideologisches Wissen weiter zu festigen. Soweit es die Umstände zuließen und in der Nähe seiner Verbannungsorte öffentliche oder private Bibliotheken vorhanden waren, las und schrieb er in dieser Zeit viel.

Dass er trotz seines unfreiwilligen Exils keineswegs dem realen politischen Leben vollständig entrückt war, verdeutlichte nicht zuletzt die Tatsache, dass er Post und Pakete empfangen konnte. Immer wieder gelangten auf diese Weise oder über gleichfalls zur Verbannung verurteilte Neuankömmlinge die „Pravda" und andere politische Literatur an das vermeintliche Ende der Welt. Die Revolutionäre konnten sich vor Ort frei bewegen. Häufig organisierten sie sich in politischen Zirkeln und tauschten sich in Diskussionsgruppen aus. Stalin selbst bot sich aus seinen Verbannungsorten mehrfach an, die Redaktion der „Pravda" auch weiterhin mit entsprechenden Artikeln, etwa zu Grundfragen des Marxismus oder zur nationalen Frage, zu versorgen. Es hatte schon etwas Tragikkomisches. Doch gemessen an dem, was politischen Gegnern künftig unter den Bedingungen des stalinistischen Terrorregimes widerfahren sollte, wenn diese nach Sibirien oder in den Polarkreis verbannt wurden, war die Strafjustiz der zarischen Autokratie geradezu milde.

Sibirische Verbannung, 1915: Stalin (2. Reihe, 3. v. l .) in einer Gruppe politisch Verbannter (2. Reihe, 4. v. l. Kamenev, 3. v. r. Sverdlov) im Turuchansker Gebiet (Foto: akg-images)

Gleichwohl gab es in jener Zeit aber auch Situationen, die Stalin in seiner politisch-revolutionären Schaffenskraft beeinträchtigten. In dem Moment nämlich, als das abgelegene Kurejka sein Aufenthaltsort wurde, war er zumindest in dieser Hinsicht größtenteils zum Nichtstun verurteilt. Allerdings behielt er diese Jahre keineswegs nur negativ in Erinnerung – im Gegenteil. Seine Tochter Svetlana Allilueva berichtete vielmehr davon, wie sehr ihr Vater die Abgeschiedenheit Sibiriens mitunter verklärte. Während in Europa ein verlustreicher Krieg tobte, genoss Stalin offenbar das Jagen, Fischen und Durchstreifen der Taiga ebenso sehr wie die enge und bisweilen rauhe Gemeinschaft mit der einfachen lokalen Bevölkerung, die sich gerade nicht aus politischen Dissidenten oder Intellektuellen zusammensetzte. Und so überrascht es kaum, wenn Gerüchte über eine Liebschaft mit einer Minderjährigen namens Lidija Pereprygina, aus der ein nichteheliches Kind hervorgegangen sein soll, in dieser Zeit die Runde machten.

Sverdlov, mit dem er in Kurejka zeitweilig eine Unterkunft teilte, war von den individualistischen Alltagsgewohnheiten seines Mitbewohners alles andere als begeistert. Denn Stalin zeigte sich von seiner unfreundlichsten Seite. Wie schon früher während seiner zahlreichen Gefängnisaufenthalte gab er sich unsozial und zeigte sich menschlichen Schicksalen gegenüber wenig aufgeschlossen. Sein eisiger Charakter zielte im Wesentlichen darauf ab, kritische Situationen unter Kontrolle zu behalten. Auch in Kurejka verweigerte er sich immer wieder den einfachsten Regeln des sozialen Zusammenlebens, suchte allerdings mit Vorliebe die Gesellschaft von Kriminellen und Schwerverbrechern, in der er förmlich auflebte.[102]

Petrograd 1917

All das hatte im Jahre 1917 ein abruptes und unfreiwilliges Ende. Mit der völlig unerwarteten Februarrevolution kehrte Stalin wieder auf die politische Bühne zurück. Hier war es geradewegs von Vorteil, dass er diesmal – anders als Lenin in der Schweiz – nicht im ausländischen Exil lebte. Bereits am 12. März traf er deshalb in Petrograd ein. Was er dort vorfand, war alles andere als eine auf einheitlichem Kurs liegende Parteiorganisation. Die Redaktion der „Pravda", die von seinem späteren Gefolgsmann Vjačeslav Molotov geführt wurde, lehnte die zwischenzeitlich an die Macht gekommene Provisorische Regierung als eine bourgeoise Einrichtung kategorisch ab. Das lokale Parteikomitee der Bol'ševiki zeigte sich dagegen in dieser Hinsicht wesentlich aufgeschlossener, sofern die von bürgerlichen Vertretern dominierte Regierung die Interessen des Proletariats und der demokratischen Volksmassen wahrnehmen würde.[103]

Was die politischen Verhältnisse im damaligen Petrograd erheblich erschwerte, war die besondere Situation einer Doppelherrschaft. Auf der einen Seite stand die offizielle Provisorische Regierung, die sich am 2. März als zentrales Organ der Staatsmacht konstituierte. Bis auf Aleksandr Kerenskij, einem ehemaligen Trudovik, der zu den Sozialrevolutionären gewechselt war, gehörte der ersten Regierung kein Sozialist an. Gleichwohl trafen die Vorwürfe aus dem bolschewistischen Lager nicht zu, die das Regierungsorgan als eine rein bürgerliche Interessenvertretung etikettierten. Sie verstand sich keineswegs nur als Vertreterin einer bestimmten Klientel oder Klasse. Bestenfalls konnte man sie als ein Element des Intelligencija-Milieus charakterisieren. Zu diesem zählte ungeachtet aller unterschiedlichen Zielvorstellungen auch die Führung ihres politischen Widerparts: Und das war – auf der anderen Seite – der mächtige, von Men'ševiki und Sozialrevolutionären dominierte Petrograder Sowjet der Arbeiter- und Soldaten-Deputierten, der sich durch die Macht der Straße legitimierte. Sofern dessen Wünschen entsprochen wurde, war dieser durchaus bereit, mit der Regierung zu kooperieren.[104]

Dies war nun die allgemein schwierige Ausgangslage, unter der Stalin im Frühjahr 1917 seine politisch-revolutionären Aktivitäten wieder aufnahm. In kürzester Zeit war es ihm gelungen, zusammen mit Lev Kamenev, den er bereits seit seinen georgischen Tagen kannte, die Führung innerhalb der „Pravda"-Redaktion zu erlangen. Hier fiel er vorübergehend durch politische Positionen auf, die sich durch eine gewisse Konzilianz gegenüber der Regierung – er plädierte ebenfalls für eine bedingte Unterstützung – und durch mancherlei pazifistische Postulate auszeichneten. Mit Lenins radikaler Auffassung, den „imperialistischen" Weltkrieg möglichst in einen „europäischen Bürgerkrieg" umzumünzen, um damit den Gedanken der sozialistischen Weltrevolution zu fördern, hatte dies zeitweilig wenig zu tun. Dagegen schien Stalin in diesen Fragen weitaus mehr Berührungspunkte mit den Men'ševiki aufzuweisen. Inwieweit er sich dieser Tatsache bewusst war, ist nicht bekannt.

Wenige Tage vor Lenins Eintreffen im revolutionären Petrograd setzte bei Stalin ein allmählicher Gesinnungswandel ein. So gab er am 29. März auf der Allrussischen Konferenz der Bol'ševiki seine bisherige Haltung gegenüber der Provisorischen Regierung auf. Er schwenkte damit in das politischer Lager derjenigen, die dann – entsprechend Lenins April-Thesen – für die Losung „Alle Macht den Sowjets" votierten. Anders jedoch als der am 3. April aus der Schweiz heimgekehrte Exilpolitiker befürwortete es Stalin, zu Gunsten der revolutionären Schlagkraft die Spaltung der Russischen Sozialdemokratie zumindest partiell zu überwinden. Er wollte die Bol'ševiki wenigstens mit dem linken progressiven Flügel der Men'ševiki wieder vereint sehen. Mit dieser Auffassung, die er schon seit 1912 vertrat, stand er keinesfalls allein. Sie deckte sich mit einer Mehrheit der Konferenzdelegierten.[105]

Ende April vollzog Stalin indes endgültig die politisch-ideologische Kehrtwende. Auf der 7. Parteikonferenz übernahm er zur Überraschung vieler Lenin-Anhänger weitgehend dessen Positionen. Und das wiederum zahlte sich bei den anschließenden Wahlen zum Zentralkomitee aus. Hier erzielte er das drittbeste Ergebnis. Aus eigener Kraft wäre ein solcher Akt kaum möglich gewesen. Dafür war Stalin unter den Parteitagsdelegierten noch zu wenig bekannt. Der Durchbruch gelang jedoch, weil Lenin sich nachhaltig für Stalins Kandidatur eingesetzt hatte.[106]

Die politische Lage in Petrograd radikalisierte sich weiter und brachte die Provisorische Regierung in eine äußerst prekäre Situation. Denn Anfang Juli versuchten die Bol'ševiki mit Hilfe massiver Protestdemonstrationen, denen sich kurz darauf auch die Kronstädter Matrosen anschlossen, die Regierung in die Knie zu zwingen. Als das Ganze zu scheitern drohte, weil sich Men'ševiki und Sozialrevolutionäre mit der Staatsmacht solidarisierten, blies das bolschewistische Zentralkomitee weitere Aktionen ab. Hier war es Stalin, der nun öffentlich um Deeskalation bemüht war und die gewaltbereiten Kronstädter Matrosen in der Peter-und-

Pauls-Festung schließlich zur Kapitulation bewegen konnte. Kriegsminister Kerenskij, der in jenem fehlgeschlagenen Juli-Aufstand die „Generalprobe für die bolschewistische Revolution" erblickte, zog daraus Konsequenzen: Kurzerhand wurden Razzien gegen bolschewistische Spitzenfunktionäre eingeleitet.[107]

Stalin selbst blieb davon unbehelligt und konnte abermals aus all dem politisch Kapital schlagen. So hatte er entscheidend dazu beigetragen, dass Lenin rechtzeitig die Flucht nach Finnland gelang – ein loyaler Dienst, den ihm dieser übrigens nicht vergessen sollte. Da die Partei zudem in dieser kritischen Stunde ihrer führenden Köpfe beraubt worden war – Lev Trockij, Lev Kamenev und Aleksandra Kollontaj befanden sich in Haft, Lenin und Grigorij Zinov'ev waren flüchtig –, lag es nunmehr an Stalin, zusammen mit dem ebenfalls auf freiem Fuß lebenden Jakov Sverdlov die Organisation vor dem weiteren Zerfall zu bewahren. Dabei waren beide überaus erfolgreich.[108] Sie schufen jene wichtigen Voraussetzungen, die mit dazu beitrugen, dass sich ein knappes Vierteljahr später die inzwischen wieder stabilisierte Partei mit dem Oktoberumsturz erfolgreich und dauerhaft an die Macht putschen konnte.

Im Zusammenhang mit den Oktoberereignissen des Jahres 1917 hielt sich lange Zeit hartnäckig das Gerücht, Stalin habe sich aufgrund seines übertriebenen Misstrauens und Hangs zur Vorsicht während der kritischen Phase des Umsturzes auffallend zurückgehalten. Der Mythos vom „Mann, der die Revolution verpasste", machte gemeinhin die Runde.[109] Dabei fällt eines auf: In dem Maße, in dem der offizielle Personenkult während der 1930er und 1940er Jahre einen übertriebenen Anteil Stalins an der Oktoberrevolution konstruierte,[110] spielte sein politischer Gegenspieler Trockij im Nachhinein dessen Funktion allzu sehr herunter: „Nach dem mißlichen Debüt im März, das er im April alles andere als gut gemacht hatte, brachte Stalin das Jahr der Revolution in den Kulissen des Apparats zu. Er wußte nicht, wie er sich eine Verbindung zu den Massen schaffen sollte, und er fühlte sich nicht ein einziges Mal direkt verantwortlich für das Schicksal der Revolution. Zu gewissen Zeiten war er Stabschef, niemals Chefkommandeur. Schweigen vorziehend, wartete er auf die Initiative der anderen […] und blieb hinter den Ereignissen zurück […]", bilanzierte Trockij in seiner im Exil verfassten Stalin-Biographie.[111]

Gewiss zeigte Stalin am 25. Oktober während der entscheidenden Stunden des Umsturzes nicht die gleiche, sichtbar öffentliche Präsenz wie etwa Trockij, der für die militärische Seite des Unternehmens verantwortlich war, oder wie Lenin, in dessen Händen die Leitung der gesamten Operation lag. Doch besteht kein Zweifel, dass Stalin in den kritischen Tagen und Wochen vor jenen Ereignissen die Leninschen Planungen grundsätzlich billigte und mittrug. Daran änderten auch gelegentliche Meinungsverschiedenheiten in einzelnen Detailfragen wenig.[112] Wenn er am 24. Oktober nicht an der entscheidenden ZK-Sitzung teilgenommen hatte, dann allein deshalb, weil er anderweitig mit wichtigen organisatorischen und propagandistischen Arbeiten als verantwortlicher Redakteur der Zeitungen „Soldat" und „Rabočij put'" (Arbeiterweg) beschäftigt war. Deren Erscheinen musste gerade in der Situation des Umsturzes sichergestellt sein. Im Übrigen war Trockij selbst auf dieser besagten Sitzung nicht anwesend. Während er im Militär-Revolutionären Komitee die operativen Fäden des Putsches in der Hand hielt, war Stalin als verantwortlicher Zeitungsredakteur mit Funktionen befasst, die keineswegs unbedeutend waren. Sobald es die Zeit zuließ, fand er sich in der Nacht vom 24. auf 25. Oktober, als die militärisch-operativen Schritte des Staatsstreichs längst eingeleitet worden waren, ebenfalls im Smol'nyj Institut ein. Dort, am Sitz und revolutionären Hauptquartier der Bol'ševiki, traf er mit führenden Genossen zusammen. Gemeinsam mit Trockij schwor er zudem die zu diesem Zeitpunkt bereits eintreffenden bolschewistischen Delegierten auf den am 26. Oktober geplanten zweiten Allrussischen Rätekongresses ein. Sie erfuhren bei dieser Gelegenheit von dem nicht mehr aufzuhaltenden Umsturz – einem revolutionären *fait accompli*, das es nachträglich auf der bevorstehenden Veranstaltung zu legitimieren galt.[113]

Stalin war zwar nicht der Chefarchitekt der Oktoberrevolution, gehörte ab Sommer 1917 aber doch zu den wichtigsten Führungspersonen in den zentralen Organen der Bol'ševiki. Gewiss war er nicht der geniale Denker und brillante Rhetoriker. Mit den Qualitäten eines charismatischen Lev Trockij etwa konnte er keinesfalls konkurrieren. Seiner weiteren Karriere tat dies allerdings keinen Abbruch. Spätestens nach dem erfolgreichen Oktober-Coup war er ins mächtige Politbüro der Partei aufgerückt und zählte zeitweilig als Nummer drei zur bolschewistischen Führungsriege. Zugleich wurde er Mitglied der Regierung und erhielt damit – entgegen allen in der Forschung weit verbreiteten Auffassungen – ein wichtiges Ministeramt: Entsprechend seiner fachlichen Expertise sollte er künftig als Volkskommissar für Nationalitätenfragen die Interessen der revolutionären Partei vertreten.[114] Damit befand sich Stalin – weniger als ein Jahr nach seiner Rückkehr aus der Verbannung in die aktive Politik – in einer vorteilhaften Ausgangslage. Sie begünstigte seinen weiteren Aufstieg in eine künftige Position, von der aus er fast drei Jahrzehnte lang die innen- und außenpolitische Geschicke der Sowjetunion maßgeblich prägen und lenken konnte.

II. Der Innenpolitiker

1. Aufstieg zur absoluten Macht

Stalins politischer Aufstieg nach der Oktoberrevolution und sein Griff nach der absoluten Macht zogen sich über drei Phasen bis 1937/38 hin. Dabei war es keineswegs ausgemacht, dass er nach dem Tod Lenins im Jahre 1924 dessen politische Nachfolge antreten würde. Gewiss brachte er mit seinem ausgeprägten Hang zur Listigkeit, zur politischen Manipulation und Intrige charakterliche Eigenschaften mit, die sich in den bereits während Lenins Krankheit abzeichnenden Nachfolgekämpfen als überaus vorteilhaft erweisen sollten. Doch das allein reichte kaum aus, um Vladimir Il'ičs politische Erbschaft zu übernehmen und innerhalb von anderthalb Jahrzehnten in der Sowjetunion eine uneingeschränkte Führerschaft in Form der persönlichen Diktatur zu etablieren. Bis seine politisch-ideologischen Überzeugungen und Entscheidungen zur unwidersprochenen Generallinie der Partei avancierten, was letztlich die Basis für die Stalinisierung der UdSSR darstellte, musste er mit seinen politischen Weggefährten hart arbeiten.

Stalins politische Gegner waren keinesfalls von Anfang an automatisch zur Niederlage verdammt. Und das um so weniger, als Persönlichkeiten wie etwa Lev Trockij, Lev Kamenev, Grigorij Zinov'ev oder Nikolaj Bucharin – um nur die herausragendsten zu nennen – in der öffentlichen Wahrnehmung anfänglich zweifellos wesentlich prominentere Figuren waren. Ihre rhetorischen und – teilweise auch – ideologisch-theoretischen Begabungen versetzten sie in die Lage, Stalin auf diesem Felde deutlich in den Schatten zu stellen. Zudem hatte er zwischen Dezember 1922 und Mai 1924 immer wieder Situationen durchzustehen, die für sein politisches Überleben überaus kritisch waren. Dies traf besonders im Zusammenhang mit dem politischen Testament Lenins zu, das – noch zu dessen Lebzeiten – in den engsten Führungsgremien der RKP (b) bekannt wurde.[1]

Doch davon abgesehen, bot die bolschewistische Partei strukturelle, organisatorische und ideologische Voraussetzungen, die es einer skrupellosen, machtpolitisch ambitionierten Persönlichkeit erheblich erleichterten, nach absoluter Herrschaft zu streben. Das galt etwa für das aus der Konspiration und revolutionären Untergrundtätigkeit hervorgegangene Denken in den Kategorien einer Kaderpartei oder für die Prinzipien des sogenannten demokratischen Zentralismus, der nachgeordneten Parteigliederungen abverlangte, sich bedingungslos der Führungszentrale zu unterwerfen und deren Beschlüsse mit eiserner Disziplin umzusetzen.[2] Schließlich ist die dem Bolschewismus innewohnende Gewaltbereitschaft zu nennen. Sie beruhte auf der „Imagination von [russischen] Intellektuellen, die vom Aufbau der lichten Zukunft, von der Eliminierung all dessen träumten, was sich dem vermeintlichen Glück der Menschheit entgegenstellte [...]".[3] Bewusst wurde dabei auch an die gnadenlose Vernichtung von ideologischen Gegnern und politisch Andersdenkenden gedacht; davon legten Lev Trockij mit seiner Forderung, das Menschengeschlecht radikal umzuarbeiten, oder Grigorij Zinov'ev mit dem Aufruf vom September 1918, zehn Millionen Menschen zu „vernichten", um dem Sozialismus in Russland letztlich Geltung zu verschaffen, bereits lange vor Stalins Gewaltherrschaft beredtes Zeugnis ab.[4]

Generalsekretariat als erste Machtbasis?

Stalins Machtaufstieg bahnte sich 1922 an, was zum damaligen Zeitpunkt von vielen Parteigrößen der Bol'ševiki aber so noch nicht gesehen wurde. Zum eigentlichen Steigbügelhalter geriet Lenin. Dieser hatte sich gegenüber den Parteigremien entschieden und am Ende erfolgreich dafür eingesetzt, Stalin in das eigens neu geschaffene Amt des Generalsekretärs der RKP (b) zu berufen. Die damalige intellektuelle Führungselite der Partei nahm darin – abgesehen von Evgenij Preobraženskij, einem Anhänger des Trockij-Lagers – wenig Anstoß. Denn hinter der Position des Generalsekretärs schien sich lediglich eine rein administrative Funktion zu verbergen. Und dieser maßen jene, die sich als Speerspitze der Weltrevolution sahen und dafür an vorderster Front für den Sieg des Sozialismus kämpfen wollten, keine allzu große Bedeutung bei.[5]

Lenin wusste dagegen sehr wohl, weshalb das Generalsekretariat mit Iosif Stalin besetzt werden sollte. Die innenpolitische wie auch innerparteiliche Lage rief aus seiner Sicht geradewegs danach, innerhalb der RKP (b), die das Rückgrat für den Erfolg oder Misserfolg des sozialistischen Experiments in Sowjetrussland darstellte, stabile Verhältnisse zu schaffen. Doch davon konnte zum damaligen Zeitpunkt keine Rede sein. Ökonomisch betrachtet stand das Land vor dem Kollaps. Dafür hatte nicht nur der Bürgerkrieg, sondern vor allem die kurze Phase des „Kriegskommunismus" gesorgt. Ideologisch verblendet trachteten die neuen revolutionären Machthaber zwischen 1918 und 1920 danach, mit brutaler Gewalt einen ersten entscheidenden Schritt zu vollziehen, um dem Übergang zum Kommunismus deutlich näher zu kommen. Dem diente eine „Versorgungsdiktatur", die das staatliche Getreidemonopol erbarmungslos als Zwangsmittel gegen die Bauern einsetzte; der Handel ebenso wie der Zugriff auf die Rohstoffe und die Verbrauchsgüter wurden kurzerhand verstaatlicht und zentrale Planungsinstanzen für die Wirtschaft eingesetzt; Geld als Zahlungsmittel erklärte man für entbehrlich, was praktisch darauf hinauslief, das Land in den Urzustand einer Natural- und Tauschwirtschaft zurückzukatapultieren. Flankiert wurde all dies durch das ungezügelte Wüten der Geheimpolizei Tscheka, einer Vorläuferorganisation des berüchtigten NKVD der dreißiger Jahre.

Das Ganze endete im Chaos: Die Unzufriedenheit in der Bevölkerung wuchs unaufhaltsam. Bei Bauern und Arbeitern regten sich erbitterte Widerstände gegen die revolutionäre Sowjetmacht. Und diese schlugen in – regional wenig koordinierte – Aufstandsbewegungen um, die – etwa in Tambov oder bei der Rebellion der Kronstädter Matrosen im Februar/März 1921 – schließlich mit Hilfe der Roten Arbeiter- und Bauernarmee erfolgreich niedergeschlagen werden konnten.[6]

Innerhalb der Partei sah die Lage zeitweilig kaum besser aus. Dort fand Lenin – ähnlich wie 1918 beim Friedensvertrag von Brest-Litovsk – keine ungeteilte Zustimmung für seine „Neue Ökonomische Politik" (NEP), mit der er durch die Wiedereinführung beschränkter vorkapitalistischer Elemente und Marktanreize der zerrütteten Wirtschaftslage begegnen wollte. Als eine Art weitere Atempause und taktischer Friedensschluss mit den Bauern verstand sich dabei, die willkürlichen Getreiderequirierungen durch eine Natural- und später durch eine Geldsteuer zu ersetzen. Von nun an durften sie sogar ihre Überschüsse auf dem Markt verkaufen. Vergleichbare Zusagen gewährte man Kleingewerbe und Handel, die fortan Privatbetriebe mit bis zu 20 Lohnarbeitern gründen konnten. Selbst Staatsbetriebe standen Privatpersonen zur Pacht offen. Freilich bedeutete dies nicht, die „Kommandohöhen" der Wirtschaft leichtfertig aus den Händen zu geben. Die Groß- und mittlere Industrie blieb ebenso wie das Bankenwesen, der Außen- und Binnengroßhandel oder das Verkehrswesen die Domäne der bolschewistischen Staatswirtschaft. Aber auch dieser Sektor kam nicht umhin, sich den Prinzipien des Rentabilitätsdenkens, der wirtschaftlichen Rechnungsführung und der leistungsbezogenen Lohnpolitik zu unterwerfen.

Zwar sanktionierte der X. Parteitag der RKP (b) im März 1921 Lenins Vorhaben, doch verebbte damit nicht sogleich die innerparteiliche Diskussion, die mitunter bezweifelte, ob in solchen Maßnahmen die geeignete Strategie zur Bekämpfung der wirtschaftlichen Notlage zu sehen sei – und dies um so mehr, als die Interessen der Bauern über diejenigen der Arbeiterschaft, des natürlichen Verbündeten der Bol'ševiki, gestellt wurden.[7]

Stalin befürwortete indes Lenins Option für den wirtschaftspolitischen Befreiungsschlag. Er betrachtete diesen als erforderlichen „Rückschritt", mit dem es bis 1926/27 weitgehend gelang, die ökonomische Leistungskraft der Sowjetunion auf den Vorkriegsstand zurück zu führen. Selbst Trockij erwies sich am Ende nicht als genereller Gegner der NEP. Allerdings plädierte er für eine „optimalere Planungsstrategie" und – als glühender Verfechter der „Permanenten Revolution" – für die internationale Revolution, ohne deren Realisierung das sowjetische Experiment zum Untergang geweiht wäre. Lenin und Stalin votierten dagegen in dieser Situation für ein isolationistisches Konzept. Es zielte ganz auf die wirtschaftliche Konsolidierung Sowjetrusslands und griff somit in mancherlei Hinsicht Stalins späterem Primat vom „Sozialismus in einem Lande" vorweg.[8]

Was es für Lenin anfänglich so schwierig machte, der ökonomisch desaströsen Lage mit Hilfe der NEP zu begegnen, war ein von Trockij 1920 losgetretener Streit über die Gewerkschaftsfrage. Dessen Erfolgsrezept zur Bekämpfung der wirtschaftlichen Misere bestand in der Forderung, die Arbeit zu militarisieren, Streiks zu verbieten und die Gewerkschaften in bloße staatliche Befehlsempfänger umzuwandeln. Das wiederum kratzte am politischen Selbstverständnis der sogenannten Arbeiteroppositon und brachte diese auf den Plan. Die Debatte nahm für Lenin geradezu albtraumhafte Züge an, weil sich nun auch die „Demokratischen Zentralisten" der RKP (b) herausgefordert sahen und sich zu Wort meldeten. Sie prangerten die zunehmende innerparteiliche Bürokratisierung an und warnten nachdrücklich vor der wachsenden Macht der Geheimpolizei Tscheka. All das drohte die soeben auf dem IX. Parteitag von 1920 mühevoll zustande gebrachte Einheit der Partei empfindlich zu gefährden.[9]

In dieser insbesondere durch Trockij heraufbeschworenen Zwangslage suchte Vladimir Il'ič die politische Nähe zu Stalin. Der mobilisierte daraufhin seine Anhänger in der Provinz für die Leninschen Überzeugungen. Für die weitere Entwicklung waren fortan der legendäre X. Parteitag vom März 1921, der neben der NEP vor allem das berüchtigte Fraktionsverbot verabschiedete, und das Amt des Generalsekretärs, das im Jahr darauf für die RKP (b) geschaffen wurde, von immenser Bedeutung. Sie stärkten das politische Lager um Lenin, das Stalins neue administrative Funktion im Generalsekretariat dazu benutzen wollte, sich die Kontrolle über den zentralen Parteiapparat zu sichern. Auf längere Sicht begünstigten jene Maßnahmen aber auch Stalins spätere Machtergreifung.

Dies lag nicht zuletzt an den Kompetenzen, die man dem 1922 frischgekürten Generalsekretär zur Ausübung seiner Aufgaben eingeräumt hatte und die dieser sogleich geschickt zu nutzen verstand. Er ließ sich also nicht, wie Lenin ursprünglich zu hoffen wagte, zu dessen alleinigem, willfährigem Instrument degradieren. Wo es Übereinstimmung gab, trug Stalin die Politik Vladimir Il'ičs mit, doch bewahrte er sich stets eine eigene Meinung und verfolgte überdies ebenso eigene Interessen.[10] In diesem Zusammenhang profitierte der Generalsekretär zunächst von den perso-

nellen Konsequenzen, die schon im Jahr zuvor auf dem X. Parteitag aus den innerparteilichen Konflikten gezogen worden waren.
So gelangte eine Reihe von politischen Anhängern, die Trockij in
der Gewerkschaftsfrage unterstützt hatten, nicht mehr in das Zentralkomitee der RKP (b). Sie mussten am Ende auch ihre dortigen
Sekretariatsposten aufgeben und wurden dabei kurzerhand von
Personen wie Kliment Vorošilov, Sergo Ordžonikidze, Valerijan
Kujbyšev oder Sergej Kirov ersetzt, die allesamt Verbündete Stalins waren. Schließlich erlangte auch sein Intimus Vjačeslav Molotov im Politbüro, der eigentlichen machtpolitischen Schaltzentrale der Partei, der auch Stalin angehörte, den Kandidatenstatus.[11]

Als Generalsekretär kontrollierte Stalin die Arbeit des Sekre-
tariats der KP. Er war gewissermaßen mit seinem Apparat der
exekutive Arm des Polit- und des für Kaderfragen zuständigen
Organisationsbüros. Sein Stab hatte für die politischen Führungsgremien nicht nur die Sitzungen vorzubereiten, sondern auch
Material und Lösungsstrategien zu erarbeiten. Zudem musste Stalin gewährleisten, dass die dort gefassten Beschlüsse mit Hilfe der
ihm direkt unterstellten ZK-Abteilungen umgesetzt wurden.
Durch eine äußerst geschickte Personalpolitik stellte er überdies im
Laufe der Zeit sicher, sich innerhalb der zentralen Parteiorganisation eine ausgesprochen starke Machtposition zu verschaffen. Das
galt vor allem in dem Moment, als mit Molotov ein treuer
Gefolgsmann Stalins die Leitung des Organisationsbüros übernahm. Und selbst nach dessen Ausscheiden im Dezember 1930
rückte mit Lazar' Kaganovič ein ebenso loyaler stalinistischer
Erfüllungsgehilfe auf diese wichtige Position nach.[12] Schließlich
konnte sich Stalin bereits während der frühen 1920er Jahre in der
Zentralen Kontroll-Kommission (ZKK), einem weiteren innerparteilichen Überwachungs- und Revisionsorgan, stabile Mehr-
heitsverhältnisse verschaffen.[13]

In der historischen Forschung wurde das Amt des Generalsekretärs immer wieder als organisatorische Schlüssel- und Ausgangs-
position für Stalins Griff nach der absoluten Macht beschrieben.[14]
Zweifellos stellte das Parteiamt eine einzigartige Informations-
quelle dar. Das war schon zu Lenins Lebzeiten der Fall. Es sollte
sich aber nach dessen Ableben in den dann entbrannten Nachfolgekämpfen noch viel deutlicher zeigen. Im Unterschied zu seinen

politischen Konkurrenten verfügte Stalin daher stets über einen wichtigen Wissensvorsprung hinsichtlich der Stimmungen und Bedürfnisse innerhalb der Partei. Es bedeutete indes keineswegs automatisch, dass er etwa die den Parteitagen vorgelegten Kandidatenlisten für die Wahl des übergeordneten Zentralkomitees vollkommen ungehindert kontrollieren und manipulieren konnte. Das galt zumindest für sein anfängliches politisches Wirken als Generalsekretär. Erst nachdem Stalins politisches Regime konsolidiert war, änderten sich in dieser Hinsicht die Verhältnisse.[15]

Davon abgesehen verstand es Stalin schon kurz nach seiner Bestätigung im Amt, erfolgreich gegen das bestehende bürokratische Chaos vorzugehen. Gleichzeitig ließ damit auch der Grad an innerparteilicher Demokratie spürbar nach. Stalin konzentrierte sich zunächst einmal besonders auf die Kaderarbeit in den untergeordneten Parteigliederungen. Die auf dieser Ebene ausgetragenen Konflikte hatten sich weniger an politisch prinzipiellen Fragen entzündet, sondern waren zumeist machtpolitischer Natur.[16] In dem Maße, in dem der Generalsekretär in diese Streitigkeiten eingriff, machten sich anfangs bei ihm Zweifel breit, inwieweit die Anweisungen der Zentrale von den nachgeordneten Parteigliederungen schließlich auch umgesetzt würden. Die unmittelbar untergebenen Einrichtungen waren dabei nicht das eigentliche Problem. Anders verhielt es sich dagegen mit der Parteibasis und den unteren Staatsorganen.[17]

Überhaupt wurde zusehends deutlich, dass sich die nachgeordneten Parteigremien in ihrer Zusammenarbeit mit dem Generalsekretär nicht immer aus unbedingter Loyalität zu Stalin unterordneten. Häufig unterstützten ihn Parteisekretäre der unteren Ebene allein deshalb – so etwa auf Parteikongressen oder aber später, bei der Ausschaltung der linken und rechten Opposition zwischen 1924 und 1929 –, weil es für sie persönlich oder für die Interessen der Institution, die sie repräsentierten, vorteilhaft erschien. Gleichwohl nutzte Stalin sein Amt, um sich in jenen Kreisen eine Gefolgschaft aufzubauen, selbst wenn der Grad an Zuverlässigkeit nicht immer vollkommen gewährleistet war. Das galt vor allem, solange für ihn die Machtverhältnisse auf der zentralen Parteiebene noch nicht endgültig entschieden waren.

Die Profiteure von Stalins politischer Unterstützung, die aus den machtpolitischen Auseinandersetzungen innerhalb der nachgeordneten Parteigliederungen als Sieger hervorgingen, begrüßten die Maßnahmen des Generalsekretärs, die Partei im Sinne der Gruppe um Lenin in eine einheitliche Organisation nach den Prinzipien des demokratischen Zentralismus umzugestalten. Sie nahmen die damit einhergehende Zurückdrängung der innerparteilichen Demokratie gerne in Kauf, mehr noch: Das von der Zentrale nunmehr legitimierte Vorgehen gegen jede vermeintliche Opposition diente der Stalinschen Klientel auf lokaler Ebene geradezu als idealer Vorwand, sich im Namen des Generalsekretärs und der Parteiführung lästiger politischer Rivalen zu entledigen. Freilich hatte dies in dem Moment Grenzen, als Stalin aus gesicherter Position im Verlauf der späten 1920er und 1930er Jahre die Sowjetunion durch eine „Revolution von oben" mit Terror und mit den brutalen Methoden eines administrativen Kommandosystems umzubauen begann. Je mehr die Klientel an der Basis durch solche Maßnahmen existenziell bedrängt wurde, desto weniger identifizierte man sich dort mit der von der Parteizentrale verordneten Generallinie.[18]

Lenins politisches Testament

In Lenins letzten beiden Lebensjahren gehörte Stalin nicht zuletzt aufgrund seiner Funktion als Generalsekretär zu dem engsten Personenkreis, der unmittelbar Zugang zu dem Helden der Oktoberrevolution besaß. Vor allem mit dessen zunehmender körperlicher Hinfälligkeit war es Stalin, der für sich – unter Verweis auf seine Parteifunktion – die Vermittlerrolle zwischen Lenin, der in dem südlich von Moskau gelegenen Gorki Erholung suchte, und der in immer weitere Ferne rückenden Welt der Kremlpolitik beanspruchte. Spätestens nach Lenins drittem Schlaganfall im März 1923, mit dem besiegelt wurde, dass er nicht mehr in die aktive Politik zurückkehren würde, übernahm Stalin die Oberaufsicht über das betreuende Ärzteteam. Darüber hinaus regelte er weitgehend allein den Zugang zu dem todgeweihten Revolutionsführer.

Daraus lässt sich allerdings nicht schließen, dass die persönlichen Beziehungen der beiden von durchgängiger inniger Harmo-

Lenin und Stalin
auf Lenins Ruhesitz
in Gorki, 1922
(Foto: akg-images)

nie geprägt gewesen seien. Auch wenn Lenin den Georgier zum Generalsekretär gemacht hatte, weil er dessen administrative Qualitäten sehr zu schätzen wusste, hieß das nicht zwangsläufig, dass es keinerlei Meinungsverschiedenheiten zwischen ihnen gegeben hätte. Vielmehr häuften sich ab Herbst 1922 die Zusammenstöße, was die beiden Politiker einander entfremdete. Lenin nahm insbesondere Anstoß an Stalins rücksichtslosem Vorgehen bei der Wiedereingliederung von dessen georgischer Heimat in den sowjetrussischen Staatsverband.

Unterschiedliche Beurteilungen ergaben sich zeitweilig auch in der Wirtschaftspolitik. Lenin plädierte im Rahmen der NEP für die Beibehaltung des staatlichen Außenhandelsmonopols, was ihn in dieser Frage wieder näher an Trockij brachte. Stalin erschien es dagegen sinnvoller, die ökonomische Gesundung des Landes vor allem durch ein freies privates Engagement auch auf diesem Sektor zu gewährleisten. Differenzen zeichneten sich zudem in der Frage nach der Verfassungs- und Organisationsstruktur des künftigen Sowjetstaates ab. Freilich lagen bei genauer Betrachtung die beiden Kontrahenten mit ihren Auffassungen gar nicht so weit auseinander. Auch sollten der Streit um Georgien und die Kontroverse um das Außenhandelsmonopol in diesem Zusammenhang nicht überdramatisiert werden. Sie ließen zwar zeitweilig die politischen Wogen hochschlagen, hatten aber zweitrangigen, politisch kosmetischen Charakter, der keinen prinzipiellen Bruch rechtfertigte.[19] Anders verhielt es sich indessen mit der Ämterhäufung und der Art und Weise, in der Stalin die ihm übertragenen Ressorts führte. Hier regten sich bei Lenin während seiner letzten Lebensmonate zunehmend Zweifel an der Person Stalins.

Überaus deutlich kam dies in seinem politischen Testament zum Ausdruck, als er sich nach seinem ersten Schlaganfall Ende Dezember 1922 Gedanken über die politische Nachfolge im Sowjetstaat machte. In dem sogenannten „Brief an den Parteitag", der jedoch niemals die breite Parteiöffentlichkeit erreichen sollte, hielt er mit Blick auf die beiden größten Rivalen, die mögliche Führungsansprüche nach seinem Ableben anmelden würden, fest:

> „[...] Genosse Stalin hat, nachdem er Generalsekretär geworden ist, eine unermeßliche Macht in seinen Händen konzentriert, und ich bin nicht überzeugt, daß er es immer verstehen wird, von dieser Macht vorsichtig genug Gebrauch zu machen. Andererseits zeichnet sich Genosse Trockij, wie schon sein Kampf gegen das CK [Zentralkomitee] in der Frage des Volkskommissariats für Verkehrswesen bewiesen hat [d.h. der von ihm ausgelöste Streit in der Gewerkschaftsfrage – S.C.] nicht nur durch hervorragende Fähigkeiten aus. Persönlich ist er wohl der fähigste Mann im gegenwärtigen CK, aber auch ein Mensch, der ein Übermaß von Selbstbewußtsein und eine übermäßige Vorliebe für rein administrative Maßnahmen hat.
>
> Diese zwei Eigenschaften zweier hervorragender Führer des gegenwärtigen CK können unbeabsichtigt zu einer Spaltung führen, und wenn unsere Partei nicht Maßnahmen ergreift, um das zu verhindern, so kann die Spaltung überraschend kommen.
>
> Ich will die persönlichen Eigenschaften der anderen Mitglieder des CK nicht weiter charakterisieren. Ich erinnere nur daran, daß die Episode mit Zinov'ev und Kamenev im Oktober natür-

*lich kein Zufall war [d.h. ihre zögerliche Haltung während der
entscheidenden Phase des Oktober-Putsches im Jahre 1917], daß
man sie ihnen aber ebensowenig als persönliche Schuld anrech-
nen kann wie Trockij den Nichtbolschewismus [d.h. vor 1917
gehörte dieser dem menschewistischen Parteiflügel an – S.C.].“[20]*

In dem kleinen Kreis der privilegierten Parteifunktionäre, die vom
Inhalt des Dokuments erfuhren, machte sich Erstaunen breit, wie
voreingenommen der an eine Nachfolgeregelung denkende Parteiführer die Figur Stalins beurteilte. Gewiss, in der sowjetischen
Öffentlichkeit, in der man bereits ebenfalls über potenzielle politische Erben spekulierte, wurden nach Informationen der
Geheimpolizei GPU, der unmittelbaren Nachfolgeorganisation
der Tscheka, „Trockij, Zinov'ev, Kamenev, Rykov, Bucharin, ja
selbst [der Geheimdienstchef] Dzeržinskij als mögliche Gewinner
im Wettbewerb um die politische Nachfolge“ gehandelt.[21]
   Die Aussichten für Stalin schienen sich nochmals dramatisch
zu verschlechtern, als Lenin, erbost über seinen Generalsekretär in
der umstrittenen Georgienpolitik, seinen Zorn in einem testa-
mentarischen Nachtrag entlud. Am 4. Januar 1923 ergänzte er
seinen politischen Letzten Willen, der die charakterlichen Schwächen des Generalsekretärs überaus zutreffend auf den Punkt
brachte:

*„Stalin ist zu grob, und dieser Mangel, der in unserer Mitte und
im Verkehr zwischen uns Kommunisten durchaus erträglich ist,
kann in der Funktion des Generalsekretärs nicht geduldet werden. Deshalb schlage ich den Genossen vor, sich zu überlegen, wie
man Stalin ablösen könnte, um jemand anderen an diese Stelle
zu setzen, der sich in jeder Hinsicht von Gen. [osse – S.C.] Stalin
nur durch einen Vorzug unterscheidet, namlich dadurch, daß er
toleranter, loyaler, höflicher und den Genossen gegenüber auf-
merksamer, weniger launenhaft usw. ist. Es könnte so scheinen,
als sei der Umstand eine winzige Kleinigkeit. Ich glaube jedoch,
unter dem Gesichtspunkt der von mir oben geschilderten Beziehungen zwischen Stalin und Trockij ist das keine Kleinigkeit,
oder eine solche Kleinigkeit, die entscheidende Bedeutung erlangen kann.“[22]*

Als Stalin das vertrauliche Dokument durch Marija Volodičeva, eine Sekretärin Lenins, zugespielt bekam, zeigte er sich sichtlich schockiert. Nach kurzer Rücksprache mit einigen Vertrauten herrschte er Volodičeva aufgebracht an, das Papier sofort zu verbrennen. Und diese zögerte in jener angespannten Atmosphäre keinen Moment, die Anweisung des Generalsekretärs unverzüglich auszuführen. Doch die Sorge darüber, einen Vertrauensbruch gegenüber Lenin begangen zu haben, veranlasste sie schließlich, nochmals eine Kopie des Schreibens anzufertigen und gemäß dessen Wunsch entsprechend zu verwahren.

Es bestand kein Zweifel: Was Lenin zu Papier gebracht hatte, drohte zu einem politischen Krieg zu eskalieren. Er hatte mit seiner Attacke gegen Stalin das Gleichgewicht innerhalb des engsten politischen Führungszirkels der RKP (b) durcheinandergebracht. Mehr noch: Das Dokument ließ sich sogar dahingehend interpretieren, Trockij in der Nachfolgefrage einen Vorzug einzuräumen.[23] Doch das lag natürlich nicht im Interesse Stalins. Es kam aber ebenso wenig Zinov'ev und Kamenev entgegen, die Lenin in seiner letzten politischen Verfügung gleichfalls nicht allzu sehr mit Lob bedacht hatte. Dieser Umstand allein begünstigte letztlich, dass die politische Führungsriege mehrheitlich keinen aufrichtigen Drang verspürte, die testamentarische Verfügung nach Lenins Ableben einer breiten Parteibasis zu offenbaren. Vorerst sollte die Entscheidung daher den engsten politischen Führungsgremien vorbehalten bleiben, wie in dieser Angelegenheit zu verfahren sei.

Am Ende war all dem sogar etwas Positives abzugewinnen. Die Stalin drohende Gefahr, entmachtet zu werden, relativierte sich vor diesem Hintergrund. Und das umso mehr, als Lenin ungeachtet der harschen Kritik an seinem Generalsekretär nicht ausdrücklich dessen Entfernung aus der Parteiführung gefordert hatte.[24] Zugleich schuf spätestens jenes Dokument die Grundlage für eine künftig gegen Trockij gerichtete innerparteiliche Koalition. Diese formierte sich alsbald in Form des sogenannten Triumvirats – bestehend aus Stalin, Kamenev und Zinov'ev. Denn soviel stand fest: Trockij mochte sich einer gewissen Beliebtheit unter der sowjetischen Armeeführung und im revolutionären Militärrat erfreut haben. Hier wirkte sich zweifellos seine rühmliche Rolle als Volkskommissar für Heerwesen während des Bürgerkriegs aus, indem er es verstanden hatte, die Rote Armee innerhalb kürzester Zeit von einem maroden Heerhaufen in eine schlagkräftige Truppe umzustrukturieren. Sein arrogantes und überaus selbstherrliches Auftreten machte ihn allerdings in der engsten Parteiführung zu einer der zweifellos umstrittensten Persönlichkeiten. Dort hatte er sich nicht allzu viele Freunde gemacht. Am wenigsten traf dies auf die künftigen Triumvirn zu. Im Gegenteil: Hier brachte man ihm stets ein latentes Misstrauen entgegen. Nicht vergessen war auch die Tatsache, dass Trockij vor dem Oktoberumsturz von 1917 dem menschewistischen Parteiflügel angehört hatte. Zudem sagte man ihm bonapartistische Neigungen nach, weshalb nicht ausgemacht war, ob er nicht in einer schwachen Stunde mit Rückhalt des Militärs nach der absoluten Macht greifen würde.

Zunächst galt es für Stalin jedoch, die kritischen Klippen zu umschiffen, die sich ihm in Gestalt von Lenins Politischem Testament stellten. Auf dem XII. Parteitag im April 1923 verstand er es, den zwischen ihm und Lenin bestehenden Konflikt in der Georgienfrage deutlich zu entschärfen. Dabei erhielt er von Zinov'ev offene Unterstützung. Als ebenso Bucharin den Generalsekretär von Kritik ausnahm, sah auch Trockij, der im Auftrag des abwesenden Lenin dem Genossen Stalin eine deutliche Abfuhr erteilen sollte, davon ab.[25] Dass das Testament zu jenem Zeitpunkt zudem nicht Gegenstand einer offenen Diskussion auf dem Parteikongress wurde, dass es stattdessen weiterhin unter Verschluss blieb, kam einer ersten Bewährungsprobe der sich allmählich abzeichnenden Allianz mit Zinov'ev und Kamenev gleich. Denn diese waren es, die eine Offenlegung verhinderten.[26]

Die Situation entspannte sich weiter zu Stalins Gunsten, als er einwilligte, das bislang allein seinem Zugriff unterstehende Organisationsbüro der Partei durch Zinov'ev und Trockij zu erweitern. Schnell stellte sich indes heraus, dass letzterer dabei keine allzu große Gefährdung darstellte, weil er sich insgesamt wenig für die ihm eher bürokratisch erscheinenden Belange interessierte. In der folgenden Zeit isolierte er sich weiter, als er sich im November 1923 mit einer vom linken Parteiflügel im Monat zuvor verabschiedeten „Plattform der 46" solidarisierte. In ihr wurde nicht nur Lenins NEP unter Beschuss genommen, indem man einen stärkeren Staatsinterventionismus in der Industriepolitik forderte, sondern auch mehr innerparteiliche Demokratie in wichtigen Entscheidungsprozessen anmahnte. Auf der 13. Parteikonferenz wurde Trockij dieses Verhalten lediglich als Illoyalität ausgelegt. Von parteifeindlicher Fraktionsbildung war hier noch nicht explizit die Rede. Doch deutete sich für Stalin schon bei dieser Gelegenheit an, dass sich das Instrument des Fraktionismus und die im Geiste Lenins zu wahrende Parteieinheit bald in ein wirkungsvolles Schwert gegen seinen Widersacher Trockij ummünzen ließen. Überdies führten dessen Eskapaden zu einer weiteren Front: Innerhalb des Politbüros wuchs der Kreis seiner Kritiker. Die Trojka um Stalin, Zinov'ev und Kamenev erfuhr deshalb in jenem höchsten parteipolitischen Entscheidungsorgan alsbald Unterstützung und Zuspruch von Nikolaj Bucharin, Aleksej Rykov, Valerijan Kujbyšev und Michail Tomskij.[27]

Kampf gegen linke und rechte Opposition

Bereits während der letzten Lebensmonate Lenins bahnte sich die zweite Phase der Stalinschen Machtergreifung an. Sie sollte fortan unter der Bezeichnung Kampf gegen die linke und rechte Opposition in die Parteigeschichte der VKP (b) eingehen. Die Auseinandersetzung, die reich an politisch zynischen Intrigen und unaufrichtigen koalitionstaktischen Kehrtwenden war, zog sich bis etwa 1928/29 hin. Sie stellte am Ende sicher, dass mit Lev Trockij, Lev Kamenev, Grigorij Zinov'ev und Nikolaj Bucharin die bis dahin exponiertesten Politiker innerhalb der Parteiführung zusammen mit ihrer Anhängerschaft an den Rand des machtpolitischen Gravitationszentrums der VKP (b) gedrängt wurden. Von ihnen sollte in der Folgezeit keine allzu große Gefahr mehr für den weiteren politischen Aufstieg Stalins drohen.

Auf dem Weg dorthin ließen sich Zinov'ev und Kamenev, die keineswegs ausgemachte Stalinisten waren, zunächst vor den politischen Karren des Generalsekretärs spannen. Wenn sie sich darauf einließen, dann allein in der – freilich irrigen – Überzeugung, stets Herr der politischen Lage zu bleiben und Stalin wiederum für ihre eigenen politischen Ambitionen instrumentalisieren zu können. Als deshalb Monate nach Lenins Tod im Mai 1924

XIII. Parteikongress der RKP (b) in Moskau, Mai 1924: Stalin (l.), Kalinin (Vordergrund) und Vorošilov in einer Gruppe von Delegierten auf dem Roten Platz (Foto: akg-images)

erneut die Frage nach dem politischen Testament auf die Tagesordnung gelangte, waren es abermals Zinov'ev und Kamenev, die Stalin in kritischen Momenten zur Seite standen. So drohte am Vorabend des XIII. Parteitags wieder die Offenlegung des brisanten Dokuments. Das Ganze wurde schließlich dadurch abgefangen, dass man auf dem Plenum des Zentralkomitees die Flucht nach vorn antrat. Kamenev machte die dortige Zuhörerschaft mit Lenins Letztem Willen bekannt. Gleich darauf ergriff Zinov'ev die Initiative. Er beruhigte die Anwesenden hinsichtlich der Befürchtungen des Verstorbenen. Indem er Stalin demonstrativ sein Vertrauen aussprach, erreichte er es bei der Mehrheit der ZK-Mitglieder, seinem Beispiel zu folgen.

Tags darauf zeigte sich der Parteitag über die Enthüllungen um das politische Testament erschüttert. Aber auch hier zeichnete sich schnell Konsens darüber ab, das Dokument unter keinen Umständen zu veröffentlichen. Abermals machte sich Zinov'ev zum Anwalt Stalins, und erneut erreichte er auch vor diesem Forum, dass die Delegierten – mit wenigen Ausnahmen, die allesamt aus dem trockistischen linken Lager stammten – Stalin in seinem Amt als Generalsekretär bestätigten. Um gänzlich Gewissheit darüber zu erlangen, dass ihm in absehbarer Zeit keine Gefahr für sein Amt drohte, preschte Stalin kurz nach dem Parteikongress auf einem weiteren ZK-Plenum abermals vor: Er schlug vor, ihn von all seinen Parteifunktionen zu entbinden und zur Bewährung nach Turchansk, Jakuck oder sonst wo in den entlegenen Weiten des sowjetischen Imperiums zu entsenden, erfuhr aber wiederholt Rückhalt durch das Zentralkomitee der RKP (b).[28] Damit hatte Stalin einen der kritischsten Momente seiner politischen Karriere ohne größere Blessuren überstanden. Mehr noch: Da er innerhalb kürzester Zeit dreimal von den verschiedensten Parteigremien in seinen Funktionen bestätigt worden war, ging er überaus gestärkt aus dieser Krisensituation hervor.

Für den Aufbruch zu neuen politischen Ufern und die bevorstehende Auseinandersetzung mit oppositionellen Strömungen wusste sich der Generalsekretär daraufhin bald zu wappnen. Als überaus vorteilhaft erwies sich in diesem Zusammenhang das wenige Wochen nach der Beisetzung des Revolutionsführers durch Beschluss des Zentralkomitees initiierte „Lenin-Aufgebot". So wollte man durch die Massenmobilisierung Werktätige direkt von der Werkbank für die Partei und deren Proletarisierung gewinnen. Allein bis zum XIII. Parteikongress im Mai 1924 trat rund eine Viertel Million neuer Mitglieder in die bolschewistische Partei ein, die damit zunehmend ihren Charakter einer reinen Kaderpartei verlor. Praktisch benutzte man jene „Lenin-Berufene" als „Stimmvieh", wie es vor allem Parteisekretäre in der Provinz formulierten[29] – und das durchaus zum Vorteil des Generalsekretärs, der für diese Maßnahmen verantwortlich zeichnete.

Damit einher ging eine von Stalin im April 1924 an der Sverdlov-Universität veranstaltete Vorlesungsreihe „Über die Grundlagen des Leninismus", die sehr wohl taktischem Kalkül entsprang. Mit seinen dortigen, dem „Lenin-Aufgebot" gewidmeten Ausführungen, die in der Parteizeitung „Pravda" und kurz darauf als eigenständige Broschüre in millionenfacher Auflage veröffentlicht wurden, versuchte er nicht nur eine Antwort auf die Frage zu geben, was Leninismus sei.[30] Sein Vorstoß – immerhin zählte er bis dahin nicht gerade zu den herausragenden theoretischen

Köpfen der Partei – zielte gleichzeitig darauf ab, allmählich die ideologische Interpretationshoheit über das Leninsche Erbe und über den aufkommenden Lenin-Kult zu erlangen. Und daraus wiederum konstruierte er im weiteren Verlauf der Jahre den Mythos, der gelehrigste und einzig wahre Schüler des Revolutionshelden gewesen zu sein. Nicht zuletzt deshalb wurde mit zunehmender Etablierung seiner politischen Macht das schriftliche Vermächtnis Lenins in den veröffentlichten Werkausgaben fortan um kritische Passagen über die Person Stalin bereinigt.[31]

Zu den weiteren Voraussetzungen, die Stalins bevorstehenden Machtkampf auf der zentralen Parteiebene in den folgenden Jahren begünstigen sollten, zählte eine Reihe erfolgreich von ihm zustandegebrachter institutionell-organisatorischer Vernetzungen.[32] So suchte er zielstrebig die Nähe und Unterstützung der Geheimpolizei GPU, die von Feliks Dzeržinskij geleitet wurde, der durchaus mit dem Generalsekretär sympathisierte. Stalin gelang es außerdem, sich zusehends Rückhalt in den Massenorganisationen zu verschaffen. Das galt etwa für die Gewerkschaften, nachdem er seinem zeitweiligen Verbündeten Michail Tomskij dort die Führung entreißen konnte. Aber auch die kommunistische Jugendorganisation Komsomol erwies sich quasi als eine Kaderschmiede und gleichzeitig als verbindendes Element, um die stalinistische „Kontrolle von oben" durch eine „Kontrolle von unten"[33] wirkungsvoll zu gewährleisten.

Im Regierungsapparat sicherte er sich ab der zweiten Hälfte der 1920er Jahre die nachhaltige Unterstützung der Staatlichen Planungskommission, des Obersten Volkswirtschaftsrats, des Volkskommissariats für Eisenbahnwesen und nicht zuletzt des militärischen Establishments, darunter solch herausragender Persönlichkeiten wie etwa Michail Tuchačevskij, der im Zuge der „Revolution von oben" Stalins Industrialisierungs- und Rüstungsmaßnahmen entschieden begrüßt hatten. Eine solide Machtbasis innerhalb der sowjetischen Regierung konnte er sich indes erst ab Dezember 1930 schaffen, als sein getreuer Weggefährte Vjačeslav Molotov auf Betreiben Stalins den Vorsitz im Rat der Volkskommissare erlangte.[34]

Doch bis dahin war noch eine entsprechende Wegstrecke zu absolvieren. Zunächst einmal konzentrierte sich Stalin darauf, mit

Hilfe seiner damaligen politischen Verbündeten Kamenev und Zinov'ev den politisch bereits angeschlagenen Trockij mit seiner linken Anhängerschaft weiter zu isolieren und am Ende dann auszuschalten. Schon auf dem XIII. Parteikongress 1924 hatte Zinov'ev den politischen Gegner offen dem Vorwurf des Fraktionismus ausgesetzt und damit Überlegungen Stalins vom Januar offen geäußert, Trockij möglicherweise aus dem Zentralkomitee zu entfernen. In den Wochen danach startete die Trojka eine systematische Diffamierungskampagne gegen Trockij. Gleichzeitig versuchten sie, seine Rolle im Politbüro zu demontieren. So pflegte das Triumvirat, das sich in der sogenannten Siebenergruppe mit anderen Trockij-Gegnern zusammengetan hatte, in einer Art „heimlichem Politbüro" wichtige politische Angelegenheiten unter bewusstem Ausschluss von Trockij zu diskutieren und vorweg zu entscheiden.[35]

Das Ganze wurde durch Maßnahmen flankiert, die schließlich zahlreiche trockistische Parteigänger in der Armeeführung von ihren Posten verdrängte. Das traf auch für den Revolutionären Militärrat zu, wo man Trockij ebenfalls seiner Ämter enthob. Darüber hinaus verlegte sich das von Stalin geführte Anti-Trockij-Bündnis darauf, seinen politischen Widersachern nur noch unter erschwerten Bedingungen eine publizistische Plattform zu bieten. So wurde die Parteizeitung „Pravda" von der Zentralen Kontroll-Kommission der RKP (b) im Januar 1924 darauf verpflichtet, nur noch der offiziellen Parteilinie zu folgen. Und das im Mai desselben Jahres gegründete theoretische Organ „Bol'ševik", das unter Leitung von Politbüromitglied Nikolaj Bucharin herausgegeben wurde, diente nicht zuletzt als Speerspitze gegen jegliche innerparteiliche Opposition.

In einem wahren Pressefeldzug machte man das ganze Jahr 1924 unablässig Stimmung gegen Trockij: Ihm wurde nicht nur seine menschewistische Vergangenheit, sondern – bei weitem gravierender – sein zahlloses Fehlverhalten gegenüber dem verstorbenen Lenin vorgehalten. Seine abweichenden Auffassungen während der Diskussionen um den Friedensvertrag von Brest-Litovsk kamen dabei ebenso zur Sprache wie die Fehleinschätzungen in der Wirtschafts- und Arbeitspolitik oder Trockijs Neigung, die Relevanz der Bauernfrage für die bolschewistische Politik zu verkennen. Überhaupt fiel auf, wie Stalin bereits zu diesem frühen Zeitpunkt damit begann, Trockijs Rolle während der Oktoberrevolution herunterzuspielen und systematisch zu verfälschen.

Zugleich holte er auch zum ideologischen Schlag gegen seinen Widersacher aus. Erstmals provozierte er offen Trockijs Internationalismus mit seiner Theorie vom „Sozialismus in einem Lande", die er im Einklang mit Lenin wähnte. Doch das wiederum irritierte Zinov'ev und Kamenev. Sie gingen in dieser Frage keineswegs vollkommen konform mit Stalin. Freilich ließen sie sich davon noch wenig anmerken. Denn nach wie vor bestand die oberste Priorität darin, Trockij politisch weiter zu demontieren. Und das gelang. Zwar behielt dieser bis zu Stalins Sieg über die „Vereinigte Opposition" 1926/27 seinen Sitz im Politbüro und im Zentralkomitee, doch zunächst einmal verlor er im Januar 1925 das wichtige Regierungsressort als Kriegskommissar.[36] Für den nach politischer Führungsmacht strebenden Generalsekretär reichte dies aber nicht aus. Er ließ deshalb das ganze Jahr 1925, aber auch später keine Gelegenheit aus, Trockij zu seinem bevorzugten Hassobjekt zu machen, um damit endgültig die Voraussetzungen zu schaffen, ihn ins politische Aus zu katapultieren.[37]

Kaum war Trockij Ende 1924, Anfang 1925 ins politische Abseits manövriert, begann das Zweckbündnis der Triumvirn bereits zu bröckeln. Die Ursachen dafür lagen auf der Hand: Es ging um politische Führungsansprüche. Stalin war sich sehr wohl darüber im Klaren, dass Zinov'ev und Kamen'ev als Parteichefs von Leningrad bzw. Moskau dort über eine ausgesprochen starke Machtbasis verfügten. Und dies konnte seinen eigenen politischen Ambitionen durchaus abträglich sein. Umgekehrt erkannten Kamenev und Zinov'ev, dass Stalin die Trojka lediglich dazu benutzt hatte, seinen eigenen politischen Einfluss in der Partei weiter zu fundieren. Sein Hang zum Machtmissbrauch, aber auch das von ihm favorisierte Konzept vom „Sozialismus in einem Lande" und seine Bereitschaft, die NEP durch erhebliche Zugeständnisse gegenüber dem wirtschaftlichen Privatsektor und den Bauern auszuweiten, taten ihr Übriges, die Trojka zu spalten. Die beiden zeitweiligen Allianzpartner Stalins suchten daher Unterstützung im Lager der politischen Opposition gegen diese vom stalinistischen Parteiflügel geförderten Entwicklungen.

Vor allem als Bucharin die im Rahmen der NEP angestrebte ökonomische Gesundung und Industrialisierung der UdSSR durch eine verstärkt bauernfreundliche Wirtschaftspolitik flankieren wollte, provozierte er Zinov'ev und Kamenev. Sie nahmen eine dezidierte Gegenposition ein. Stalin, der bereits auf der Suche nach anderen geeigneten Bündnispartnern gegen seine früheren Koalitionäre war, kam dies sehr entgegen. Und so fand er in Bucharin und dessen sogenannter rechter Anhängerschaft nunmehr eine Basis für eine im Rahmen eines Duumvirats zusammengeführte politische Mehrheit in den Parteigremien. Mit ihr schickte er sich an, die fortan als „Leningrader Opposition" stigmatisierte Allianz von Zinov'ev und Kamenev zu bekämpfen.

Die erste günstige Gelegenheit dazu bot sich auf dem XIV. Parteikongress im Dezember 1925. Die dort geäußerte Kritik, inwieweit die von Bucharin und Stalin propagierten wirtschaftspolitischen Prioritäten noch mit den ursprünglichen Ideen Lenins in Einklang zu bringen seien, lief dabei ebenso ins Leere wie Kamenevs und Zinov'evs Anschuldigungen, Stalin strebe nach der absoluten Macht. Ein allgemeiner Stimmungsumschwung blieb aus, weil die Mehrheit der Delegierten darin allein ein taktisches Manöver einer zusehends politisches Terrain verlierenden Opposition im Kampf um die Macht erblickte.

Stalin konnte den Kongress als einen wichtigen Etappensieg verbuchen. Mit Vorošilov, Molotov und Kalinin war es ihm gelungen, nunmehr weitere willfährige Helfershelfer in das Politbüro zu berufen; Kamenev dagegen wurde statusmäßig auf die Position eines Politbürokandidaten zurückgestuft. Überdies verloren er und Zinov'ev ihre bis dahin wichtigen parteipolitischen Bastionen in Moskau und Leningrad. Mit Sergej Kirov gelang es Stalin, einen weiteren Gewährsmann als Ersten Parteisekretär in der – allein schon revolutionssymbolisch – wichtigen Stadt an der Neva zu installieren.

Stalins und Bucharins politische Gegner befanden sich von da an im freien Fall. Ein letzter Versuch, durch den Zusammenschluss mit dem Trockij-Lager zu einer „Vereinigten Opposition" den drohenden Niedergang aufzuhalten, scheiterte. Denn der stalinistische Flügel besaß inzwischen einen solchen Rückhalt im Parteiapparat, dass es ein Leichtes war, mit dem Argument des innerparteilichen Fraktionismus gegen jene, die vermeintliche Einheit der RKP (b) gefährdende Gruppierung vorzugehen. 1927 wurde zum Schlüsseljahr, in dem die von Trockij, Zinov'ev und Kamenev getragene Bewegung politisch besiegt wurde: Die drei Anführer verloren ihre noch verbliebenen Parteipositionen, sprich: man schloss sie aus dem Politbüro, dem ZK und am Ende sogar aus der Partei aus. Trockij wurde überdies zunächst nach Kazachstan verbannt und 1929 schließlich des Landes verwiesen.

Freilich war all dies noch nicht mit physischer Gewalt gegen die Abweichler verbunden. Hierfür bedurfte es noch einer weiteren Konsolidierung des Stalinschen Regimes. Und die setzte allmählich ein, als sich Stalin unmittelbar nach dem Triumph über die Linke und Vereinigte Opposition zwischen 1928/29 entschlossen gegen seinen Bündnispartner Nikolaj Bucharin und dessen rechte Anhängerschaft wandte. Als Vorwand, nunmehr auch dieser Gruppierung fraktionistische Abweichung unterstellen und damit gegen sie vorgehen zu können, diente der zwischenzeitlich zur allgemeinen Parteilinie erhobene neue Wirtschaftskurs. Die damit einhergehende stalinistische „Revolution von oben" leitete das Ende der NEP ein. Sie zielte auf den von Stalin stets favorisierten Aufbau des „Sozialismus in einem Lande". Und in der ganz auf eine forcierte Industrialisierung und brutale Kollektivierung der Landwirtschaft zielenden Kommandowirtschaft gab es keinen wie auch immer gearteten Freiraum mehr für irgendwelche bauernfreundlichen politisch-ökonomischen Experimente des Bucharin-Lagers.[38]

Von der oligarchischen zur absoluten Führung

Damit wurde die letzte Phase der Stalinschen Machtergreifung eingeleitet, die spätestens bis zum Ende des Großen Terrors 1938 andauerte. Auch nach dem Sieg des Generalsekretärs über seine politischen Kontrahenten von links und rechts war Stalin noch keineswegs in der Lage, an eine persönliche Diktatur zu denken. Gleichwohl spielte er innerhalb des von seinen Anhängern dominierten Parteiapparats die Rolle eines *primus inter pares*. Dass seine politischen Weggefährten die herausragende Funktion Stalins anerkannten, kam nicht zuletzt in dem herrschaftssichernden Stalin-Kult zum Ausdruck, dessen Anfänge in das Jahr 1929 zurückreichen. Das wiederum verschaffte ihm in gewisser Hinsicht Immunität vor weiterer Kritik. Als geeignetes Datum, stolz den Triumph und das bislang politisch Erreichte zu zelebrieren, bot sich Stalins 50. Geburtstag am 21. Dezember geradezu an. Die ihm gewidmete Festschrift und öffentlichen Feierlichkeiten überschlugen sich an Elogen und übertriebenen Danksagungen, die jeder realistischen Grundlage entbehrten. Dies war allerdings lediglich der Auftakt. Mit zunehmender Konsolidierung seines Regimes steigerte sich der Kult um seine Person ins nahezu Bodenlose.[39]

Stalins Herrschaft unmittelbar nach 1929 lässt sich am treffendsten mit der Bezeichnung einer oligarchischen Führung beschreiben.[40] Gewiss waren im Staats- und Parteiapparat die entscheidenden Positionen überwiegend mit seinen Gewährsmännern besetzt. Doch auch diese stützten sich ungeachtet der Tatsache, ausgemachte Stalinisten zu sein, immer auch auf eigene Klientelnetzwerke. Insofern verliefen politische Entscheidungsprozesse etwa innerhab des Politbüros zu jener Zeit nach wie vor im Rahmen eines kollektiven stalinistischen Konsenses. Vor allem auf untergeordneter Ebene machte sich das bemerkbar. Dort verfuhren manche stalinistischen Parteichefs mitunter wie eigenständige Patrimonialherren. Und das wiederum verdeutlicht, dass Stalin noch keineswegs gänzlich ungehindert schalten und walten konnte. Die Rolle des unumstrittenen *vožd* (Führers) war noch nicht errungen.[41]

Aber auch auf zentraler Ebene, selbst im Politbüro, zeigten sich in den frühen 1930er Jahren je nach politischer Zuständigkeit einzelne Funktionäre als Verfechter politisch radikalerer, andere als Befürworter moderaterer Lösungen. In dieser Phase der kollektiv-oligarchischen Parteiführung kam Stalin einerseits die anerkannte Aufgabe zu, bei interinstitutionellen Streitigkeiten als Schiedsrichter zu vermitteln. Andererseits war er zu dieser Zeit bereits in der Lage, als „Initiator fundamentaler Entscheidungen generellen politischen Charakters" aufzutreten. In dem einen wie in dem anderen Fall betonte er freilich stets, allein die Interessen der Sowjetunion im Blick zu haben.[42]

Je stärker das politische Regime Konturen einer persönlichen Diktatur Stalins annahm, desto häufiger schürte er selbst im innersten Führungszirkel Konflikte und Konkurrenz. Und gerade damit legitimierte er letztlich seinen Anspruch, sich zum alleinigen Führer aufzuschwingen. Die politischen Meinungsbildungs- und Entscheidungsprozesse veränderten sich von da an dramatisch. Nunmehr fiel ihm in seiner Funktion als persönlicher Diktator mit absoluter Macht das Exklusivrecht zu, allein politische Initiativen zu ergreifen und diese ebenso eigenständig zu entscheiden. Doch bedeutete es nicht zwangsläufig, dass Stalin davon immer auch Gebrauch machte.[43] Allerdings verstärkte sich in diesem Zusammenhang ein Trend, der sich bereits seit den frühen 1930er Jahren angebahnt hatte: Politbürositzungen oder auch Parteikongresse, die vormals wichtige Organe der innerparteilichen Meinungsbildung darstellten, wurden immer seltener einberufen und kamen damit kaum mehr zum Zuge. Stattdessen verlagerte sich die eigentliche Schaltzentrale für die sowjetische Politik in Stalins persönliches Arbeitskabinett – sei es im Kreml oder auf seiner Datscha unweit von Moskau –, von wo aus der Diktator, gestützt auf die Allmacht der Geheimpolizei, in informellen Gremien und mit Hilfe seines innersten Gefolgschaftszirkels, allen voran Molotov und Kaganovič, fortan das Land führte.[44]

Dass es insgesamt so weit kommen konnte, war letztlich das Ergebnis des legendären stalinistischen Großen Terrors. Er wütete zwischen 1936 und 1938 erbarmungslos auf allen Ebenen der Partei mit dem Erfolg, dass die letzten Widerstände und Abweichungen gebrochen wurden, die bis dahin der uneingeschränkten Herrschaft Stalins den Weg versperrt hatten.

2. Terror und Gewaltkultur

Mit der Person Stalins verbinden sich unweigerlich die Begriffe Gewaltherrschaft und Terror. Man assoziiert mit ihm gemeinhin die Diktatur eines Parteiführers, der seine willkürlich festgelegte politische Linie mittels einer „Nomenklatura" willfähriger Funktionäre und – mehr noch – vor allem durch terroristische Maßnahmen gegenüber tatsächlichen wie vermeintlichen Gegnern durchsetzte. Die radikale, gewaltsame Liquidierung jeglicher Opposition und die Vernichtung alles ideologisch Fremden schienen geradezu programmatisch für das Wesen des Stalinismus gewesen zu sein.

Geburtsstunde des Stalinismus

Es wäre indes falsch anzunehmen, Stalin und sein auf brutale Machtdurchsetzung zielendes Regime wären allein ein Betriebsunfall in der sowjetischen Geschichte gewesen. Ohne das unsägliche Leid relativieren zu wollen, das sein despotisches System über die Sowjetunion und – nach 1945 – über weite Teile Ostmittel- und Südosteuropas gebracht hat, wird man sich aber einer Beobachtung nicht entziehen können: Stalin war immer auch ein Produkt der russischen Geschichte und der bolschewistischen Bewegung. Die Gewaltkultur, für die er und seine willigen Vollstrecker seit den 1930er Jahren politisch verantwortlich zeichneten, hatte eine Vorgeschichte. Diese begann mit der gewaltsamen bolschewistischen Machtergreifung. Ihr schloss sich ein erbarmungslos geführter Bürgerkrieg zwischen Roten und Weißen an, in dem sich beide Seiten an Brutalität geradezu überboten. Ganze Landstriche wurden dabei mit grauenvollen Mordexzessen, Pogromen und unvorstellbarem Elend überzogen. Mehr noch: Eine gesamte Gesellschaft verrohte und drohte, in einem unübersichtlichen Gewaltchaos zu versinken.[45]

Der Bürgerkrieg mit seinem „roten Terror", der dem weißen vorausging, muss bereits – lostgelöst von der Person des künftigen Diktators – als die eigentliche Geburtsstunde des Stalinismus gesehen werden. Er bildete gleichsam Generalprobe und Experimentierfeld für das, was später in einem nahezu unvorstellbaren Ausmaß im Namen Stalins an bolschewistischer Wahnvorstellung von „einer sozial ‚gereinigten' Welt" verwirklicht werden sollte. So wurde durch Lenin im Namen einer – vermeintlich heilsbringenden – auf Moderne, Modernisierung und Überwindung der russischen Rückständigkeit fixierten Weltanschauung schon unmittelbar nach der Oktoberrevolution der Klassenkampf praktiziert. Politisch Andersdenkende und sogenannte Klassenfeinde, darunter aristokratische Gutsbesitzer, zarische Offiziere, Geistliche, Kosaken oder bäuerliche Kulaken, wurden kurzerhand rücksichtslos stigmatisiert und gedemütigt. Man vertrieb sie und schlimmstenfalls ereilte sie das Schicksal, im Auftrag einer Ideologie physisch liquidiert zu werden – so die verharmlosende, sterile Diktion der Zeit.[46] Überaus plastisch brachte diese Geisteshaltung einer der damaligen stellvertretenden Leiter der bolschewistischen Geheimpolizei Tscheka, Martyn Lacis, im November 1918 auf den Punkt, in dem er frei von Zynismus und mit innerster Überzeugung erklärte:

> *„Wir führen nicht Krieg gegen Einzelne. Wir vernichten die Bourgeoisie als Klasse. Während der Untersuchung suchen wir nicht nach Beweisen, dass der Beschuldigte in Worten und Taten gegen die Sowjetmacht gehandelt hat. Die ersten Fragen, die gestellt werden müssen, lauten: Zu welcher Klasse gehört er? Was ist seine Herkunft? Was ist seine Bildung und sein Beruf? Und es sind diese Fragen, die das Schicksal des Beschuldigten bestimmen sollen. Darin liegen die Bedeutung und das Wesen des roten Terrors."*[47]

Lenin selbst beteiligte sich an diesen Gewalttaten – doch freilich nicht direkt. Er blieb wie viele seiner Mitstreiter, so etwa Trockij, Zinov'ev oder Bucharin, ein reiner Schreibtisch- und Gesinnungstäter. In geradezu missionarischem Eifer sagte er seinen Gegnern kompromisslos den Kampf an. Durch Massenterror und willkürliche Erschießungen, so etwa im August 1918 im Gouvernement Nižnij-Novgorod, ließ er dort Angst und Schrecken verbreiten und trieb die dafür verantwortlichen Staatsorgane dabei noch zu Höchstleistungen an.[48]

Es mag in diesem Zusammenhang kaum überraschen, dass das Gulag-System, ebenso wenig wie die berüchtigte Geheimpolizei – beides fortan wesentliche Stützen des sowjetischen Regimes – keine originären Produkte des Stalinismus der ausgehenden 1920er und 1930er Jahre waren. So beschloss etwa die leninistische revolutionäre Sowjetregierung schon am 5. September 1918 die Errichtung spezieller „Konzentrationslager", sogenannter *konclagerja*, um Klassenfeinde und Anhänger der weißgardisti-

schen Opposition zu isolieren.[49] Die Tscheka, die all das zu organisieren hatte, war bereits im Dezember 1917 in einer der ersten
unmittelbar die Macht sichernden Maßnahmen nach dem Oktober-Putsch gegründet worden.[50] Freilich wusste sich Stalin auf seinem Weg zur absoluten Macht dieser Institutionen geschickt zu
bedienen. Er perfektionierte sie in dem Moment, als die Mittel
dazu ausreichten, zu einem Terrorinstrument, das seine Herrschaft maßgeblich absicherte.[51]

Vorboten des Terrors

Eine erste Vorahnung, was sich hinter Stalins propagiertem „Sozialismus in einem Lande" tatsächlich verbergen sollte, deutete sich
seit den ausgehenden 1920er Jahren in seiner entschlossen voran-
getriebenen „Revolution von oben" an. So zeichneten sich nach
dem XV. Parteikongress im Dezember 1927 allmählich die Pro-
duktionsschlachten ab, mit denen der Generalsekretär wie in
einem Rausch von Größenwahn durch überambitionierte zentrale Pläne die UdSSR innerhalb kürzester Zeit zu einer hochindustrialisierten, administrativen Kommandowirtschaft umgestal-
ten wollte. Dabei wurde das Land in einen wahren ökonomischen
Ausnahmezustand versetzt, was für die Bevölkerung einen weiteren drastischen Rückgang des ohnehin nur bescheidenen Lebens-
standards zu Folge hatte. Zugleich setzte eine nahezu unaufhaltsame ökonomische Talfahrt ein, die den Sowjetstaat zeitweilig an
den Rand des existenziellen Abgrunds brachte. Unrealistisch
übersteigerte Pläne, die ohne jeden wirtschaftlichen Sachverstand
auf Biegen und Brechen durchgesetzt werden sollten, prägten die
Umbruchphase. Überaus deutlich wurde all dies, als Stalin im
Juni 1930 der desolaten Lage mit der Parole zu begegnen suchte,
die Planziffern zur Entwicklung der Schwerindustrie nicht nur
weiter in die Höhe zu treiben. Das gigantische planwirtschaftliche
Umgestaltungsprogramm sollte nunmehr – gänzlich unrealistisch
– in vier, anstatt in den ursprünglich dafür veranschlagten fünf
Jahren umgesetzt werden. Im Februar 1931 verstieg sich der
Generalsekretär sogar kurzzeitig zu der Idee, dies in drei Jahren zu
schaffen.[52] All das war begleitet von einem verschärften Arbeitsregime. Bummelantentum und Unterschlagung von „sozialisti-

schem Volkseigentum" zogen drastische Strafen nach sich. Überhaupt erklärte man sich ökonomische Misserfolge nur durch persönliches Versagen und Defätismus – Vorwürfe, die Fabrikmanager und Arbeiter gleichermaßen treffen konnten und in der Regel entsprechend hart geahndet wurden.

Die Zahl der zur Zwangsarbeit in staatlichen Arbeitslagern in Sibirien oder im Fernen Osten Verurteilten stieg seit dieser Zeit sprunghaft an. Und das geschah aus einem guten Grund: Man hoffte, damit dem drastisch gestiegenen Bedarf an billigen Arbeitskräften begegnen zu können. Diese sollten die ökonomischen Ressourcen in den entlegenen und menschenfeindlichen Regionen der sowjetischen Peripherie für die Zwecke des überdimensionierten Industrialisierungsprojekts erschließen. Den Auftakt hierzu bildete eine Resolution des Stalinschen Politbüros vom 27. Juni 1929. Sie regelte den Einsatz von zur Zwangsarbeit verurteilten Kriminellen. Freilich waren nicht alle Verurteilte Verbrecher. Gleichwohl war die Begründung für ein vermeintliches Vergehen schnell und leicht konstruiert, um Leute einfach von der Straße weg zu verhaften, sobald Arbeitskräfte benötigt wurden.

Schon ein gutes halbes Jahr nach dem Politbüro-Beschluss zeigten sich in dieser Hinsicht erste Erfolge: Allein bis zum 1. Januar 1930 wurden rund 180.000 Menschen in eigens eingerichtete Spezialsiedlungen deportiert – was ein Vielfaches von dem ausmachte, was bis dahin praktiziert wurde. Auf lange Sicht erwies sich der Archipel GULag allerdings kaum als ein profitables Wirtschaftsimperium. Denn staatliche Sklavenarbeit, die unsinnig und massenhaft menschliche wie materielle Ressourcen verschlang, war nicht dazu angetan, ein – unter rein ökonomischen Gesichtspunkten – effizientes Gulag-Wesen zu garantieren. Das sahen schließlich auch die Lagerverwaltungen in der UdSSR ein. In Kreisen des sowjetischen Innenministeriums wurde deshalb nach 1949 über verschiedene Konzepte nachgedacht, die existierenden Zwangslager in besondere Lagereinrichtungen umzuwandeln, in denen auf der Basis einer gewissen „Freiwilligkeit" und aufgrund spezieller Anreize weitergearbeitet würde. So zutreffend solche Überlegungen auch waren, so wenig stießen sie jedoch bei dem im Alter zunehmend misstrauischen Stalin auf Gehör. Und so hielt man bis zu dessen Tod im Jahre 1953 unbeirrt an dem menschenverachtenden sowjetischen GULag-System fest.

Um den sozialistischen Wettbewerb und die stalinistische Mobilisierungsdiktatur weiter voranzutreiben, setzte das Regime verstärkt auf übersteigerte Rekordinitiativen. Sie formierten sich in einer sogenannten Stoßarbeiter-Bewegung, die nach dem Bergmann A.G. Stachanov benannt war. Dieser hatte 1935 in einer einzigen Tagesschicht offenbar 102 Tonnen Kohle abgebaut, bei einer Norm von sieben Tonnen. Freilich erwies sich auch dieses Unternehmen als ein völlig realitätsfernes Unterfangen, das allein auf die Produktion unsinniger propagandistischer Scheinerfolge setzte, ohne dabei das wirtschaftliche Gesamtgefüge im Blick zu behalten. Ökonomisches Chaos und Missgunst waren die unmittelbare Folge. Spätestens durch solche Maßnahmen wurde in den meisten Industrieunternehmen das Arbeitsklima um seine letzten bestehenden Reste des innerbetrieblichen Friedens gebracht.[53]

Während dieser schicksalhaften Jahre galt für Stalin und seine planökonomischen Handlanger eine oberste Priorität: Rationale Gründe oder gar Fehler des Systems ließ man als Argument für die Nichterfüllung der vorgegebenen Pläne nicht gelten. Und was es nicht geben durfte, existierte nicht. Stattdessen flüchtete sich das stalinistische Regime in absurde Verschwörungstheorien: Vermeintliche Volksfeinde und Agenten des kapitalistischen Auslandes trachteten demzufolge danach, das sozialistische Experiment um die Früchte seines angeblichen Erfolges zu bringen.

Das wiederum endete in verschiedenen Schauprozessen neuen Typs, die die Staatsmacht inszenierte, um für ihre verfehlte Wirtschaftspolitik Sündenböcke zu finden. Im Mai 1928 bildete der Šachty-Prozess den Auftakt für eine ganze Serie staatlicher Repressionen, die sich gegen frühere gesellschaftliche Eliten richtete, die noch im Land verblieben waren und in den Zeiten der Neuen Ökonomischen Politik auch unter dem Sowjetstern über eine – wenn auch häufig bescheidene – Lebensgrundlage verfügten. Angeklagte im Šachty-Verfahren waren mehrere bürgerliche Ingenieure und Techniker aus dem Donbass, die man für die wirtschaftlichen Rückschläge in den dortigen Bergbaugruben verantwortlich machte. Dabei konstruierten die ermittelnden OGPU-Organe unter Gejnrich Jagoda die abstrusesten Beschuldigungen.

Die Anklage gipfelte in dem Vorwurf der Sabotage am ersten Fünfjahrplan und der Verschwörung gegen die sozialistische Ordnung. Hinter dieser Inszenierung stand allein der Generalsekretär. Er führte Regie aus dem Hintergrund und wies an, die Geständnisse aus den unglücklich Verhafteten erbarmungslos herauszuprügeln. Das Ganze endete damit, dass elf der 53 Angeklagten zum Tode verurteilt wurden. Die Botschaft, die sich damit verband, schien auch bei dem letzten der aufmerksamen Zuschauer anzukommen: Es war die Lehre, dass „nämlich Krisen von Feinden hervorgerufen wurden, daß die Loyalität der Arbeiters dem Regime und nicht der Familie oder der Verwandtschaft gehörte".[54]

Die Angriffe auf die noch bestehenden traditionellen Überbleibsel des vorrevolutionären Systems setzten sich fort. Im Sommer 1928 verstärkten sich wieder die staatlichen Attacken auf die Religion und die noch verbliebenen Kirchenvertreter, zwischen 1929 und 1930 richtete sich die sogenannte „Akademie der Wissenschaft-Affäre" gegen die nicht mehr dem Zeitgeist entsprechenden Historiker Sergej Platonov und Evgenij Tarle. Prozesse gegen eine fiktive „Industrie-Partei", die angeblich ebenso auf die Destabilierung des sich allmählich herausbildenden stalinistischen Systems zielte, setzten die Serie wilder Anschuldigungen und Konstruktion von Verschwörungen fort.[55]

Abschreckung und Einschüchterung, aber auch Mobilisierung der Bevölkerung für die Belange des Regimes lagen Handlungen zugrunde. Schließlich ließen sich in einer Atmosphäre allseits drohender innerer wie äußerer Gefahren die brutalen Methoden rechtfertigen, mit der der stalinistische Umbau von Wirtschaft und Gesellschaft forciert wurde. Gewiss war man noch weit von dem absurden Spektakel entfernt, das der sowjetischen Öffentlichkeit ab Mitte der 1930er Jahr mit den Großen Schauprozessen bevorstehen sollte, doch so viel stand jetzt schon fest: Das, was fortan unter der Bezeichnung „Fassadengesellschaft" die soziale Realität und das Alltagsleben in der UdSSR nachhaltig prägen sollte, begann in diesen Jahren der Stalinschen Machtkonsolidierung.[56]

Krieg gegen die Bauern

Stalins Maßnahmen, den „Sozialismus in einem Lande" nicht zuletzt mit Mitteln bloßer Gewalt durchzusetzen, beschränkten sich indes nicht auf das kolossale Industrialisierungsprojekt und die Planwirtschaft, die von nun an die sowjetische Ökonomie prägte. „Sozialismus in einem Lande" verhieß gleichzeitig auch eine stalinistische Kulturrevolution. Und die wiederum gipfelte in dem Versuch, „einen Menschen zu schaffen, dem das überkommene Leben nichts mehr galt, der sich der neuen Ordnung ganz verschrieb, familiäre und religiöse Bindungen abwarf und zu innerer Selbstreinigung fand. Dieser Mensch besiegte den Feind, der in ihm wohnte, er brannte alles Fremde aus sich heraus und zivilisierte sich selbst."[57]

Dass dies allerdings nicht in freiwilliger Selbstunterwerfung der zu Zivilisierenden gelingen würde, zeigte sich in Stalins Politik gegenüber den bäuerlichen Lebenswelten, die nach wie vor die Realität im Sowjetstaat dominierten. Sein politisches Regime mochte zum damaligen Zeitpunkt in den großen urbanen Zentren, allen voran in Moskau oder Leningrad, der Stadt der Revolution, einigermaßen verankert gewesen sein. Doch schon in der zentralrussischen Provinz, ganz zu schweigen von den ländlichen Regionen an der Peripherie des sowjetischen Imperiums, stieß es rasch auf Grenzen. Zu glauben, dass hier die bolschewistische Partei allgegenwärtig sei, war reine Illusion. Das wusste auch Stalin, dem in diesem Zusammenhang als Generalsekretär der VKP (b) durchaus zu Ohren gekommen war, dass dort die Parteiherrschaft oft nur nominell bestand.

Die Jahre der Neuen Ökonomischen Politik, die in vielerlei Beziehung als eine relativ liberale Phase in der sowjetischen Geschichte betrachtet werden können, hatten ihr Übriges dazu beigetragen, dass sich ungeachtet des Roten Oktobers im Jahre 1917 das platte Land immer wieder als eine letzte Bastion traditionellen und rückständigen Lebens erwies. Selbst die Religion, die nach dem berühmten Diktum von Karl Marx gemeinhin als Opium fürs Volk betrachtet wurde, hatte sich in der bäuerlichen Gesellschaft hartnäckig gehalten, wenngleich sie auch nicht mehr in derselben Offenheit praktiziert werden konnte wie noch zu vorrevolutionären Zeiten.[58] Die NEP konservierte aber nicht nur in mancherlei Hinsicht bäuerliche Traditionalität. Zumindest die Schicht der sogenannten Kulaken, hinter der sich nicht, wie die stalinistische Propaganda stets zu suggerieren versuchte, allein großbäuerliche Ausbeuter verbargen, nutzte die Vorteile der neuen liberaleren Wirtschaftsformen. Viele von ihnen brachten es zu einem gewissen Wohlstand. Gleichwohl war auch dieser immer noch sehr bescheiden.

Das alles war indes nicht mehr mit dem ideologischen Weltbild zu vereinbaren, das umzusetzen sich die Riege um Stalin spätestens Ende der 1920er Jahre zur Aufgabe gemacht hatte. So rechtfertigte nicht zuletzt das weltanschauliche Element der stalinistischen Kulturrevolution, selbst in der ökonomisch desolaten Lage des ersten Fünfjahrplans den Aufbau der Gesellschaft durch die lückenlose Kollektivierung der Landwirtschaft weiter zu erschüttern.[59] Die Tatsache, landwirtschaftliche Großbetriebe herzustellen und diese künftig dem Diktat der zentralen Planung zu unterwerfen, war nur ein Kalkül, das sich hinter diesem Schritt verbarg. Die Kollektivierung markierte die erste große Gewaltorgie der Bol'ševiki nach dem – vielen Sowjetbürgern immer noch in Erinnerung gebliebenen – Terror der blutigen Bürgerkriegsjahre. Sie war Auftakt für den Kampf gegen die noch verbliebenen Fremdkörper in der sowjetischen Agrargesellschaft. Die Erbarmungslosigkeit, mit der dabei vorgegangen wurde, versetzte das Land mehr oder weniger in einen permanenten Ausnahmezustand. Und das wiederum machte das Wesen des Stalinismus aus.

Die ersten Opfer dieser stalinistischen Massenrepression waren die bereits erwähnten Kulaken. Als Klassenfeinde stigmatisiert, zogen sie ab 1930 die gesamte Härte des Regimes auf sich, mehr noch: Auf Befehl Stalins wurde noch Ende 1929 eine Kommission unter der Leitung von Vjačeslav Molotov eingesetzt, die ein eliminatorisches Programm zur „Liquidierung des Kulakentums als Klasse" auszuarbeiten hatte.[60] Kurz darauf beschloss das Politbüro am 5. Januar 1930 die administrativen Voraussetzungen. Eine Geheimverfügung bestimmte drei Kategorien von Kulaken, denen künftig folgendes Schicksal zugedacht war:[61] Sogenannte konterrevolutionäre Aktivisten waren vollständig zu enteignen und sollten in „Konzentrationslager" deportiert werden. Diejenigen, die die ermittelnden Sicherheitsorgane dabei „aufständischer" oder „terroristischer Akte" überführen konnten, was in der Regel konstruiert war, sollten unverzüglich erschossen werden. Dieser Maßnahme allein fielen rund 63.000 Familien zum Opfer.

Die in der Kategorie „Reiche Kulaken" und „Halbgrundbesitzer" zusammengefassten Bauern entgingen ebenso wenig der Enteignung. Allerdings schien das Regime ihnen gegenüber eine gewisse Milde an den Tag zu legen. In der Theorie zumindest gestand man ihnen die elementarsten Produktionsmittel und einige bescheidene Vorräte zu. Dies sollte ihnen gewissermaßen das erste Überleben in den eigens im Zuge der Deportation für sie errichteten Spezialsiedlungen im hohen Norden, in den Gebieten jenseits des Urals oder in den kasachischen Steppen sichern. Die Realität der davon – ursprünglich auf 150.000 Familien festgesetzten – Betroffenen sah indes anders aus. Die *specpereselency*, wie man die „Spezialumsiedler" euphemistisch bezeichnete, fanden an den Orten ihrer Verbannung zumeist nichts außer bürokratisch-administrativem Chaos vor. In der Regel wurden sie inmitten der Steppe oder sibirischen Einöde ausgesetzt und mussten dort ihre Unterkünfte selbst bauen, ohne dafür die erforderlichen Mittel zur Verfügung gestellt zu bekommen. Die Menschen, vor allem Kinder und Ältere, starben zu Zehntausenden an Unterernährung, Epidemien oder physischer Erschöpfung in den unwirtlichen Breiten der sowjetischen Peripherie. Bereits in den Deportationszügen fing das große Dahinsiechen und Sterben an.[62]

Am vermeintlich Nachsichtigsten verfuhr das stalinistische System mit der Kategorie der sogenannten Übrigen. Ihr Eigentum wurde nur teilkonfisziert. Sie allerdings als eine Art privilegierte Gruppe von Kulaken zu bezeichnen, war geradezu zynisch. Zwar durften sie sich in näherer Umgebung zu ihren früheren Siedlungen niederlassen. Doch die Böden, die man ihnen zugestand, waren von solch geringer Qualität, dass auch sie – immerhin betraf dies zwischen 396.000 und 852.000 Haushalte – kaum eine Existenzgrundlage besaßen.[63]

Kurz darauf setzte unter der Bezeichnung „Entkulakisierung" eine brutale Kampagne ein, um den Beschluss des Politbüros durchzusetzen. Auf einer speziell hierfür einberufenen Konferenz mit den Parteisekretären aller Sowjetrepubliken und Gebietskomitees präsentierte Molotov in Anwesenheit des Generalsekretärs den nachgeordneten Parteiaktivisten, wie man gedachte, das eliminatorische Programm möglichst zügig und effektiv umzusetzen. Sein Zynismus war dabei geradezu grenzenlos. Unumwunden gestand er ein, dass die Verantwortung für diese Operation allein bei Stalin, Kaganovič und ihm lag. Das Ganze war also von höchster Stelle abgesegnet und sollte deshalb zu Höchstleistungen motivieren. In diesem Sinne wandte sich Stalins Sprachrohr an die zur größten Verschwiegenheit verpflichteten aufmerksamen Zuhörer mit den Worten:

„Wer denkt, daß man diese Angelegenheit allein auf der Grundlage einer Resolution für beendet halten kann, ist schon ein komischer Kauz. Das ist eine langwierige Angelegenheit [...] Welche Maßnahmen? – Ich muß im Vertrauen sagen, daß, als mich auf dem November-Plenum [1929] einzelne Genossen fragten, was mit den Kulaken werden soll, ich gesagt habe, wenn es einen geeigneten Fluß gibt, ertränkt sie. Nicht überall gibt es einen Fluß, das heißt, daß die Antwort unzureichend war [...] Mir scheint, es steht außer jedem Zweifel, daß es ohne repressive Maßnahmen nicht gehen wird, wir sind gezwungen, sie zu erschießen. (Zuruf: aussiedeln!). Nummer eins: erschießen, Nummer zwei: aussiedeln. [...] Es ist offenkundig, daß wir gezwungen sind, ordentlich repressive Maßnahmen anzuwenden. Ohne Aussiedlung einer ordentlichen Menge von Leuten an verschiedenen Enden wird es nicht gehen. Wohin schicken wir sie? (Zuruf: Zu Eiche! [d.h. zu Eiche, dem Ersten Sekretär des Sibirischen Gebietskomitees der VKP(b) – S.C.]). In Konzentrationslager, wenn es sie bei Eiche gibt, dann zu Eiche. [...]."[64]

Mit der Umsetzung dieser mörderischen Pläne waren fortan sogenannte *trojki*, Dreierausschüsse, befasst.[65] Sie setzten sich jeweils aus dem Chef der regionalen Geheimpolizei OGPU, dem Ersten Parteisekretär und dem Vorsitzenden des Regionalsowjets zusammen und befanden nun willkürlich darüber, wer welcher Kulakenkategorie zuzuweisen war. Jeder, der auch nur die geringste Habseligkeit besaß, war nicht davor gefeit, sich plötzlich dem Vorwurf des Kulakentums ausgesetzt zu sehen. Ähnlich wie bei den wilden Industrialisierungsmaßnahmen gewannen auch auf dem Dorf die Prozesse häufig an Eigendynamik. Die verschiedenen Dreierausschüsse und die mit der Durchführung ihrer Beschlüsse zuständigen Organe der OGPU suchten einander im Geiste des sozialistischen Wettbewerbs zu überbieten, wenn es darum ging, möglichst viele Kulaken und Volksfeinde aufzuspüren. Freilich wurde bei dieser Gelegenheit auch so manche persönliche Rechnung beglichen. Neid und Bereicherungssucht taten ihr Übriges, um den Kampf auf dem Dorfe entsprechend anzuheizen.

Es wäre indes verfehlt zu glauben, dass Stalins Helfershelfer in der Provinz bei ihrem Vorgehen stets die uneingeschränkte Unterstützung der Klein- und Kleinstbauern erfahren hätten. Die Versuche, die Ärmsten der Armen gegen die reicheren Bauern aufzuhetzen, um dadurch den Klassenkrieg ins Dorf zu tragen, brachten nicht immer die erhofften Erfolge. Gewiss gab es Landgemeinden, in denen die verhängten Repressionen gegen die Kulaken begrüßt und mitunter sogar noch drastischere Gewaltmaßnahmen gefordert wurden. Häufiger kam es jedoch vor, dass das traurige Schicksal der unglücklich Repressierten die Dorfarmen mit Mitleid erfüllte. So sind Fälle überliefert, in denen sich ganze Dorfgemeinschaften ärmerer Bauern für die Freilassung ihrer kulakischen Mitbewohner einsetzten. In dem im Ural gelegenen Rajon Vilokovskij gab es vereinzelt sogar aktiven Widerstand gegen Kulakendeportationen. Nach Demonstrationen, die schnell einen antikommunistischen Charakter annahmen, in Handgreiflichkeiten gegen Vertreter der lokalen Parteielite umschlugen und mit der Befreiung einzelner Kulaken endeten, konnten sich die politisch Verantwortlichen dem weiteren Zorn der dortigen Landbevölkerung nur durch Flucht entziehen. Und selbst wenn es nicht zu solch spektakulären Ausschreitungen kam, brachten viele Bauern die Solidarität mit den unglücklich zur Verbannung Bestimmten dadurch zum Ausdruck, dass man sie vor der Deportation feierlich verabschiedete. All das macht eines sehr klar: Der Kampf des stalinistischen Regimes gegen die vermeintlich ausbeuterischen Großbauern wurde von der Mehrheit der Dorfgemeinschaften sehr wohl als ein Anschlag auf ihre bäuerliche Lebenswelt verstanden.

Dass dies so war, hatte ihnen aber nicht nur die staatliche Politik gegenüber den Kulaken demonstriert. Schnell machten sie die bittere Erfahrung, dass die lückenlose Kollektivierung, die Stalin Ende 1929 im Zentralkomitee der VKP (b) hatte beschließen lassen, sich ebenso gegen die übrige Bauernschaft richtete. Zunächst wurde noch versucht, sie durch administrative Gängelung dazu zu bringen, ihr Land, die landwirtschaftlichen Gerätschaften, ihr Vieh und ihre Saatvorräte den Kolchosen zu übereignen und diesen beizutreten. Da dieser Aufruf zur „Freiwilligkeit" jedoch wenig erfolgreich war, griffen Stalins Schergen bald zu drastischeren Methoden. Ganz gezielt setzte die stalinistische Parteiführung in Moskau nunmehr darauf, die Renitenz der Bauern durch ein gezieltes Aufgebot von städtischen Jugendfunktionären und jungen Arbeitern, der sogenannten 25.000er-Bewegung,[66] zu brechen. Sie sollten in einem Ansturm von Idealismus der Sache des Sozialismus auf dem Dorfe endlich zum Durchbruch verhelfen. Als glühende Verfechter der Diktatur des Proletariats schickten sie sich an, das Ringen um die bäuerlichen Seelen zu einem Krieg gegen die dörfliche Welt eskalieren zu lassen – und das in dem irrigen Glauben, aus Bauern Proletarier zu machen.

Was sie jedoch erreichten, war das Gegenteil: Jetzt degradierte auch das stalinistische Sowjetregime jene Bevölkerungsschichten zu Untertanen zweiter Klasse. Mehr noch: In mancherlei Hinsicht ging man sogar weit hinter die Errungenschaften der Stolypinschen Agrarreformen des späten Zarenreiches zurück. Denn die Bauern wurden durch den Zwang, in die Kolchosen einzutreten, wieder an die Scholle gebunden und „nach Belieben ausgeplündert".

Der Grad an Hemmungslosigkeit, der dabei an den Tag gelegt wurde, war nahezu grenzenlos. Von manchen Orten ist überliefert, dass Blasorchester aufspielten, als Stalins „Schergen […] den Bauern das Getreide abnahmen und Kulaken zur Deportation aussonderten". Im Kaukasus kam es im Zuge der Kollektivierung zu Scheinexekutionen und Massenvergewaltigungen. Die Täter demütigten dadurch nicht nur die gepeinigten Opfer, sondern demonstrierten zugleich der übrigen Dorfbevölkerung die wahren Machtverhältnisse und die Aussichtslosigkeit, sich dem Willen des Regimes auf Dauer zu widersetzen. Bei keiner Gelegenheit scheuten die terrorisierenden OGPU-Einheiten, den Bauern immer wieder vor Augen zu halten, dass sie ihnen „weniger galten als das Vieh, das sie in den Dörfern konfiszierten".[67]

In Azerbajdžan wurde die Kollektivierung gleichzeitig dazu benutzt, einen wahren „Feldzug gegen das Fremde" zu führen. Hier wurde mit oberster Priorität die dortige kulturelle Heterogenität vernichtet, um so die weitgehend muslimisch geprägte Peripherie brutal an die ideologische Weltanschauung der stalinistischen Zentrale anzupassen. Das wiederum provozierte zahlreiche Bauernaufstände, denen reguläre Truppenverbände der Roten Armee mit schwerer Artillerie, der Luftwaffe und sogar Giftgas ein blutiges Ende bereiteten.[68]

Dies waren sicher die extremsten Beispiele dafür, dass viele Bauern nicht kampflos das Feld räumten. Den zahllosen Requirierungsmaßnahmen, die charakteristisch für die Kollektivierung waren, versuchten sie sich vielfach passiv zu widersetzen. Sie vernichteten lieber ihr Inventar, verbrannten das Saatgut und schlachteten das eigene Vieh, als alles in die Grundausstattung der Kolchosen zu überführen.[69] Die Lage spitzte sich 1930 zu einer großen Versorgungskrise zu – und das zu einem Zeitpunkt, als parallel dazu die kopflos vorangetriebene Modernisierung der Schwerindustrie das Land in den ökonomischen freien Fall zu stürzen drohte. Das gestand sich auch Stalin zeitweilig ein. Um zumindest für das Frühjahr 1930 die Aussaat zu garantieren und damit den Versorgungsengpässen zu begegnen, ließ er vorübergehend die Kollektivierungskampagne aussetzen. Den eigentlichen Startschuss hierzu gab er mit seinem Artikel „Vor Erfolgen vom Schwindel befallen", der am 3. März 1930 in der Parteizeitung „Pravda" erschien. Der Beitrag verdeutlichte geradezu paradigmatisch, wie Stalin mit solchen Krisen umzugehen pflegte. Ungeachtet der Tatsache, dass er der eigentliche Urheber für die katastrophale Misere war, wälzte er die gesamte Verantwortung dafür auf die lokalen kommunistischen Kader ab. In seiner Lesart waren die schrecklichen Entgleisungen allein deren Übereifer und Enthusiasmus zuzuschreiben, weshalb sie das „Gefühl für das richtige Maß" offenbar verloren hatten.[70] Darüber hinaus wurde eines deutlich: Der Generalsekretär, der seit seinem 50. Geburtstag im Zentrum des Personenkults stand, war in jener kritischen Übergangsphase merklich weniger Gegenstand öffentlicher Herrschaftspanegyrik. Hier wurde bewusst Zurückhaltung geübt, um das Ansehen der Person Stalins nicht zu beschädigen.[71]

Die vermeintliche Atempause, die viele Bauern erneut hoffen ließ, währte nicht lange. Bereits im August erfolgte die Anordnung, mit der Kampagne fortzufahren – und das nicht ohne Erfolg: Bis Ende 1930 war bereits die Mehrzahl der Einzelhöfe in Kolchosen aufgegangen. Die letzten Widerstandsbastionen wurden im Verlauf des Jahres 1931 genommen.[72]

Der nach absoluter Macht und bedingungsloser Unterwerfung strebende Generalsekretär konnte bereits in dieser Phase seines politischen Aufstiegs mit beklemmenden Ergebnissen aufwarten: Die alte Welt des russischen Dorfes existierte nicht mehr. Weit über zwei Millionen Bauern waren als Opfer der Kollektivierung um ihre zumeist bescheidenen Habseligkeiten gebracht worden, viele von ihnen verbannt nach Sibirien oder in die zentralasiatische Einöde. Wen dieses Schicksal ereilte, konnte im ersten Moment noch aufatmen, denn er gehörte zumindest nicht zu den rund 30.000 Unglücklichen, die sofort nach ihrer Verurteilung durch die *trojka* von der OGPU erschossen wurden. Doch auch bei den Deportierten gab es eine horrende Zahl von Todesopfern zu beklagen. Die Berechnungen schwanken zwischen 315.000 und 420.000 Toten und lassen für den gesamten Zeitraum bis 1953 maximal 600.000 Opfer der Kollektivierungskampagne vermuten. Abgesehen davon stehen jene Jahre sinnbildlich für ein weiteres Phänomen. Sie symbolisieren geradezu „die eigentliche Geburtsstunde des [stalinistischen] GULag". Denn von nun an stieg die Zahl der Zwangsarbeitslager und Verbanntenkolonien dramatisch an.[73]

Doch damit nicht genug. Auch die unvorstellbare Hungersnot, die zwischen 1932 und 1934 in der Sowjetunion zwischen vier und acht Millionen Tote forderte, muss als eine unmittelbare Folge des Kollektivierungsexperiments betrachtet werden. Selbst wenn die genaue Zahl der Hungertoten sich wohl nie mehr vollständig ermitteln lassen wird, steht soviel fest: Die von der offiziösen Propaganda angeführte Trockenheit, die das erschreckende Ausmaß an Opfern erklären sollte, gehört ins Reich der Legenden. Stattdessen waren es die gnadenlosen Getreiderequirierungen, die auch im Angesicht der drohenden Hungerkatastrophe unablässig fortgeführt wurden. Fehlendes Saatmaterial, Kolchosen, die in einem desolaten Zustand waren und über ein nur unzureichendes Inventar verfügten, taten ihr Übriges, um die allgemeine Versorgungskrise weiter zu verschärfen. Das galt insbesondere für die ländlichen Regionen, allen voran in der Ukraine. Freilich war das stalinistische Regime sichtlich darum bemüht, davon wenig an die Öffentlichkeit dringen zu lassen. Oftmals wurden die Hungergebiete sogar von der Geheimpolizei hermetisch abgeriegelt, um zu verhindern, dass die verzweifelt nach Nahrung Suchenden sich in die Städte flüchten und dort Unruhe verbreiten würden.[74]

Stalin wusste sehr wohl von den Vorgängen der kaum mehr abzuwendenden Katastrophe, von den verzweifelten Fällen von Kannibalismus und dem unsäglichen Leid in den geschüttelten Krisenregionen. Lazar' Kaganovič hielt den Generalsekretär im Sommer 1932 während seines Ferienaufenthalts am Schwarzen Meer darüber stets auf dem Laufenden. Ebenso lagen ihm ausreichend Informationen vor, die er über die Geheimpolizei erhielt. Doch sein Urteil, wie in dieser Situation zu verfahren sei, bildete er sich zumeist auf der Grundlage dessen, was ihm seine engsten Vertrauten berichteten. Und diese rieten zu harten Repressionen, um Herr der Lage zu bleiben. Er selbst war darüber hinaus davon überzeugt, allein mit bürokratisch-administrativen Maßnahmen, gestützt auf den Staats- und Parteiapparat, die Krise in den Griff zu bekommen. In diesem Zusammenhang ist etwa ein Gesetz vom 7. August 1932 zu sehen, das auf seine Initiative zurückging und für Diebstahl von Kolchoseigentum drakonische Strafen vorsah.

Gewiss sprach sich auch der Generalsekretär gelegentlich dafür aus, die Abgabequoten für Getreide in einzelnen Gebieten – wie etwa Mitte August 1932 in der Ukraine oder 1933 im Volga-Gebiet, im Ural oder in Kazachstan – vorübergehend zu reduzieren. Doch überzeugt von der Richtigkeit seiner politischen Generallinie, wich er ansonsten kein Jota von dem bisherigen Kurs ab. Als Kaganovič im September 1934 abermals bei Stalin um Abgabeerleichterungen für die ums Überleben ringende Bauernschaft ersuchte, lehnte dieser deshalb schroff ab. Er zeigte von da an keinerlei Bereitschaft mehr, von sich aus dem Wahnsinn ein Ende zu bereiten.[75]

Der Weg in die Moskauer Schauprozesse

Gleichwohl entspannte sich 1933/34 allmählich die krisenhafte Lage, die fast die gesamte sowjetische Gesellschaft in den „Mahlstrom von Hunger, Migration und GULag" gezogen hatte.[76] Nach außen für jedermann sichtbar demonstrierte Stalin dies selbstbewusst auf dem XVII. Parteikongress der VKP (b), dem sogenannten Parteitag der Sieger. Für eine knappe Zeitspanne setzte nun eine Phase ein, die wohl das Gros der damaligen sowjetischen Bevölkerung als die „drei guten Jahre" zwischen 1934 und 1936 in Erinnerung behielt. Nach außen weckte die sogenannte Stalin-Verfassung von 1936 den Eindruck einer vermeintlichen Entspannung. Die öffentliche Propaganda stilisierte sie zur demokratischsten aller Verfassungen, weil sich darin die Errungenschaften der zurückliegenden Jahre niedergeschlagen hatten, die nunmehr konstitutiv festgeschrieben wurden. Die Bevölkerung war eigens dazu aufgefordert worden, daran mitzuwirken und sich durch Petitionen in die einschlägigen Diskussionsprozesse einzubringen. Am Ende stand ein Verfassungswerk, das direkte Wahlen zu den Sowjets aller Ebenen, Presse-, Rede- und Religionsfreiheit, Gleichberechtigung der Rassen und Geschlechter, das Recht auf Arbeit, Freizeit, Wohlfahrt, Bildung, Wohnraum und vieles mehr theoretisch garantierte. Selbst Geistlichen und früheren Anhängern der weißen Bürgerkriegsopposition wollte man das Wahlrecht zugestehen. Doch gab es im stalinistischen Sowjetstaat für diese weitreichenden Zugeständnisse keinerlei praktische Grundlage.[77]

Die Bevölkerung blieb jedoch davon zunächst nicht unbeeindruckt – und das um so mehr, als seit 1935 Kulaken, aber auch Geistliche, die zuvor begnadigt worden waren, wieder zum Teil in ihre Heimatdörfer zurückkehrten. Angesichts solcher bei den Untertanen als entspannungspolitische Signale wahrgenommenen Maßnahmen überrascht es kaum, wenn den Generalsekretär alsbald besorgniserregende Nachrichten aus der Provinz erreichten. So wussten die unteren Parteistellen vermehrt darüber zu berichten, dass man von ihnen – mit Verweis auf die Stalin-Verfassung – die Wiedereröffnung der Gotteshäuser oder die Wiedereinsetzung von Geistlichen verlangte, was überaus beunruhigend war, zumal auch die Volkszählung von Januar 1937 ergeben hatte, dass mehr als die Hälfte der sowjetischen Staatsbürger weiterhin ihren Glauben praktizierte.[78]

Abgründe der Unbotsamkeit taten sich aber auch in den eigenen Parteireihen auf. Das galt besonders für die untergeordneten Parteiorganisationen an der Peripherie des sowjetischen Imperiums. Hier erlangte der Generalsekretär insbesondere Kenntnis davon, dass Korruption und Despotismus überaus weit verbreitete Phänomene waren. Zudem ließ in vielen Fällen der Grad an politischem Bewusstsein und ideologischer Bildung sehr zu wünschen übrig. Aus Azerbajdžan gelangten Informationen über die Zentrale Kontroll-Kommission nach Moskau, die der politischen Führung der VKP (b) die Sprache verschlugen: In Baku etwa – immerhin eine bedeutende Industriestadt mit einem entsprechend hohen proletarischen Bevölkerungsanteil – waren nicht wenige Agitatoren nahezu Analphabeten. Grotesk lasen sich deshalb die Beispiele über die dortige Parteischulung. Parteigeschichte und die bolschewistische Ideologie waren und blieben vielen Instrukteuren eine große Terra incognita. Mehr noch: Das ABC des Kommunismus wurde im Politunterricht silbenweise aus einem Lehrbuch vorgelesen, wobei sehr schnell deutlich wurde, dass sich den Instruktoren überhaupt nicht der Sinn dessen erschloss, worüber sie eigentlich sprachen. Sie wussten selten mehr als ihre Zuhörerschaft. Und die Beantwortung von Fragen entbehrte oftmals nicht einer gewissen Komik. Darauf angesprochen, was „rechte Abweichung" sei, antworteten die Bakuer Kommunisten: ein „großer Ingenieur".

Dass Politinstrukteure kaum etwas mit dem Namen Lavrentij Berija anzufangen wussten, geschweige denn dessen politische Funktion benennen konnten, löste schon Befremden aus. Fassungslos starrte man allerdings auf Meldungen, die davon sprachen, dass mancher Propagandist ratlos dreinblickte, als er etwa mit dem Namen Stalin konfrontiert wurde.

Mit welcher Sorglosigkeit darüber hinaus Parteiausweise ausgestellt wurden, war geradezu atemberaubend. Häufig kam es sogar vor, dass sie einfach verkauft wurden. Vor allem in den turbulenten Zeiten der stalinistischen Kulturrevolution konnte ein Parteidokument im wahrsten Sinne des Wortes eine Lebensversicherung sein, weshalb es besonders hoch im Kurs stand. Denn bis zu den großen Säuberungen und dem Massenterror versprach eine Parteimitgliedschaft Schutz vor Verfolgung und Repression. Bauern, Kulaken, religiöse Würdenträger, Clanchefs, aber auch Kriminelle, die sich dem Zugriff der Geheimpolizei entziehen wollten, bezahlten daher für das begehrte Parteidokument horrende Summen und gelangten so nominell in die Reihen der RKP (b). Angesichts solcher Zustände – andernorts hieß es, Kommunisten würden religiöse Messen besuchen, ihre Kinder taufen lassen, gegen die Stachanov-Bewegung, Arbeitsnormen oder das strenge Arbeitsregime protestieren – sah auch Stalin keinen anderen Ausweg, als die nachgeordneten Parteiinstanzen fortan einer unablässigen Kontrollen auszusetzen.[79]

Und das wiederum ließ es als fragwürdig erscheinen, dass die in der Bevölkerung mit großer Erleichterung aufgenommene innenpolitische Entspannung insgesamt noch lange andauern würde. Insgeheim deutete sich bereits an, dass es sich bei jenen „guten drei Jahren" zwischen 1934 und 1936 lediglich um die Stille vor dem großen Sturm handelte. Abseits der öffentlichen Aufmerksamkeit bahnten sich allmählich Entwicklungen an, von denen damals freilich kaum jemand zu glauben wagte, dass sie abermals in eine Terrorwelle münden würden, die alles Bisherige in den Schatten stellte. Was dem Land bevorstand, war ein „reinigendes Gewitter". Es sollte die sowjetische Gesellschaft von jenem „Unkraut" endgültig befreien, „das in den Jahren der Kulturrevolution und der Kollektivierung nur unvollständig entfernt worden war".[80]

Das Ganze begann damit, dass die soeben vermeintlich gewonnenen Freiräume schrittweise wieder eingeschränkt wurden. Hatte man zwischen 1933 und 1934 die Allmacht der stalinistischen Geheimpolizei gezügelt und gleichzeitig die Justiz auf gesetzlich geregelte Verfahren festgelegt, war all das spätestens 1935 wieder hinfällig. Schon am 1. Dezember 1934 hatte Stalin eine Verordnung erlassen, die es den inzwischen in NKVD umbenannten Tschekisten gestattete, ohne ein höchstrichterliches Urteil Deportationen oder Hinrichtungen durchzuführen. Auf bloßen Verdacht hin oder auf der Grundlage einer Denunziation waren sie berechtigt, eine bis zu fünf Jahre währende Lagerverbannung zu verhängen. Gleichzeitig wurden die Strafverfahren verschärft. Stalin selbst leistet hierzu seinen Beitrag, indem er eine Direktive verfasste, die in Fällen mit vermeintlich terroristischem Hintergrund keine Verteidigung und keine Kassationsbeschwerden mehr gestattete. Militärtribunale wurden darüber hinaus angewiesen, Anklageerhebung und Verurteilung noch am selben Tag durchzuführen sowie Todesurteile sofort vollstrecken zu lassen. Im April 1935 weitete man die Verhängung der Todesstrafe sogar auf Jugendliche über zwölf Jahre aus. Auch ihnen konnte künftig die Hinrichtung durch Erschießen drohen. Schließlich zeigte sich noch im selben Jahr in Leningrad, dass das stalinistische Regime auf neue Ufer der Repression zusteuerte, als das NKVD in einer Sonderaktion sogenannte soziale Fremdelemente deportieren ließ.[81]

Den Auftakt hierzu stellte das geglückte Attentat auf den Leningrader Ersten Parteisekretär Sergej Kirov am 1. Dezember 1934 dar. Zwar löste es noch nicht unverzüglich jene beispiellose Gewaltwelle aus, die zwischen 1936 und November 1938 eine der größten menschlichen Tragödien in der sowjetischen Geschichte darstellte. Der Anschlag bot Stalin indes einen geeigneten Anlass, zu einem letzten Schlag gegen seine inzwischen kaltgestellten Gegner der alten leninistischen Garde auszuholen. Der Generalsekretär selbst avancierte dabei zum eigentlichen Regisseur des sich nun anbahnenden Staatsterrors. Freilich gibt es bislang keinerlei überzeugende Hinweise, dass er – entgegen allen langjährigen Vermutungen – die Ermordung Kirovs veranlasst hat.[82] Anders sieht es dagegen für den weiteren Ablauf der Ereignisse aus. Stalin mischte sich unverzüglich in die Untersuchungen ein. Er selbst ließ es sich nicht nehmen, den Attentäter Leonid Nikolaev persönlich zu verhören. Als Stalin zusicherte, dessen Leben zu schonen, wenn er mit den Sicherheitsorganen kooperiere, nannte Nikolaev unter Zwang angebliche Auftraggeber und Mitverschwörer.[83]

Anders als das ermittelnde Leningrader NKVD, das in gewohnten Denkmustern allein äußere Klassenfeinde und weißgardistische Verschwörer für die Bluttat verantwortlich machte, hier entsprechend einseitig recherchierte und verhaftete, hatte Stalin eine andere Perspektive. Für ihn drohte die Partei durch

Beispiel für Personenkult: Stalin mit Kindern, Tušino, 1936 (Foto: akg-images/RIA Novosti)

einen inneren Feind unterwandert zu werden mit dem Ziel, am Ende die Sowjetunion zu zerstören. Und das hatte Konsequenzen. Nicht das NKVD, sondern der aus dem stalinistischen Umfeld stammende ZK-Sekretär Nikolaj Ežov, ein skrupelloser Gewalttäter mit außerordentlichem Organisationstalent und eisernem Willen,[84] wurde von da an maßgeblich damit betraut, mit speziellem Auftrag des Generalsekretärs die Ermittlungen fortzuführen.

Die Prozesse nahmen nun eine Eigendynamik an. Schnell wurde ein ganzes Netzwerk von Verschwörern konstruiert. Die Vernehmungsoffiziere des NKVD zögerten dabei nicht, den Untersuchungshäftlingen die Geständnisse durch rohe physische Gewalt abzupressen. Die Namen Trockij, Zinov'ev und Kamenev fielen bei dieser Gelegenheit. Sie waren – so wurde es nun dargestellt – offenbar die geistigen Brandstifter bei dem Kirov-Attentat. Damit war das Startsignal gegeben, auch in den übrigen Städten und Regionen der Sowjetunion Anhängern dieser oppositionellen Trojka habhaft zu werden. Ežov fiel es jetzt zu, die Maschinerie in

Gang zu halten. Und der lieferte, wonach Stalin verlangte: Immer mehr Informationen erreichten den Generalsekretär, die ihn darin bestärkten, dass angeblich die ganze Partei bis in die innersten Reihen von Spionen und Saboteuren unterwandert war.[85]

Die Terrorwelle, die sich allmählich aufzubauen begann, bekam eine vollkommen neue Qualität. Erstmals in der Geschichte der VKP (b) sollte sie auch nicht mehr die eigenen Parteimitglieder verschonen. Die Revolution schickte sich an, ihre Kinder zu fressen. Schon wenige Wochen nach Kirovs Tod bekamen dies Zinov'ev und Kamenev zu spüren. In einem Geheimverfahren wurden sie mit der absurden Behauptung, am Attentat indirekt beteiligt gewesen zu sein, kurzerhand zu zehn Jahren Straflager verurteilt.[86] Gleichzeitig gingen die Schergen des NKVD entschlossen gegen deren Sympathisanten vor. Parteiausschlussverfahren taten ihr Übriges, um sie zu Vogelfreien zu machen. Auch hierbei handelte es sich insgesamt lediglich um eine Ouvertüre. Stalins langer strafender Arm erreichte seine ehemaligen Weggefährten, die er im Verlauf der 1920er Jahre in die Opposition getrieben oder einfach zu Oppositionellen stigmatisiert hatte, erst 1936. Und diesmal war es seine große Abrechnung. Sie sollte – unter den Augen der Weltöffentlichkeit – für die alte Leninsche Avantgarde in drei spektakulären, wohl inszenierten Schauprozessen im berühmten säulenverzierten Oktobersaal des Moskauer Gewerkschaftshauses mit dem Todesurteil enden.[87]

Hier kam abermals Nikolaj Ežov ins Spiel. Stalin hatte ihm inzwischen die Leitung der Geheimpolizei NKVD übertragen. Nachdem der neue Chef den Apparat entsprechend gesäubert hatte, waren die Voraussetzungen geschaffen, um im Sinne des Generalsekretärs ans Werk gehen zu können.[88] Bereits für den ersten Schauprozess am 19. August 1936 gegen das „Trockistisch-zinov'evistische terroristische Zentrum" hatten die Folterknechte des NKVD in pausenlosen Verhören und mit bestialischen physischen Drangsalierungen ihre Opfer dazu gebracht, vollkommen absurde Taten zu gestehen, die sie niemals begangen hatten. Stalin selbst griff immer wieder in laufende Befragungen ein und bestimmte, dass, wer nicht geständig sei, geschlagen werden müsse. Mehr noch: Er überwachte die gesamte Prozessvorbereitung, gab genaue Anweisungen nicht nur dazu, wie mit den unglückseligen Opfern zu verfahren sei, sondern wie er sich den Verhandlungsablauf gedachte, konfrontierte die Angeklagten immer wieder in seinem Kreml-Arbeitszimmer mit den ihnen vorgeworfenen Straftaten und scheute sich auch nicht, das Drehbuch mehrmals umzuschreiben.[89] Die Angeklagten beugten sich zumeist. In dieser Phase der Ermittlung, aber auch im Verlauf der öffentlichen Verhandlungen nannten sie dem hasserfüllten Chefankläger Andrej Vyšinskij, der die Angeklagten niederbrüllte und unablässig demütigte, immer neue vermeintliche Verschwörer. Und das wiederum löste eine weitere Flut von Verdächtigungen, Denunziationen und Verhaftungen aus.

Nach dem Richterspruch wurde einen halben Tag später das Todesurteil gegen Zinov'ev, Kamenev und weitere 14 Leidensgenossen vollzogen – und das im Sinne Vyšinskijs, der in seinem aufsehenerregenden Abschlussplädoyer unbarmherzig gefordert hatte, „diese tollwütigen Hunde allesamt zu erschießen".[90]

Auch die übrigen prominenten früheren Parteiführer endeten bis 1938 auf ähnliche Weise. Sie gerieten in die Fänge des NKVD, das nach bewährtem Muster Geständnisse aus ihnen herausprügelte. Vyšinskij inszenierte dann im Namen der sowjetischen Gerechtigkeit den Rest auf der großen politischen Bühne der stalinistischen Justiz. In der letzten Januarwoche 1937 wurden die Urteile gegen 17 weitere Angeklagte eines angeblich sowjetfeindlichen trockistischen Zentrums verhängt. Dreizehn von ihnen, darunter Jurij Pjatakov, ereilte dasselbe Schicksal wie ihre Vorgänger. Der prominente bolschewistische Deutschlandpolitiker Karl Radek entging zunächst der sofortigen Hinrichtung. Erst zwei Jahre später wurde er im Stalinschen GULag ermordet. Die Phase der großen Moskauer Schauprozesse fand mit dem dritten und spektakulärsten Verfahren gegen die ehemalige rechte Opposition („Block der Rechten und Trockisten") ihren Höhepunkt und gleichzeitig auch ihren Abschluss: Mit Nikolaj Bucharin, Aleksej Rykov und anderen hochrangigen ehemaligen Bol'ševiki der ersten Stunde hatte sich Stalin am 13. März 1938 endgültig aller früheren Widersacher erfolgreich entledigt: Das „verfluchte Otterngezücht", so Chefankläger Andrej Vyšinskij, der sich in seinem Schlusswort zu rhetorisch-schauriger Höchstform steigerte, sollte zertreten oder wie „räudige Hunde erschossen werden".[91]

Es mag überraschen, dass – bis dahin gestandene – Politiker wie etwa Nikolaj Bucharin sich vor den Augen der Öffentlichkeit mit überzogenen, wenig glaubwürdigen Selbstbezichtigungen überschütteten. Man konnte ihm sicher viel unterstellen, doch Bucharin als Konterrevolutionär im Solde der deutschen Gestapo und anderer kapitalistischer Geheimdienste zu bezeichnen, überbot geradewegs das Maß an Absurdität.[92] Wenn die Angeklagten sich dennoch zu solchen Äußerungen hinreißen ließen, dann geschah dies nicht allein unter dem Eindruck der brutalen Folter oder der Hoffnung, die eigene Familie dadurch vor weiterer Verfolgung zu schützen. Viele von ihnen betrachteten es als einen letzten Dienst, den sie ihrer Partei gegenüber erbringen durften: Sozialisiert in den bolschewistischen Ritualen von Kritik und Selbstkritik, den Denkkategorien von Fraktionsverboten und dem obersten Prinzip, dass die Partei immer Recht habe, konnten sie gar nicht anders, als sich dem Diktat von Stalins politischer Justiz am Ende zu unterwerfen.

Massenterror und Gewalt an der Peripherie

Stalins geradezu pathologisches Misstrauen, überall von Feinden umgeben zu sein, die angeblich nach dem Sturz seines Regimes und nach seinem Leben trachteten, entsprang nicht allein einem irrationalen Verfolgungswahn. Sein Kalkül, der Bedrohung durch grenzenlosen Terror zu begegnen, resultierte nicht zuletzt auch aus dem „Verlangen der Bolschewiki, die Gesellschaft von ihren Feinden zu befreien und Ambivalenzen in Eindeutigkeit zu verwandeln". Und wenn die Schauprozesse zutage gefördert hatten, dass selbst das Zentralkomitee der VKP (b) und die sowjetische Regierung von sogenannten Volksfeinden durchdrungen waren – von den nachgeordneten Parteigliederungen ganz zu schweigen –, dann war in diesem Denken der nächste Schritt zu Massenterror und Verfolgung nur konsequent angelegt.[93]

Es besteht kein Zweifel: All das hatten Stalin und seine engsten Gefolgsleute gründlich geplant. Die entscheidenden Voraussetzungen dafür schufen sie auf dem berüchtigten Februar-/März-Plenum des Zentralkomitees im Jahre 1937. Stalin überschüttete die dort anwesenden Konferenzteilnehmer mit Vorwürfen, sich nachlässig gegenüber Direktiven des Zentrums gezeigt zu haben. Erst dadurch wurde seiner Auffassung nach die angebliche Zersetzung und Destabilisierung der Partei maßgeblich begünstigt. „Eine unabdingbare Voraussetzung eines jeden Bolschewiken", so der Generalsekretär, „muß unter den jetzigen Bedingungen das Vermögen sein, die Feinde der Partei zu erkennen, wie gut sie sich auch immer maskieren."[94] Erschüttert über solche Worte, gaben die Anwesenden ihr uneingeschränktes Plazet, dem innerparteilichen Gegner und Saboteur fortan gnadenlos den Kampf anzusagen. Auch wenn sie es in jenem Moment noch gar nicht realisiert haben mochten: Mit der Zustimmung zum grenzenlosen Terror legitimierten sie, dass sich der rachsüchtige stalinistische Verfolgungswahn am Ende auch gegen sie selbst richtete. Und so kam es, dass rund zwei Drittel der ZK-Mitglieder die Zeitspanne bis Ende 1938 nicht überleben sollten. Auch die Angehörigen des Politbüros waren ihres Lebens nicht mehr sicher, wie die Verfolgung und Ermordung etwa von Pavel Postyšev oder Robert Eiche schließlich verdeutlichten.[95]

Die entgrenzte Gewaltorgie, mit der das Land dann bis November 1938 überzogen wurde, brach endgültig erst im Juli 1937 los. Die Unberechenbarkeit der als *Ežovščina* in die sowjetische Geschichte eingegangenen Terrorphase traf nicht nur jeden einzelnen Sowjetbürger, sondern brachte auch den sowjetischen Partei- und Staatsapparat stellenweise an den Rand der Selbstauflösung. So hatte Stalin seinen NKVD-Chef Ežov den streng geheimen Befehl 00447 erarbeiten lassen. Die Anweisung bestimmte die sogenannten Massenoperationen, legte die Feindkategorien, die nationalen Kontingente und die zu erbringenden Quoten fest, die für die sofortige Erschießung oder für die Deportation in die Arbeitslager vorgesehen waren,[96] Abermals kamen wieder die berüchtigten Dreierausschüsse zum Zuge, die *trojki*, die sich bereits während der Dekulakisierung der frühen 1930er Jahre bewährt hatten. Die Tatsache, dass der Geheimbefehl lediglich Zahlen vorgab – zunächst plante man, 72.950 Menschen unverzüglich zu erschießen und 194.000 in Konzentrationslager zu stecken –, ansonsten aber relativ offen gehalten war, gewährte den ausführenden Organen des NKVD ungemeine Handlungsspielräume, die diese zu nutzen verstanden. Mehr noch: Abermals zeichnete sich ein wahrer Wettbewerb um die Erfüllung und Übererfüllung der von der Zentrale vorgegebenen Planauflagen ab. So war es überaus verbreitet, dass lokale NKVD-Behörden ihre Erschießungs- und Verhaftungsquoten steigern wollten. Entsprechenden Bittgesuchen stimmte Stalin stets bereitwillig zu, so etwa im Januar 1938, als er anwies, bis Mitte März desselben Jahres nochmals 48.000 Volksfeinde erschießen und 57.2000 inhaftieren zu lassen.

Das Regime drohte in einem Blutrausch zu versinken. Die *trojki* befanden willkürlich, wer auf der Grundlage fiktiver Untersuchungsakten, aufgrund durch brutale Schläge oder durch Elektrofolter erpresster Geständnisse welcher Verurteilungskategorie zugeteilt wurde. Ihre Opfer betrachteten sie als unbedeutende Nummern, als bloßen sterilen Verwaltungsvorgang, über den sie entscheiden mussten. Verteidiger, Staatsanwälte, Einsicht in Akten oder gar Anspruch auf Revision sahen die Verfahren angesichts der zu leistenden Quoten nicht mehr vor. An manchen Tagen hatten die lokalen Ermittlungsorgane auf diese Weise über das Schicksal von mehr als 1000 Menschen zu entscheiden.

Der Terror beschränkte sich aber nicht nur auf die zentralrussischen Regionen. Er erstreckte sie ebenso auf die Peripherie des sowjetischen Imperiums. Hier richtete er sich vor allem gegen nationale Minderheiten, denen man Illoyalität gegenüber dem Sowjetregime unterstellte. Sie waren der absurden Beschuldigung ausgesetzt, als „5. Kolonne" gemeinsam mit dem kapitalistischen Gegner gegen die UdSSR zu intrigieren. Davon betroffen waren besonders die polnischen Minderheiten an der Westgrenze der Sowjetunion, aber auch die Bergvölker im Kaukasus. In Azerbajdžan und Turkmenistan erstreckte sich Stalins eliminatorisches Programm auf vermeintliche Volksfeinde und Saboteure unter den dortigen Muslimen. Wahllos verhaftete man beispielsweise in den Basaren Männer mit langen Bärten in der Hoffnung, dadurch der Mullahs habhaft geworden zu sein. Als im Fernen Osten die überfüllten Lager zu kollabieren drohten, wies das Stalinsche Politbüro die dortigen GULag-Leitungen an, die Inhaftierten unverzüglich zu liquidieren. Auf diese Weise sollten sie sich der lästigen Probleme vor Ort entledigen.[97]

Der Terror verschonte selbst die Rote Armee nicht.[98] Ungeachtet der äußeren Bedrohung, die sich spätestens seit Mitte der 1930er Jahre durch die japanische Aggression im Fernen Osten und die nationalsozialistische Expansionspolitik an der Westflanke der UdSSR formierte, schreckte Stalin nicht davor zurück, 1937 in einem Geheimprozess die Rote Arbeiter- und Bauernarmee ihrer besten militärischen Führungsköpfe zu berauben. Im April und Mai wurden Marschall Tuchačevskij, der Chef des Kiever Militärkreises I.E. Jakir, General I.P. Uborevič und andere hochrangige Militärs verhaftet. Nachdem auch sie auf das Grausamste gefoltert worden waren, gestanden sie absurde Ungeheuerlichkeiten. Demnach war die gesamte Militärführung eine einzige ausländische Agentenorganisation, die nur danach trachtete, die politische Macht im Staate an sich zu reißen. Das alles war freilich konstruiert, lieferte aber den geeigneten Vorwand, die Hauptangeklagten des geheimen Militärtribunals unverzüglich nach der Urteilsverkündung im Juni 1937 zu liquidieren.

Doch damit nicht genug. Die große Strafaktion gegen die Armee weitete sich aus und endete mit ihrer Selbstenthauptung. Weit über 36.000 Offiziere und Soldaten fielen dem Wahnsinn der Säuberungen zum Opfer, wobei alle militärischen Führungsebenen vom Marschall bis zum Regimentskommandeur gleichermaßen betroffen waren. Freilich wurden nicht alle hingerichtet: 412 militärische Führer exekutierte man, 29 starben in Haft und drei entzogen sich der Verurteilung durch Selbstmord. Viele endeten im Lager oder verloren zumindest ihre Posten. An ihre Stelle rückten nun junge, unerfahrene niedere Offizierskader, die unter dem Schock des soeben Durchlebten hochgradig verunsichert waren und damit kaum Führungsstärke oder gar Entscheidungsfreudigkeit zeigten.[99] All das sollte – wie sich nicht zuletzt beim deutschen Überfall auf die UdSSR am 22. Juni 1941 zeigte – noch fatale Folgen für das Land haben.[100]

Während der gesamten Zeit kontrollierten und bestimmten Stalin und Ežov stets die Abläufe der Verfahren. Sie waren sich dabei sehr wohl über das schreckliche Ausmaß des Massenterrors im Klaren. Und auch die Eigendynamik, die das Verhaften und Morden schnell annahm, billigten sie wohlwollend. Ežov ging während der Hochphase des Großen Terrors nahezu täglich bei

Stalin ein und aus. Zwischen 1937 und 1938 empfing ihn der Generalsekretär 278-mal, alles in allem verbrachten beide rund 834 Stunden miteinander. Die Zahl der Kontakte wurde lediglich durch Treffen mit Vjačeslav Molotov, Stalins damals engstem politischen Verbündeten, überboten. Ežov war Stalins williger Vollstrecker. Doch funktionierte er allein über die präzisen Anweisungen, die er „von oben" aus dem Kabinettszimmer des nunmehr allmächtigen Parteichefs erhielt.[101]

Wie wirkte sich das unhaltsame Treiben des Massenterrors auf das persönliche Befinden des Einzelnen aus? Menschen verschwanden einfach von der Straße, wurden in die schwarzen Limousinen des NKVD gezerrt und auf Nimmerwiedersehen verschleppt. Bevorzugt schlugen Ežovs Häscher nachts zu, um weiter die Verunsicherung unter der Bevölkerung zu steigern. Nächte wurden zum Tage, da die Menschen häufig kaum in der Lage waren, Schlaf zu finden. Überall hoffte man, nicht durch eigene Hausklingel aufgeschreckt zu werden, weil dies mit Sicherheit die Verhaftung bedeutete. Angst griff allerorts um sich. Sie sparte auch die Familien von hochrangigen Parteifunktionären nicht mehr aus. Selbst die Mitarbeiter des NKVD trieb häufig Angst um. Meist quälte sie die Furcht, wegen mangelnden Eifers möglicherweise belangt zu werden. Oft entzogen sich die gepeinigten Sowjetbürger dem ständigen Druck – nicht selten sogar durch die eigenen Kinder – denunziert zu werden und damit in die Mühlen des NKVD zu geraten, indem sie ihre Sorgen im Alkohol ertränkten. Psychische Defekte, Herzkrankheiten, Tobsuchtsanfälle und Selbstmordversuche waren an der Tagesordnung. Zu den Überlebensstrategien der Menschen zählte aber auch, das schreckliche Drumherum konsequent zu ignorieren und sich die Welt einfach schön zu reden. Eine ganze Gesellschaft litt zunehmend an Wirklichkeitsverlust. Sie wurde angesichts der um sich greifenden Schädlings- und Angsthysterie systematisch gebrochen und gelähmt.[102]

Es dürfte wohl kaum eine Familie in der damaligen Sowjetunion gegeben haben, die nicht in irgendeiner Weise durch den stalinistischen Massenterror betroffen war – sei es durch Deportation und Verbannung oder schlimmstenfalls durch Todesopfer, die man zu beklagen hatte. Auch wenn sich exakte Zahlen kaum

mehr rekonstruieren lassen, steht soviel fest: In den gut eineinvier-
tel Jahren, die der Massenterror wütete, wurden aufgrund des
berüchtigten Geheimbefehls 00447 insgesamt 767.397 Menschen von den Dreierausschüssen abgeurteilt, darunter 386.798
zum Tode durch Erschießen. Weitet man die Phase des Großen
Terrors aus und geht zurück in das Jahr des ersten Moskauer
Schauprozesses von 1936, dann schwanken interne NKVD-
Angaben. Für die Zeit vom 1. Oktober 1936 bis zum 1. November 1938 sprechen sie von rund 1,5 Millionen Verhafteten und
knapp 700.000 Exekutierten. Andere Angaben, die sich auf den
Zeitraum von August 1936 bis Frühjahr 1938 erstrecken, nennen
über zwei Millionen Inhaftierte bzw. Deportierte und mindestens
680.000 Erschossene. Das wiederum würde bedeuten, um es plastisch zu machen, dass innerhalb von knapp zwei Jahren jeder
„sechzigste Sowjetbürger oder jeder vierzigste Berufstätige oder
[...] jeder fünfundzwanzigste Mann im Erwerbsalter zu den
unmittelbaren Opfern gehörte".[103]

Der Massenterror endete nicht abrupt. Das Ende bahnte sich
allmählich seit dem Frühjahr 1938 an. Im Herbst kam es nochmals zu einigen grausamen Exzessen, bevor Stalin dann Mitte
November 1938 das Ende des Ausnahmezustands ankündigte,
nachdem ihm wohl die Destruktivität, die die Gewaltwelle nach
sich gezogen hatte, allmählich bewusst geworden war.[104] Seine
Handlanger des Todes verschwanden daraufhin bald von der politischen Bühne. Sie ereilte zumeist das gleiche Schicksal, das sie
noch wenige Wochen zuvor ihren gepeinigten Opfern zugeführt
hatten. Das galt vor allem für Nikolaj Ežov. Schon im August
1938 stellte ihm Stalin seinen georgischen Landsmann Lavrentij
Berija zur Seite, der wenig später die Leitung des NKVD übernahm und es von allen ehemaligen Ežov-Getreuen säuberte. Am
10. April 1939 ordnete Stalin dann die Verhaftung seines früheren
NKVD-Chefs an, der im Februar 1940 von einem geheimen
Militärtribunal mit samt seiner engeren Anhängerschaft schließlich zum Tode verurteilt und hingerichtet wurde.[105] Damit schien
eines der düstersten Kapitel der stalinistischen Gewaltherrschaft
abgeschlossen zu sein. Doch auch das erwies sich schnell als Trugschluss. Denn an der Westflanke der UdSSR zeichnete sich am
Ende der Dekade eine Bedrohung ab, die kurz darauf mit der

deutschen Invasion und in einem erbittert geführten nationalsozialistischen Weltanschauungskrieg nicht weniger Leid und Ver-
derben über weite Teile der sowjetischen Bevölkerung bringen
sollte.

3. Generalissimus im Großen Vaterländischen Krieg

Fatale Selbsttäuschung

Als im Morgengrauen des 22. Juni 1941 die deutsche Wehrmacht
ungeachtet des bestehenden Nichtangriffpakts die UdSSR heim-
tückisch überfiel, war man auf sowjetischer Seite im ersten
Moment überaus ratlos. Das traf besonders auf Stalin zu. Er
konnte sich beim besten Willen nicht vorstellen, dass Hitler, von
dem er zwar wusste, dass er ein eingefleischter Antikommunist
und Rassist war, zu einem solchen Schritt im Stande sein würde.
Gewiss war es auch dem Generalsekretär nicht entgangen, dass
sich das Verhältnis zu Deutschland spätestens seit dem wenig
erfolgreichen Besuch seines Außenmisters Molotov im November
1940 in Berlin zusehends verschlechterte.[106] Auch die sich seit
dem Frühjahr 1941 immer deutlicher abzeichnende Konzentra-
tion deutscher Truppen an der sowjetisch-deutschen Grenze war
ihm durchaus bekannt. Im Laufe des Frühsommers erreichten
den Kremlchef vermehrt geheimdienstliche Nachrichten, die vor
einem bevorstehenden Waffengang ausdrücklich warnten. Aber
Stalin schlug alle Warnungen in den Wind. Als ein sowjetischer
Agent, fünf Tage bevor die Katastrophe über der Sowjetunion her-
einbrach, aus sicherer deutscher Quelle den Termin für das Unternehmen „Barbarossa" erfahren hatte, herrschte Stalin seinen
Volkskommissar für Staatssicherheit, V.N. Merkulov, wütend an:
„Sie können Ihrer ‚Quelle' im Stab der deutschen Luftwaffe aus-
richten, er soll zu seiner verfi… Mutter gehen. Er ist kein ‚Infor-
mant', sondern ein ‚Desinformant'."[107] Damit war die Angelegenheit für ihn erledigt.

Schon im Mai 1941 hatten ihm seine Militärs angesichts drohender Vorzeichen dringend dazu geraten, ihre militärstrategischen Sandkastenspiele, die präventive Maßnahmen erwogen, zu überdenken. Aber auch hier untersagte er strengstens, solche Absichten ernsthaft weiterzuverfolgen.[108] Freilich war Stalin sich darüber im Klaren, dass auch die Sowjetunion über kurz oder lang zu den begehrten Zielen der deutschen Aggression zählte – und dafür hatte man sich zu rüsten. Doch vor 1942 schien die sowjetische Führung mit einem solchen Waffengang kaum zu rechnen.[109] Vorerst setzte der sowjetische Diktator alles daran, Hitler keinerlei Vorwände für einen Bruch zu liefern. Als im Vorfeld des Angriffs etwa deutsche Aufklärungsflugzeuge vermehrt den sowjetischen Luftraum verletzten, ließ sie Stalin gewähren. Mehr noch: Seine Militärs hatten strengste Anweisung, sich unter keinen Umständen provozieren zu lassen. Nur so erklärt sich, weshalb es der auf Vertragstreue bedachte Generalsekretär zuließ, dass noch wenige Stunden vor dem deutschen Überfall sowjetische Züge mit Rohstoff- und Materiallieferungen – aufgrund existierender Wirtschaftsabkommen – in Richtung Deutsches Reich rollten.[110]

Vor diesem Hintergrund erscheinen die in den 1990er Jahren von einem ehemaligen sowjetischen KGB-Agenten veröffentlichten Enthüllungen überaus fraglich.[111] Darin behauptete Viktor Suvorov, Stalin habe konkrete Angriffspläne gegen Deutschland gehegt und diese bereits in Form erster Aufmarschvorbereitungen umgesetzt. Sie seien allerdings gerade noch rechtzeitig durch Hitlers militärischen Präventivschlag durchkreuzt worden. Inzwischen steht fest, dass solche Mutmaßungen ins Reich der Legenden gehören. Zweifellos hatte Stalin vor allem in der Innenpolitik immer wieder bewiesen, dass er ein skrupelloser Zyniker war. Diesen Wesenszug konsequent auf die konkrete Situation des 22. Juni 1941 übertragen zu wollen, geht allerdings zu weit. Bislang gibt es keinerlei ernstzunehmende Belege, die die Thesen von Suvorov und manch anderem revisionistischen Historiker überzeugend erhärten würden.[112]

Zwischen Aktionismus, Panik und Apathie

In den frühen Morgenstunden des 22. Juni 1941 überschlugen sich dann die Ereignisse. Stalin erreichte die Nachricht vom deutschen Überfall auf seiner Datscha unweit von Moskau. Generalstabschef Žukov meldete in einem Telefonat, dass ihn Berichte über schwere Bombardements aus den Grenzregionen der westlichen Wehrbezirke erreicht hatten. Selbst in dieser Situation mahnte der schlaftrunkene Diktator noch zur Vorsicht und befahl, keinerlei Gegenmaßnahmen zu ergreifen. Daraufhin machte er sich unverzüglich auf den Weg in den Moskauer Kreml, wo ihn die zusammengerufene politische und militärische Führung bereits dringend erwartete. Bleich und emotional aufgewühlt, spielte er unablässig mit seiner gestopften Pfeife. Eine seiner ersten Anweisungen bestand darin, Außenminister Molotov damit zu beauftragen, sich beim deutschen Botschafter Werner Graf von der Schulenburg Gewissheit darüber zu verschaffen, was alle befürchteten, allerdings kaum offen auszusprechen wagten: den Ausbruch eines deutsch-sowjetschen Krieges.

Während Molotov um weitere Informationen bei der deutschen Auslandsvertretung ersuchte – dort hatte man angekündigt, dass Schulenburg ihn ohnehin dringend sprechen wollte, zögerte Stalin weiterhin, dem Verteidigungskommissar und Generalstabschef entsprechende Abwehrmaßnahmen zu befehlen. Unterdessen trafen weitere Meldungen aus den Grenzgebieten ein, die nach dem schweren Artilleriebeschuss nunmehr Truppenbewegungen vermeldeten. Doch erst als Außenkommissar Molotov wieder in die Führungsrunde zurückeilte, wusste dieser endgültig zu berichten: „Die deutsche Regierung hat uns den Krieg erklärt."[113] Und damit stand fest: Stalin hatte in verantwortungsloser Selbsttäuschung in all den vergangenen Wochen und Monaten die politisch-militärische Lage vollkommen verkannt.

Žukov war es, der das betretene Schweigen der sichtlich geschockten Runde brach: „Ich [...] schlug vor, sofort alle in den Grenzwehrkreisen verfügbaren Mittel gegen die durchgebrochenen Truppen des Gegners einzusetzen und ihren weiteren Vormarsch aufzuhalten." Semen Timošenko, der Volkskommissar für Verteidigung, fiel ihm ins Wort, um zu ergänzen: „Nicht um sie aufzuhalten, sondern um sie zu vernichten." Dann ergriff Stalin die Initiative, gab entsprechende Weisung, legte dabei aber immer noch eine erstaunliche Mäßigung an den Tag. Die zurückschlagende Rote Armee sollte unter keinen Umständen die Integrität deutschen Territoriums verletzen. Um 7.15 Uhr erging dann die Direktive Nr. 2 an alle Wehrbezirke. Da die Nachrichtenverbindungen zu diesem Zeitpunkt allerdings nicht mehr richtig funktionierten, war kaum sichergestellt, dass diese Anordnung die Truppen wirklich erreichte.[114]

Auch wenn Stalin über die Ereignisse schockiert war, verlor er nicht sogleich die Fassung. Entgegen der weitverbreiteten Ansicht verfiel er nicht sofort in Panik und Apathie. Gewiss, es war der Außenminister und nicht der *vožd*, der Führer, der um die Mittagsstunde des 22. Juni 1941 seinen erschütterten Landsleuten die unglaubliche Nachricht im Rundfunk mitteilte, dass sich die UdSSR seit den frühen Morgenstunden im Krieg mit dem nationalsozialistischen Deutschland befand. Doch dessen ungeachtet zeigte sich Stalin im Politbüro weiterhin präsent, entschlossen, an den Schaltstellen der Macht auch künftig das Geschehen zu bestimmen. Die Tatsache, dass er dem am 23. Juni gebildeten Obersten Hauptquartier, der *Stavka*, formal nur als einfaches Mitglied und nicht als dessen Leiter angehörte, änderte daran wenig. Ohne seine Zustimmung wäre im Namen dieses militärischen Führungsgremiums keine Entscheidung erlassen worden.

Er verfiel geradezu in Arbeitswut. So zeichnet sein Besucherbuch für die ersten Tage nach dem Ausbruch der Kampfhandlungen das Bild von einem sowjetischen Generalsekretär, der überaus aktiv und weit davon entfernt war, in Passivität zu verfallen. Einen solchen Eindruck vermittelte sein Generalstabschef Žukov, der regelmäßig Kontakt zu ihm besaß. Unentwegt war Stalin darum bemüht, möglichst viele Informationen zu erhalten, um sich einen Überblick über die Frontlage zu verschaffen.[115] Am 29. Juni schließlich stieß sein Aktionismus auf Grenzen. Bereits zwei Tage zuvor, als er sich von Timošenko und Žukov im Volkskommissariat für Verteidigung über die militärische Situation hatte unterrichten lassen, zeigte er sich geschockt über die ihm dort offenbarten Hiobsbotschaften. Die Rote Armee befand sich demnach in einem katastrophalen Zustand, von dem kaum anzunehmen war, dass er sich in allernächster Zeit grundlegend verbessern würde. Die nüchternen Analysen und Fakten schienen ihn zu überwältigen. Sie waren es, die letztlich dazu beitrugen, dass er sich spätestens am Morgen des 29. Juni 1941 für knapp drei Tage dem hektischen Treiben seiner Kommandobrücke im Kreml entzog. In dem Moment, als alle auf ihn blickten und Orientierung von ihm erwarteten, zeigte er Führungsschwäche: Geradezu panisch flüchtete er auf seine Datscha in Kuncevo, ließ sich bei allen Anrufen verleugnen und verfiel in Apathie. Als ihn die Mitglieder des Politbüros dort unangemeldet aufsuchten, um weitere Handlungsanweisungen zu verlangen, kam es zu einer völlig unerwarteten Begebenheit, wie Anastas Mikojan sich erinnerte. Stalin trat ihnen misstrauisch entgegen, weil er offenbar befürchtete, sie wollten ihm angesichts seines Versagens die bevorstehende Verhaftung mitteilen. Erleichterung stellte sich ein, als Molotov ihm bei dieser Gelegenheit lediglich mitteilte, dass die militärische Situation dringend danach verlangte, ein Staatskomitee für Verteidigung (GKO) zu bilden.[116]

Am 1. Juli 1941 meldete sich Stalin auf der politischen Bühne zurück, wo er innerhalb kürzester Zeit seine alte Schaffenskraft und Entschlussfreudigkeit wiedererlangte. Noch am selben Tag wurde auf seinen Befehl hin das von Molotov in Kuncevo erläuterte GKO gegründet. Ihm gehörten die maßgeblichen Mitglieder des Politbüros an. Eine der ersten Maßnahmen dieses Gremiums bestand darin anzuordnen, die Schwerindustrie jenseits des Urals in den asiatischen Teil der UdSSR zu verlagern und unverzüglich das ganze Land auf Kriegswirtschaft umzustellen.[117]

Am 3. Juli wandte sich Stalin dann erstmals seit Kriegsausbruch an die Öffentlichkeit. In seiner Radioansprache an das sowjetische Volk erlebte man jetzt einen Generalsekretär, der die Tage der Niedergeschlagenheit weit hinter sich gelassen hatte und stattdessen Entschlossenheit, Führungskraft und Initiative demonstrierte. Allein seine Wortwahl, mit der er die „Genossen Bürger" im gleichen Atemzug als „Brüder und Schwestern" bezeichnete, machte deutlich, dass offenbar neue Zeiten angebrochen waren. In dieser wie auch seiner zweiten wichtigen Ansprache anlässlich der Revolutionsfeierlichkeiten am 7. November 1941 appellierte er an den verstärkten Widerstandswillen seiner Landsleute. Um dies zu erreichen, konnte man nicht mehr länger mit dem hölzernen Kauderwelsch aufwarten, das bis dahin zumeist die öffentlichen Auftritte sowjetischer KP-Funktionäre geprägt hatte. Vielmehr musste in jener schweren Stunde, in der die Existenz des Sowjetstaats auf dem Spiel stand, die patriotische Gefühlswelt der Mitbürger angesprochen werden. Stalin sprach deshalb nicht nur einfach von der Verteidigung der *rodina mat'*, der Mutter Heimat. Er argumentierte ganz bewusst in historischen Analogien. Nicht umsonst stellte er den gegenwärtigen Kampf gegen die deutsche Aggression in die lange Reihe kriegerischer Bewährungsproben, die das russische Volk in seiner nationalen Geschichte zu meistern hatte. Namen wie Aleksandr Nevskij fielen, der den Deutschen Orden in der berühmten Schlacht auf dem Peipussee 1242 besiegt hatte. Wesentlich näher lag es aber, die leuchtenden Vorbilder aus dem „Vaterländischen Krieg" gegen die napoleonischen Angreifer von 1812 anzuführen. Aleksandr Suvorov und Michail Kutuzov waren es, die damals in einem entschlossenen Volkskrieg das Land geeint und am Ende zum Sieg gegen den französischen Aggressor geführt hatten. Und das wollte Stalin wieder erreichen, weshalb nicht zuletzt die bevorstehende Herausforderung von da an als „Großer Vaterländischer Krieg" in das Bewusstsein eines jeden Sowjetbürgers Eingang finden sollte.[118]

Der Appell Stalins blieb nicht ohne Wirkung. Vor allem bei zahlreichen Intellektuellen hinterließ er einen nachhaltigen Eindruck. Viele von ihnen meldeten sich freiwillig zu den Fahnen oder – wie etwa der renommierte Schriftsteller Vasilij Grossman – traten in den Dienst der psychologischen Kriegführung und Propaganda, indem sie beispielsweise in der Redaktion der Armeezeitung „Krasnaja zvezda" (Der Rote Stern) als Kriegskorrespondenten die Moral der Truppe und der Heimatfront aufzubauen versuchten. Und selbst in der einfachen Bevölkerung stieg zusehends die Bereitschaft, sich fortan über die Sache des Krieges mit der stalinistischen Sowjetunion zu identifizieren.[119] Allerdings sollte man sich vor voreiliger Idealisierung hüten. Denn die Situation an vorderster Front wie auch in den hinteren Linien gab zunächst wenig Anlass zu übergroßer Zuversicht.

Krieg gegen die eigene Armee

Was sich zur selben Zeit an den Kriegsschauplätzen im westlichen Grenzgebiet abspielte, war eine wahre Tragödie. Und dazu hatte Stalin nicht unwesentlich beigetragen. Die sowjetische Front brach unter den Schlägen der deutschen Blitzkriegführung in weiten Teilen zusammen, und das nicht allein, weil die Rote Armee zum damaligen Zeitpunkt noch nicht kriegsbereit war. Dass sich eine militärische Katastrophe anzubahnen schien, lag vor allem auch daran, dass Stalin im Vorfeld des deutschen Überfalls jegliche operative Verteidigungsmaßnahmen strikt untersagt hatte, um Hitler nicht unnötig zu provozieren. Selbst als die Wehrmacht zügig auf sowjetischem Gebiet vorrückte und taktische Ausweichmanöver oder vorübergehender Rückzug erforderlich gewesen wären, bestand er unablässig darauf, auszuharren. Die Front ohne Rücksicht auf Verluste halten und zum sofortigen Gegenangriff überzugehen, lautete seine oberste Devise. Dabei berief er sich auf seine Autorität als militärischer Oberbefehlshaber, eine Funktion, die ihm am 10. Juli 1941 angetragen worden war und die er annahm. Von strategischem oder taktischem Sachverstand ließ er sich dabei wenig leiten. Er konnte es auch nicht, weil ihm in dieser Hinsicht jegliche Kompetenz fehlte. Und dennoch heizte er in grandioser Selbstüberschätzung durch unverantwortliche Befehle, die die wahre Lage an der Front vollkommen verkannten, die Panik und das dortige Chaos weiter an.

Die ihn umgebenden Militärs ließen ihn meist gewähren. Mehr noch: Sie umschmeichelten ihn und redeten ihm sogar nach dem Mund. Aus Furcht, gegebenenfalls vor einem Kriegsgericht zu enden, nahmen sie es einfach hin, dass sich ein militärstrategischer Dilettant unentwegt in das Kriegshandwerk einmischte, das eigentlich ihnen zustand. Monströse Kesselschlachten tobten in Weißrussland und in der Ukraine. Binnen kürzester Zeit wurden ganze Armeen aufgerieben und verschwanden damit einfach von der operativen Landkarte. Auf diese Weise wurden Millionen von Rotarmisten während der ersten Tage und Wochen nach dem 22. Juni 1941 in den sinnlosen Tod oder bestenfalls in die deutsche Kriegsgefangenschaft getrieben, was im Endeffekt auf dasselbe hinauslief. Allein bis Anfang Oktober 1941 wartete die Verluststatistik der Roten Armee mit atemberaubenden Zahlen auf: Demnach waren innerhalb eines guten Vierteljahres rund drei Millionen Rotarmisten in deutscher Hand. Die annähernd gleiche Zahl an Soldaten war schwer verwundet oder gefallen.[120]

Dass es zu solch unvorstellbaren Anfangsverlusten kam, entsprang nicht zuletzt der inneren Logik des stalinistischen Regimes. Denn in jenem Moment, als eine erfahrene und disziplinierte Militärführung dringend erforderlich war, standen der Armee zumeist nur junge und wenig kriegserprobte Führungskader zur Verfügung. Hier rächte sich nun bitter, dass Stalin im Sommer 1937 die blutigen Säuberungen in der Roten Armee ausgelöst hatte.[121] Dabei war es nicht allein der Umstand, dass im Zuge dieser Aktion die Armee um ihre besten Köpfe gebracht worden war. Was sich in der kritischen Anfangsphase des Kriegs noch wesentlich fataler auswirkte, war die Tatsache, dass es vielen verantwortlichen Offizieren an Entscheidungswillen fehlte. Sozialisiert durch die stalinistische Gewaltkultur der vorangegangenen Jahre, warteten sie auf die Befehle aus der Moskauer *Stavka*. Und diese blieben oftmals aus, weil die Kommunikation in den ersten Kriegswochen einfach nicht funktionierte.

Hinzu kam, dass es den Lageberichten von der Front häufig an realistischen Einschätzungen fehlte. Es klingt geradezu grotesk, doch vielen Kommandeuren mangelte es immer wieder an Zivilcourage, das Oberkommando über das wahre Ausmaß der Katastrophe vor Ort ungeschönt zu unterrichten. Sie schickten ihre Untergebenen lieber in den gewaltsamen Tod, als sich dem von oben angeordneten Irrsinn zu widersetzen und über die wahre Stimmung an der Basis zu informieren, denn die Furcht, sich dem strafenden Zorn des Diktators auszusetzen, war allgegenwärtig.[122] Und dafür gab es gute Gründe. Stalin selbst wäre es nie in den Sinn gekommen, für die anfänglichen Niederlagen die Verantwortung zu übernehmen. Ähnlich wie bereits während des Großen Terrors der ausgehenden 1930er Jahre gab es für ihn nur eine Erklärung, um das militärische Versagen an der Front zu verstehen: Es konnte nur das Werk von ausgemachten Volksfeinden, unpatriotischen Feiglingen oder Verrätern gewesen sein.

Überaus einschüchternd wirkte in diesem Zusammenhang, dass Stalin Anfang Juli nach dem Fall von Minsk General Dmitrij

Pavlov, den Oberkommandierenden der Westfront, mit drei weiteren Generälen verhaften ließ. Sie mussten für die eigentliche Unfähigkeit ihres obersten Kriegsherrn büßen. Demonstrativ machte man ihnen den Prozess, wobei sie mit den absurdesten Vorwürfen wegen der zurückliegenden Niederlagen überschüttet und daraufhin kurzerhand am 24. Juli erschossen wurden. Dass es riskant, wenn nicht sogar tödlich sein konnte, sich den Anweisungen Stalins zu widersetzen, bekam General Žukov, sicher einer der wenigen überaus couragierten Führer unter den sowjetischen Militärs, zu spüren. Molotov drohte unmissverständlich damit, ihn vor ein Exekutionskommando zu bringen, sollte es dem Heerführer nicht gelingen, als frisch ernannter Oberbefehlshaber der Leningrader Front die vorrückenden deutschen Panzerverbände zum Stillstand zu bringen.[123]

Es bestand kein Zweifel: Stalin glaubte der desolaten Lage an der Front mit den bewährten Methoden des Stalinismus aus der Zeit des Großen Terrors begegnen zu können. Es war daher nur konsequent, wenn in dieser Situation abermals die Stunde der Politkommissare und des NKVD schlug. Mit politisch-ideologischen Argumenten und vor allem mit Mitteln blanker Gewalt versuchten sie, unter der Truppe die Kampfbereitschaft und Disziplin wiederherzustellen. Die Grundlage hierfür lieferte Stalins berüchtigter Befehl Nr. 270 vom 16. August 1941. Darin wurden Kapitulation und jegliches Zurückweichen vor dem Feind generell als Straftatbestand beschrieben, als Desertion und Bruch des Fahneneides, die unverzüglich vor Ort mit der Exekution geahndet werden sollten.

Und damit nicht genug. Auch die Familienangehörigen jener vermeintlichen Vaterlandsverräter nahm man in Sippenhaft. Damit waren alle rund 5,7 Millionen Rotarmisten, die zwischen 1941 und 1945 in deutsche Gefangenschaft gerieten, samt ihren Verwandten in der Heimat, automatisch als Volksfeinde stigmatisiert. Das Regime hatte mit ihnen keine Nachsicht. Selbst bei Kriegsende, in der Stunde des Sieges, als die noch ungefähr eine Million Überlebenden aus den deutschen Kriegsgefangenenlagern 1945 befreit worden waren, haftete ihnen dieser Makel an. Sie mussten durchaus damit rechnen, ähnlich wie etwa 1,4 Millionen sowjetische Soldaten, die aus der Gefangenschaft geflohen, zum Feind übergelaufen, freiwillig oder unfreiwillig in die Dienste der deutschen Wehrmacht eingetreten waren, nach ihrer Repatriierung zur Rechenschaft gezogen zu werden. Das wiederum konnte Lagerhaft oder schlimmstenfalls Tod durch Erschießen bedeuten. Jedenfalls behandelte man sie noch lange Jahre nach dem Zweiten Weltkrieg – ähnlich wie die zurückgeführten sowjetischen Zwangsarbeiter aus Deutschland – wegen ihrer angeblichen Kollaboration mit dem Feind als Bürger zweiter Klasse.[124]

Da spezielle NKVD-Einheiten in den rückwärtigen Frontabschnitten als Sperrkommandos nur danach trachteten, angeblich zurückweichende oder versprengte Truppenteile und Soldaten aufzugreifen und gegebenenfalls zu erschießen – bis Oktober 1941 wurden allein 650.000 Soldaten aufgebracht –, überrascht es kaum, wenn in der Armee insgesamt die Bereitschaft nachließ, sich dem Feind zu ergeben. Selbst ein Offizier wie Generalleutnant Kozlov fürchtete sich während der verlustreichen Verteidigungsschlacht um die Halbinsel Kerč im Mai 1942 vor Stalins langem Schatten, dem obersten Polit- und stellvertretenden Verteidigungskommissar Mechlis – der unfähig, aber kraft der Autorität des Diktators sich unablässig in die militärischen Entscheidungen vor Ort einzumengen versuchte – mehr als vor den Deutschen.[125] Viele Soldaten starben deshalb nicht den Heldentod mit einem letzten Bekenntnis zu Stalin auf den Lippen, wie die sowjetische Propaganda immer wieder zu suggerieren versuchte. Wenn sich die Rotarmisten bis zur Selbstaufopferung in den Kampf warfen und auch in nahezu aussichtslosen Situationen den heranstürmenden deutschen Truppen gegenüber erbitterten Widerstand leisteten, dann zumeist deshalb, weil sie ihren Familien im Hinterland Sippenhaft und die angedrohten Repressionen des stalinistischen Regimes ersparen wollten.

Stalins anfänglicher Krieg gegen seine eigene Armee war also durch eine Mobilisierungsdiktatur gekennzeichnet, die im Grunde als ein Konglomerat von Zwangsherrschaft, Lügen, Furcht und grenzenloser bürokratischer Fehlorganisation beschrieben werden kann. Dabei kam es in den ersten Tagen und Wochen zu geradezu unglaublichen Situationen. Soldaten wurden massenhaft ausgehoben oder meldeten sich freiwillig für die Front. Gleichwohl gab es aber auch zahlreiche Fälle, in denen sich die Menschen durch Selbstmord und Selbstverstümmelung der Mobilmachung zu entziehen versuchten. Dessen ungeachtet konnte das Transportsystem aber dem generellen Ansturm der Soldatenmassen oftmals kaum mehr standhalten. Die Kapazitäten der Eisenbahnen waren nicht nur mit der Versorgung der kämpfenden Truppe hoffnungslos überlastet. Sie waren auch in das gigantische Evakuierungsprogramm der kriegswichtigen Industrie östlich des Urals in die asiatischen Teile des Imperiums involviert.

Zu all dem setzte man sie gleichzeitig gegen den vermeintlichen inneren Feind ein: So wurden seit Spätsommer 1941 systematisch ethnische Minderheiten deportiert, die in dem – zumeist unberechtigten – Verdacht standen, mit dem deutschen Gegner zu kollaborieren. Allein die Russlanddeutschen wurden zu über 80 Prozent aus ihren angestammten Heimatgebieten an der Wolga gewaltsam vertrieben und in Kazachstan zwangsangesiedelt. Die Krimtataren und zahlreiche kaukasischen Bergvölker, etwa die Tschetschenen oder Inguschen, ereilte ein ähnliches Schicksal – insgesamt waren über drei Millionen Menschen davon betroffen. Zu einem Zeitpunkt als Lastwagen und Güterwaggons dringend im Kampf gegen Deutschland benötigt wurden, entzog Stalins NKVD durch solche operative Maßnahmen kriegswichtige Transportressourcen.

Für die frisch mobilisierten Soldaten hatte dieser Umstand mitunter fatale Folgen. Da sie oftmals nicht sofort an die Front geschafft werden konnten, machten sie sich häufig zu Fuß auf den Weg zu ihren zugeteilten Truppeneinheiten. Mit Karten stattete man sie dabei nicht aus, da solche Dokumente geheim waren und unter keinen Umständen dem Feind in die Hände fallen durften. So irrten sie zumeist umher auf der Suche nach ihren ostwärts weichenden Truppenteilen. Wurden sie von den rückwärtigen Kommandos des NKVD aufgegriffen, zögerten diese nicht lange. Auf diese Weise starben immer wieder willige Verteidiger des Vaterlandes den sinnlosen Tod vermeintlicher Deserteure.[126]

Und diejenigen, die sich am Ende zu ihren Einheiten durchschlagen konnten, kamen dort erschöpft an, fanden kein Dach über dem Kopf, suchten nach Ausrüstung und Munition, waren miserabel ausgebildeten Führungskräften ausgesetzt und wurden durch die anschließend tagelangen Märsche und das häufige

Biwakieren unter freiem Himmel geradewegs aufgerieben. Starre Befehlsstrukturen – was ganz dem Wesen des Stalinismus entsprach – gewährten der kämpfenden Truppe vor Ort keinerlei Handlungsspielräume. Nicht nur diese Tatsache drohte die Moral der Frontkämpfer weiter zu unterminieren. Allein der tagtäglich sichtbare Beweis, dass Geschwächte – von Verwundeten ganz zu schweigen – nicht in sichere rückwärtige Positionen evakuiert werden konnten, ließen den Glauben an die Überlegenheit des Systems zeitweilig rapide schwinden.[127]

Dass eine Front mitunter schnell zusammenbrach, hatte aber noch andere Ursachen, die ebenfalls das Ergebnis von Stalins exzessiver Gewaltkultur waren: So wurden die vorrückenden deutschen Truppen in der Ukraine, in Weißrussland und im Baltikum häufig von der dortigen Bevölkerung als Befreier empfangen. Hier waren es insbesondere die Bauern, die während Stalins gewaltsamer Kollektivierung in die Kolchosen gezwungen worden waren, als Opfer der schrecklichen Hungersnot ihre leidvollen Erfahrung mit dem Sowjetregime gemacht hatten oder – so 1940/41 in den inkorporierten baltischen Republiken – gnadenlos sowjetisiert worden waren, die sich von der deutschen Besatzungsherrschaft Besserung versprachen und solidarisierten. Das geschah freilich nicht nur aus Opportunismus oder vorauseilender Unterwürfigkeit, sondern zumeist aus innerster Überzeugung. Die Bereitschaft zur Kollaboration hielt in den meisten Fällen jedoch nicht allzu lange an. Denn schnell zeigte sich, wie die neuen nationalsozialistischen Machthaber sich in ihrem nicht minder brutalen rassistischen Weltanschauungskrieg zur slawischen und jüdischen Bevölkerung stellten. Am Ende trieb der deutsche Terror die dort lebenden Menschen wieder zurück ins sowjetische Lager und verstärkte deren Neigung, die sich im Aufbau befindliche Partisanenbewegung nachhaltig zu unterstützen.[128]

Militärpolitische Einsichten und Wendepunkte

Wenn sich ab Herbst 1942 die militärische Lage für die UdSSR allmählich zu stabilisieren begann und die Rote Armee schließlich sogar in dem kriegerischen Szenario die Oberhand erlangte, dann war Stalin daran nicht ganz unbeteiligt. Spätestens im Sommer hatte sich bei ihm nach der vernichtenden Niederlage auf der Halbinsel Kerč die Einsicht durchgesetzt, den militärischen Führungsstil ändern zu müssen. Erste Anzeichen dafür gab es bereits, als er den unfähigen Chef der Politischen Hauptverwaltung der Roten Armee, Lev Mechlis, im Juni 1942 seines Amtes enthob. Im Monat Juli relativierte er darüber hinaus erstmals sein bis dahin kategorisches Nein gegenüber allen Rückzugsmaßnahmen. Taktisches Zurückweichen schloss man nun nicht mehr grundsätzlich aus, wenn dafür der entsprechende Befehl erteilt wurde.

Den eigentlichen Wendepunkt markierte dann Stalins Befehl vom 9. Oktober 1942. Mit ihm wurde das bis dahin bestehende Regime der Politoffiziere abgeschafft, das sich in der zurückliegenden Zeit immer als nachteilig für die militärischen Abläufe an der Front erwiesen hatte. Schließlich rang sich Stalin dazu durch, das professionelle Kriegshandwerk in erster Linie seinen Militärs zu überlassen. Mehr noch: Er ermutigte sie geradewegs dazu, sich selbstbewusster in die militärische Führung und Entscheidungsfindung einzubringen. Nach außen für jedermann sichtbar demonstrierte man diesen gewichtigen Kurswechsel dadurch, dass fortan traditionelle Offiziersdienstgrade und Rangabzeichen, aber auch Traditionsregimenter, wie sie zu Zeiten der Zaren bestanden, wieder eingeführt wurden.[129]

Wenngleich sich damit eine liberalere Phase des Stalinismus verband, der nicht nur die Handlungsspielräume der militärischen Entscheidungsträger in der Zentrale wie an der Basis deutlich erweiterte, sondern auch eine rationalere Befehlsgebung nach sich zog, bedeutete all dies jedoch nicht, dass sich Stalin gänzlich von kriegspolitisch entscheidenden Schalthebeln verabschiedet hätte. Nach wie vor war er allgegenwärtig. Er behielt sich auch weiterhin das Recht vor, sich gegebenenfalls über die Köpfe seiner Militärs hinwegzusetzen. Das allerdings kam von da an immer seltener vor.

Erst als der Endsieg zum Greifen nahe war, trat der Generalissimus wieder viel selbstbewusster unmittelbar in Erscheinung. Schon damals begann er damit, den „Großen Vaterländischen Krieg" zusehends im Lichte des Personenkults erscheinen zu lassen. So kam es, dass er in jenem Volkskrieg gegen den „faschis-

is de Russische kolos, die Hitler bracht ten val.

Karikatur auf Hitler und die siegreiche Rote Armee, symbolisiert durch Stalin im Panzer, 1944 (Karikatur: akg-images)

tischen" deutschen Aggressor wieder deutlicher die eigenen Akzente setzte. Und dabei griff er wieder verstärkt auf die Methoden zurück, die an die zurückliegenden Tage des brutalen Stalinismus erinnerten. Nur so lässt sich verstehen, dass etwa in den letzten Kriegsmonaten rund eine Million Rotarmisten rücksichtslos als Kanonenfutter verheizt wurden, nur weil ihr überambitionierter Oberster Kriegsherr etwa bei der letzten großen Offensive auf den Seelower Höhen unweit von Berlin als erster vor seinen westlichen Bündnispartnern triumphal in die deutsche Reichshauptstadt einziehen wollte und dabei weder Mühen noch Menschenopfer scheute. Das Ganze sollte nach Stalins Willen ein „Paradeunternehmen vor den Augen seiner Verbündeten werden", die nur noch 130 Kilometer vor Berlin standen. Nicht zuletzt deshalb schürte er bewusst die Rivalität seiner Marschälle Žukov und Konev, um sie beim Wettlauf um die deutsche Kapitale zu Höchstleistungen anzutreiben.

Ein solch verlustreicher Militärschlag war zum damaligen Zeitpunkt indes vollkommen überflüssig, da die Tage des NS-Regimes ohnehin gezählt waren.[130] Doch der Ruhm des Sieges und die prestigereiche Aussicht, in die Annalen der Geschichte einzugehen, rechtfertigten für ihn solche Entscheidungen. Angesichts dieser Umstände mutet es an wie eine sarkastische Fußnote in der Geschichte des „Großen Vaterländischen Krieges", in dem rund neun Millionen Rotarmisten zwischen Sommer 1941 und Frühjahr 1945 den Tod fanden, wenn Stalin nach Kriegsende zweimal – 1945 und 1948 – für den Friedensnobelpreis nominiert wurde, ihn allerdings nie erhalten hat.[131]

Stalinismus an der Heimatfront

Während an der sowjetischen Westfront seit dem 22. Juni 1941 erbitterte und verlustreiche Kämpfe tobten, erlebte das Hinterland nicht weniger erschütternde Zeiten. So war die emotional aufgewühlte Bevölkerung zunächst irritiert, als nicht Stalin, sondern sein Außenminister Molotov am Tag des deutschen Überfalls den Kriegszustand in einer Rundfunkerklärung bekannt gab. Als der Generalsekretär sich dann am 3. Juli in einer dramatischen Ansprache an seine Landsleute wandte, hatte dies zunächst zweifellos eine mobilisierende Wirkung. Doch darauf allein wollte sich Stalin nicht verlassen. Da er der Stimmung an der Heimatfront wenig vertraute – und dies um so mehr, je näher die deutschen Truppen auf die Hauptstadt Moskau vorrückten –, führte er in gleicher Weise wie gegen seine Armee einen „Krieg gegen das eigene Volk".[132] Seine Skepsis war keineswegs unbegründet. Besonders aus den sowjetischen Metropolen Leningrad und Moskau lagen ihm zahlreiche ambivalente Stimmungsberichte des NKVD vor, die nichts Gutes zu vermelden wussten. Hier kam es im Herbst sogar vereinzelt zu Unruhen und Panik, als Stalins Regierung verfügte, die Staats- und Parteiapparate zu evakuieren. Flüchtende Parteifunktionäre, die in aller Hektik Akten und das allernötigste Mobiliar auf Lastwagen verluden und sich in lange Konvois einreihten, die die Moskauer Ausfallstraßen Richtung Osten hoffnungslos verstopften, wirkten auf die Bevölkerung, die sich im Stich gelassen fühlte, alles andere als vertrauenerweckend.

All das ging einher mit einem vorübergehenden Autoritätsverlust des stalinistischen Regimes, dessen Überlegenheit und Unbesiegbarkeit zusehends angezweifelt wurde. So löste Stalins Ansprache vom 3. Juli in manchen Moskauer Vierteln nur zynisches Gelächter aus. Geübt darin, bei hauptamtlichen Meldungen sowjetischer Parteifunktionäre zwischen den Zeilen zu lesen und sie entsprechend zu interpretieren, malten sich viele Menschen an der Heimatfront aus, wie verzweifelt im Grunde die Situation war. Wie aus den Aussagen von Zeitzeugen hervorgeht, sprach zum Beispiel völlig ungehemmt ein Ingenieur offen aus, was viele seiner Landsleute dachten: „All das Gerede über die Mobilisierung des Volkes und Aufbau des Zivilschutzes zeigt doch nur, dass die Lage an der Front absolut hoffnungslos ist. Es liegt doch auf der Hand, dass die Deutschen bald Moskau einnehmen werden und die Sowjetmacht sich nicht halten kann." Und eine Sekretärin raunte ihren Kollegen in der von Untergangsstimmung erfassten Hauptstadt ebenso ungeschminkt zu: „Jetzt ist es zu spät, über Freiwillige zu reden, da die Deutschen ja praktisch schon in Moskau stehen." Dass der Zusammenbruch als unausweichlich empfunden wurde, war auch andernorts in der Hauptstadt zu hören, so von einem weiteren Büroangestellten, der ungehemmt meinte: „Alles, was wir seit zwanzig Jahren aufgebaut haben, hat sich als Schimäre erwiesen. Stalins Rede hat den Zusammenbruch durch ihren verzweifelten Aufruf zugegeben."[133] Solche Stimmen deckten sich zum Teil mit Beobachtungen, die die Spitzel des NKVD auch in der sowjetischen Provinz gemacht hatten.

Als die Disziplin in der Hauptstadt außer Kontrolle geriet, aufgebrachte Menschenmengen Brotgeschäfte und Lebensmitteldepots plünderten und die Stimmung in offene Demonstrationen, so etwa in Leningrad, umzuschlagen drohte, schlug wieder verstärkt die Stunde der Staatssicherheitspolizei. Sondereinheiten des NKVD wurden eigens nach Moskau verlegt, um den inneren Feind und die Defätisten mit brutaler Waffengewalt, Verhaftungen und standrechtlichen Erschießungen zu Leibe zu rücken und damit zu gewährleisten, dass das stalinistische Regime wieder Herr der Lage wurde. Die Grundlage hierfür bildete das Kriegsrecht, das das von Stalin geleitete Staatskomitee für Verteidigung am 20. Oktober 1941, dem Tag, als die Panikstimmung unter der

Bevölkerung ihrem Höhepunkt entgegenging, über die Hauptstadt und die umliegenden Regionen verhängt hatte. Eine Woche später wurde die dortige Judikative nur noch von Militärtribunalen ausgeübt. Mit drakonischen Strafen ging Stalins Regime nunmehr dazu über, die Lage zu stabilisieren. Allein zwischen dem 20. Oktober 1941 und Juli 1942 wurden mehr als 830.060 Menschen inhaftiert. 13 Delinquenten wurden schon unmittelbar am Ort des Aufgreifens erschossen, 996 Personen warf man die Verbreitung zersetzerischer und verräterischer Gerüchte vor, 887 Inhaftierte endeten vor dem Exekutionskommando und 44.168 Moskauer wurden zu unterschiedlich langen Freiheitsstrafen in Gefängnisse oder Lager deportiert.[134]

Das galt in ähnlicher Weise für die Stadt Leningrad, die zwischen September 1941 und Januar 1944 einer deutschen Totalblockade ausgesetzt war. Ohne die brutalen Disziplinierungsmaßnahmen, mit denen die stalinistischen Schergen des NKVD die Bevölkerung terrorisierten und in Angst und Schrecken hielten, wäre die öffentliche Ordnung in der von Hunger und Tod bedrohten Stadt vollkommen zusammengebrochen. Stalin nahm an dem Schicksal der dortigen Menschen wenig Anteil. Für ihn kam es einzig und allein darauf an, dass die symbolträchtige Stadt der Oktoberrevolution unter keinen Umständen in die Hände des Feindes fallen durfte. Und das wiederum rechtfertigte ein gnadenloses Gewaltregime in der Neva-Metropole.[135]

Ab November 1941 besserte sich – vor allem in Moskau – nicht zuletzt unter dem Eindruck von Stalins mitreißender Ansprache anlässlich der Revolutionsfeierlichkeiten allmählich die Stimmung unter der Zivilbevölkerung. Hinzu kam, dass auch die politische Führungsspitze, allen voran der Generalsekretär und sein Außenminister Molotov, demonstrativ in der von den Deutschen bedrohten Hauptstadt ausharrten. Das stiftete Mut und Zuversicht. Seit Frühjahr 1942 kam bei den Moskowitern sogar zusehends das Gefühl auf, dass sich ihre Versorgungssituation – gemessen an den nach wie vor angespannten Verhältnissen – dennoch langsam erträglicher gestaltete.[136]

Wenn Stalin und sein Regime dem deutschen militärischen Ansturm standhielten und das politische System schließlich nicht kollabierte, dann gab es dafür gute Gründe. Der Stalinismus konnte sich behaupten, weil der „nationalsozialistische Terror den stalinistischen in den Schatten stellte".[137] Das traf besonders auch auf die Heimatfront zu. Nach all den Schreckensmeldungen, die über das grausame Wüten insbesondere der SS-Sondereinheiten in den von den Deutschen besetzten Gebieten in das sowjetische Hinterland gelangten, stellte sich der Bevölkerung die Frage nach den Alternativen. So kam es, wenngleich es im ersten Moment auch abwegig erscheinen mochte, dass man über das gemeinsam erlittene Leid und über die immensen Verlustzahlen mit mehr als 17 Millionen zivilen Toten – praktisch gab es keine Familie, die keine Opfer zu beklagen hatte – sich am Ende mit Stalins Politik immer deutlicher identifizierte. Das galt spätestens nach der Schlacht von Stalingrad, als sich ab 1943 das Kriegsglück an der sowjetischen Westfront zugunsten der Verteidiger wendete. Und die schrecklichen Bilder, die die zurückeroberten Gebiete bei den für die Befreiung der Heimat kämpfenden Rotarmisten hinterließen, taten ihr Übriges, in dieser Überzeugung bestärkt zu werden. Diese Auffassung teilte sich auch gegenüber der Zivilbevölkerung abseits des aktiven Kriegsgeschehens mit, wie nicht zuletzt die begehrten und viel gelesenen Kolumnen zahlreicher Kriegskorrespondenten, besonders die des Schriftstellers Vasilij Grossman, tagtäglich unter Beweis stellten.[138]

Auch das gigantische Rüstungsprogramm und die Verlagerung der kriegswichtigen Industrien – soweit noch nicht geschehen – in die entlegeneren östlichen und damit sichereren Regionen der UdSSR leisteten ihren Beitrag dazu, dem deutschen Aggressor erfolgreich zu trotzen. Hier legten Stalin und seine Helfershelfer ebenfalls nicht nur eine auffallende Entschlossenheit, sondern auch eine besondere Gewaltbereitschaft an den Tag. Allein bis November 1941 waren über 1500 Betriebe demontiert und evakuiert worden, von denen im Sommer 1942 ungefähr 1200 ihre Produktion bereits wieder aufgenommen hatten.

Mit drakonischen Maßnahmen etablierte Stalins Staatliches Verteidigungskomitee zudem ein Arbeitsregime, das Arbeiter zwangsrekrutierte. Jeder, der nur irgendwie einsatzfähig war, wurde ausgehoben: Frauen, Alte, Jugendliche, ja sogar Kinder und eigens dafür entlassene GULag-Inhaftierte mussten dem Ruf an die Maschinen Folge leisten. Allein in der Moskauer Industrie wurde schon seit Herbst 1941 die Produktion zu fast 70 Prozent durch die Arbeitskraft weiblicher Mitbürger gemeistert. Arbeiter waren fortan den Soldaten gleichgestellt und damit ganz den Gesetzen des Krieges unterworfen. Die Rechtsgrundlage hierfür wurde im Dezember 1941 geschaffen. Sie verschärfte die ohnehin schon unerträglichen Arbeitsgesetze um ein Weiteres. Bummelantentum oder Fehlen am Arbeitsplatz war demnach Wehrkraftzersetzung. Sie galten im übertragenen Sinne als Fahnenflucht und wurden hart geahndet. Auch hier konnten im Extremfall standrechtliche Erschießungen verhängt werden. Wer mit Haftstrafe davonkam – bis Sommer 1942 betraf dies rund 21.000 Menschen – hatte noch Glück im Unglück. So wurden weite Teile der arbeitsfähigen Zivilisten an der Arbeitsfront in einem riesigen Gewaltakt für die Verteidigung des Vaterlandes mobilisiert. Allein im belagerten Leningrad galt die ununterbrochene Arbeitswoche. Auch dort wurden wie überall im Hinterland die Menschen bis zur physischen Erschöpfung zu Arbeitsleistungen angetrieben.

Gleichwohl wäre all dies nicht ohne die Hilfslieferungen – darunter kriegswichtige Rohstoffe, militärisches Gerät und vor allem Nahrungsmittel – der westlichen Alliierten so schnell zu leisten gewesen, die nach Ausweitung des Lend-Lease-Abkommens auf die UdSSR im November 1941 einsetzten. Doch selbst ohne diese Unterstützung – die Briten stellten Material im Werte von rund 420 Millionen Pfund und die Amerikaner in Höhe von 11 Milliarden US-Dollar zur Verfügung – wären Stalin und sein Regime nicht zugrunde gegangen, wenngleich der Krieg sich mit Sicherheit noch hingezogen hätte.[139]

Ähnlich wie in seiner sich allmählich wandelnden Haltung gegenüber den Militärs rang sich der sowjetische Diktator auch gegenüber seinen zivilen Untertanen zu der Erkenntnis durch, dass der Krieg auf Dauer nicht allein mit bloßer Gewalt in einem kollektiven Kraftakt zu gewinnen sei. Stalin setzte deshalb parallel zu den drastischen Methoden, mit denen er Loyalität und Solidarität erzwingen wollte, auf bedingte gesellschaftspolitische Liberalisierungsmomente. Jedenfalls verbanden viele Sowjetbürger nicht nur in der Rückschau die Jahre des „Großen Vaterländischen Krieges" stets auch mit Freiheiten, die ihnen Stalins Regime bis dahin zu keinem Zeitpunkt gewährt hatte. Selbst die „drei guten Jahre" zwischen 1934 und 1936 reichten nicht an das heran, was der Generalsekretär unter den Bedingungen der deutschen Bedrohung zeitweilig zuzugestehen bereit war. So rang er sich gegenüber den Intellektuellen zu einer Art innerem Burgfrieden durch, wenn mit Beginn jenes „heiligen Krieges" Schriftstellern und Dichtern, die das stalinistische Regime bis dahin missbilligend betracht hatten oder deren Werke – wenn überhaupt – nur unter erschwerten Bedingungen veröffentlich werden durften, nunmehr eine bis dahin ungewohnte Öffentlichkeit gewährt wurde. Anna Achmatova oder Boris Pasternak gehörten zu denen, die davon profitierten.

Überhaupt errangen Künstler in der damaligen Sowjetunion bis dahin völlig ungewohnte Freiräume.[140] Das wiederum hatte Auswirkungen auf die Alltags- und Populärkultur der Sowjetbürger.[141] Und weil Stalin nun besonders an die patriotisch-nationalistischen Gefühle seiner Landleute appellierte, rückten die marxistischen Elemente in der Staatsrhetorik vorübergehend in den Hintergrund. Selbst die offizielle Parteizeitung „Pravda" schien von solchen Wandlungen nicht mehr ausgespart zu sein. So öffnete sich das Blatt in einem bislang ungewohnten Ausmaß „neuen Stimmen und neuen Bildern von Soldaten, Partisanen, Zivilisten und Bürgern".[142] Die Mehrzahl der Kriegsveteranen erlebte zumindest diese Seite des Krieges als eine der „schönsten Stunden [… und] brillantesten Zeiten [… ihres] Lebens".[143]

Dies lag nicht zuletzt auch an Stalins Kirchenpolitik. Die Zeiten des erbitterten Kulturkampfes gegen den Klerus schienen nun ihrem Ende entgegen zu gehen. Denn schon kurz nach dem deutschen Überfall suchte das Regime die Sympathien seiner Bevölkerung auch dadurch zurückzugewinnen, dass es auf diesem Sektor ebenfalls eine bislang ungewohnte Haltung einnahm. In einer bis dahin beispiellosen Charme- und Toleranzoffensive wurde um die Unterstützung der orthodoxen Kirche geworben. Jegliche atheistische Propaganda trat während des gesamten Kriegs in den Hintergrund. Weit über 16.000 Kirchen und eine theologische Akademie samt mehreren Seminaren wurden wiedereröffnet und 46 Bischöfe und über 30.000 Priester für die geistliche Betreuung wieder eingesetzt. Den Höhepunkt erlebte das kirchliche Leben in der Sowjetunion zweifellos im Jahre 1943, als erstmals nach 1917 wieder ein Patriarch gewählt wurde.

Stalins Politik zielte freilich weit über die innere Pazifizierung der eigenen Gesellschaft hinaus. Wenn er sich zu solchen Schritten durchrang, dann immer auch mit Blick auf die zur Rückeroberung anstehenden Territorien der UdSSR und den dort zu fördernden Widerstandwillen. All das geschah aber ebenso vor dem Hintergrund, die westalliierten Bündnispartner durch das Bild einer veränderten Sowjetunion zu beeindrucken und damit zur Unterstützung über die Zeit des Kriegs hinaus zu gewinnen.[144]

Und so wurde es auch von einem großen Teil der sowjetischen Bevölkerung – den Rotarmisten in den vordersten Linien und der Zivilbevölkerung an der Heimatfront – wahrgenommen. In ihnen reifte eine Erwartungshaltung heran, die – für die Zeit nach dem verlust- und entbehrungsreichen Weltkrieg – mit großen Hoffnungen auf einen gewandelten Stalin und auf eine lichte Zukunft mit weiteren Freiräumen und menschlichen Erleichterungen setzte.

4. Spätstalinistische Götterdämmerung

Triumph des Sieges

Als in den frühen Morgenstunden des 9. Mai 1945 der Chef-Nachrichtensprecher von Radio Moskau, Jurij Levitan, das offizielle Kriegsende gegen Deutschland verkündete, machten sich unter der sowjetischen Bevölkerung Freude und Erleichterung breit. Die ganze Hauptstadt schien auf den Beinen zu sein. Die Straßen quollen über vor Menschenmassen, die aufgeregt, lärmend und fröhlich zugleich die Neuigkeiten über die Kapitulation der deutschen Wehrmacht weiterverbreiteten. Auch der völlig überarbeitete Stalin, dem die Anspannung in den letzten Tagen der Berliner Operation ziemlich zugesetzt hatte, wirkte sichtlich erleichtert. Überaus erfreut, so seine Tochter Svetlana Allilueva rückblickend, nahm er die Glückwünsche entgegen, die ihn am „den' pobedy", dem Tag des Sieges, im Kreml erreichten.[145] Für Stalin war es aber nicht nur der Triumph des Augenblicks, den er in jenen Stunden auskostete. Das Wissen um den Sieg über Hitler-Deutschland bedeutete mehr. Verdrängt waren die Tage der Selbstzweifel, die unmittelbar nach dem deutschen Überfall vorübergehend seinen Glauben an die praktische Überlebensfähigkeit der Sowjetunion schwinden ließen. Der Sieg über Hitler war für ihn zugleich ein persönlicher Triumph, weil sich darin, davon war er überzeugt, die Überlegenheit seines politischen Regimes manifestierte. Stalin sah sich angesichts dieses Erfolgs als historisch herausragende Persönlichkeit, die zweifellos einen exponierten Platz in der Ruhmeshalle der großen Feldherren einnehmen würde. Sein Stolz und sein Selbstbewusstsein steigerten sich geradezu ins Unermessliche. Sie förderten seinen ohnehin ausgeprägten Hang zur Selbstüberschätzung und endeten in einer Selbstherrlichkeit, die während seiner letzten Lebensjahre nicht nur für seine engsten Weggefährten, sondern auch für den gesamten Sowjetstaat zunehmend zum Problem werden sollte.[146]

Vorerst jedoch befand sich das Land im Siegestaumel. Und das einmal mehr, weil Stalin der UdSSR im Verlauf des Krieges den Aufstieg in die Liga der Welt- und Supermächte ermöglicht hatte. Nach außen für jedermann sichtbar, demonstrierte man dieses neue Gefühl von Selbstwert und Stärke, das auch weite Teil der Nation erfasst hatte, am 24. Juni 1945. An diesem Tag beging das Land die offiziellen Siegesfeierlichkeiten. Höhepunkt der Veranstaltung war zweifellos die spektakuläre Parade auf dem Moskauer Roten Platz vor der imposanten und symbolträchtigen Kulisse der mächtigen Kremlmauern und des Lenin-Mausoleums. Selbst wenn an jenem denkwürdigen Tag die Witterung nicht mitspielen wollte, der Himmel war wolkenverhangen und es regnete eintönig – die Stimmung Stalins und seiner Moskauer Mitbürger ließ sich dadurch nicht beeinträchtigen. Noch im Vorfeld der Veranstaltung hatten die verantwortlichen Planer jener aufwendigen Inszenierung allein dem Generalissimus das Privileg zugedacht, als Oberster Befehlshaber die siegreichen Truppen beim triumphalen Einzug auf dem Roten Platz – in zaristischer Militärtradition – auf einem weißen Araberhengst anzuführen. Doch dazu sollte es am Ende nicht kommen, da der nahezu siebzigjährige

Generalissimus Stalin auf der Konferenz von Potsdam, Juli 1945 (Foto: akg-images/RIA Novosti)

Stalin während der Proben bei dem Versuch, dem Tier die Sporen zu geben, aus dem Sattel geworfen wurde. Mit Verletzungen an Kopf und Schultern, die er sich bei dem Sturz zugewogen hatte, war er von da an alles andere als beigeistert von der Idee, abermals auf ein Pferd steigen zu müssen. Deshalb blieb es schließlich Marschall Žukov, dem Sieger von Berlin, vorbehalten, diese Rolle zu übernehmen. Und er hielt jene Atmosphäre und bewegenden Momente in folgenden Worten fest:

„Drei Minuten vor 10 Uhr saß ich zu Pferde am Spasski-Tor. Laut und vernehmlich hörte ich das Kommando: ,Parade, stillgestanden!' Danach brauste Beifall auf. Vom Kreml schlug es zehn. Ich fühlte mein Herz schwer klopfen, gab dem Pferd die Sporen und ritt auf den Roten Platz. Mächtig erklang die Melodie von Glinkas Glorienmarsch, die jedem Russen so teuer ist […]. Die Kampfbanner, unter denen die Truppen den Feind endgültig niedergerungen hatten, die kriegserfahrenen mutigen

Gesichter der Soldaten, ihre vor Begeisterung strahlenden Augen, die neuen Uniformen, an denen Orden und Auszeichnungen glänzten – ein unvergeßlicher Anblick, die Stunde des Triumphes, die leider so viele treue Söhne unserer Heimat, die vor dem Feind gefallen waren, nicht mehr erleben durften. […] Die Begeisterung erreichte ihren Höhepunkt, als die Regimenter im Parademarsch am Lenin-Mausoleum vorbeidefilierten. An der Spitze marschierten die in den Schlachten gegen die deutschen Truppen berühmt gewordenen Generäle, Marschälle der Waffengattungen und Marschälle der Sowjetunion. Einmalig war der Anblick, als zweihundert Kriegsveteranen unter dem Trommelwirbel zweihundert Standarten der faschistischen Wehrmacht am Fuße des Lenin-Mausoleums hinwarfen, ein historischer Akt, der Revanchisten jeder Art und den Freunden von Kriegsabenteuern ständig in Erinnerung bleiben sollte […]."[147]

Ernüchternde Schadensbilanz

So sehr auch der anschließende Kreml-Empfang für die prominenten Teilnehmer der Parade Herzlichkeit und Gelassenheit ausstrahlte, bei Stalin selbst hielt jenes Gefühl nicht allzu lang an. Denn die prunkvollen Feierlichkeiten konnten kaum darüber hinwegtäuschen, in welch desolatem Zustand sich der Sowjetstaat insgesamt befand. Das galt in vielerlei Hinsicht. Bereits unmittelbar nach Kriegsende begannen die staatlichen Sicherheitsorgane auf Anweisung des Generalsekretärs damit, das Ausmaß der Zerstörungen zu ermitteln. Dies geschah nicht zuletzt mit Blick auf die erste Nachkriegskonferenz in Potsdam. Hier erhoffte sich Stalin eine weitere Klärung hinsichtlich der von den Deutschen zu leistenden Reparationszahlungen.

Die Bilanz jener Bestandsaufnahme – obgleich ungenau und unvollständig – war geradezu erschreckend: Die Verwüstungen, materiellen und menschlichen Verluste der UdSSR zeugten davon, dass der soeben noch frenetisch gefeierte Erfolg im Grunde genommen ein einziger Pyrrhussieg war. Vor diesem Hintergrund wollte man es gar nicht mehr so genau wissen, am allerwenigsten Stalin selbst, der – zumindest in der Anfangsphase des Krieges – mit seiner verfehlten Politik dazu beigetragen hatte, das Land an den Rand des existenziellen Abgrunds zu führen. Um nicht von der Vergangenheit eingeholt zu werden, stufte man die Erhebungen sofort als geheim ein, und von da an blieben sie der öffentlichen Aufmerksamkeit verborgen. Stalin selbst spielte noch zu seinen Lebzeiten die offizielle Zahl der Toten massiv herunter. So sprach er in einem 1946 in der Zeitschrift „Bol'ševik" veröffentlichten Beitrag lediglich von sieben Millionen Todesopfern – eine grandiose Untertreibung angesichts der Tatsache, dass die tatsächliche Zahl an toten Zivilisten und Militärs weit über 25 Millionen lag.[148]

Mehr als 1700 Städte und über 70.000 Dörfer waren größtenteils zerstört. Das galt ebenso für die meisten Fabriken und landwirtschaftlichen Betriebe, sofern sie nicht rechtzeitig im Rahmen der großen Evakuierungsmaßnahmen in den östlichen Teil des sowjetischen Imperiums verlagert worden waren. Auch hatten die Deutschen – soweit es die Zeit zuließ – in den besetzten Territorien systematisch die dortigen Rohstoffe ausgebeutet und zudem – durch die Aushebung bzw. Deportation von Zwangsarbeitern – wichtige Arbeitskräfte verschleppt. Die bis dahin in jenen Regionen vorherrschende sowjetische Wirtschaftsordnung existierte nicht mehr.

Überaus katastrophal gestaltete sich die Wohnsituation: Hier kam erschwerend hinzu, dass es kaum mehr unzerstörten Wohnraum gab und gleichzeitig demobilisierte Rotarmisten, repatriierte Ostarbeiter oder Flüchtlinge wieder in die Heimat zurückdrängten und vergeblich nach notdürftigen Behausungen suchten. In Brjansk beispielsweise waren noch drei Jahre nach Kriegsende die Lebensverhältnisse so schlimm, dass mehr als 9000 Familien, Kriegsinvaliden und Waisen in Erdlöchern hausten. Das war keine Ausnahme. Oft überlebten die Menschen unter freiem Himmel, was zwangsläufig negative Auswirkungen auf die allgemeine Volksgesundheit hatte. Unterernährung und Dystrophie gehörten zu den gängigen Krankheitssymptomen. Allein zwischen 1946 und 1948 starben nochmals rund zwei Millionen Menschen an den Spätfolgen des Kriegs.

All das begünstigte die Entstehung sozialer Brennpunkte. Jugendbanden, entlassene Soldaten und Entwurzelte durchstreiften das Land, ernährten sich oft durch Überfälle und Plünderei.

Es verwundert daher kaum, dass in jenen Jahren die Kriminalitätsrate dramatisch anstieg. Aufgrund der Gewalterfahrungen, die diese Menschen gemacht hatten, lag es nahe, dass sie bei den Beschaffungszügen mit ihren Mitmenschen nicht allzu zimperlich umsprangen. Die generelle Situation spitzte sich weiter zu, weil das stalinistische Regime lange Zeit überhaupt nicht imstande war, das große Heer an Invaliden und durch den Krieg Traumatisierten in irgendeiner Form angemessen zu versorgen, geschweige denn medizinisch zu betreuen – Bedingungen, die einen immensen sozialen Sprengstoff schufen. Die Zeitungen und Medien boten kein öffentliches Forum, das hier für eine bedingte Entspannung hätte sorgen können. Im Gegenteil: Sie schwiegen sich aus oder beschönigten allenfalls die allgemeine Lage.[149]

Was Stalin Sorgen bereitete, waren nicht allein die innergesellschaftlichen Verhältnisse oder zeitweilig dramatischen Versorgungsengpässe. Da er ein Mensch war, der besonders stark in historischen Dimensionen und Analogien dachte, trieb ihn in diesem Zusammenhang noch ein anderer Gedanke um. Er wähnte sich in einer vergleichbaren Situation wie das zarische Imperium am Ende der Napoleonischen Kriege. Was ihn dabei beunruhigte, könnte als 1812- oder 1825-Syndrom beschrieben werden. Damals gelangten die sogenannten Kinder von 1812, die aristokratische Offizierselite, die mit den breiten Volksmassen über den „Vaterländischen Krieg" näher in Kontakt geraten war, im Zuge der Befreiungskriege bis nach Paris. Dort kamen sie erstmals unmittelbar mit der westeuropäischen Kultur und Geisteswelt in Berührung. Der Dekabristenaufstand von 1825 gegen Zar Nikolaj I., der auf einen Verfassungsstaat und die Überwindung der russischen Despotie zielte, bezog nicht zuletzt aus diesen Ereignissen seine Legitimation.[150]

Für Stalin lagen die Verhältnisse 1945 kaum anders. Die bis dahin von der Außenwelt hermetisch abgeschottete Sowjetgesellschaft hatte sich im Zuge des Zweiten Weltkrieges bedingt gegenüber ihren Kriegsverbündeten geöffnet. Erstmals wurden zudem in einem bislang ungekannten Ausmaß Rotarmisten mit der kapitalistischen Welt konfrontiert. Sie waren Besatzungssoldaten in Deutschland und arbeiteten dort unter anderem mit den westalliierten Verbündeten zusammen. Mehr noch: Sie machten zumeist die Erfahrung, dass der Lebensstandard in den besiegten Feindstaaten um ein Vielfaches höher war als in ihrer Heimat, in der man unentwegt die Errungenschaften des Sozialismus gepriesen hatte. Solche Eindrücke gingen an den zahllosen Heimkehrern nicht spurlos vorüber. Und so überrascht es nicht, dass sich Stalin angesichts solcher Tendenzen im Kreise seiner engsten Getreuen äußerte, er werde künftig die Zügel anziehen und keinerlei Forderungen nach mehr Demokratie in der Sowjetunion stattgeben. Überhaupt fiel auf, dass er im Zuge der sich verschlechternden Beziehungen zu seinen Kriegskoalitionären zunehmend befürchtete, die Sowjetmacht könnte durch – wie auch immer geartete – konterrevolutionäre Aktivitäten destabilisiert werden. Folglich galt für ihn von da an als oberste Priorität, alles zu unterbinden, was dem Einsickern kapitalistisch-westlich-demokratischen Gedankenguts – aus Stalins Sicht ohnehin nur Gift für die sowjetische Gesellschaft – in die UdSSR Vorschub leisten könnte.[151]

Zerstörung von Illusionen

Je mehr Stalin zur Eskalation des Kalten Krieges beitrug, desto stärker kristallisierte sich bei ihm die kompromisslose Haltung heraus, die Sowjetunion und ihren Hegemonialbereich als eine einzige belagerte Festung zu betrachten.[152] Hinzu kam, dass sich mit zunehmendem Alter ein ohnehin schon immer vorhandener persönlicher Wesenszug weiter verstärkte, seiner Umwelt ausgesprochen misstrauisch gegenüberzustehen. Das nahm geradezu pathologische Formen an. Überall glaubte er von Feinden, Spionen und Saboteuren umgeben zu sein. Selbst seinen willigsten Weggefährten brachte er nur noch ein sehr begrenztes Vertrauen entgegen. Stalin wurde zusehends ein Gefangener seiner selbst. Für die innere Entwicklung der UdSSR sollte dies nicht folgenlos bleiben.

Er zeigte keinerlei Neigung, den zu bewältigenden Problemberg durch einschlägige Reformen in den Griff zu bekommen. Das Gegenteil war der Fall. Mehr und mehr setzte sich bei ihm die Überzeugung durch, das Rad der Geschichte zurückdrehen zu müssen. Die Mittel und vermeintlich bewährten Methoden des

Stalinismus der 1930er Jahre, die auf Mobilisierung, Repression und bedingten Isolationismus setzten, waren seiner Auffassung nach das geeignete Rezept, um die inneren Verhältnisse wieder zu stabilisieren. Und das war notwendiger denn je, zumal sich an der westlichen Peripherie seines zurückgewonnen Imperiums erhebliche Widerstände gegen das stalinistische Regime formierten. In Teilen Weißrusslands, der westlichen Ukraine, vor allem aber im Baltikum bildeten sich Partisanenbewegungen, die sich bis in die frühen 1950er Jahre hinein der dortigen sowjetischen Unterwerfung militärisch erbittert widersetzten. Stalin übte daraufhin massive Vergeltung, indem er die Erhebungen der westukrainischen Bandera-Rebellen und die baltischen „Waldbrüder" gewaltsam niederschlug: In rund neun Jahren töteten die sowjetischen Sicherheitsorgane allein in der Westukraine über 150.000 Freiheitskämpfer, 130.000 Personen wurden unter dem Vorwurf, „Spione" oder „Schädlinge" gewesen zu sein, in Gefängnissen oder Lagern inhaftiert und weit mehr als 200.000 Menschen in die zentralasiatischen Sowjetrepubliken verschleppt.

Eine wirkliche Befriedung der Territorien gelang dadurch jedoch nicht. Zwar erstickte Stalins Regime auf Dauer die militärische Opposition im Keim. Ende der 1940er Jahre versetzte er abermals die Bevölkerung in den baltischen Staaten durch Massendeportationen in Angst und Schrecken. Allein im kleinen Lettland wurden bis 1953 20.000 Menschen ermordet und 240.000 Letten eingesperrt oder nach Sibirien verbannt. Auf Dauer vermochten die Balten dem enormen Druck nicht mehr standzuhalten, mit dem ihre politischen, gesellschaftlichen und ökonomischen Strukturen brutal sowjetisiert wurden. Doch auch dieser ‚Erfolg' erwies sich letztlich nur als Pyrrhussieg: Die baltischen Regionen wurden zu keinem Zeitpunkt ein vollwertiger Bestandteil der Union der Sozialistischen Sowjetrepubliken. In ihnen lebte die Erinnerung an die Unabhängigkeit der Zwischenkriegsjahre unvermindert fort. Sie mochten vordergründig durch Unterdrückung befriedet worden sein, doch Loyalität gegenüber dem Stalinismus konnte man ihnen nicht abpressen.[153]

Für die gesamte sowjetische Bevölkerung waren die nachfolgenden Entwicklungen wenig ermutigend. Sie stellten einmal mehr unter Beweis, dass alle sehnlichen Erwartungen einer großen innenpolitischen Liberalisierungswelle nach dem Ende des Krieges sich als ein einziger Trugschluss erwiesen, oder, wie es der spätere Dissident und Friedensnobelpreisträger Andrej Sacharov verbittert formulierte:

> *„Damals waren die Menschen überzeugt, oder zumindest hatten sie die Hoffnung, daß nach dem Krieg alles gut, alles menschlich werden würde. Doch der Sieg festigte nur das brutale Regime; und die Soldaten, die aus der Gefangenschaft zurückkehrten, bekamen das als erste zu spüren: Die Illusion war zerstört und das Volk zerfiel in Atome, zerschmolz [...]."*[154]

Die optimistischen Aussichten auf eine deutliche Entspannung der politischen Verhältnisse und eine bessere Zukunft in Friedenszeiten hatten sich zwar zerschlagen, doch ließen sich die kollektiven Erinnerungen an die zeitweiligen – taktischen – Zugeständnisse während des Großen Vaterländischen Kriegs[155] dadurch nicht vergessen machen. Denn im „Krieg entstand ein neuer Mensch: einer der sich von den Gewißheiten der Vergangenheit und der geistigen Zwangsjacke befreite, in der das Regime seine Untertanen gefangenhielt".[156] Und das sollte auf Dauer auch für die spätstalinistische Sowjetunion spürbare Folgen nach sich ziehen.

Vorerst jedoch verdichteten sich die Anzeichen, dass der Stalinismus alter Ordnung wieder die Oberhand gewinnen würde, obwohl sich Stalin darüber im Klaren war, wie es um die Sehnsüchte seiner Untertanen stand. Auch die unermessliche Not, unter der sie durch die schwierigen Nachkriegsbedingungen tagtäglich zu leiden hatten, entging ihm nicht. Er selbst hatte sich im Sommer 1946 bei einer – ansonsten eher unüblichen – Inspektionsreise davon ein Bild machen können. Während einer Autofahrt von Moskau an das Schwarze Meer sah er mit eigenen Augen, wie katastrophal der Zustand der Infrastruktur im Lande noch war. Das Dasein der dortigen Menschen als Leben zu bezeichnen, wäre eine maßlose Übertreibung gewesen. Doch dessen ungeachtet spielten die lokalen Parteigrößen die erbärmlichen Überlebensanstrengungen der Bevölkerung herunter und überboten sich darin, dem Generalissimus Potemkinsche Dörfer zu präsentieren.

Stalin durchschaute solche Inszenierungen sehr wohl und war darüber äußerst empört, wie seine Haushälterin Valentina Vasilevna, die ihn stets auf Reisen begleitete, rückblickend anmerkte.[157] Wie schon während des Krieges rührten ihn aber in solchen Situationen menschliche Einzelschicksale wenig. Da er unter den Bedingungen des eskalierenden Kalten Krieges die UdSSR als eine vom kapitalistischen Klassenfeind umzingelte und bedrohte Bastion wahrnahm, die es unter allen Umständen zu stärken galt, lag ihm nicht in erster Linie daran, der eigenen Bevölkerung spürbare Lebenserleichterungen zu verschaffen. Stalin verordnete daher 1946 seinem Land einen Fünfjahrplan, der auf eine forcierte Wiederherstellung der Schwer- und Rüstungsindustrie zielte. Der Konsumgüter- und Versorgungsbereich spielte in diesem Konzept eine nachrangige Rolle.[158]

Um den Erfolg des Projekts möglichst sicherzustellen, blieben die harten Arbeitsgesetze, die noch vor dem Krieg, spätestens aber mit Beginn des Krieges verschärft worden waren, weiterhin in Kraft.[159] Ebenso wurden die Strafgesetze drastisch ausgeweitet. Überhaupt bediente sich Stalin seit dieser Zeit bevorzugt der Strafgesetzgebung, um eine nachhaltige Kontrolle über seine Untertanen auszuüben.[160] Das war begleitet von umfangreichen repressiven Maßnahmen, die allerdings nicht das schreckliche Ausmaß der radikalen Säuberungs- und Vernichtungsaktionen in den zurückliegenden 1930er Jahren annahmen. Doch Verhaftungswellen und Verurteilungen zu Lagerhaft und Zwangsarbeit gehörten weiterhin zur sowjetischen Tagesordnung. Wenn die davon betroffene Bevölkerung – anders als noch im Jahrzehnt zuvor – weitaus weniger gegen diese Politik aufbegehrte, dann hatte das seinen guten Grund: Die meisten waren zu sehr mit dem verzweifelten täglichen Existenzkampf befasst, um sich ernsthaft gegen Stalins drastische Reindustrialisierungsmethoden aufzulehnen. Stattdessen flüchteten sich die Menschen oft demoralisiert in die politische Passivität, was sie zusehends dem stalinistischen System entfremdete.[161]

Mit Blick auf die Agrarwirtschaft zeigte sich Stalin in seinen Entscheidungen nicht weniger radikal. Auch hier verfolgte er einen unbeirrbaren Kurs, der auf Restalinisierung zielte. Das betraf besonders die Kolchosen. Vorbei waren die Zeiten, in denen er sich ihnen gegenüber nachsichtig gezeigt hatte, als er während des Krieges auch auf diesem Gebiet aus taktischem Pragmatismus den Bauern auf den Kollektivwirtschaften vermehrt privates Hofland zugestand, um die Produktion zu steigern und damit die Versorgung der Bevölkerung und der Armee mit dem Lebensnotwendigsten sicherzustellen. Überaus optimistisch blickte daher das Gros der Landbevölkerung auf die Nachkriegszeit in dem Glauben, das alte Kolchossystem der 1930er Jahre würde in absehbarer Zeit grundsätzlich zur Disposition stehen.[162]

Schnell machte sich bei den Bauern Ernüchterung breit. Stalins Regime zog auch hier stramm die Zügel an. Drastische Rekollektivierungsmaßnahmen, die regional freilich sehr unterschiedlich verliefen, bildeten die Nachkriegsrealität ebenso wie die seit Mai 1947 verschärften Arbeits- und Abgabeverpflichtungen, denen die Bauern fortan unterworfen waren. Flankiert wurde diese Politik durch einen Regierungserlass vom 19. September 1946, durch den Privatpächter und unabhängige Kleinkollektive gezwungen wurden, ihr bis dahin gepachtetes oder angeeignetes Land zurückzugeben, denn, so lautete die offizielle Begründung, die bestehenden Besitzverhältnisse stellten eine „Verletzung des Kolchosstatuts" dar. Damit einher gingen von nun an verbindliche Aussaatauflagen und die staatlichen Bemühungen, die noch existierenden landwirtschaftlichen Kleinkollektive rücksichtslos und bar jeden ökonomischen Verständnisses wieder zu großen Betriebsstrukturen zusammenzuführen.

Was sich in diesem Zusammenhang besonders fatal auswirkte, war die Tatsache, dass das stalinistische Regime diese Maßnahmen in einem Moment einleitete, als die Sowjetunion abermals auf eine große Hungernot zusteuerte. Die Missernte des Jahres 1946 war zwar das Ergebnis einer großen Trockenheit und nicht unmittelbar Folge einer verfehlten Politik. Doch dass sich der aufkommende Versorgungsengpass mit Nahrungsmitteln zwischen 1946 und 1947 zu einer Hungerkatastrophe mit Ausmaßen entwickelte, die vielen Sowjetbürgern noch aus dem Jahrzehnt davor allgegenwärtig waren, lag allein in der Verantwortung Stalins. Die Krise wurde sogar noch dadurch angeheizt, dass die staatlichen Organe unnachgiebig darauf bestanden, die bäuerlichen Abgabequoten mit den Methoden der altbewährten Mobilisierungsdiktatur zu erhöhen. Das Ganze als eine kriegsbedingte Folge zu deklarieren, war geradezu zynisch und fand bei den Betroffenen kaum Verständnis. Und auf totales Unverständnis stieß bei der ums nackte Überleben kämpfenden Bevölkerung – rund zwei Millionen Menschen starben in dieser Zeit –, als Stalin in jenen kritischen Hungerjahren rund 2,5 Millionen Tonnen Getreide aus bündnispolitischen Erwägungen in seine osteuropäischen Satellitenstaaten exportieren ließ.[163]

Stalins repressiver Kurs war innerhalb der Parteielite nicht unumstritten. Vor allem Lavrentij Berija, Georgij Malenkov und Nikita Chruščev hatten Bedenken. Freilich wagte keiner von ihnen, diese zu Stalins Lebzeiten offen auszusprechen. Malenkov etwa erkannte sehr wohl die Notwendigkeit, über den einseitigen Aufbau der Schwer- und Rüstungsindustrie den Konsumsektor nicht aus dem Blick zu verlieren. Bei Berija hatte sich zudem die Erkenntnis durchgesetzt, dass das exzessive stalinistische Lagersystem alles andere als eine effektive Wirtschaftsform darstellte. Chruščev schließlich fand, dass eine Agrarreform über kurz oder lang unumgänglich sei, wenn man den geringsten Erfordernissen der sowjetischen Bevölkerung entsprechen wollte.[164]

Herrschaftspraxis im Partei- und Staatsapparat

Wenn sie am Ende schwiegen, dann nicht zuletzt deshalb, weil sie sich als Angehörige der obersten Parteinomenklatura nicht nur größter Privilegien erfreuten, sondern in ihrer Existenz ganz allein vom Wohlwollen des sowjetischen Diktators abhängig waren.[165] Das prägte ihr Verhältnis zu Stalin. So waren auch sie – kaum anders als die Bevölkerung – in ihrem täglichen Umgang mit dem alternden Generalsekretär oft von Angst beherrscht. Da sie sich nicht sicher sein konnten, inwieweit sie noch in dessen Gunst standen, übten sie sich oft in der Kunst der Zurückhaltung. Eigene Meinungen stellte man nicht voreilig offen zur Schau, sondern wartete ab, wie sich der *vožd*, der Führer, in bestimmten Fragen positionierte, um ihm dann voll und ganz zuzustimmen.

Zurückhaltend verhielten sich Stalins Getreue aber auch, wenn es darum ging, Informationen aus ihrem eigenen Zuständigkeitsbereich zur Verfügung zu stellen. Da es überaus riskant war, ihm schlechte Nachrichten zu überbringen, war es eine weitverbreitete Praxis, Stalin nicht in vollem Umfang zu informieren. Die Berichterstattung wurde geschönt, um nicht zu sagen: zensiert. Man ließ ihn nur wissen, was er hören wollte oder von dem anzunehmen war, dass es am Ende keine negativen Folgen für den Nachrichtenüberbringer haben würde. In diesem Zusammenhang wirkte sich günstig aus, dass Stalin nie persönliche Inspektionen vor Ort etwa in Fabriken, nachgeordneten Parteigremien, Staatsapparaten oder sonstwo vornahm. Überhaupt wurde zusehends deutlich, dass – anders als noch in den 1930er Jahren – schon allein seine physische Konstitution es nicht mehr zuließ, das Land und die in diesem Zusammenhang erforderlichen politischen Abläufe umfassend zu kontrollieren. So verlegte sich Stalin mehr und mehr darauf, Verantwortung und Zuständigkeiten zu delegieren. Allenfalls Entscheidungen in der Außen- und Militärpolitik oder aber der inneren Sicherheit behielt er sich selbst vor.

Sein politischer Aktionsradius wurde in diesem Lebensabschnitt darüber hinaus durch den Umstand eingeschränkt, dass nur wenige Menschen außerhalb seines gewohnten politischen Milieus Zugang zu ihm hatten. Seine Meinungsbildung beruhte zumeist auf dem, was ihm seine Zuträger übermittelten. Was sowjetische Realität war und wie unter solchen Umständen entschieden werden musste, erfolgte allein auf der Grundlage der ihm vorgelegten Akten und nicht aufgrund dessen, was er mit eigenen Augen gesehen hatte. Gleichwohl war hinlänglich bekannt, dass Stalin sich stets verschiedener Informationskanäle und geheimer Zuträger bediente. Und das wiederum trug in seiner unmittelbaren Umgebung zu permanenter Verunsicherung bei – vor allem die Tatsache, dass in seinen letzten Lebensjahren die Staatssicherheitsorgane zu einer maßgeblichen Stütze seines Regimes wurden. Doch selbst die Berichte der inzwischen in MGB umbenannten Nachfolgeorganisation des NKVD besaßen ihre eigene Wirklichkeit. Sie waren ebenso oft von Selbstzensur und ideologischer Schönfärberei geprägt. Angesichts solcher Verhältnisse überrascht es kaum, dass Stalins Herrschaft in mancherlei Hinsicht auf Grenzen stieß.

Doch daraus sollten keineswegs voreilige Schlussfolgerungen gezogen werden. Der Stalin der Nachkriegszeit war kein schwacher Diktator. Er selbst war sich über seine Defizite in einer immer komplexer werdenden Welt sehr wohl im Klaren. Gerade das steigerte sein notorisches Misstrauen und seine Unberechenbarkeit – mit überaus ambivalenten Konsequenzen, wie sich denken lässt: Kombiniert mit den Machtmitteln des Sicherheitsapparates und der Möglichkeit, jederzeit davon Gebrauch zu machen, besaß sein Regime einerseits eine solide Existenzgrundlage. Andererseits förderten aber jene Macht- und Kontrollmechanismen ein System prinzipienloser Jasager zutage, die nur darauf achteten, Stalins positive Aufmerksamkeit nicht zu verlieren. In einer Zeit, in der die spätstalinistische Sowjetunion einen immensen Berg an kriegsfolgebedingten Problemen zu bewältigen hatte, wirkten solche Verhaltensweisen auf Dauer hinderlich und lähmend.

Stalins politischer Führungsstil gegenüber den Parteigremien griff auch in der Nachkriegszeit auf die bewährten Methoden der späten 1930er Jahren zurück. Mehr noch: Er verfeinerte sie. Rücksichtslos setzte er sich über einen Beschluss des Politbüros vom Dezember 1945 hinweg, dem zufolge dieses formal oberste kollektive Entscheidungsgremium regelmäßig mindestens zweimal monatlich tagen sollte. Das politisch Relevante wurde weiterhin in irgendwelchen Sonderkomitees oder informellen Gremien im Kreise seiner – jeweils aktuellen – engsten Mitarbeiter beschlossen. Vertraute er ein knappes Jahrzehnt zuvor noch auf Konsultationen, so konnte er sich jetzt leichtfertig darüber hinwegsetzen.

Durch eine ausgeklügelte Kaderpolitik und häufige Umbesetzungen in den nachgeordneten Organen sicherte Stalin dem Zentralkomitee der VKP (b) die „gesamte Staatsmacht". Die Partei- und Staatsapparate hielt er weiterhin in Konkurrenz zueinander. Wo immer es erforderlich war, sicherte er seine politische Dominanz, indem er Neid und Zwietracht förderte, um schließlich als Schlichter und oberster Schiedsrichter auftreten zu können. Wer ihm innerhalb der Führungsgremien zu mächtig wurde, musste unentwegt damit rechnen, gedemütigt, geschwächt und schlimmstenfalls systematisch politisch demontiert zu werden. Permanenter politischer und psychologischer Druck lastete auf den verantwortlichen Führungskadern. Vor allem trieb sie ständig die Sorge um, möglicherweise selbst Opfer von Fehlern untergeordneter Mitarbeiter zu werden. Gern griffen sie deshalb im Umgang mit ihren Untergebenen Stalins Erfolgsrezept auf, das dieser ihnen in Sachen Machterhalt am 18. März 1946 auf einem Plenum des Zentralkomitees der VKP (b) zynisch, aber die Situation durchaus treffend zur Nachahmung empfahl:

„Ein Volkskommissar muss ein wildes Raubtier sein; er muss arbeiten und die direkte Verantwortung für die Arbeit übernehmen.“[166]

Mit seinem paternalistischen Führungsstil war Stalin insgesamt überaus erfolgreich. Das zeigte besonders sein Verhalten mit Blick auf eine Nachfolgeregelung. Auch hier ließ er seine engsten Genossen weitgehend im Ungewissen. Gewiss gab es von Zeit zu Zeit Wegefährten, die er favorisierte und als „Kronprinzen“ in der Öffentlichkeit präsentierte. Doch eigentlich waren alle potenziellen Anwärter auf sein Erbe nicht mehr als „Marionetten in einem verhängnisvollen Intrigenspiel“. Sie degradierten sich selbst, indem sie dem alternden Despoten huldigten und Parteiveranstaltungen, wie etwa den XIX. Parteitag im Oktober 1952, zu einer einzigen unkritischen Jubelinszenierung stilisierten.[167] Der Personenkult, der keine Gelegenheit verstreichen ließ, um den Genius des Genossen Stalin zu preisen, zeigte seit dieser Zeit grenzenlose Auswüchse.

Um sich Stalins Wohlwollen zu erhalten, ließen sich seine engsten politischen Anhänger mitunter zu unglaublichen Solidaritätsbekundungen hinreißen. Vjačeslav Molotov, der ihm zweifellos am loyalsten ergeben war, nahm 1949 nicht nur hin, dass seine jüdische Ehefrau Polina Žemčužina in die Mühlen des aufkommenden staatlichen Antisemitismus geriet und verhaftet wurde. Er stellte am Ende sogar die Parteidisziplin über die Familienbande und sagte sich von ihr los, nachdem er allerdings zuvor auf der Politbürositzung vom 29. Dezember gezögert hatte, ihrem Ausschluss aus der VKP (b) zuzustimmen. Wenige Wochen später allerdings bereute er dieses Zögern zutiefst. Devot erklärte er am 20. Januar 1950 in einem an Stalin persönlich gerichteten Schreiben:

Feier zum 70. Geburtstag Stalins, Dezember 1949. Blick auf die Ehrentribüne: Stalin in heller Uniform (Foto: akg-images)

„Genosse Stalin. Bei der Abstimmung im ZK über den Parteiausschluss von P.S. Žemčužina habe ich mich enthalten, was ich als politisch falsch betrachte. Ich erkläre, nachdem ich über diese Frage nachgedacht habe, dass ich nun der ZK-Entscheidung zustimme, die eine Antwort auf die Interessen der Partei und des Staates ist [...]. Außerdem erkenne ich an, dass ich schwere Schuld auf mich geladen habe, weil ich meine Ehefrau, immerhin die mir am nahestehendste Person, nicht rechtzeitig von den falschen Schritten und Verbindungen zu den antisowjetischen jüdischen Nationalisten [...] abgehalten habe.“[168]

Angesichts einer solch weit verbreiteten Unterwürfigkeit überrascht es wenig, wenn sich Stalins politische Gefolgschaft kritik- und widerstandslos hinter die Gesellschafts- und Kulturpolitik

173

stellte, die der argwöhnische Diktator seit 1946 seinem Land verordnete. Vor dem Hintergrund des Kalten Krieges steigerte sich bei ihm die Fremdenfeindlichkeit aufs Äußerste. Und diese Phobie übertrug er auch auf sein Volk. Zu seinem Anwalt machte sich in dieser Angelegenheit der im ZK für Kultur und Propaganda zuständige Sekretär Andrej Ždanov. Er zeichnete maßgeblich für die Umsetzung dessen verantwortlich, was unter der Bezeichnung *Ždanovščina* oder Antikosmopolitismuskampagne in die Geschichte der spätstalinistischen Sowjetunion eingegangen ist. Von nun an wurde jeglichem antipatriotischem Treiben in Kunst und Kultur gnadenlos der Kampf angesagt. Alle wie auch immer gearteten ausländischen Einflüsse wurden verbannt. Herausragende Künstler wie etwa die Lyrikerin Anna Achmatova oder der Satiriker Michail Zoščenko mussten Selbstkritik üben und ihre Arbeiten verdammen. Moderne und ausländische Musik und Theaterstücke endeten auf dem Index. Das gesamte sowjetische Geistesleben verkümmerte auf dem Niveau eines hoffnungslosen Provinzialismus. Es hatte sich fortan bedingungslos dem Primat der russischen Volkstümlichkeit zu unterwerfen.

Nicht nur das sowjetische Kulturleben, auch der Wissenschaftsbetrieb erstarrte. Davon ausgenommen, weil rüstungsrelevant, blieb allenfalls die sowjetische Atomphysik, deren Vertreter mit Argusaugen verfolgten, was ihre westlichen Forscherkollegen auf dem Gebiet der Nuklear- und Raketenentwicklung leisteten. Die übrigen Sparten der Kunst, Literatur und Wissenschaft hatten dagegen konsequent alles zu verdammen, was aus dem Ausland kam. Dadurch wurden sie „isoliert und verloren ihren Anschluß an die westliche Welt. Für die Naturwissenschaft, namentlich für die Biologie, für die Genetik und die Psychoanalyse hatte diese Kampagne unabsehbare Folgen."[169]

Die von Stalin geschürte Fremdenphobie gipfelte schließlich in einem Antisemitismus, den das Regime Ende der 1940er Jahre staatlich verordnete und dem auch, wie erwähnt, die Ehefrau Molotovs letztlich zum Opfer fiel.[170] Dass die sowjetischen Juden über kurz oder lang zur Zielscheibe der Stalinschen Politik werden würden, deutete sich bereits kurz nach Kriegsende an. So hob die staatliche Propaganda zum Kriegsgeschehen nicht eigens die Besonderheit des nationalsozialistischen Genozids hervor, dem viele Juden in den von den Deutschen besetzten Territorien der UdSSR zum Opfer gefallen waren. Nach der offiziellen Version waren es die „Völker der Sowjetunion", die den NS-Terror durchlitten und überlebten.

Stalins Misstrauen steigerte sich weiter, als die erste israelische Botschafterin, Golda Meir, bei ihrem Eintreffen im September 1948 unter vielen Moskauer Juden spontane Solidaritätsbekundungen mit dem Staat Israel und gleichzeitig das Verlangen auslöste, dorthin ausreisen zu dürfen.

Dass Stalin das gesteigerte Selbstbewusstsein seiner jüdischen Landsleute nicht mehr allzu lange dulden würde, brachte er spätestens im November 1948 zum Ausdruck. Er ließ kurzerhand das seit dem Beginn des „Großen Vaterländischen Krieges" in der Sowjetunion agierende Jüdische Antifaschistische Komitee (JAFK) auflösen und die meisten seiner Mitglieder verhaften. Seinen tragischen Auftakt nahm die Aktion allerdings, als auf Befehl des Diktators dessen Vorsitzender, der jüdische Schauspieler Solomon Michoels, bei einem inszenierten Verkehrsunfall in Minsk ums Leben kam. Den übrigen JAFK-Mitgliedern, die sich zwischenzeitlich in Haft befanden, wurde indessen erst im Juli 1952 der Geheimprozess gemacht. Auch dieses Mal wurden die abstrusesten Vorwürfe gegen die Angeklagten konstruiert, die für die meisten von ihnen das Todesurteil bedeuteten.

Den Höhepunkt der staatlichen Antisemitismuskampagne sollte allerdings die auf Stalins Geheiß im Januar 1953 „aufgedeckte" angebliche Verschwörung der sogenannten Mörder-Ärzte darstellen. Sie richtete sich gegen prominente Mediziner, die zumeist Juden waren und die Stalin beschuldigte, den Leningrader Parteichef Andrej Ždanov 1948 bewusst falsch behandelt und damit gezielt ermordet zu haben. Im Dienste ausländischer Geheimdienste hätten sie auch Anschläge auf andere prominente Parteigrößen geplant. Das war gleichsam der Startschuss für eine Kampagne, die aus den Bahnen zu geraten drohte. Allein der Umstand, dass der Diktator am 5. März 1953 einem Hirnschlag erlag, bewahrte das Land vor einer abermaligen Terrorwelle. Und die – das deutete sich bereits Ende der 1940er Jahre mit der Leningrader Affäre an[171] – hätte auch diesmal nicht vor den Toren der Partei Halt gemacht.

Übergangsgesellschaft

So sehr Stalin auch danach trachtete, das Rad der Geschichte zurückzudrehen und seinem Land die vermeintliche Stabilität der 1930er Jahre zurückzugeben, so unvollkommen blieben all seine Bemühungen. Denn so viel steht fest: Die spätstalinistische Sowjetunion war keineswegs die Reproduktion und Fortsetzung all dessen, was der Generalsekretär bei seinem erfolgreichen Griff nach der absoluten Macht, nach Zwangskollektivierung und forcierter Industrialisierung, nach Partei- und Massenterror noch ein Jahrzehnt zuvor realisiert hatte. Die sowjetische Gesellschaft war vielmehr geprägt durch die kollektive Erfahrung des „Großen Vaterländischen Krieges". Und dieses Erlebnis hatte weitaus stärker zur Identitätsbildung der Bevölkerung beigetragen als alle vorangegangenen Ereignisse seit dem bolschewistischen Oktoberumsturz im Jahre 1917. Eine einfache Rückkehr zu vergangenen Zeiten war nicht mehr möglich.

Die sowjetische Gesellschaft des Spätstalinismus muss deshalb als eine Übergangsgesellschaft verstanden werden, in der der Krieg als Katalysator der Nachkriegsentwicklung wirkte. Und diese wich in mancherlei Beziehung von der sowjetischen Vorkriegswirklichkeit ab. Zweifellos war Stalin von der Obsession beherrscht, die absolute Kontrolle zurück zu erlangen. Selbst wenn er dabei in vielerlei Hinsicht erfolgreich war, stieß er dennoch auch auf Grenzen. Sein Überwachungsstaat wurde unter den veränderten Nachkriegsbedingungen immer wieder „von unten" herausgefordert. Und das wiederum relativierte seinen absoluten Machtanspruch.

Besonders anschaulich wird dies, wenn man sich vergegenwärtigt, in welchem Ausmaß die außergewöhnliche und weitverbreitete Armut die Menschen zu Überlebensstrategien drängte, die „Korruption, Duldung von Korruption und offizielle Zusammenarbeit mit der Korruption" zu etwas völlig Normalem machten.[172] Folglich war Bestechung in allen Gesellschaftsschichten verbreitet. Selbst im Parteiapparat – vor allem je weiter man an die Basis zurückging – prägte sie nachhaltig den Alltag. Weil nach Kriegsende die in den 1930er Jahren hinlänglich verbreiteten Kadersäuberungen weitgehend ausblieben, entstand in der Stalinschen VKP (b) eine Klientelwirtschaft, die kriminelle Strukturen und ein neues Hierarchie- und Selbstverständnis in einem ungekannten Ausmaß begünstigten.[173]

Aber auch ein einfacher Sowjetbürger der spätstalinistischen Sowjetunion befand sich ungleich stärker als in all den zurückliegenden Jahren in einer doppelten Rolle: Er war einerseits Teil des Staates und hatte sich im Rahmen der durch das stalinistische Gemeinwesen vorgegebenen Normen zu bewegen; andererseits war er aber auch ein Opfer des Stalinismus, das im Kampf ums Überleben verstärkt zu unorthodoxen Schritten gezwungen wurde. All das fiel mitunter wesentlich leichter, weil der alternde Diktator – zumindest für den größten Zeitraum der ihm verbliebenen letzten Herrschaftsphase – nicht in gleicher Weise von exzessiven Gewalt- und Terrormaßnahmen Gebrauch machte wie noch wenige Jahre zuvor.

Allerdings würde es vor diesem Hintergrund zu weit gehen, die aus der Not entstandene Renitenz, die unter der sowjetischen Bevölkerung um sich griff, als offene und bewusst praktizierte Opposition gegen Stalins Regime zu bezeichnen. Gleichwohl bleibt festzuhalten, dass sich in der spätstalinistischen Sowjetgesellschaft allmählich in der unmittelbaren Nachkriegsgeneration eine heterogene jugendliche Subkultur herauskristallisierte, die im Rahmen der gegebenen Möglichkeiten durchaus nach mehr Individualität und Anderssein strebte.[174]

Und auch auf ideologischem Gebiet vollzogen sich in Stalins UdSSR der ausgehenden 1940er Jahre vorsichtige Veränderungen. Selbst wenn sie nicht die weltanschaulichen Grundlagen des Sowjetregimes erschütterten, zeugten sie doch immerhin davon, dass die Vergangenheit nicht wieder eins zu eins aufleben würde. Denn spätestens seit Kriegsende kristallisierte sich eine hierarchierelevante Kategorie heraus, die nicht mehr die „Klasse" zum alleinigen Maß der Dinge erhob. Fortan war es vielmehr die Fronterfahrung des Einzelnen, die bei der bevorzugten Vergabe von Wohnraum, Konsumberechtigungsscheinen oder aber bei beruflichen Karrieren im Staats- und Parteiapparat den Ausschlag gab.[175]

Der Weg zurück in die stalinistische Hochphase der 1930er Jahre war insgesamt also versperrt. Ebenso wenig existierten aber zum damaligen Zeitpunkt die Voraussetzungen, mit der Vergangenheit zu brechen. Nichts demonstrierte dies deutlicher als der plötzliche Tod Stalins. Er versetzte das Land und seines Gesellschaft vorübergehend in Orientierungslosigkeit, Apathie und Zukunftsangst. Und selbst die die politischen Nachfolger vollzogen nicht sogleich den vollständigen und radikalen Bruch mit dem vorangegangenen Regime. Sie wären auch dazu wohl auch kaum in der Lage gewesen, denn als Komplizen des verstorbenen Despoten waren sie allzu sehr in den Stalinismus verstrickt.

III. Der Außenpolitiker

1. Internationalistische Grunderfahrungen

Seine schärfsten Kritiker, etwa Lev Trockij oder dessen politische Gesinnungsgenossen Boris Souvarine und Isaac Deutscher, aber auch verschiedene Men'ševiki, bezeichneten – in arroganter Selbstüberschätzung – Stalin oft als langweiligen Administrator und blassen „Durchschnittsbolschewiken".[1] Anders als viele prominente russische Marxisten, die über lange Jahre hinweg im westlichen Exil nicht nur auf den revolutionären Umsturz hofften, sondern sich gleichzeitig auch neue Lebenswelten erschlossen, hatte Iosif Stalin in dieser Hinsicht eine andere Sozialisation. Er agierte weitgehend im vorrevolutionären Russland, weshalb es ihm zwangsläufig an polyglotter Eleganz und eloquenter Weltläufigkeit fehlte. Trockij beispielsweise, der rastlose Emigrant, war dagegen aus eigener Anschauung mit dem Lebensstil und der politischen Kultur des Klassenfeindes vertraut. Der politische Kampf gegen die Autokratie hatte ihn immer wieder dazu gezwungen, sich seiner Verhaftung durch Flucht nach Deutschland, in die Schweiz, nach Frankreich oder in die USA zu entziehen. Georgij Čičerin, ein Aristokrat und Diplomat alter Schule, der unter dem Eindruck der 1905er Revolution zum Berufsrevolutionär mutierte, verbrachte das Jahrzehnt vor dem erfolgreichen Oktoberumsturz in Berlin, Paris und London. Und der aus einer jüdischen Kaufmannsfamilie stammende Maksim Litvinov, der zwischen 1905 und 1918 Geld und Waffen für die Bol'ševiki aus dem westeuropäischen Ausland beschaffte, lebte lange Zeit in Großbritannien und war mit einer Engländerin verheiratet.

Alle drei hatten eines gemeinsam: Sie waren nicht zuletzt wegen ihrer Erfahrungen dazu auserwählt, die junge Sowjetmacht nach der Oktoberrevolution als Volkskommissare für auswärtige Angelegenheiten zu repräsentieren. Der zu politischen Eskapaden neigende Trockij weilte nur wenige Monate im Amt. Der revolutionäre Heißsporn wechselte nach dem mit den Mittelmächten im März 1918 unterzeichneten Friedensdiktat von Brest-Litovsk in das Kriegsressort, wo er in den Wirren des Bürgerkriegs die Rote Armee zu einer schlagkräftigen Truppe reorganisierte. Sein Nachfolger Čičerin amtierte bis 1930. Er war aufgrund seines persönlichen Zuschnitts und der aristokratischen Umgangsformen geradezu prädestiniert dafür, die revolutionäre UdSSR auf dem internationalen Parkett hoffähig zu machen und ihr damit die dringend benötigte diplomatische Anerkennung zu verschaffen. Litvinov schließlich war der Mann, der unter den schwierigen Bedingungen der 1930er Jahre dem Regime treu diente. Vor dem Hintergrund der aufkommenden nationalsozialistischen und japanischen Bedrohung schien sein Konzept der „Kollektiven Sicherheit", das auf Abrüstung und eine stärkere Annäherung an die Westmächte setzte, Moskau die erforderliche sicherheitspolitische Atempause zu verschaffen.

Fehlendes internationalistisches Format?

Es besteht kein Zweifel, dass Stalin anfänglich nicht dasselbe internationalistische Format besaß wie jene drei Repräsentanten der frühen sowjetischen Außenpolitik. Sein persönlicher Werdegang hatte nichts Vergleichbares aufzuweisen, um sich mit ihnen auf diesem Feld messen zu können. Gleichwohl ist es verfehlt, ihn lediglich als Revolutionär der imperialen Peripherie zu betrachten. Selbst wenn sein Intellekt weitgehend durch die Welt des Kaukasus geprägt worden war, ist diese Erfahrung dennoch in mancherlei Hinsicht als eine außenpolitische zu interpretieren. Denn während des gesamten 19. Jahrhunderts gelang es der zarischen Autokratie zu keinem Zeitpunkt, jene Reichsregionen politisch vollständig zu durchdringen. Die südöstlichen Ränder des Imperiums blieben deshalb in gewissem Maße immer auch Ausland. Hartnäckig und oftmals erfolgreich widersetzten sich die dortigen Völkerschaften den kulturellen Unterwerfungsstrategien und Integrationsbemühungen der Petersburger Reichszentrale. Es überrascht daher wenig, dass sich nach dem Zusammenbruch der zarischen Ordnung einzelne Nationalitäten aus dem viel beschworenen „russischen Völkergefängnis" befreiten, um eine neue, auf staatlicher Eigenständigkeit basierende Zukunft zu finden.[2]

Gemessen an diesen Umständen erwarb Stalin sehr wohl eine außenpolitische Expertise; sie beschränkte sich jedoch auf die einer europäisch-asiatischen Grenzregion. Allerdings suchte er im Rahmen der begrenzten Möglichkeiten bereits während seiner revolutionären Untergrundtätigkeit den Anschluss an bestimmte westeuropäische Entwicklungen und Errungenschaften der Moderne. Die Jahre des Tifliser Priesterseminars, in denen er heimlich verbotene westliche Belletristik zu lesen begann, waren allenfalls der Auftakt. Erst durch das gesteigerte Interesse an marxistischer Literatur drang auch der junge Koba stärker in die philosophische Geistessphäre Westeuropas ein. Und daraus wiederum formte sich eine Doktrin, die nicht, wie immer wieder angenommen, allein oder überwiegend auf russischen Traditionen und Einflüssen beruhte.

Es ist gewiss kaum zu bestreiten, dass Stalin fasziniert auf die Taten Ivan des Schrecklichen und Peter des Großen blickte. Das gnadenlos brutale Vorgehen Ivans gegen den Widerstand der Bojaren, um die Zentralgewalt zu stärken, mögen ihn in diesem Zusammenhang ähnlich inspiriert haben wie Peters entschlossene Modernisierungsbemühungen, die Russlands Rückständigkeit mit Hilfe einer zentralistischen Staatsbürokratie zu überwinden suchten. Für den amerikanischen Historiker Robert Tucker war daher die Ende der 1920er Jahre von Stalin eingeleitete „Revolution von oben" im wesentlichen ein Rückgriff auf das Petrinische Modell.[3] Doch in der Frage, was Stalins Denken und Handeln nachhaltiger geprägt hat – Marx und Lenin oder Ivan und Peter –, spricht viel dafür, dass er sich wesentlich stärker westlich-revolutionären als russischen Traditionen verpflichtet sah.[4] Der Blick in die erhaltene Privatbibliothek des Diktators, seine zahlreichen handschriftlichen Anmerkungen liefern dafür mancherlei Belege. Ungeachtet seines lebhaften Interesses an russischer Geschichte finden sich dort allerdings keine theoretischen Schriften etwa der Slavophilen, der Panslavisten oder aber der orthodox-konservativ russischen Denker. Und bei aller Bewunderung für Peter I. wird man ebenso vergeblich nach den staatspolitischen Rechtfertigungstraktaten des in zarischen Diensten stehenden Chefideologen Feofan Prokopovič suchen.[5]

Anhänger westlich-revolutionärer Denkströmungen

Stalin war ein Mann, der seine ideologische Selbstvergewisserung und Fundierung bei den Klassikern Karl Marx und Friedrich Engels, vor allem aber bei Lenin fand. Über diese kam er zwangsläufig mit weiteren westlichen Denkern und politisch-philosophischen Strömungen in Berührung. So war der Leninismus stark durch revolutionäres Gedankengut der Jakobiner und Blanquisten geprägt. Und darüber wurde Stalin indirekt mit zwei jakobinischen Schlüsselbegriffen konfrontiert, die er verinnerlichte und fortan seinem weiteren politischen Wirken mit zugrunde legte: Gemeint sind die Diktatur einer revolutionären Minderheit und der revolutionäre Patriotismus, d.h. die Idee, allein das Vaterland in den Mittelpunkt des revolutionären Wandels zu stellen. Er teilte Lenins Auffassung, wonach ein revolutionärer Sozialdemokrat stets ein proletarischer Jakobiner sein müsse. Es überrascht daher kaum, wenn Stalin besonders in seinen frühen publizistischen Äußerungen – bis 1928 – anerkennungsvoll immer wieder auf jene französischen Revolutionäre verwies. Mehr noch: Jakobinische Prinzipien finden sich nicht zuletzt in dem von ihm errichteten Regime, allem voran in der revolutionären Terrorregierung, die 1937/38 einen Höhepunkt erlebte. Selbst in seiner späteren Außenpolitik lassen sich Elemente nachweisen, die der niederländische Historiker Erik van Ree als „marxistischen Jakobinismus" bezeichnete: Die Stalinsche auswärtige Politik „strebte nach Grenzen, die mit denen innerhalb des Staates lebenden nationalen Gemeinschaften identisch war. National homogene Staaten – oder Föderationen solcher Einheiten – wurden als natürliche Formen betrachtet, die Staaten annehmen sollten. Stalin hoffte, die sowjetischen Staatsinteressen durch sichere natürliche Grenzen und durch die Einbeziehung von Nachbarstaaten in die sowjetische Einflusssphäre zu erweitern" – all das, so van Ree, waren Merkmale, wie sie auch die französisch-jakobinische Außenpolitik der 1790er Jahre aufzuweisen hatte.[6]

Soweit originär russische Autoren Stalins politisches Weltbild beeinflussten, ist lediglich auf die Publizisten Vissarion Belinskij und Nikolaj Černyševskij zu verweisen. Diese revolutionären Demokraten des 19. Jahrhunderts waren zwar keine Marxisten.[7]

Černyševskij rechnete sich als einer der engsten Schüler von Aleksandr Gerzen (Herzen) zur sozialrevolutionären Intelligencija. Belinskij stammte aus dem intellektuellen Milieu der sogenannten *zapadniki*, sprich: der Westler. Die Anhänger dieser gesellschaftlichen Denkrichtung versuchten – im Unterschied zu ihren slavophilen Gegenspielern – Russlands Rückständigkeit durch einen am westeuropäischen Vorbild orientierten Gesellschaftsentwurf zu überwinden. Erst durch die Befreiung vom byzantinischen Erbe, das die russischen patriarchalisch-hierarchischen Gesellschaftsverhältnisse begründete, hofften die Westler auf eine Ordnung, die dem Einzelnen und den verschiedenen sozialen Gruppen Freiheiten und Rechte gewährte.[8]

Fremdsprachen und Auslandserfahrungen

Stalin war von Kindesbeinen an auffallend ambitioniert. Bereits in Gori lernte er Russisch, am Priesterseminar in Tiflis wurde er dann in klassischen Sprachen unterrichtet. Von dem Moment an, als er sich für ein Leben als Berufsrevolutionär entschied, stieg in ihm das Verlangen, weitere Fremdsprachen, vor allem westliche, zu erlernen. Was ihn in dieser Hinsicht motivierte, war der Ehrgeiz, bei den Werken von Marx und Engels nicht allein auf russische Übersetzungen zurückgreifen zu müssen. Stalin wollte sie im Original lesen. So erklären sich seine Versuche, sich Deutsch beizubringen. Als er in den Besitz von Friedrich Engels „The Fight of the English Workers for Liberty" gelangte, fing er an, sich mit Englisch zu beschäftigen. Der Drang, seine Sprachkompetenz zu erweitern, schien ihn sein ganzes Leben lang nicht mehr loszulassen. Noch in den 1930er Jahren bat der damals schon über Fünfzigjährige seine Frau Nadja, ihm ein Englischlehrbuch in den Urlaub nachzuschicken. Doch der Autodidakt stieß bald an Grenzen. Anders als den bolschewistischen Emigranten fehlte es ihm schlicht an Möglichkeiten, das Sprachstudium weiter zu vertiefen oder gar praktisch anzuwenden. So gern er Englisch und Deutsch fließend beherrscht hätte, seine Kenntnisse blieben stets nur auf Basiswissen begrenzt.[9]

Gleichwohl hielt ihn dies nicht davon ab, sich auch über seinen kaukasischen Aktionsradius hinaus zu bewegen, wenn es die revolutionären Aufgaben verlangten. Sein erster Aufenthalt außerhalb Georgiens fiel in das Jahr 1905. Im Dezember dieses Jahres nahm Stalin als Delegierter der bolschewistischen Parteikonferenz im finnischen Tammerfors teil.[10] Zwar war das an der äußersten Nordwestflanke gelegene Großfürstentum Finnland Teil des russischen Imperiums. Anders als die übrigen Reichsteile verfügten die Finnen ungeachtet aller Russifizierungsmaßnahmen aber über einen für die damaligen Verhältnisse außerordentlich hohen Grad an innerer Autonomie. Nicht zuletzt deshalb wies das Großfürstentum vor allem politisch-kulturell erhebliche Unterschiede und Besonderheiten zu Zentralrussland oder gar zu den südöstlichen Rändern des Zarenreichs auf.[11]

Im Jahr darauf erhielt Stalin erstmals Gelegenheit, sich über die Reichsgrenzen hinaus ins wahre westliche Ausland zu begeben. Im April 1906 brach er nach Schweden auf, wo in Stockholm der IV. Parteikongress der Russischen Sozialdemokratischen Arbeiterpartei tagte. Am Rande dieser Veranstaltung lernte er Feliks Dzeržinskij kennen, der ihm später vor allem während des Machtkampfes nach Lenins Tod treu zur Seite stand. Nach Ende des Parteitages trat er nicht direkt die Rückreise an. Er wählte einen Umweg über Berlin, wo er mit seinem Jugendfreund Aleša Svanidze zusammentraf, der damals in Leipzig studierte. Spätestens im Juli war Stalin dann wieder in seiner Heimatstadt Tiflis. „Als Soso zurückkehrte, war er kaum wiederzuerkennen. [...] In Stockholm hatten die Genossen ihn genötigt, sich einen Anzug, einen Filzhut und eine Pfeife zu kaufen, so dass er wie ein echter Europäer gut gekleidet vor uns stand", erinnerten sich damalige Weggefährten an jene erste Auslandserfahrungen Stalins.[12]

Die bei weitem aufwendigste Reise führte ihn Ende April, Anfang Mai 1907 nach London. Anlass war auch diesmal wieder ein Parteitag der RSDAP. Dort zählte er nicht zu den Wortführern. Er hielt sich nicht zuletzt deshalb auffallend zurück, um keinen Anstoß bei den Delegierten der Men'ševiki zu wecken. Denn diese waren wegen seiner brutalen Raubüberfälle und „Expropriationen" keinesfalls gut auf ihn zu sprechen. Stalin erlebte die Hauptstadt des *Empire* nicht aus der Perspektive der besser gestellten Wohnviertel wie etwa Chelsea, wo Lenin und andere führende Parteigenossen logierten. Die begrenzten finanziellen Mittel reichten lediglich dazu, im *East End* Quartier zu nehmen – dem „Lumpen-London",[13] wo Armut, Gewalt, Prostitution und Unterweltmilieu den grauen Lebensalltag der britischen Metropole bestimmten. Und hier, so bleibt zu vermuten, mochte er Bestätigung für all jene negativen Gerüchte und ideologischen Vorurteile gefunden haben, die ein umsturzbeflissener Bol'ševik von der internationalen Finanzkapitale besaß.

Große Abwechslung oder gar Spielraum für touristische Aktivitäten ließen sein bescheidenes Reisebudget nicht zu. Die einzige Ablenkung, die er sich gönnte, waren abgesehen von Pub-Aufenthalten gelegentliche Gottesdienstbesuche. Denn „in Kirchen Predigten angehört zu haben", so vertraute Stalin während des Zweiten Weltkriegs dem jungen Diplomaten – und späteren Außenminister – Andrej Gromyko vor dessen Versetzung nach Washington an, sei „die beste Methode [gewesen], Englisch zu lernen". Der rund dreiwöchige Londonaufenthalt endete schließlich mit einem mehrtägigen Zwischenstopp in Paris, wo Stalin sich falsche Papiere besorgte, mit denen er dann wieder ins Zarenreich einreiste.[14]

Bereits wenige Monate später erhielt er abermals Gelegenheit, sich nach Westeuropa zu begeben. Ziel war erneut Deutschland, wo er an einem Kongress der II. Internationale in Stuttgart teilnahm. Auch diesmal nutzte er den Aufenthalt, um mit seinem in Leipzig lebenden Freund Aleša Svanidze zusammenzutreffen. Gemeinsam unternahmen sie nicht nur Besichtigungen. Stalin nahm gleichzeitig auch die Chance wahr, sich in der verbleibenden Zeit unmittelbar vor Ort Eindrücke über die Lebenswelten deutscher Arbeiter zu verschaffen. Er besuchte unter anderem einschlägige Versammlungen in Gaststätten oder Kneipen. Dabei irritierte ihn in mancherlei Hinsicht die Obrigkeitsgläubigkeit deutscher Proletarier, wie er nach 1945 gegenüber dem jugoslawischen Kommunisten Milovan Djilas eingestand. In Deutschland hatte er offenbar erlebt, dass sozialdemokratische Delegierte eine Konferenz verpassten, nur weil sie sklavisch darauf warteten, bis ein verspätet auf dem Bahnsteig eingetroffener Schaffner ihre Fahrkarten kontrolliert hatte. Es steht außer Frage, dass ein solches Verhalten für einen Mann vom Zuschnitt Stalins kaum nachvollziehbar war.[15]

Seine nächsten Grenzübertritte wiesen wieder erheblich klarere Bezüge zu seinem eigentlichen Metier – der Umsturzarbeit – auf. Hintergrund war die Jungpersische Revolution. Sie zielte zwischen 1905 und 1911 darauf ab, in Persien konstitutionelle Verhältnisse einzuführen. Gleichzeitig sollte die Einflussnahme der imperialistischen Schutzmächte Großbritannien und Russland zurückgedrängt werden, auf der die Herrschaft des Schahs im Wesentlichen basierte. Als sich in den dortigen Bürgerkriegswirren schließlich Arbeiter- und Bauernräte bildeten, trat 1907 auch Stalin auf den Plan. Er bediente sich seiner besonderen Kontakte zur persischen Arbeiterschaft in Baku, um die revolutionäre Grundstimmung weiter anzuheizen. Mit Hilfe von Sergo Ordžonikidze stellte er einen Stamm von Untergrundkämpfern zusammen, die er mit Waffen versorgte. Sie sollten versuchen, Schah Mohammed Ali zu stürzen und – im Idealfall – zu ermorden. Stalin selbst operierte in diesem Zusammenhang gelegentlich in Persien, wo er sich insgeheim darum bemühte, seiner Partisanentruppe die erforderliche organisatorische Schlagkraft zu verleihen. Doch das Vorhaben misslang. Mohammed Ali verzichtete erst 1909 zugunsten seines elfjährigen Sohnes Ahmad Schah auf den Thron, der daraufhin die inzwischen suspendierte Verfassung wieder einsetzte. All dies änderte indes wenig an den innenpolitisch instabilen Verhältnissen der persischen Kadscharen-Dynastie.[16]

Weit weniger martialisch war 1908 der Anlass für Stalins Kurzbesuch in Lenins Genfer Exil. Hier erörterten beide Politiker offenbar wichtige Fragen der Parteienfinanzierung, nachdem inzwischen große Geldsummen von Kobas 1907 erfolgreich durchgeführtem Banküberfall in Tiflis abhanden gekommen waren und daher dringend neue Expropriationsmöglichkeiten ausgelotet werden mussten.[17]

Ein Jahr vor Ausbruch des Ersten Weltkriegs begab sich Stalin ein letztes Mal für mehrere Wochen ins Ausland. Er hielt sich den gesamten Januar 1913 über im Wien des *Fin de Siècle* auf. Das wiederum sollte sein längster Aufenthalt außerhalb Russlands bleiben. Der Auftrag, in das Habsburger Vielvölkerreich zu reisen, kam unmittelbar von Lenin. Dieser hatte Stalin ausgewählt, damit er sich auf dem Gebiet der Nationalitätenfragen weiter qua-

lifizieren konnte. Und dafür war die Hauptstadt der Doppelmo-
narchie die damals denkbar beste Adresse. Sie verfügte über aus-
gezeichnete öffentliche Bibliotheken. Außerdem waren die
politisch-intellektuellen Debatten in der Donaumetropole von
den überaus kontrovers diskutierten Lösungsansatzen beherrscht,
die die Sozialdemokraten Otto Bauer und Karl Renner seit der
Jahrhundertwende für das Vielvölkerimperium angeregt hatten.[18]
In einer solchen Umgebung ließ sich das Problem multinationaler
Reiche in geradezu idealer Weise studieren.

Stalin erreichte die österreich-ungarische Hauptstadt nach
einem kürzeren Zwischenstopp im galizischen Krakau, wo er
zuvor von Lenin instruiert worden war. Während seines Wienauf-
enthalts lebte er bei Aleksandr Trojanovskij. Dieser ehemalige russische Offizier und gutbetuchte Aristokrat hatte sich nach den bit-
teren Erfahrungen des russisch-japanischen Kriegs enttäuscht von
der Autokratie abgewandt und daraufhin eine neue politische
Heimat bei den Bol'ševiki gefunden. Er finanzierte zudem die
Zeitschrift „Prosveščenie", in der Stalins umfangreicher Nationa-
litätenartikel am Ende seines Aufenthaltes erscheinen sollte.
Selbst wenn er in jenen Tagen und Wochen ganz in der Nationalitätenfrage aufzugehen schien – Olga Weiland, das Kindermädchen der Trojanovskijs erinnerte sich daran, dass Stalin kaum über
etwas anderes sprach –, fiel ihm die Arbeit insgesamt nicht leicht.
Denn seine Sprachkenntnisse reichten kaum aus, um etwa die
gewichtigen deutschsprachigen Beiträge von Otto Bauer oder
Karl Kautsky selbständig lesen zu können. Und so spannte er
zwangsläufig seine gesamte unmittelbare Umgebung für die
Recherchen ein. Neben dem Kindermädchen der Trojanovskijs
stützte er sich vor allem auf die Mithilfe von Nikolaj Bucharin.
Damit hatte dieser zumindest indirekt Anteil an Stalins erster
bedeutenderen theoretischen Schrift,[19] die sich für seine weitere
politische Karriere positiv auswirken sollte. Doch die Freundschaft zu Bucharin, die in jenen Tagen begann, blieb nicht von
Dauer. Sie endete tragisch, als Stalin ihn 1938 im Zuge der großen
Schauprozesse zum Tode verurteilen und hinrichten ließ.

Die Wiener Zeit war nicht nur durch mühevolle Arbeit
gekennzeichnet, die ihn gelegentlich frustrierte, wenn er etwa
gegenüber Roman Malinovskij in einem Brief nach St. Petersburg

darüber klagte, gegenwärtig „allerhand Quatsch" zu schreiben.[20] Mit Wien verband er auch eine gesellschaftlich positive Seite. So hatte ihn das Zusammenleben mit den Trojanovskijs verstärkt mit einer „kultivierten europäischen Lebensweise" konfrontierte – was ihm überaus gut gefiel. Die vornehme Art seiner Gastgeber empfand er deshalb keineswegs als beklemmend, im Gegenteil. Stalin schätzte den Aristokraten bis an sein Lebensende. Wohl nicht zuletzt deshalb honorierte er dessen Dienste, als er ihn in den 1930er Jahren zum ersten sowjetischen Botschafter in den Vereinigten Staaten ernennen ließ.[21]

Wie sind all diese Vorgänge nun insgesamt zu bewerten? Gewiss ist kaum zu bestreiten, dass Stalins Auslandsaufenthalte hauptsächlich Stippvisiten waren. Doch gemessen an der damals insgesamt geringen Mobilität, die – von den Emigranten einmal abgesehen – besonders unter den russischen Zeitgenossen weit verbreitet war, unterschied sich Stalin in dieser Hinsicht stark von seiner unmittelbaren Umgebung. Mehr noch: Jede Reise – ganz gleich, wie kurz sie war – hatte bei ihm immer auch eine kulturelle Grunderfahrung mit dem Ausland hinterlassen. Und das galt umso mehr für jene Länder, in denen die Bol'ševiki sich weitgehend unbehelligt vom direkten Zugriff der zarischen Geheimpolizei Ochrana bewegen konnten.

2. Außenminister für besondere Aufgaben

Bis zur bolschewistischen Machtergreifung im Oktober 1917 bestand für deren politische Führer keinerlei Notwendigkeit, sich mit Fragen der Außenpolitik eingehender auseinanderzusetzen. Man konzentrierte sich stattdessen zumeist auf die inneren Verhältnisse Russlands und die Möglichkeit, dort die Autokratie zu stürzen. Zudem fehlte es an historischen Analogien, um daraus wiederum Rückschlüsse für eigene außenpolitische Verhaltensweisen zu ziehen. Wenn sich die Bol'ševiki mit dem internationalen Mächtesystem beschäftigten, dann bewegten sich ihre marxistischen Analysen zumeist in einem eher allgemein gehaltenen Rahmen. Man diskutierte allenfalls die Belange der internationalen Revolution – und dies allein unter den Bedingungen der imperialistischen Weltwirtschaft und Weltpolitik. Eine eigene bolschewistische Theorie mit speziellen Verhaltensmustern gegenüber der Außenwelt ließ sich daraus allerdings nicht ableiten. Hier lieferten weder Trockij noch Bucharin als theoretische Vordenker der Partei ein in sich schlüssig konstruiertes Lehrgebäude. Und selbst Lenin, der unter dem Eindruck des Ersten Weltkriegs im Schweizer Exil seine Imperialismustheorie entwickelte, gab mehr ökonomische Begründungen für eine vermeintlich bevorstehende Weltrevolution als konkrete außenpolitische Handlungsanweisungen. Für Vladimir Il'ič hatte der „Imperialismus als höchstes Stadium des Kapitalismus" ein globales Ausbeutungssystem geschaffen, das aufgrund seiner immanenten Gegensätze unweigerlich zum Scheitern verurteilt war. Die Aufteilung der Welt unter den kapitalistischen Großmächten hatte seiner Auffassung nach nicht nur einer zunehmend klassenbewussteren Arbeiterschaft den Weg geebnet, sondern gleichzeitig auch ein gewaltiges Heer von unterjochten kolonialen und halbkolonialen Völkern geschaffen. Gemeinsam verfügten diese Kräfte über ein Potenzial, an dem das imperialistische Regime über kurz oder lang zugrunde gehen musste.[22]

Erste außenpolitische Äußerungen und Publikationen

Iosif Stalin befand sich in dieser Hinsicht in guter Gesellschaft. Auch seine frühen publizistischen Arbeiten lagen thematisch überwiegend auf innenpolitischem Gebiet. Sie konzentrierten sich auf die Klassenverhältnisse im spätzaristischen Russland oder auf parteipolitische Angelegenheiten der Bol'ševiki.[23] Gleichwohl finden sich bei ihm bereits ab 1912 erste Äußerungen, die seine – mitunter zynische – Haltung zur Diplomatie dokumentieren: „Wenn sich bourgeoise Diplomaten auf den Krieg vorbereiten", so paraphrasierte Stalin in einem „Pravda"-Artikel den berühmten französischen Außenminister Talleyrand, der in der napoleonischen Ära und auf dem Wiener Kongress von 1814/15 durch politisches Geschick brillierte, „reden sie laut über den ‚Frieden'. Die

Worte eines Diplomaten müssen seinen Taten widersprechen – denn was für ein Diplomat wäre er sonst? Schöne Worte sind eine Maske zum Verbergen finsterer Taten. Ein aufrichtiger Diplomat ist wie trockenes Wasser oder hölzernes Eisen."[24] Sein Lob auf die hohe Kunst doppelzüngiger Verhandlungstaktik verlor sich dabei nicht in bloßer Abstraktion. Im Gegenteil: Seine Überlegungen waren sehr wohl praktischer Natur und damit anwendungsorientiert. Es überrascht daher kaum, dass Stalin sich in späteren Jahrzehnten rücksichtslos jener vorrevolutionären Einsichten bediente, sobald ihn die außenpolitischen Umstände dazu zwangen.

Zwar war Stalin ein bekennender Leninist, doch keinesfalls ein blinder Ideologe. Das stellte er auf außenpolitischem Gebiet bereits 1917 in den ersten Wochen nach seiner Rückkehr in das von der Februarrevolution erschütterte Petrograd unter Beweis. Hier lag ihm sehr daran, den ideologisch motivierten revolutionären Elan mit Pragmatismus und Sinn für das – unter den gegebenen Umständen – realistisch Machbare in Einklang zu bringen. Schon 1915 hatten ihn in seiner sibirischen Verbannung erhebliche politische, aber auch militärische Zweifel überkommen, inwieweit seine Forderungen praktikabel waren, die Lenin auf den Sozialistenkonferenzen von Zimmerwald und – im Jahr darauf – von Kienthal erhoben hatte. Demnach sollten die revolutionären Sozialisten die oberste Priorität ihrer politischen Arbeit in der militärisch-politischen Niederlage ihrer jeweiligen Regierungen sehen. Nur so ließe sich der imperialistische Krieg in einen erfolgreichen europäischen revolutionären Bürgerkrieg umwandeln.[25]

Stalins Bedenken gegen ein solches Vorgehen wurden auch unter dem unmittelbaren Eindruck der russischen Februarrevolution nicht gänzlich ausgeräumt. Ohne den Gedanken und die Hoffnungen auf Weltrevolution aufzugeben, hielt er den Zeitpunkt, ein solches Ansinnen zu verfolgen, für denkbar ungeeignet. Denn es entsprach keineswegs der damaligen politischen Grundstimmung im Lande, russische Bauern und Arbeiter für einen antiimperialistischen europäischen Bürgerkrieg zu mobilisieren. Hier war Stalin wesentlich näher am Puls der Zeit als Lenin, der seine strategischen Beurteilungen in der fernen, vom Frieden verwöhnten Schweiz vornahm.[26]

Von einem besonderen außenpolitischen Gespür zeugte der Artikel „Über den Krieg", den Stalin am 16. Februar 1917 in der „Pravda" veröffentlichte. Darin plädierte er nachhaltig dafür, das sinnlose Völkermorden möglichst rasch einzustellen. Die in manchen sozialistischen Kreisen gewählte Parole „Nieder mit dem Krieg!" hielt er allerdings für einen untauglichen und „nichtssagenden Pazifismus" – eine bedeutungslose Rhetorik, die ungehört verhallen musste. Er hingegen riet dem Aufruf des Petrograder Sowjets zu folgen. Der Appell an die „Völker der ganzen Welt […], die eigenen Regierungen zu zwingen, das Gemetzel einzustellen", schien ihm wesentlich vielversprechender zu sein. Und dies umso mehr, als es die in den Wirren des Ersten Weltkriegs in Vergessenheit geratene Parole „Proletarier aller Länder, vereinigt euch!" insgesamt wieder in Erinnerung rufen würde. Sein Patentrezept für Russland lautete daher: „Druck auf die Provisorische Regierung, indem man von ihr fordert, der unverzüglichen Einleitung von Friedensverhandlungen zuzustimmen". Sollte der Erfolg ausbleiben, weil sich die betroffenen Regierungen einer solchen Aufforderung versagten, dann würden sich die „Imperialisten" demaskieren und den Massen die „wahren Hintergründe des jetzigen Krieges" offengelegen. Dies war seiner Auffassung nach die einzig wahre Kriegserklärung an den gegenwärtigen Völkermord.[27]

Was bei dieser Gelegenheit auffiel und abermals für seinen außenpolitischen Realitätssinn sprach, war Stalins skeptische Beurteilung der revolutionären Aussichten für Deutschland. Zweifellos hing für ihn die Einstellung des furchtbaren Kriegsgemetzels ganz wesentlich vom „vorangegangenen Sturz des [dortigen] ‚halbabsolutistischen Regimes'" ab. Doch wann – und vor allem ob – es in nächster Zeit zu einem revolutionären Umsturz überhaupt kommen würde, schien ihm angesichts der internationalen Lage überaus fraglich. Es verwundert daher nicht, dass Stalin in der unmittelbaren Folgezeit zögerte, der Position Lenins zum Kriege über die Parteizeitung „Pravda" entsprechend Publizität zu verschaffen. Denn seiner Auffassung nach hatte Lenin noch viel über das revolutionäre Russland zu lernen – und das vor allem dann, wenn es darum ging, die Unterstützung der breiten Volksmassen für die bolschewistische Partei zu gewinnen. Aber auch mit Blick auf das nicht-revolutionäre Europa teilte er keineswegs Lenins Ansichten. Auch hier hielt er es für dringend erforderlich, dass Vladimir Il'ič seine bisherigen Sichtweisen kritisch überdachte. Der Erfolg blieb nicht aus: Spätestens nach seinem Eintreffen in Petrograd erkannte der Taktiker Lenin sehr wohl, wie wichtig es war, im revolutionären Kampf um die Macht auf überzogene Parolen zu verzichten und sich stattdessen vorübergehend den politischen Gegebenheiten vor Ort anzupassen.[28]

Stalins außenpolitischer Weitblick ließ sich auch in der Folgezeit nicht irritieren. Mitunter ging seine Analyse sogar soweit, ideologische Grundannahmen – in einem für die Partei überaus kritischen Moment – zu hinterfragen. Gelegenheit dazu bot sich Ende Juli, Anfang August 1917 auf dem VI. Kongress des bolschewistischen Parteiflügels der RSDAP. Dies war die erste größere politische Zusammenkunft nach den gescheiterten bewaffneten Massendemonstrationen in der russischen Hauptstadt, die für die Bol'ševiki nichts Gutes verhießen: Denn deren führende politische Köpfe waren entweder verhaftet oder – wie Lenin – auf der Flucht. Während des Parteitags wurden abermals die Perspektiven einer sozialistischen Revolution in Russland diskutiert. Während Evgenij Preobraženskij klassisch argumentierte, indem er betonte, zuvor habe erst einmal der erfolgreiche revolutionäre Durchbruch irgendwo im entwickelten Westeuropa stattzufinden, konterte Stalin auf eine bemerkenswert unorthodoxe Weise. In seiner Interpretation der internationalen Lage schloss er es keineswegs mehr aus, dass Russland für absehbare Zeit das einzige Land mit realistischen Aussichten auf sozialistische Verhältnisse bleiben würde:

„Bis jetzt erfreut sich kein einziges Land solcher Freiheiten wie Russland, das versucht hat, die Arbeiterkontrolle über die Produktion zu errichten. Mehr noch, die Basis unserer Revolution ist umfassender als in Westeuropa, wo das Proletariat in völliger Isolation mit der Bourgeoisie konfrontiert wird. Hier [bei uns] werden die Arbeiter durch die ärmsten Schichten der Bauernschaft unterstützt. Schließlich funktioniert der Apparat der Staatsmacht in Deutschland ungleich besser als der unperfekte Apparat unserer Bourgeoisie, die eine Abhängige des europäischen Kapitals ist. Wir müssen [deshalb] die veraltete Idee

zurückweisen, dass allein Europa uns den Weg zeigen kann. Es gibt einen dogmatischen Marxismus und einen schöpferischen Marxismus. Ich stehe [fest] auf der Grundlage des letzteren."[29]

Mit dieser beispiellosen Einschätzung deutete sich bereits an, was Stalin während der 1920er Jahre im Wettstreit mit seinem ideologischen Widersacher Trockij, einem Anhänger der „Permanenten Revolution", nachhaltig vertreten und am Ende erfolgreich durchsetzen sollte: den Aufbau des „Sozialismus in einem Lande" – und das mit allen Konsequenzen, sowohl inneren als auch äußeren.

Nationalitätenpolitik als Außenpolitik

Nach dem erfolgreichen Oktober-Putsch von 1917, der den Bol'ševiki die lang ersehnte Macht in Russland einbrachte, übernahm auch Stalin in Lenins Regierungskabinett politische Verantwortung. Auf den ersten Blick mochte es den Eindruck erwecken, als sei der neu ernannte Volkskommissar für Nationalitätenfragen lediglich mit einem relativ unbedeutenden Ressort abgespeist worden. Auch sonst vermittelte die historische Forschung zumeist die Ansicht, dass Stalin dieses Amt nicht allzu ernst nahm. Seine weitere Karriere schien dagegen im Wesentlichen auf politisches Agieren und Intrigieren hinter den Kulissen, insbesondere innerhalb des Parteiapparats in seiner Funktion als Generalsekretär und Vorsitzender verschiedener Organisations- oder Kontrollkomitees zu beruhen. Das Wort vom Genossen *Kartoček* machte gemeinhin die Runde – Stalin als Herr über die Welt der Karteikarten und Kaderakten, der im grauen Administrationsalltag Erfüllung zu finden schien.[30] All das quittierten der charismatische Lev Trockij und andere intellektuelle Parteitheoretiker nur mit verächtlichen und bissigen Kommentaren, weil es sich nicht im Geringsten mit ihren aktionistischen Vorstellungen deckte, wie der Idee der Weltrevolution zum Durchbruch zu verhelfen war. Deshalb überrascht es wenig, dass sie Stalins Bedeutung während der ersten Jahre nach dem „Roten Oktober" nicht allzu hoch veranschlagten.[31] Sie verkannten ihn maßgeblich und trugen damit zwangsläufig zu mancherlei Legendenbildung bei.

Stalins Funktion als Nationalitätenkommissar war vor allem in der unmittelbaren Zeit nach der bolschewistischen Machtübernahme, als das Regime ums Überleben kämpfte, von immenser Bedeutung. Denn Erfolg oder Misserfolg der Bol'ševiki hing nicht allein davon ab, ob es gelang, die weißgardistischen Bürgerkriegsgegner oder die alliierte Intervention abzuwehren – Aufgaben, denen sich besonders der Kriegskommissar Trockij verschrieben hatte. Ebenso wenig reichte es für die innere Herrschaftskonsolidierung aus, dass mittelfristig Čičerins diplomatisches Verhandlungsgeschick dem Land über die internationale Anerkennung eine äußere Atempause verschaffte. Zwar stellten alle diese Maßnahmen wichtige Etappen in der Anfangsphase der bolschewistischen Machtergreifung dar. Aber es kam zunächst auch entscheidend darauf an, die Revolution, die sich im Wesentlichen nur auf die Städte und Reichsmetropolen erstreckte, auf dem Lande, vor allem aber an der Peripherie des Vielvölkerimperiums dauerhaft zu verankern. Hier bestand dringender Handlungsbedarf, zumal sich das fragile multinationale Gebilde nach dem Ende der Autokratie in Auflösung befand.[32] Mit Blick auf die verschiedenen Loslösungsprozesse, Unabhängigkeits- oder Autonomiebestrebungen einzelner Völkerschaften schlug daher in jener Situation, als sich ein nahes Ausland um die russischen Kernlande zu formieren begann, die Stunde für Lenins Nationalitätenspezialisten. Die Nationalitätenpolitik wurde schnell zu einem festen Bestandteil der frühen sowjetischen Außen- und Revolutionspolitik. Iosif Stalin gelangte damit in eine Position, die sich in gewisser Hinsicht mit der eines Außenministers für besondere Aufgaben oder der eines Kommissars für auswärtige Kulturpolitik beschreiben lässt. Und das galt umso mehr, als Georgij Čičerin, der eigentliche Volkskommissar für äußere Angelegenheiten, zunächst nur sehr bedingt sein klassisches Metier ausüben konnte, solange das diplomatisch weitgehend isolierte Sowjetrussland zu den Parias des internationalen Mächtesystems zählte.

Gewiss konzentrierte sich Stalins Ressort anfänglich auf die RSFSR, die Russische Sozialistische Föderative Sowjetrepublik, mit ihren nationalen Minderheiten – immerhin rund 22 Prozent der gesamten dortigen Bevölkerung.[33] Seine Expertise und das Ansehen, das er sich bald im Verlauf seiner praktischen Arbeit auf diesem Sektor erwarb, qualifizierten ihn jedoch auf Dauer für weiterführende Aufgaben. Als bereits während des Bürgerkriegs die junge Sowjetmacht mit dem „Sammeln der russischen Erde"[34] begann, um – unter veränderter politischer Prämisse – die ehemalige imperiale Größe des Reiches wiederzuerlangen, spielte Stalin auch hier eine nicht unbedeutende Rolle. Erneut waren es der Transkaukasus und die daran angrenzende asiatische Peripherie, die – wie noch zu zeigen sein wird – zu seinen außenpolitischen Aktionsfeldern avancierten.

Da Stalin neben Lenin als einziger führender Bol'ševik Kompetenz auf dem Gebiet der Nationalitätenproblematik besaß, wurde er indes schon früher in alle einschlägigen Diskussionen und Entscheidungsprozesse miteinbezogen, die über seinen eigentlichen territorialen Zuständigkeitsbereich, die RSFSR, hinausreichten. Was die beiden miteinander verband, war beispielsweise ihre ablehnende Haltung gegenüber jener russisch-jüdischen Parteiintelligenz, die die Revolution in erster Linie als einen Beitrag zur Befreiung der unterdrückten städtischen Unterschichten betrachtete. Da sie in der multinationalen Peripherie lediglich eine Bedrohung ihrer Zukunftsvisionen sah, war von diesen Kreisen wenig zur Lösung der nationalen Frage zu erwarten. Lenin dagegen erkannte sehr wohl die Bedeutung, die nationale Bindungen für die Menschen besaßen. Das wiederum nahm ihn für Stalin ein, der bereits 1913 in seiner Schrift über „Marxismus und nationale Frage" darüber nachgedacht hatte. Darin vertrat er die These von der Nation als einer konstanten, stabilen und objektiv bestimmbaren „Form der Vergemeinschaftung [...], die auch im Sozialismus überleben werde".[35]

Beide Männer wollten insbesondere in der kritischen revolutionären Umbruchphase, in der es darum ging, eine möglichst breite Anerkennung zu erlangen, nicht die Fehler der zaristischen Nationalitätenpolitik wiederholen. Schon im April 1917, also ein knappes halbes Jahr vor dem eigentlichen Oktoberumsturz, ließ Stalin daran keine Zweifel aufkommen. Nicht zuletzt unter außen- und revolutionspolitischen Gesichtspunkten plädierte er in einem Redebeitrag auf der 7. Allrussischen Konferenz der RSDAP (b) nachhaltig dafür, den Bolschewismus auch für die Nichtrussen des früheren Imperiums attraktiv zu machen. In diesem Zusammenhang ignorierte er alle bis dahin bindenden internationalistischen Prinzipien, wenn er gemeinsam mit Lenin den unterschiedlichen Nationalitäten das Selbstbestimmungsrecht und die Austrittsmöglichkeit aus dem Reichsverband zugestand.

Für ein solches Verhalten gab es eine einfache Erklärung: Stalin wusste nur zu gut aus eigener Anschauung, wie sehr die Grenzvölker des multinationalen Reiches die Russen und alles Russische hassten. Wie immer man die Politik für das frühere russische Imperium daher gestalten wollte, so seine Argumentation, sie würde nicht ohne Auswirkungen auf das Ausland bleiben. Und eine gute Behandlung der eigenen nationalen Minderheiten musste zwangsläufig alle nationalen Befreiungsbewegungen rund um den Globus ermutigen. Eine solche Politik, so Stalin am Ende seines Diskussionsbeitrags, könnte als „Brücke zwischen West und Ost" dienen.[36]

Es war daher konsequent, wenn er als amtierender Nationalitätenminister angesichts seiner vorangegangenen Überlegungen in den Jahren 1917/18 fortwährend das Selbstbestimmungsrecht propagierte. Er und Lenin ermunterten die Finnen geradezu, von ihrem Recht auf Unabhängigkeit Gebrauch zu machen. Dabei spielte freilich das Kalkül eine Rolle, dass ein solcher Schritt die dortigen Marxisten in eine politisch vorteilhafte Lage, mehr noch: sie am Ende sogar in eine staatstragende Position bringen würde. Und dann wiederum war nicht mehr auszuschließen, dass ein Sowjetfinnland über kurz oder lang den Anschluss an ein von Petrograd regiertes multinationales Staatswesen suchen würde.

Ebenso wenig bereitete es Stalin Probleme, die polnische Souveränität zu garantieren. Freilich fiel auch das nicht allzu schwer, da weite Teile Polens zum damaligen Zeitpunkt noch unter der Kontrolle der Mittelmächte Deutschland und Österreich-Ungarn standen.[37] Der propagandistische Wert all dieser Zugeständnisse, die insgesamt nur der Sache der sozialistischen Weltrevolution dienen konnten, war dabei ungleich höher als alle krampfhaften Versuche, in den Wirren des Bürgerkriegs am Territorialbestand des niedergehenden Imperiums festzuhalten.

Der revolutionäre Elan war kaum mehr aufzuhalten, im Gegenteil: Lenin und der Rat der Volkskommissare, darunter auch Stalin, wuchsen über sich selbst hinaus. Am 24. November

1917 wandten sie sich in einer Deklaration „An alle werktätigen Muslime Russlands und des Orients". Die Sowjetmacht trat dabei als antikolonialer Interessenvertreter der islamischen Peripherie auf. Als neue Machthaber eines ehemaligen Kolonialreiches wandten sie sich dabei nicht nur an die eigenen, bis dahin vom Zarismus unterdrückten muslimischen Minderheiten. Deren „Glaubensbekenntnisse und Gebräuche [sowie ...] nationale[ ] und kulturelle [ ] Einrichtungen" erklärten sie kurzerhand für frei und unverletzlich. Ihre antieuropäische Befreiungsrhetorik appellierte darüber hinaus an das vom britischen Imperialismus unterdrückte Indien, und die bis dahin zwischen Russland und England bestehenden Einflusszonen in Persien wurden kurzerhand für nichtig erklärt; schließlich prangerte man die Besetzung der Türkei durch die alliierten Siegermächte als „einen räuberischen Akt imperialistischer Eroberung" an.[38]

Um dem Ganzen zusätzlich Nachdruck zu verleihen, verlegte sich Stalin währenddessen mit seinem Volkskommissariat für Nationalitätenfragen in geradezu vorbildlicher Weise darauf, der Idee des Föderalismus und der Indigenisierung innerhalb der verbliebenen multinationalen Teile Russlands zum Durchbruch zu verhelfen. All das verstand sich als bewusstes Gegenprogramm zur weißgardistischen Bürgerkriegsopposition. Denn diese sah sich – ganz in der Kontinuität der zarischen Autokratie – allein dem Gedanken des unteilbaren Russland verpflichtet, und in diesem Sinne war es nur konsequent, dass sie unbeirrt an dem traditionell europazentrierten kolonialistischen Zivilisierungsprogramm gegenüber der imperialen Peripherie festhielt.[39]

Stalin machte sich dagegen zum Anwalt der Kolonialisierten. Er sah davon ab, mit Konzepten einer Europäisierung das auseinanderfallende Vielvölkerreich beisammenzuhalten oder bereits losgelöste ehemalige Reichsteile für einen gemeinsamen Staatsverband wiederzugewinnen. Fortan galt es vielmehr das Prinzip zu verfolgen, nichtrussischen Ethnien den Status gleichberechtigter Rechtssubjekte zuzugestehen. Die nationalen Anliegen ihrer Eliten sollten berechtigte Anerkennung erfahren. Nur so glaubte Stalin den Einfluss und die Errungenschaften der bolschewistischen Revolution in jenen entlegenen Grenzregionen dauerhaft etablieren und gleichzeitig die dort bestehende Rückständigkeit allmäh-

lich überwinden zu können. Überdies wurden die damit konze-
dierten Eigenständigkeitsbestrebungen, die – wie beispielsweise in
Armenien, Azerbajdžan oder Georgien – zeitweilig sogar national-
staatliche Formen annehmen konnten, als eine notwendige Übergangsphase auf dem unvermeidlichen Weg zum Sozialismus
betrachtet. Und wo diese Bestrebungen noch nicht bestanden,
musste sie erst einmal initiiert werden, um den Gesetzen der sozialistischen Revolution zu entsprechen.[40] Auf dem Kongress der
Völker Dagestans brachte Stalin am 13. November 1920 in seiner
Funktion als zuständiger Nationalitätenkommissar die dahinter-
stehende Konzeption klar auf den Punkt:

„Die Regierung Rußlands gewährt jedem Volk das volle Recht auf
Selbstverwaltung nach seinen eigenen Gesetzen und Sitten. Die
Sowjetregierung hält die Scharia für ein ebenso berechtigtes, her-
vorgebrachtes Recht, wie es andere Völker auch haben, die Ruß-
land bewohnen. Wenn das dagestanische Volk seine Gesetze und
Sitten zu wahren wünscht, so müssen sie gewahrt werden.“

In diesem Rahmen kam es darauf an, mit Hilfe der bolschewistischen Ideologie die „einheimischen Kräfte auf eine höhere Kultur-
stufe zu heben“.[41] Wie dies konkret geschehen sollte, hatte er
bereits ein knappes Jahr zuvor nach der militärischen Rückeroberung Turkestans durch die Rote Armee in einer speziellen Botschaft an die dortigen Räte und Parteiorganisationen erläutert:

„Es gilt, das kulturelle Niveau der werktätigen Schichten zu
heben, sie sozialistisch aufzuklären, eine Literatur in den Mut-
tersprachen zu entwickeln, die dem Proletariat am nächsten ste-
henden einheimischen Kräfte in die Sowjetorganisationen einzu-
beziehen und sie für die Verwaltung des Landes zu gewinnen.“[42]

Für diese Zwecke nutzte Stalin in größtem Umfang sein Regierungsressort und die ihm zu Verfügung stehenden finanziellen wie
materiellen Ressourcen. Seine zahlreichen öffentlichen Auftritte
oder publizistischen Äußerungen in der „Pravda“ und in „Žizn'
nacional'nostej“ (Das Leben der Nationalitäten), einer eigens von
seinem Ministerium herausgegebenen Zeitung, erzielten dabei

ungeahnte Einflüsse. Sie waren mitunter in ihrer Wirkung weitreichender als manche zentrale Politbüro- oder Regierungsverordnungen. Denn zu jenem Zeitpunkt wurden diese Blätter noch von den Funktionären aller Ebenen, besonders aber in der Provinz im Sinne einer politischen Orientierungshilfe gelesen und ausgewertet. Stalin avancierte damit in mancherlei Hinsicht zu einem Außenpolitiker der besonderen Art: Von Anfang an war er in die Prozesse der frühen sowjetischen Imperiumsbildung aktiv involviert und sammelte dabei wichtige bürokratische Erfahrungen. Gleichzeitig versicherte er sich – durch seinen wachsenden Einfluss auf lokale indigene Parteieliten an den Rändern des Sowjetreiches – einer wichtigen Machtbasis. Und das wiederum sollte für seinen späteren politischen Aufstieg förderlich sein. Denn sein Volkskommissariat und damit seine Person konnten bald weitgehend unbehelligt von anderen rivalisierenden Regierungsressorts in Bezug auf die Nationalitäten schalten und walten.[43]

West-östlicher Brückenpolitiker

Es war geradezu konsequent, wenn der auf die rückständige Peripherie fixierte Nationalitätenminister zu einem Zeitpunkt, als die Bol'ševiki unter dem Eindruck des Kriegsendes inzwischen mehrheitlich die weltrevolutionären Hoffnungen wieder auf Westeuropa setzten, nachhaltig den Blick für eine erweiterte außenpolitische Perspektive schärfte: „Wer den Triumph des Sozialismus will", so Stalin im November 1918, „darf den Osten nicht vergessen." Und dies war umso wichtiger, als die „Revolution in Rußland […] als erste die unterdrückten Völker des Ostens zum Kampf gegen die Imperialisten aufgerüttelt" hat. Mehr noch: Für ihn hatte der erfolgreiche bolschewistische Oktober-Coup eine „Brücke zwischen dem sozialistischen Westen und dem versklavten Osten geschlagen und eine neue Front der Revolution aufgebaut […], eine Front von den Proletariern des Westens über die Revolution in Rußland bis zu den unterjochten Völkern des Ostens, eine Front gegen den Weltimperialismus". Aus Sicht Stalins galt es daher, eine solch vorteilhafte Ausgangslage erfolgreich zu nutzen. Die tagespolitische Losung und damit die Hauptaufgabe der Kommunisten bestanden seiner Auffassung nach allein darin, „in die anwachsende spontane Bewegung im Osten einzugreifen und sie bis zum bewußten Kampf gegen den Imperialismus weiterzuentwickeln".[44]

Stalin begnügte sich nicht mit Appellen, im Gegenteil: In den Folgejahren, als das sozialistische Experiment durch Bürgerkrieg, alliierte Intervention und einen daran anschließenden russisch-polnischen Krieg mehrfach am Rande des existenziellen Abgrunds stand, brachte sich der vermeintlich blasse Bürokrat immer wieder aktiv in die Außenpolitik der jungen Sowjetmacht ein. Lenin wusste dies überaus zu schätzen. Daran änderten auch gelegentliche Meinungsverschiedenheiten wenig. Gewiss mochte es den damaligen Führer der Bol'ševiki verdrießt haben, dass Stalin in den Jahren 1917/18 dessen Optimismus hinsichtlich einer europäischen sozialistischen Revolution, vor allem mit Blick auf Deutschland, nicht teilte. Und selbst als sich bei seinem Nationalitätenkommissar während des erfolgreichen Vordringens der Roten Armee in Polen 1920 die Auffassungen in dieser Hinsicht zeitweilig zu ändern schienen, konnte von einhelliger Meinung bei weitem noch keine Rede sein.

Seit diesem Zeitpunkt verlegten sich Lenin und Stalin beide auf die Planung organisatorisch unmittelbar erforderlicher Maßnahmen für die Zeit nach der in Europa vollzogenen sozialistischen Machtergreifung. Doch auch hier erteilte Stalin den außenpolitischen Zukunftsvisionen Lenins abermals einen Dämpfer. Für den Gedanken einer generellen – unter einheitliche Wirtschaftsverwaltung gestellten – Sowjetföderation, einer festen Union der Sowjetrepubliken von Europa und Asien, der auch Deutschland oder gar Polen angehören sollte, konnte sich Stalin beim besten Willen nicht erwärmen: „Wenn Sie meinen, Sie würden Deutschland jemals zum Eintritt in eine Föderation bekommen mit den gleichen Rechten wie die Ukraine, dann irren Sie sich. Wenn Sie glauben, dass selbst Polen, das als bourgeoiser Staat mit allen Attributen konstituiert worden war, einer Union beitreten würde mit den gleichen Rechten der Ukraine, irren Sie sich", konstatierte er noch auf dem XII. Parteitag der RKP (b) im Jahre 1923.[45]

Demgegenüber präsentierte sich Stalin bereits im Sommer 1920 mit einem alternativen Organisationskonzept. Gemessen an den damaligen Verhältnissen – und den revolutionären Erfolg vorausgesetzt – berücksichtigte es nationale Besonderheiten und zeichnete sich damit durch ein weitaus größeres Maß an Realismus aus. Dabei verwarf Stalin keineswegs vollständig Lenins Gedanken einer Union bzw. Konföderation. Doch die Beziehungen zwischen Sowjetrussland und einem „künftigen Sowjet-Deutschland, -Polen, -Ungarn, -Finnland" sah er am besten über einen „Bund selbständiger Staaten" geregelt. Dies war für ihn die „annehmbarste Form der Annäherung". Gleichzeitig hatte eine solche Union sich deutlich von dem freilich weitergehenden Zusammenschluss der aus dem Bestand des alten Russland hervorgegangenen Sowjetrepubliken zu einem „zentralisierte[n] Sowjettypus der Föderation" als „gangbare[n] Weg zur Einheit" zu unterscheiden.[46]

Die Einschätzungen seines Nationalitätenkommissars versetzten Lenin nicht gerade in Begeisterung. Dennoch besteht kein Zweifel, dass Stalin in den wesentlichen damaligen innen- wie außenpolitischen Fragen fest zu Vladimir Il'ič stand. Dies wurde überaus deutlich, als der Führer der Revolution in der kritischen Situation des Jahres 1918 Mehrheiten im bolschewistischen Zentralkomitee für die Zustimmung des von den Mittelmächten Deutschland und Österreich-Ungarn diktierten Friedens von Brest-Litovsk suchte. Anders als etwa der revolutionäre Heißsporn Trockij stellte sich der auf Wahrung des Bestandes zielende und pragmatisch abwägende Stalin auf die Seite Lenins. Er unterstützte dessen Position, die eigentlich inakzeptablen Forderungen der deutsch-österreichischen Kriegsgegner anzunehmen, um dadurch in einer ausweglosen Situation dem bolschewistischen Regime die zum Überleben dringend erforderliche Atempause zu verschaffen. Am Ende obsiegte Lenins Beharrlichkeit, als das – in den eigenen Reihen höchst umstrittene – Vertragswerk am 3. März 1918 unterzeichnet wurde.

Stalin war jedoch kein unkritischer oder nur auf den eigenen Vorteil bedachter Erfüllungsgehilfe. Zweifellos hatte er Lenin in dieser heiklen Frage loyal gestützt, weshalb er dessen Wohlwollen zu spüren bekam. Gleichwohl demonstrierte er auch Unabhängigkeit. So plädierte er im Mai 1918, als die Mittelmächte die vereinbarten Demarkationslinien in Russland und der Ukraine zeitweilig überrannten, abweichend zu Lenin innerhalb des ZK und im Rat der Volkskommissare kurzerhand für die Wiederaufnahme der Kampfhandlungen. Die große Konfrontation blieb indes aus. Diesmal gelang es Vladimir Il'ič auch ohne Stalins Zutun, den auf tönernen Füßen ruhenden Frieden nicht durch einen unbedachten Waffengang leichtfertig zu gefährden.

Am Ende hatte auch dieser außenpolitische Dissens keine allzu nachteiligen Folgen für das Verhältnis den beiden Revolutionäre, im Gegenteil: Lenin musste vielmehr erkennen, dass er in seinem Nationalitätenkommissar einen Gefolgsmann hatte, der durchaus auch eigene Wertvorstellungen und Überzeugungen besaß. Und so blieb Stalin – ungeachtet jenes Zwischenfalls – während der ersten Jahre sowjetischer Außenpolitik, die zwischen umstürzlerischen Aktivitäten und dem Streben nach internationaler Anerkennung schwankte, regelmäßig an exponierter Stelle in politische Entscheidungsprozesse involviert, die etwa England, Deutschland, die Türkei oder andere auswärtige Mächte und Staaten betraf.[47]

Schon 1919/20 während der militärischen Auseinandersetzung mit dem nach Osten expandierenden Polen kam ein bislang ungewohnter Zug des ansonsten auf Sicherheit setzenden Stalin zum Tragen. Der auch direkt auf außenpolitischem Gebiet operierende Nationalitätenkommissar nahm jetzt zeitweilig sogar militärische Funktionen am südwestlichen Frontabschnitt nahe Lembergs wahr. Dabei verleitete ihn eine grenzenlose Selbstüberschätzung zu riskanten und überambitionierten Manövern, die für den weiteren Verlauf des Polenfeldzugs mitunter fatale Folgen hatten. Zunächst jedoch dominierte bei ihm die Skepsis. Lenins Pläne, sich den polnischen Eindringlingen entschlossen zu widersetzen und den Waffengang in einen revolutionären Krieg umzuwandeln, an dessen Ende der Durchbruch in Polen und mehr noch: der Vorstoß ins hochindustrialisierte Deutschland und damit die Initialzündung für die Weltrevolution gelingen sollten, erfüllten ihn vorerst mit Sorge. Stalin sah die durch den Bürgerkrieg ausgezehrte Rote Armee keinesfalls in der Lage, sich in einem solchen Konflikt erfolgreich zu behaupten. Auch gab es seiner Auffassung nach immer noch letzte versprengte Teile der weißen Bewegung, die unter General Vrangel' auf der Krim operier-

Stalin als Mitglied des Revolutionären Militärrates während des Bürgerkriegs, 1919 (Foto: akg-images)

ten und in einer solchen Situation leicht zur Bedrohung werden konnten. Schließlich versuchte er bei Lenin damit durchzudringen, dass der Nationalismus des polnischen Proletariats eine nicht zu unterschätzende Größe sei, die das gesamte Unternehmen zu einer ausgesprochen gefährlichen Gratwanderung machte.

Am Ende kam indes alles anders. Nachdem der polnische Vorstoß abgewehrt war und das Kriegsglück sich auf die Seite der Bol'ševiki schlug, wurde auch Stalin von einem ungebremsten weltrevolutionären Optimismus erfasst. Geradezu euphorisch gab er sich der Überzeugung hin, der Imperialismus sei auf einem allgemeinen Rückzug. Beherzt reihte er sich nun in das Lager der Kriegstreiber ein, überwältigt von dem Gedanken, den Polen möglichst viel Territorium zu entreißen, bevor ein Waffenstillstand dem Revolutionsexport den Elan nehmen würde.

Da Stalin selbst in dieser militärischen Operation als Befreier von Lemberg in die Geschichte eingehen wollte, konzentrierte er rücksichtslos alles darauf, dieses hochgesteckte Ziel zu erreichen.

Dabei nahm er bewusst militärische Kräfteverzettelung und zahlreiche Menschenverluste in Kauf, die in mancherlei Hinsicht die Despotie des Großen Terrors der 1930er Jahre vorweggriffen. Freilich war Stalin nicht allein dafür verantwortlich, wenn der geradezu unaufhaltsame Vormarsch der Bol'ševiki schließlich mit dem „Wunder an der Weichsel" vor den Toren Warschaus gestoppt wurde und daraufhin zusammenbrach. Und dies umso weniger, als er anfänglich vor den Risiken eines solchen Unternehmens nachhaltig gewarnt hatte. Trockij indes ließ nicht nach, die Schuld für jenes militärische Debakel in erster Linie Stalins unverantwortlichem Eigensinn zuzuschreiben. Dieses überzogene, aus gegenseitiger Abneigung und Rivalität resultierende Urteil geht sicher zu weit.[48] Gleichwohl ist kaum zu bestreiten, dass Stalins Eskapaden und militärischen Alleingänge mit dazu beitrugen, den revolutionären Hoffnungen, die auf die Westflanke des nach Konsolidierung strebenden jungen Sowjetstaates zielten, ein vorläufiges Ende zu bereiten.

Im Frieden von Riga, der 1921 zwischen Moskau und Warschau unterzeichnet wurde, musste das bolschewistische Regime erhebliche territoriale Einbußen hinnehmen, die in der Folgezeit die Beziehungen zwischen beiden Staaten massiv belastete, gleichzeitig jedoch wichtige Voraussetzungen für eine Annäherung an Deutschland schufen. Denn der territoriale Revisionismus gegenüber dem polnischen Nachbarn trug in den Jahren der Zwischenkriegszeit mit dazu bei, dass Sowjetrussland und das Deutsche Reich ungeachtet aller politisch-ideologischen Gegensätze letztlich immer wieder eng miteinander kooperierten. Gerade jene in dieser Zeit angebahnten Sonderbeziehungen waren nicht zuletzt dafür verantwortlich, dass Deutschland zu einem wichtigen Dreh- und Angelpunkt auch für die Außenpolitik des späteren Diktators Stalin werden sollte.[49]

Zwischen Risikobereitschaft und Stabilität

Die im Westen des Imperiums zeitweilig an den Tag gelegte Risikobereitschaft kontrastiert mit der von Stalin Anfang der 1920er Jahre gegenüber der ihm vertrauteren asiatisch-kaukasischen Peripherie angewandten bzw. mitgetragenen Politik. Hier engagierte sich der Nationalitätenminister gemeinsam mit Außenkommissar Čičerin für die Schaffung stabiler und sicherer Grenzen für die sich territorial in dieser Region wieder erweiternden RSFSR. Im März 1921 war Stalin daher maßgeblich in einschlägige Verhandlungen involviert, die unter anderem umstrittene Gebietsfragen mit der Türkei tangierten. Sie gipfelten schließlich in einem am 16. März unterzeichneten Abkommen, das die Beziehungen beider Länder auf die Ebene eines Freundschaftsverhältnisses hob.[50] Damit war die potenzielle Gefahr einer türkischen oder gar alliierten Invasion in jener für die Sowjetmacht sensiblen Grenzregion vorerst gebannt.

All dies wurde jedoch erst möglich, weil nicht zuletzt dank Stalins Mithilfe die hierfür erforderlichen Voraussetzungen geschaffen worden waren. So war er zwischen 1920 und 1921 nicht unwesentlich daran beteiligt, die unabhängigen Republiken Armenien, Azerbajdžan und Georgien, die sich unmittelbar nach der Oktoberrevolution vom russischen Reichsverband losgesagt hatten, dem sowjetischen Imperium wieder einzuverleiben. Da es den jungen transkaukasischen Republiken an der erforderlichen inneren Stabilität fehlte, hatte man in dieser Hinsicht leichtes Spiel. Zugleich lockte deren Rohstoffreichtum, die nächstbeste Gelegenheit zu ergreifen, um dem dortigen Unabhängigkeitsintermezzo möglichst schnell ein Ende zu bereiten.

Stalin und sein alter Vertrauter Sergo Ordžonikidze, der das transkaukasische Gebietskomitee der RKP (b) leitete, waren dabei die Schlüsselfiguren, die den anfänglich zögernden Lenin, der sich in der Kaukasusangelegenheit stets das letzte Wort vorbehielt, entsprechend manipulierten. Mit einer geradezu verblüffenden Strategie der Desinformation überzeugten sie den zaudernden Revolutionsführer davon, dass „es zur Unterwerfung des Kaukasus keine Alternative gab". Auch gegenüber Außenminister Čičerin wartete Stalin mit Ratschlägen auf, „wie mit den Regierungen im Kaukasus zu verfahren" und die Autorität jener unabhängigen Staaten zu untergraben sei.[51]

Die von ihm und Ordžonikidze konstruierten Provokationsstrategien folgten dabei den Gesetzen eines ungezügelten Machiavellismus. Sie führten schließlich zum Erfolg. Im Verlauf des Jahres 1920 wurde mit der militärischen Eroberung Azerbajdžans durch die Rote Armee und mit dem vermeintlich freiwilligen Schutzgesuch Armeniens die kurze Phase staatlicher Eigenständigkeit dieser Länder beendet. Georgien, die Heimat Stalins, wurde mit seiner menschewistischen Regierung im Jahre 1921 das Opfer der sowjetischen Intervention. Das ganze Unternehmen wurde von da an flankiert durch eine unmittelbar einsetzende brutale Sowjetisierung der territorialen Neuerwerbungen. Und auch hier taten sich Stalins Verbündete, nicht zuletzt in Gestalt Sergo Ordžonikidzes oder Anastas Mikojans, auf übelste Weise hervor.

Doch damit nicht genug: Stalin reichte die Maßnahmen einer Sowjetisierung allein nicht aus, um seinen sicherheitspolitischen Bedürfnissen gerecht zu werden. Da er mit der Region aus eigener Anschauung vertraut war, plädierte er zeitweilig entschieden dafür, die drei neuen Sowjetrepubliken, denen er einzeln als separates Gebilde nicht traute, in einer sogenannten Transkaukasischen Föderation zusammenzufassen. Und diese sollte sich dann – in untergeordneter Position – in die Struktur der RSFSR einfügen. Angesichts der bis dahin bestehenden zwischenstaatlichen und interethnischen Konflikte meinte er, über einen solch künstlich herbeigeführten Zusammenschluss zusätzlich Garantien für Stabilität in einer insgesamt fragilen Grenzregion des wiedererstarkenden Imperiums schaffen zu können.[52]

Selbst im asiatischen Raum war Stalin mit Blick auf die von ihm ansonsten hoch veranschlagten sicherheitspolitischen Belange nicht immer konsequent. Gelegentlich war er durchaus dazu bereit, für außenpolitisch riskante Abenteuer zu plädieren, obwohl es für den um internationale westliche Anerkennung und Wirtschaftshilfe ringenden Sowjetstaat ratsamer gewesen wäre, hier zurückhaltender aufzutreten. Das galt besonders für Afghanistan, das für das Britische Empire zu den geostrategisch neuralgischen Punkten zählte. In dieser traditionellen Konfrontationszone prallten die zentralasiatischen Interessen Russlands und die britische Vormachtstellung in Indien aufeinander.

Seit 1907 hatten sich England und das zarische Imperium auf einen Interessenausgleich in Mittelasien geeinigt, der auch Afghanistan umfasste. Das Land wurde nunmehr kurzerhand der britischen Einflusssphäre zugeschlagen. Daraufhin entspannte sich das Verhältnis zwischen beiden imperialistischen Kontrahenten. Doch als nach der Oktoberrevolution von 1917 das neue Regime in Russland alle bis dahin existierenden Geheimverträge der Vorgängerregierungen annullierte, flammten alte Interessengegensätze erneut auf. Mehr noch: Unter den führenden bolschewistischen Funktionären kamen zunehmend Erwartungen auf, Afghanistan fortan als Durchgangszone für die kommunistische Infiltration Indiens zu nutzen. In diesem Sinne führte auch Stalin am 1. November 1921 einschlägige Gespräche mit dem früheren türkischen Militärbefehlshaber Dschemal Pascha, der die afghanische Armee im Kampf gegen die Briten unterstütze. Unumwunden erklärte Stalin seine Bereitschaft, sich innerhalb der RKP (b) dafür zu engagieren, dass das Land am Hindukusch mit sowjetischen Militärberatern, Hilfslieferungen und Geldern versorgt würde. Das alles zielte allein darauf ab, die britische Position auf dem Subkontinent zu destabilisieren.[53]

Kein unbedeutender Bürokrat

Stalin, der auch hier in seiner Funktion als Generalsekretär der Partei auftrat, war keineswegs der unbedeutende Bürokrat, der sich lediglich auf innerparteiliche Angelegenheiten beschränkte, im Gegenteil: Er hatte sich wieder einmal als dynamischer Führer gezeigt, sich auf außenpolitisches Terrain begeben und dabei Zusagen in Aussicht gestellt, die erheblich mit den Staatsinteressen kollidierten, die Lenin knapp acht Monate zuvor mit der Neuen Ökonomischen Politik (NEP) formuliert hatte. Sowjetrussland wollte sich fortan mittels einer liberaleren, bedingt auf kapitalistischen Elementen basierenden Wirtschaftspolitik gegenüber dem Westen öffnen. Ein erster Erfolg stellte sich bereits ein, als am 16. März 1921 ein bilaterales britisch-sowjetisches Handelsabkommen unterzeichnet wurde. Es war nicht nur eine rein ökonomische Vereinbarung. Sie enthielt gleichzeitig auch Passagen, die festlegten, sich künftig feindlicher Propaganda zu enthalten sowie die afghanische Unabhängigkeit und Integrität zu respektieren.[54]

So betrachtet, kamen Stalins revolutionspolitische Vorstöße in Afghanistan zur Unzeit. Daran änderte auch die Tatsache wenig, dass er Lenin in der Frage der NEP weitgehend folgte, aber sein kontraproduktives Agieren im unmittelbaren Vorhof britischer Kolonialinteressen in Asien lief Gefahr, die ersten Ansätze einer britisch-sowjetischen Annäherung in Europa leichtfertig aufs Spiel zu setzen. Wenn trotz allem Stalins politische Position nicht beschädigt wurde, dann gab es dafür gute Gründe: Lenin sah zumindest zum damaligen Zeitpunkt in ihm einen wertvollen Verbündeten und wichtigen Mehrheitsbeschaffer gegenüber dem im Parteiapparat zusehends selbstbewusster auftretenden Lev Trockij.[55]

Der Idee, Afghanistan zur bolschewistischen Infiltrationsbasis für Britisch-Indien zu machen, blieb auf Dauer insgesamt der Erfolg versagt. Im politischen Lager der Bol'ševiki hatte sich schließlich die Position des damaligen sowjetischen Außenkommissars Čičerin durchgesetzt, der bereits im Juni 1921 dringend von „fatalen Fehlern" abriet, den „Kommunismus in diesem Lande künstlich einzupflanzen".[56] Freilich erfüllte dieses wohlwollende Verhalten nicht sogleich die daran geknüpften Hoffnungen einer raschen diplomatischen Anerkennung der noch weitgehend isolierten Sowjetmacht durch die westeuropäische Großmacht Großbritannien. Moskau musste auf jenen wichtigen Moment noch nahezu zweieinhalb Jahre warten. Erst im Februar 1924 kam es zum gegenseitigen Austausch von Botschaftern, was in der Folgezeit eine ganze Welle von Anerkennungen in einem weitgespannten europäischen Zusammenhang auslöste. Und hier formierte sich dann allmählich das außenpolitische Feld, mit dem Stalin während der Jahre seines unaufhaltsamen Machtaufstiegs und des damit einhergehenden „Aufbaus des Sozialismus in einem Lande" zunehmend konfrontiert werden sollte.

3. Deutschland und das internationale Mächtesystem

Ideologische, institutionelle und äußere Rahmenbedingungen

Analysiert man die sowjetische Außenpolitik der Stalin-Ära, dann lassen sich eine Reihe von Konstanten und Faktoren beobachten, die Moskaus politisches Agieren auf dem internationalen Parkett nachhaltig prägten. Von all den Staaten, mit denen die Bol'ševiki seit der Oktoberrevolution konfrontiert wurden, übten Deutschland und China stets eine besondere Anziehungskraft aus. Denn jene beiden Länder waren es, die nicht zuletzt wegen ihrer geostrategischen Lage und ihrer politisch wechselhaften inneren Entwicklung die internationale Politik des 20. Jahrhunderts maßgeblich beeinflussten. Die Situation verkomplizierte sich, als 1917 nach dem erfolgreichen bolschewistischen Umsturz in Russland die neuen Machthaber im Kreml das bestehende außenpolitische Koordinatensystem durch unorthodoxe klassenkämpferische Parolen und revolutionäre Aktivitäten nachhaltig erschütterten. Das nach dem verlorenen Ersten Weltkrieg international isolierte und allseits geächtete Deutsche Reich ebenso wie das innenpolitisch fragile nachkaiserliche China boten ideale Ansatzpunkte für die Außenpolitik der um das politische Überleben ringenden Sowjetmacht. Das Ganze ließ sich auf eine griffige Formel bringen: Wer Deutschland besitzt, der hat Europa, und wer die weltrevolutionäre Fackel erfolgreich nach China trägt, erobert nicht nur Asien, sondern stürzt damit am Ende sogar das britische Imperium.

Dieses revolutionspolitische Credo der Bol'ševiki besaß für die unmittelbaren Wochen und Monate nach der Machtergreifung in Petrograd Gültigkeit, und auch in den nachfolgenden Jahren und Jahrzehnten sollte es grundsätzlich nicht an Bedeutung verlieren. Unter dieser außenpolitischen Prämisse, die freilich – je nach Umständen – in unterschiedlicher Intensität und in wechselnden taktischen Varianten verfolgt wurde, gestalteten sich fortan Moskaus Beziehungen zur bürgerlich-kapitalistischen, kolonialen und halbkolonialen Außenwelt.

Solange Stalins politische Macht im Innern noch nicht konsolidiert war und der Grad an innerparteilicher Demokratie noch Raum für kontroverse politische Debatten in der RKP (b) gewährte, wurde sein außenpolitischer Handlungsspielraum durch ideologische und institutionelle Sachzwänge eingeengt. Auf dem Feld der Ideologie war Lev Trockij sein hartnäckigster Herausforderer. Das von ihm favorisierte Konzept der „Permanenten Revolution", das den jungen Sowjetstaat der ständigen Gefahr aussetzte, sich im Namen der Weltrevolution in außenpolitische Abenteuer zu stürzen, widersprach den von Stalin verfolgten Prioritäten. Dieser hatte bereits zu Lenins Lebzeiten einschlägige Vorstellungen entwickelt, dem Sozialismus vorrangig innerhalb der Sowjetunion zum Durchbruch zu verhelfen. Die dann unter der Losung „Sozialismus in einem Lande" ab 1927/28 durch rücksichtslose Industrialisierung und gewaltsame Kollektivierung der Landwirtschaft eingeleitete „Revolution von oben" setzte eines zwingend voraus: Der UdSSR mussten in einer solch kritischen Übergangsphase außenpolitische Experimente möglichst erspart bleiben. Und dies umso mehr, als es während jenes wirtschafts- und gesellschaftspolitischen Umbaus des Sowjetimperiums darum ging, Stalins linke und rechte innenpolitische Gegner endgültig auszuschalten. Gleichwohl bedeutete es keinesfalls, dass Stalin damit dem Gedanken des Revolutionsexports endgültig entsagt hätte.

Zu den institutionellen Barrieren und Gegebenheiten, die den außenpolitischen Aktionsradius des um die Macht ringenden Despoten zunächst begrenzten, zählte eine Reihe miteinander konkurrierender Partei- und Regierungsgremien, die erst noch unterworfen werden mussten. Das galt besonders für das Volkskommissariat für Auswärtige Angelegenheiten (NKID). Selbstbewusst wurde es von dem Chefdiplomaten Georgij V. Čičerin geführt, dessen Realitätssinn und pragmatisch-vorsichtiges Agieren der UdSSR schließlich im Verlauf der 1920er Jahre die lang ersehnte internationale Anerkennung einbrachte. Ab 1926 jedoch verringerte sich Čičerins Einfluss spürbar. Seit dieser Zeit beklagte er sich immer erbitterter über Stalins zunehmende Einmischungen in die Belange der sowjetischen Außenpolitik.[57]

Neben dem klassischen Außenressort waren es aber noch weitere staatliche Institutionen, die sich auf außenpolitischem Gebiet profilieren wollten, vor allem in den Jahren der Neuen Ökonomischen Politik, als es darum ging, das westlich-kapitalistische Ausland für Investitionen und wirtschaftliches Engagement in dem durch Revolutions- und Bürgerkriegswirren zerrütteten Land zu gewinnen. Da das Außenhandelsmonopol nach wie vor in staatlicher Hand lag, sahen sich das hierfür zuständige Volkskommissariat und der Oberste Volkswirtschaftsrat der UdSSR entsprechend gefordert. Überdies zählte auch der sowjetische Geheimdienst mit seiner speziellen außenpolitischen Abteilung zu jenen Einrichtungen, die immer wieder direkt Čičerins Ressort zu beeinflussen versuchten.[58]

Auf der – für die Gestaltung der Außenpolitik weitaus relevanteren – Parteischiene wurde Stalin mit dem Politbüro, dem Zentralkomitee und nicht zuletzt mit der Komintern, der Kommunistischen Internationale, konfrontiert. Über diese Gremien und Institutionen konnte er sich zumindest in der Anfangsphase seines politischen Aufstiegs noch keineswegs leichtfertig hinwegsetzen. Erst im Verlauf der 1930er Jahre waren innerhalb des Politbüros Machtstrukturen etabliert, die Stalins oberste Entscheidungsgewalt auf dem Gebiet der internationalen Politik sicherstellten. Gleichzeitig sank die politische Bedeutung dieses Organs, das sich nach außen weiterhin als oberstes kollektives Entscheidungsgremium gerierte.

Spätestens seit 1937 wurde die sowjetische Außenpolitik in einer dem Politbüro beigeordneten „Ständigen Kommission" gemacht. Sie bestand aus dem sowjetischen Diktator, der darin formal den Vorsitz übernahm, und dem kleinen Zirkel seiner Vertrauten, darunter Vjačeslav Molotov, Kliment Vorošilov, Lazar' Kaganovič sowie dem berüchtigten NKVD-Chef Nikolaj Ežov. Doch schon zuvor war der außenpolitische Meinungsbildungsprozess dadurch gekennzeichnet, dass dieser zunehmend im Rahmen informeller Besprechungen mit der engsten Entourage in Stalins Kreml-Arbeitszimmer oder auf dessen Datscha im nahegelegenen Kuncevo stattfand. Dabei machte Stalin nicht unbedingt

211

von einer besonderen Befehlsgewalt Gebrauch. Meist sprach er Empfehlungen aus, gab Anregungen, was die im Stalinismus sozialisierten Weggefährten indes klar zu interpretieren wussten. Und so kam es, dass der den Anschein innerparteilicher Abstimmungsprozesse wahrende Diktator auf dem Gebiet der außenpolitischen Entscheidungsfindung stets die Fäden in der Hand behielt.[59]

Nicht nur das Außenkommissariat wurde auf diese Weise zunehmend zu einem rein ausführenden Instrumentarium stalinistischer Politik degradiert. Ähnliches ließ sich auch für die Kommunistische Internationale (KI) beobachten. Schon sehr früh kristallisierte sich bei Stalin mit Blick auf diese Einrichtung eine Einstellung heraus, die sich deutlich von der seines Vorgängers Lenin unterschied. Stalins Verhältnis zu der in Moskau angesiedelten und von den Bol'ševiki dominierten internationalen Dachorganisation der Kommunistischen Parteien, die sich als Agentur der Weltrevolution verstand, war lange Zeit sehr ambivalent und mitunter durch eine gewisse Zurückhaltung gekennzeichnet. Das galt vor allem, solange er keinen gesicherten Zugriff auf diese Organisation besaß. Mit Grigorij Zinov'ev stand überdies zeitweilig ein politischer Konkurrent an der Spitze der Komintern, der – anders als Stalin – die These nachlassender revolutionärer Aussichten in Europa entschieden ablehnte. Folglich befürwortete er gerade in den frühen 1920er Jahren immer wieder umstürzlerische Aktivitäten – und dies nicht zuletzt gegenüber Deutschland.[60] Dabei überging Zinov'ev geflissentlich die Tatsache, dass es der jungen Sowjetmacht 1922 in Rapallo gerade erst gelungen war, zu diesem westlichen Land erfolgreich diplomatische Beziehungen aufzunehmen, was eine Phase sowjetisch-deutscher Sonderbeziehungen einleitete.[61] So sehr man in Moskau einerseits diesen Einbruch ins bürgerlich-kapitalistische Lager begrüßte, so sehr setzten andererseits Zinov'evs klassenkämpferische und weltrevolutionäre Parolen diesen Erfolg der sowjetischen Diplomatie leichtfertig aufs Spiel.

Wenn Stalin den riskanten Manövern der Komintern zeitweilig eher skeptisch gegenüberstand, dann sprachen dafür vor allem zwei geradezu charakteristische Elemente seiner generellen Einstellung zur sowjetischen Außenpolitik. Es beherrschte ihn eine traumatische Obsession, die in erster Linie aus den leidvollen

Erfahrungen der Jahre zwischen 1918 und 1921 herrührte, als Bürgerkrieg, alliierte Intervention und der russisch-polnische Waffengang das bolschewistische Regime in eine existenzgefährdende Krise stürzten. Das Schreckgespenst einer kapitalistischen Einkreisung, begleitet von imperialistischen Kriegen und der Verwundbarkeit sowjetischer Grenzen, weckte in ihm ein gesteigertes sicherheitspolitisches Bedürfnis. Doch die Sorge vor einer unmittelbar bevorstehenden Kriegsgefahr, die etwa Ende der 1920er Jahre die öffentliche Debatte in der Sowjetunion erfasste und das gesamte Land in einen hysterischen Angstzustand versetzte, war, wie wir heute wissen, unbegründet. Sie war nicht zuletzt von Stalin künstlich geschürt, um ihm einen Vorwand dafür zu liefern, gegen die noch verbliebene innere „Rechte Opposition" vorzugehen. Gleichzeitig galt es, die Bevölkerung für die bevorstehende „Revolution von oben" zu mobilisieren – eine erste, durch Gewalt und Chaos geprägte Maßnahme zur Stalinisierung der Sowjetunion, die auf Industrialisierung und Modernisierung des Imperiums zielte.

Doch ungeachtet ihres weitgehend konstruierten Charakters existierte die vermeintliche Kriegsgefahr sehr wohl in Stalins ideologischer Vorstellungswelt. Er sah sich von unzuverlässigen und feindlichen Elementen an der westlichen und südöstlichen Peripherie der UdSSR umgeben. Das galt besonders für die Ukraine oder die Kaukasusregion, wo sich etwa während der Kollektierung der Landwirtschaft und des stalinistischen „Feldzuges gegen das Fremde" massiver lokaler Widerstand gegen das bolschewistische Regime formierte. Ein geradezu albtraumhaftes Szenario, das ihn in jenen Jahren verfolgte, bestand allein darin, dass die inneren Konflikte in den Grenzregionen der Sowjetunion eine polnische oder rumänische Intervention provozieren könnten. Die auf Prävention setzende brutale und rücksichtslose Deportation nationaler Minderheiten, ein Charakteristikum des Stalinismus, hatte u.a. hier ihren Ursprung.[62]

Mit all dem eng zusammen hing ein weiterer Aspekt, der das außenpolitische Kalkül Stalins nachhaltig prägte. Darin vereinigten sich gleichermaßen Innen- und Außenpolitik, nationale russische Geschichte und bolschewistische Ideologie. Wenn Russland immer weder zum Objekt und Spielball ausländischer

Mächte wurde, dann gab es nach Stalin dafür nur eine eindeutige Erklärung, wie er im Februar 1931 anlässlich einer Rede vor Funktionären der sozialistischen Industrie hervorhob:

> *„Die Geschichte des alten Rußland bestand unter anderem darin, daß es wegen seiner Rückständigkeit fortwährend geschlagen wurde. Es wurde geschlagen von den mongolischen Khans. Es wurde geschlagen von den türkischen Begs. Es wurde geschlagen von den schwedischen Feudalen. Es wurde geschlagen von den polnisch-litauischen Pans. Es wurde geschlagen von den englisch-französischen Kapitalisten. Es wurde geschlagen von den japanischen Baronen. Es wurde von allen geschlagen wegen seiner Rückständigkeit. Wegen seiner militärischen Rückständigkeit, seiner kulturellen Rückständigkeit, seiner staatlichen Rückständigkeit, seiner industriellen Rückständigkeit, seiner landwirtschaftlichen Rückständigkeit. Es wurde geschlagen, weil das einträglich war und ungestraft blieb. […] Das ist nun einmal das Gesetz der Ausbeuter – die Rückständigen und Schwachen werden geschlagen. Das ist das Wolfsgesetz des Kapitalismus. Du bist rückständig, du bist schwach – also bist du im Unrecht, also kann man dich schlagen und unterjochen. Du bist mächtig – also hast du recht, also muß man sich vor dir hüten. Das ist der Grund, warum wir nicht länger zurückbleiben dürfen."*[63]

Die innere Rückständigkeit zu überwinden, bedeutete also nicht nur ein gehöriges Maß an Sicherheitszuwachs, sondern zugleich auch einen substanziellen Zugewinn an außenpolitischer Handlungsfreiheit. Und dafür – wie konnte es anders sein – lieferte die stalinistische Interpretation des Marxismus-Leninismus – man befand sich inmitten des „Aufbaus des Sozialismus in einem Lande" – die geeignete ideologische Grundlage. Stalin war als Außenpolitiker gewiss ein Machtpolitiker, der sich pragmatisch-realistischen Ansätzen verpflichtet sah. Doch gleichzeitig bewegte er sich unablässig aus tiefster innerer Überzeugung in den Bahnen der von Lenin vorgegebenen und, entsprechend der Umstände, durch ihn dann ausgelegten bolschewistischen Weltanschauung. An der Überlegenheit der Sowjetideologie gab es für ihn keinen Zweifel. Fraglich war indes nur Folgendes: War es die klassische

Weltrevolution, an die Vladimir Il'ič noch zu glauben wagte, die dem Sowjetsystem zum internationalen Durchbruch verhelfen würde? Oder musste dafür doch eine spezielle Konstellation – vergleichbar mit der vom August 1939 – herbeigeführt werden, ein unausweichlicher innerkapitalistischer Krieg etwa, an dessen Ende ein allgemeiner Erschöpfungszustand es der UdSSR ermöglichen würde, nach anfänglicher Neutralität das entscheidende Gewicht zu ihren Gunsten in die Waagschale zu werfen?[64] Wie es um solche Optionen stand, sollte im Wesentlichen von den künftigen internationalen Rahmenbedingungen abhängen.

Deutscher Oktober 1923

Was kennzeichnete nun das Verhältnis der Sowjetunion zu Deutschland und wie stellte sich in diesem Zusammenhang speziell die Position Stalins dar? Die Beziehungen, die die Bol'ševiki nach der Oktoberrevolution und dem Ende des Ersten Weltkrieges zum Deutschen Reich entwickelten, wurden von Stalin nicht nur weitgehend mitgetragen.[65] Sie waren in gewisser Weise auch für seine spätere Außenpolitik immer ein wichtiger Bezugspunkt, mehr noch: Ungeachtet aller politisch-ideologischen Systemgegensätze, sei es zum bürgerlich-demokratischen oder auch zum nationalsozialistischen Deutschland, lassen sich für seine Person kontinuierlich deutschlandpolitische Präferenzen beobachten.

Zweifellos genoss das Deutsche Reich für Moskau schon unter Lenin eine besondere Attraktivität. Die Gründe dafür lagen auf der Hand. Allein der Paria-Status, den beide Staaten noch zu Beginn der 1920er Jahre im internationalen Mächtesystem einnahmen – die isolierte revolutionäre Sowjetmacht auf der einen, der gedemütigte und durch immense Reparationsleistungen geschwächte deutsche Kriegsverlierer auf der anderen Seite –, ermöglichte natürliche Anknüpfungspunkte für eine wie auch immer geartete Kooperation. Deutschlands geostrategische Lage bot sich in geradezu idealer Weise an: ein hochindustrialisiertes Land inmitten von Europa mit einem aus Sicht der Bol'ševiki ideologisch ebenso hoch entwickelten und gefestigten Proletariat.

Deutschland genoss nicht nur als Geburtsland von Marx und Engels traditionell großes Ansehen bei den russischen Revolutionären. Die nach dem Sieg der Sowjetmacht weitaus relevantere Tatsache bestand vor allem darin, dass die KPD nach der sowjetischen RKP (b) die weltweit mitgliederstärkste kommunistische Parteiorganisation war. Dies allein nährte zunächst revolutionäre Hoffnungen. Die Weimarer Republik avancierte damit zu einem begehrten Objekt und Operationsfeld für die Komintern – und dies umso mehr, als die junge deutsche Demokratie ein über lange Jahre hinweg von inneren Krisen geschütteltes Gemeinwesen darstellte. Was sich zudem als geradezu natürliche Klammer für eine sowjetische Zusammenarbeit selbst mit bürgerlich-konservativen Kreisen erweisen sollte, war ein auf beiden Seiten tiefsitzender Revisionsmus, der sich gegen die politischen Machthaber in Warschau richtete.[66] Dieser basierte vor allem auf den beträchtlichen Gebietsabtretungen, die das Reich entsprechend den Auflagen des Versailler Friedens etwa mit Posen, Westpreußen und wertvollen Teilen des oberschlesischen Industriegebietes an den neuen polnischen Staat zu leisten hatte. Sowjetrussland hatte im Frieden von Riga 1921 territoriale Verluste hinnehmen müssen, die sich auf ein Terrain von rund 250 km östlich der ursprünglichen Volkstumsgrenze Polens erstreckten. Angesichts solcher Umstände lag es nahe, dass beide Staaten sich über alle ideologischen Grenzen hinweg in einer Art Anti-Versailles-Frontstellung in mancherlei Hinsicht als natürliche Verbündete betrachteten. Soweit also die Ausgangslage.

Gut einelhalb Jahre nach Aufnahme diplomatischer Beziehungen wurde das sowjetisch-deutsche Verhältnis einer ersten ernsten Belastungsprobe ausgesetzt, die das bis dahin Erreichte leichtfertig aufs Spiel setzte. Denn in der Schaltzentrale der Komintern sahen die verantwortlichen Funktionäre eine Situation in Deutschland heraufziehen, die nach den gescheiterten kommunistischen Aufstandsversuchen in Mitteldeutschland im Jahre 1921 erstmals eine realistische Chance zu bieten schien, erfolgreich den Umsturz zu proben. Die internationale Situation drohte nach der Besetzung des Ruhrgebiets durch die Franzosen und Belgier zu eskalieren. Die wütende Inflation und eine sich rapide verschlechternde Lage der Arbeiter taten das Übrige, um die bestehenden sozialen und politischen Konflikte weiter zu verschärfen. Das geflügelte Wort vom „Deutschen Oktober" machte die

Runde und ließ in Moskau erneut großspurig weltrevolutionäre Erwartungen aufleben. Die nun anlaufenden streng geheimen Planungen erfassten nicht allein die Kommunistische Internationale und deren deutsche Sektion, sprich die KPD. Auch die politischen Führungsgremien der RKP (b), denen Stalin angehörte, allen voran das Politbüro, waren von Anfang an in diese Vorgänge involviert.[67]

Der KI-Vorsitzende Grigorij Zinov'ev, der von da an in seinem Elan kaum mehr zu bremsen war, sah bereits das rote Sowjetbanner auf dem Brandenburger Tor. Unverzüglich plädierte er am 31. Juli 1923 gegenüber Generalsekretär Stalin dafür, die deutschen Genossen mit umfangreichen Waffenlieferungen zu versorgen und für den Anfang die 50 besten Mitglieder bewaffneter Arbeitergruppen zur Aufstandsvorbereitung nach Deutschland zu entsenden. Stalin selbst zeigte sich zunächst aber zurückhaltend und entsprach damit seiner Grundhaltung, sich nicht gar zu übereilt in revolutionäre Abenteuer zu stürzen. Die deutschen Kommunisten hielt er noch nicht für ausreichend gestärkt, um nach der politischen Macht zu greifen. Und so kam es zu der lange Zeit auch in der Forschung vorherrschenden Auffassung, die Iosif Stalin vor allem als weitsichtigen Bedenkenträger bei den Risiken eines solchen Unternehmens charakterisierte.[68]

Doch wie inzwischen zugängliche Archivmaterialien belegen, überwand auch er bald seine Skepsis. Er ließ sich von der allgemeinen optimistischen Grundstimmung nicht nur mitreißen, sondern arbeitete auch aktiv in der eigens vom Politbüro am 21. August 1923 für diese Zwecke eingesetzten Kommission mit, der führende Bol'ševiki wie Grigorij Zinov'ev, Lev Kamen'ev, Lev Trockij, der Deutschlandexperte Karl Radek und Außenkommissar Georgij Čičerin angehörten.[69] Tags darauf nahm das Politbüro eine von dieser Kommission unterbreitete Resolution an. Nunmehr wurde allgemein anerkannt, dass das „deutsche Proletariat unmittelbar vor den entscheidenden Kämpfen um die Macht steht". Und das wiederum zog ein ganzes Bündel massiver Hilfsmaßnahmen nach sich. Getreidereserven wurden im sowjetischen Grenzgebiet angelegt, um gegebenenfalls die deutsche Revolution mit Lebensmittellieferungen unterstützen zu können. 20.000 sowjetische Kommunisten wurden in Alarmbereitschaft versetzt, um jederzeit in Deutschland zum Einsatz gebracht zu werden. Überdies dominierte unter den politisch verantwortlichen Planern in Moskau die Einsicht, dass sich unter solchen Bedingungen die Chancen für einen internationalen sozialistischen Krieg verdichteten. Schon am 19. August hatte Stalin nachdrücklich betont, „wir [müssen] uns auf einen Krieg vorbereiten, ernsthaft und allseitig". In der Folgezeit wurden deshalb kurzerhand Kampfeinheiten der Roten Armee, insbesondere mobile und schnell einsetzbare Kavalleriekontingente, entlang der sowjetisch-polnischen Grenze disloziert.[70]

Für den Generalsekretär kam damit sogleich auch die ungelöste polnische Frage auf die politische Tagesordnung, die es bei dieser Gelegenheit möglichst zu bereinigen galt: „Für uns ist ein gemeinsames Stückchen Grenze mit Deutschland sehr wichtig und nötig", ließ er am 21. August im Politbüro der RKP (b) verlauten. „Man muß einen der bürgerlichen Pufferstaaten niederreißen und einen Korridor nach Deutschland schaffen." Gleichwohl waren er und das Politbüro sich darüber im Klaren, wie schwer nach den zurückliegenden Erfahrungen im russisch-polnischen Krieg ein solch wünschenswertes Ansinnen zu realisieren sei. Doch ungeachtet dessen verlegte man sich dort auf verdeckte Angriffsvorbereitungen, die von diplomatischem Druck auf Warschau begleitet wurden – all das mit dem Ziel, gegebenenfalls so den Durchmarsch der Roten Armee nach Deutschland zu erzwingen. Im Unterschied zu Trockij hielt Stalin selbst in diesem Zusammenhang wenig von Verhandlungen. Sie waren seiner Meinung nach ein aussichtsloses Unterfangen.[71]

Dass er in jenen Tagen anders als in den vorangegangenen Jahren in überschwänglichem Optimismus den Tag des Losschlagens herbeisehnte, machte er kurz vor dem geplanten Aufstandsbeginn gegenüber August Thalheimer, dem Redakteur des KPD-Zentralorgans „Rote Fahne", in einem Brief vom 20. September 1923 deutlich:

„Die kommende Revolution in Deutschland ist das wichtigste Weltereignis unserer Tage. Der Sieg der Revolution in Deutschland wird für das Proletariat in Europa und in Amerika eine größere Bedeutung haben als der Sieg der russischen Revolution

vor sechs Jahren. Der Sieg des Proletariats wird ohne Zweifel das Zentrum der Weltrevolution aus Moskau nach Berlin versetzen.[72]

In diesem Sinne drängte Stalin noch am selben Tag gegenuber dem Politbüro der RKP (b), bei den deutschen Genossen darauf hinzuwirken, mit den dortigen linken Sozialdemokraten Verhandlungen aufzunehmen. Konkret dachte man an die Bildung von Sowjets, etwa im industrialisierten Sachsen, und die Sondierung eines gemeinsamen Regierungsprojektes. Das Ganze hatte freilich unter Ausschluss des rechten SPD-Flügels zu erfolgen, was auf eine Spaltung und damit Schwächung der Sozialdemokratie hinauslaufen sollte. In den unter solchen Bedingungen geschaffenen Räten sah Stalin die eigentlichen Zentren der deutschen Aufstandsbewegung. Und diese wiederum bildeten für ihn gleichzeitig die Basis einer gesamtdeutschen Arbeiter- und Bauernregierung. Freilich verkannte er dabei die reale Lage. Er ignorierte, wie sehr sich die deutsche Sozialdemokratie auf die Massen der deutschen Arbeiterklasse stützen konnte, weshalb es keinerlei Aussichten gab, seine Vorschläge auch nur ansatzweise zu verwirklichen.[73]

Es blieb ein hoffnungsloses Unterfangen, den Völkern Deutschlands und Europas mit dem geplanten „Deutschen Oktober" von 1923 die sowjetrussische Gesellschaftsordnung aufzuzwingen und dabei gleichzeitig eine wünschenswerte außenpolitische Flurbereinigung zu verbinden. Der kommunistische Aufstand brach in sich zusammen, kaum dass er begonnen hatte. Als daraufhin in Moskau innerhalb der dortigen KP-Führung ein Streit über die Ursachen der Niederlage entbrannte, verstand es Stalin geradezu virtuos – ungeachtet seiner vormaligen Auffassungen –, das politische Debakel zu seinen Gunsten umzumünzen. Zinov'ev, der entschiedenste Befürworter des Umsturzes, wurde in seiner Stellung innerhalb der Komintern entscheidend geschwächt. Auch Trockij kam nicht ohne politische Blessuren davon. Stalin hingegen ging gestärkt aus all dem hervor und zog sich auf seine alten Positionen zurück. Das Experiment, auf einen baldigen revolutionären Sieg in Deutschland und davon ausgehend auf Weltrevolution zu setzen, hatte sich vorerst als nicht realisierbar erwiesen. Und das war für ihn einmal mehr ein Argument, nunmehr forciert die realen Möglichkeiten des „Aufbaus des Sozialismus in einem Lande" nicht nur auszuloten,[74] sondern auch außenpolitisch zu flankieren.

Außenpolitik in Zeiten revolutionärer Ebbe

So war es nur konsequent, dass der von Stalin präferierte Sicherheitsaspekt daraufhin wieder in den Mittelpunkt der sowjetischen Außenpolitik rückte. Das entsprach ebenso den Überzeugungen des Narkomindel, des von Čičerin geleiteten Außenkommissariats. Angesichts der für die nähere Zukunft prognostizierten „revolutionären Ebbe", wie der Generalsekretär vor dem Parteiaktiv der Moskauer RKP (b) in diesem Zusammenhang einst formulierte, galt es daher, sich bei den sowjetisch-deutschen Beziehungen um Schadensbegrenzung zu bemühen. Und das war umso notwendiger, als es der Moskauer Diplomatie bislang noch nicht gelungen war, sich gänzlich aus der außenpolitischen Isolierung zu befreien. Ein *modus vivendi* musste deshalb gefunden werden, der es unter diesen Umständen ermöglichte, dauerhaft ein Nebeneinander von sozialistischem und kapitalistischem System, eine Art „friedlicher Koexistenz", zu gewährleisten. Die Voraussetzungen dafür schienen sich zu erfüllen, als mit den Briten die erste der alliierten Siegermächte im Februar 1924 unter dem damaligen Labour-Premier J. Ramsay MacDonald offiziell Beziehungen zur Sowjetmacht aufnahm. Das wiederum war der eigentliche Dammbruch. Er löste im westlichen Lager eine wahre internationale Anerkennungswelle aus.[75]

Es gab gute Gründe dafür, dass Großbritannien sich schließlich zu neu geregelten zwischenstaatlichen Beziehungen bereitfand und somit bis dahin wirksame ideologische Ressentiments zugunsten eines politischen Pragmatismus in den Hintergrund treten ließ. Sie waren nicht zuletzt in dem seit 1922 existierenden sowjetisch-deutschen Sonderverhältnis, vor allem in der ökonomischen Vorzugsstellung zu finden, die Deutschland seit dem Vertrag von Rapallo in der UdSSR genoss. All das wurde am Ende auch durch den kläglich gescheiterten Umsturzversuch nicht grundsätzlich in Frage gestellt, im Gegenteil. Der Kreml setzte alles daran, die sicherheitspolitische Bedeutung, die die Weimarer

Republik für die Sowjetunion besaß, erneut zu fundieren. Und in der Tat können die Jahre bis zur nationalsozialistischen Machtergreifung im Januar 1933 als eine Phase beschrieben werden, die sich – ungeachtet mancher politischer Streitigkeiten – insgesamt jedoch durch eine enge wirtschaftliche Kooperation und, auf dem Gebiet des Militärwesens, durch eine für beide Seiten überaus vorteilhafte geheime Zusammenarbeit von Roter Armee und Reichswehr auszeichnete. Parallel dazu erfuhren auch die kulturellen und wissenschaftlichen Kontakte eine bemerkenswerte Ausweitung, Kontakte, die als Ergänzung zur sowjetischen Außen- und Sicherheitspolitik nicht zuletzt das Ziel vertrauensbildender Maßnahmen verfolgten.[76]

Das galt einmal mehr, nachdem sich Deutschland seit 1925 mit dem von da an eingeleiteten Locarno-Prozess aus der einseitigen Fixierung auf Moskau zu lösen begann. Schon zuvor wurde nach Annahme des Dawes-Planes, der die drückende Reparationsfrage zu regeln versuchte, im Spätsommer 1924 die französisch-belgische Besetzung des Ruhrgebiets aufgehoben. Im Herbst desselben Jahres plädierte der britische Premier MacDonald dafür, Deutschland in den Völkerbund aufzunehmen, was eine deutliche gegenseitige Annäherung der ehemaligen Kriegsgegner bedeutete.

Dass Berlin in solch entspannungspolitische Schritte einwilligte, ohne dies zuvor mit dem sowjetischen Rapallo-Partner zu koordinieren, löste in Moskau Sorge aus. Bei Stalin lebte angesichts solcher Entwicklungen abermals die Furcht vor einer geschlossenen kapitalistischen Einheitsfront auf, zumal auch die Beziehungen zu Großbritannien allmählich wieder abkühlten: Ein zweiter imperialistischer Krieg, der möglicherweise in wenigen Jahren mit einem Präventivschlag gegen die UdSSR beginnen würde – und dies in einer Situation, in der die Kapitalismus-Analysen der Komintern keinerlei rosige Aussichten auf revolutionäre Erhebungen innerhalb des westlichen Lagers boten –, versetzten den Generalsekretär der VKP (b) in Unruhe. Die sich nur langsam stabilisierende sowjetische Binnenwirtschaft, die sozialen und ethnischen Spanungen im Lande, aber auch der zu jenem Zeitpunkt noch gänzlich unzureichende Rüstungsstand der Roten Arbeiter- und Bauernarmee gaben zudem wenig Anlass, seine ernsthaften

Bedenken gar voreilig aufzugeben. Darin vermochte auch die optimistische Sicht von Außenkommissar Čičerin, immerhin eine Persönlichkeit, der es an professioneller Expertise und politischem Realismus nicht mangelte, kaum etwas zu ändern. Stalin blieb unbeeindruckt, mehr noch: Čičerins Sorglosigkeit förderte eher noch die bei ihm ohnehin latent vorhandene Abneigung gegen das diplomatische Regierungsressort.[77]

Angesichts solcher Einschätzungen verwundert es kaum, dass für Stalin die oberste Priorität der sowjetischen Diplomatie wie auch der in Moskaus Auftrag agierenden Komintern allein darin bestand, den „politischen Interessen der Sowjetunion nun eindeutig den Vorrang vor dem Revolutionsexport" einzuräumen. An dieser außenpolitischen Doktrin hielt er vorerst fest. Das fand auch darin seinen Niederschlag, dass sich die UdSSR von nun an vermehrt auf ein multilaterales Engagement verlegte. Sie suchte etwa verstärkt die Mitarbeit auf internationalen Konferenzen des Völkerbundes, sei es bei einschlägigen Treffen über Wirtschaftsfragen oder im Rahmen von Abrüstungsgesprächen, ohne der Weltorganisation selbst anzugehören. Ein erster Höhepunkt und zweifelloser Erfolg war dabei das sogenannte Litvinov-Protokoll, in dem der stellvertretende sowjetische Außenkommissar die osteuropäischen Anrainerstaaten dazu brachte, gemeinsam mit der UdSSR den Briand-Kellogg-Pakt zur Ächtung des Kriegs vorfristig in Kraft treten zu lassen. An diesem generellen Kurs änderte zunächst auch Stalins Prognose auf dem XV. Parteikongress 1927 nichts, als er offenbar in absehbarer Zeit mit einem „neuen revolutionären Aufschwung" rechnete. Gewiss mochte eine solche Position im ersten Moment irritieren. Doch wie wenig er selbst in jenem Moment davon überzeugt war, zeigte sich kurz darauf in einer Anweisung an die Kommunistische Internationale. Er schob die unmissverständliche Direktive nach, dass sich die revolutionäre Arbeit der nationalen KP-Sektionen stets direkt auf die Belange der UdSSR zu beziehen hätte.[78]

Es ist heute hinlänglich bekannt, dass von dem Abschluss des Locarno-Pakts, in dem Deutschland auf die gewaltsame Revision seiner Westgrenze verzichtete, und dem bevorstehenden deutschen Beitritt zum Völkerbund keine unmittelbare Bedrohung für die Sowjetunion ausging. Auch der viel beschworene Geist von

Rapallo war damit keineswegs zu Grabe getragen. Außenminister Stresemann suchte vielmehr die sowjetischen Sorgen zu zerstreuen. Dafür diente ihm der Berliner Vertrag, ein auf Bilateralität basierendes sowjetisch-deutsches Neutralitätsabkommen, das am 24. April 1926 zwischen dem Deutschen Reich und der UdSSR unterzeichnet wurde. Es schuf überdies ein politisches Fundament, das „zusätzlich einflussreiche Interessengruppen in Deutschland (Industrie, Reichwehr) zum Ausbau der Zusammenarbeit mit der Sowjetunion stimulierte".[79]

Mit Beginn der Weltwirtschaftskrise im Jahre 1929 offenbarte die sowjetische Diplomatie erneut ihr Verständnis von „friedlicher Koexistenz". Und das bedeutete keineswegs nur ein in gegenseitiger Duldung praktiziertes Nebeneinander unterschiedlicher Gesellschaftssysteme. Vielmehr setzte die UdSSR unter Stalin nun verstärkt auf die Krisenerscheinungen in der kapitalistischen Welt. „Interimperialistische Widersprüche" könnten in einem Krieg des Klassenfeindes enden, wusste Außenkommissar Čičerin am 22. März 1929 an den sowjetischen Generalsekretär zu berichten. Der damit einhergehende Niedergang der „revisionistischen Länder", darunter auch Deutschlands, würde unweigerlich einen Zugewinn sowjetischer Sicherheit nach sich ziehen.[80] Folglich keimten in dem Moment, als die internationalen Rahmenbedingungen es zuließen, in Moskau sehr wohl wieder revolutionäre Hoffnungen auf.

Das galt vor allem für Stalin und dies besonders mit Blick auf seine Einschätzung der Lage in Deutschland.[81] Der sowjetische Diktator entpuppte sich gerade während der letzten Phase der Weimarer Republik, die durch ökonomische und politische Krisen gekennzeichnet war, in seinen Entscheidungen als äußerst widersprüchlich. Gleichwohl nahm er dies selbst so nicht wahr, weil für ihn großmachtpolitisches Denken und Weltrevolution nicht zwangsläufig Gegensätze waren. Einerseits zeigte er sich als Realpolitiker, der weitgehend der vom Außenkommissariat eingeschlagenen, traditionell im Zeichen der sowjetisch-deutschen Kooperation stehenden Rapallo-Linie folgte. Andererseits war er immer wieder der Ideologe und revolutionäre Bol'ševik. Das führte zu Konflikten mit seinem Außenminister und dessen Mitarbeitern, denen er häufig vorwarf, die revolutionäre Seite der sowjetischen Außenpolitik zu verkennen. Folglich zog er es vor, sich in jenen Tagen auf das Urteil seiner engsten politischen Vertrauten zu stützen. Das politische Konzept, das Stalin für die existenziell am Abgrund stehende Weimarer Republik vorschwebte, war im Wesentlichen darauf gerichtet, die Gunst der Stunde für eine Machtübernahme der KPD zu nutzen.

Und hier kam wieder der revolutionäre Arm der Komintern ins Spiel. Für den Generalsekretär waren in erster Linie die Sozialdemokraten jene Hauptfeinde, die in den zurückliegenden Jahren alle Aussichten auf eine erfolgreiche kommunistische Erhebung in Deutschland vereitelt hatten. Das gipfelte in einem unreflektierten Hass gegen diese Partei, der im Übrigen so von den viel differenzierter abwägenden außenpolitischen Beobachtern des Narkomindel nicht geteilt wurde. Stalin hingegen setzte jedoch nachdrücklich darauf, die SPD mit allen Mitteln zu zersetzen. Nur dadurch konnte man seiner Auffassung nach das maßgebliche Hindernis für den erfolgreichen Umsturz in Deutschland und – in weiterer Perspektive – in Europa beseitigen.

Die politische Gefahr von rechts, verkörpert vor allem durch die immer stärker werdenden Nationalsozialisten, verkannte er dabei vollkommen. Die NSDAP war für ihn lediglich ein Sammelbecken für Protestwähler. Und diese stellten ein revolutionäres Potenzial dar, das die KPD auf ihrem Weg zur Macht unbedingt erobern musste. Wie dies geschehen sollte, hatten seiner Meinung nach die Nazis auf sehr respektable Weise im Zuge der national emotionalisiert geführten Anti-Young-Plan-Kampagne demonstriert – in dem Versuch, in der Reparationsfrage die dafür verantwortliche Reichsregierung und mit ihr das politische System von Weimar zu kippen. Gerade darin erblickte Stalin den Schlüssel zum Erfolg der NSDAP. Die KPD durfte hier nicht länger abseits stehen. Sie sollte auf ähnliche Weise den Sozialdemokraten die Arbeitermassen entziehen und damit das Gros der Bevölkerung hinter sich formieren, um zur politisch stärksten Macht in Deutschland aufzusteigen. Mit den Parolen des Nationalismus wollte Stalin also nunmehr die auf tönernen Füßen stehende deutsche Demokratie zu Fall bringen.

Diese Strategie sollte sich insgesamt als eine fatale ideologische Fehlentscheidung erweisen. Als 1932 die KPD-Vertreter angesichts der zunehmenden nationalsozialistischen Bedrohung mit dem Gedanken an ihn herantraten, zeitweilig eine Kooperation mit den sozialdemokratischen Wehrverbänden zu befürworten, um so die rechte Bedrohung abzuwehren, blieb Stalin sich treu: Die Überlegungen wurden kurzerhand verworfen. Damit wurde letztlich der Weg geebnet, der am 30. Januar 1933 in Hitlers sogenannter Machtergreifung gipfelte.

Auf den Weg zum Hitler-Stalin-Pakt

Wie wurden diese Ereignisse von Stalin wahrgenommen und welche Konsequenzen hatte die Ernennung Adolf Hitlers zum deutschen Reichskanzler für die sowjetische Außenpolitik und – damit einhergehend – für das internationale Mächtesystem? Hitler führte innerhalb kürzester Zeit einen vollständigen Bruch mit der bis dahin von der Weimarer Diplomatie verfolgten „Russland-Politik" herbei. Seinen symbolisch sichtbarsten Ausdruck fand dies in dem am 26. Januar 1934 zwischen Berlin und Warschau unterzeichneten Nichtangriffspakt. Er beseitigte eine der wichtigsten Grundlagen der bisherigen antipolnisch motivierten deutsch-sowjetischen Kooperation. Seit dieser Zeit wurden die deutschen Kontakte zur UdSSR auf das geradezu Notwendigste reduziert: „Von unserer Seite die deutsch-russischen Beziehungen nicht" abbrechen und den „Russen [… keinen] Grund für einen […] Abbruch" geben, lautete die Devise des von Hitler geführten Reichskabinetts.[82]

Auf sowjetischer Seite wird man zunächst vergeblich nach ähnlichen Maßnahmen suchen, die jener auf systematische Verschlechterung der bilateralen Beziehungen zielenden Politik des Deutschen Reiches entsprachen. Dabei hätte der Kreml Gründe genug gehabt, auf die deutschen Provokationen zu reagieren und dem politischen Berlin entschieden die Stirn zu bieten. Denn der erbarmungslose, nach innen gerichtete antikommunistische Feldzug, der unmittelbar nach der Machtübernahme der Nationalsozialisten gegen die KPD losbrach, machte nicht nur vor Moskaus politsch-ideologischem Verbündeten in Deutschland nicht Halt. Die Ausschreitungen der Nazis richteten sich in ihrem ersten Siegestaumel verstärkt auch gegen sowjetische Staatsbürger und selbst gegen sowjetisches Botschaftspersonal bzw. Mitarbeiter von Konsulat und Handelsvertretung.

Angesichts solcher Exzesse des neuen politischen Regimes in Deutschland drängte man in den Reihen des Narkomindel gegenüber Stalin auf entschiedene Reaktionen. Der Generalsekretär der VKP (b) legte indes eine bemerkenswerte Zurückhaltung an den Tag, obwohl ihm die antisowjetische Stoßrichtung der nationalsozialistischen Politik aus Hitlers „Mein Kampf" sehr wohl bekannt war. In seiner anfänglichen Wahrnehmung, die er bis zum Röhm-Putsch Mitte 1934 beibehielt, stellte sich Adolf Hitler als ein Reichskanzler dar, der nur über ein beschränktes Maß an Selbstständigkeit verfügte und über die Einbindung in das Reichskabinett mit Hilfe der dortigen konservativen Kräfte weitgehend gezügelt werden würde. Alles in allem ließ sich auch Stalin von der durch die deutschen Eliten verbreiteten Auffassung täuschen, Hitler und seine Partei seinen durch diese Kräfte zu kontrollieren und zu beeinflussen.[83]

Um dazu einen begrenzten sowjetischen Beitrag zu leisten und den neuen deutschen Kanzler möglichst wieder auf die bewährte Schiene einer Sowjetunion-freundlicheren Politik zu setzen, gab der Kremlchef dem harten Drängen seiner Diplomaten schließlich in begrenztem Maße nach. Moskau stellte kurzerhand im Verlauf des Jahres 1933 die bis dahin praktizierte geheime Zusammenarbeit zwischen Roter Armee und Reichswehr ein. Dieser wohlkalkulierte Schritt Stalins war zweifellos ein Versuch, die deutsche Seite durch sanften Druck wieder zur Raison zu bringen. Denn über die Militäraufklärung der Roten Armee besaß er Informationen, denen zufolge sich die Reichswehrkreise an einer Fortsetzung der bisherigen Kooperation sehr interessiert zeigten.[84]

Was sich jetzt abzuzeichnen begann, war eine bemerkenswerte Doppelgleisigkeit in der sowjetischen Außenpolitik – und dies nicht nur gegenüber dem „Dritten Reich", sondern auch mit Blick auf das übrige westlich-kapitalistische Lager. In Anbetracht der aufziehenden faschistischen Bedrohung in Europa und der japanischen Aggression im Fernen Osten war Außenkommissar Maksim Litvinov, der Čičerin im Amt nachgefolgt war, mit seinem diplomatischen Apparat offiziell für die Wahrnehmung der sowjetischen Interessen im Zeichen der „Kollektiven Sicherheit" verantwortlich.[85]

Die neue politische Linie fand ihren sichtbarsten Ausdruck in der von Litvinov geprägten Losung vom unteilbaren Frieden. Die UdSSR ließ sich von da verstärkt in kollektive, multilaterale Sicherheitsstrukturen einbinden und demonstrierte dies nicht zuletzt im September 1934 mit dem offiziellen Beitritt zum Völkerbund. Parallel dazu erfolgte der Aufbau von Beistands- und Bündnisstrukturen, darunter ein Protokoll mit Frankreich über den Abschluss eines Ostpakts im Dezember 1934. Die Krönung all jener Bemühungen war gewiss das im Mai 1935 ausgehandelte Vertragswerk mit Paris und Prag. Es sah im Falle einer unprovozierten Aggression durch ein Drittland – was eindeutig auf Deutschland zielte – gegenseitige Hilfe und militärischen Beistand vor. Die militärische Unterstützung, die die Sowjetunion der Tschechoslowakei zusagte, war indes nicht vorbehaltlos: Sie sollte nur dann in Kraft treten, wenn auch Frankreich seiner Bündnispflicht gegenüber der tschechoslowakischen Republik nachkommen würde.[86]

Die Annäherung an das westliche Lager wurde darüber hinaus durch die Kommunistische Internationale flankiert. Spätestens seit dem VII. Weltkongress der Komintern galt die sogenannte Volksfront-Strategie. Bereits zuvor hatte der Bulgare Georgij Dimitrov, der seit 1934 die kommunistische Weltorganisation leitete und das besondere Vertrauen Stalins genoss, sich für diese Linie gegenüber seinem Mentor ausgesprochen. Dabei schlugen zweifellos seine persönlichen Erfahrungen mit dem NS-Regime zu Buche, die Dimitrov als Hauptangeklagter im Reichstagsbrandprozess von 1933/34 machen musste. Galt bis dahin ein ultralinker Kurs, der unter dem Schlagwort „Sozialfaschismus" jegliche politische Allianz mit demokratischen Sozialisten oder nichtkommunistischen Gewerkschaften kategorisch verwarf, zwangen die sich verschlechternden internationalen Beziehungen in dieser Hinsicht zum Umdenken. Die politische Isolation, in die sich die Kommunisten dadurch nicht zuletzt in Deutschland selbstverschuldet hineinmanövriert hatten, sollte überwunden werden. Fortan galt die Devise einer breit angelegten Bündnisstrategie. Sie sah nicht nur die politische Kooperation mit den bis dahin verhassten demokratischen Sozialisten, sondern auch die Einbeziehung bürgerlich-demokratischer Kreise vor, um der Gefahr von Nationalsozialismus und Faschismus zu begegnen.

Innerhalb der Komintern war dies nicht unumstritten. Selbst Stalin wandte sich nur zögernd von seinen lang gepflegten antisozialdemokratischen Ressentiments ab. Am Ende stimmte er jedoch Dimitrovs Konzept stillschweigend zu, das gewiss nicht ohne vorherige Konsultationen mit dem Generalsekretär zustande kam.[87]

Während Litvinov auf der internationalen politischen Bühne lautstark „Kollektive Sicherheit" praktizierte, wurden abseits der öffentlichen Aufmerksamkeit hinter den politischen Kulissen des Kreml andere außenpolitische Optionen ausgelotet. Hier war es vor allem Stalin, der ungeachtet der dramatischen innenpolitischen Veränderungen in Berlin nicht davon abließ, auf die deutsche Karte zu setzen. Noch im Oktober 1933, kurz nach Deutschlands Austritt aus dem Genfer Völkerbund, machte er im innersten Führungszirkel unmissverständlich klar, dass er es nicht zu einem offenen Bruch mit dem „Dritten Reich" kommen lassen wollte.[88] Dies entsprach einem klaren Kalkül. Der von Hitler eingeschlagene außenpolitische Provokationskurs, der nach Aufrüstung und Revision des Versailler Systems strebte, bedeutete gleichzeitig – so unglaublich es auch klingen mag – in Stalins ideologischer Vorstellungswelt ein Zugewinn an Sicherheit für die Sowjetunion. Denn dadurch verstärkten sich unweigerlich die Widersprüche innerhalb des „imperialistischen" Lagers. Flankiert wurde diese Politik Moskaus durch die offizielle Annäherung an die westlichen Mächte. Und damit wiederum wuchs der außenpolitische Handlungsspielraum der Sowjetunion, zumal davon auszugehen war, dass Hitler über kurz oder lang einen Bündnispartner im Osten benötigen würde. Dann war Stalin zur Kooperation bereit, freilich nicht um jeden, sondern nur um einen sehr hohen Preis.[89]

An dieser Linie hielt Stalin unbeirrt fest. Darin bestärkt wurde er von Vjačeslav Molotov, der sich seit dieser Zeit auf der Parteiebene zunehmend mit außenpolitischen Fragen zu beschäftigen begann und dabei eine dezidiert deutschlandfreundliche Linie verfolgte. Selbst der deutsch-polnische Nichtangriffspakt von

1934 änderte grundsätzlich nichts an Stalins Haltung eines verdeckten Werbens um Hitler. Hier bediente er sich insbesondere der Sondermissionen des sowjetischen Handelsvertreters David Kandelaki, der sich zwischen 1935 und 1937 bemühte, die persönliche Diplomatie Stalins umzusetzen und das Terrain für die politische Regulierung der sowjetisch-deutschen Beziehungen auszuloten.

Das politische Klima entwickelte sich allerdings keinesfalls in die gewünschte Richtung. So waren das deutsche Engagement im Spanischen Bürgerkrieg oder die beispiellosen antikommunistischen Anfeindungen, die auf dem Nürnberger Parteitag der NSDAP 1936 gegen die Sowjetunion gerichtet wurden, keineswegs dazu angetan, der Mission zum Erfolg zu verhelfen. Sie verlief deshalb ungeachtet aller Bemühungen Kandelakis weitgehend ergebnislos. Doch auch dies erschütterte Stalins Illusionen von einen politischen Verständigung mit dem Deutschen Reich nicht.[90]

Unterdessen gaben auch Moskaus Beziehungen zu den Westmächten immer mehr Anlass zur Sorge. Dort war es vor allem deren Appeasementpolitik, die spätestens seit dem Münchner Abkommen vom September 1938, das allmählich die Zerschlagung der Tschechoslowakei einleitete, Stalins Glauben an den Widerstandwillen der Partner seiner „Kollektiven Sicherheitspolitik" schwinden ließ. Die Tatsache, dass er – ungeachtet der gemeinsamen bündnispolitischen Verpflichtungen hinsichtlich der ČSR – in dieser Angelegenheit von Briten und Franzosen nicht konsultiert worden war, bestärkten ihn einmal mehr in seiner Auffassung, dass sich die „Imperialisten" in einer Einheitsfront gegen die UdSSR formieren könnten. Und dies wiederum förderte in ihm erneut das Ansinnen, möglichst zu einer Übereinkunft mit der nationalsozialistischen Reichsregierung zu gelangen.[91] Als im März 1939 deutsche Truppen in Prag einmarschierten und Hitler seine Machtgelüste auf Polen immer unverkennbarer artikulierte, sah sich die sowjetische Außenpolitik in einer einzigartigen Situation, die neue Handlungsspielräume und Perspektiven bot. Bereits im Januar 1939 hatte sich bei dem Generalsekretär der VKP (b) die Überzeugung durchgesetzt, dass es „unabdingbar sei, Möglichkeiten zu suchen, um Deutschland zu direkten Gesprächen zu bewegen". Dass es dazu in absehbarer Zeit unweigerlich kommen würde, dafür sprachen Indizien, die ihm seit der zweiten Aprilhälfte in Form von geheimdienstlichen Informationen vorlagen. Und die besagten, dass Hitler die leidige polnische Frage militärisch lösen wollte.[92]

Stalin wähnte sich nunmehr in einer Position der Stärke, zumal England und Frankreich zwischenzeitlich einschlägige Garantie- und Beistandserklärungen für Polen und Rumänien abgegeben hatten. Denn um diese im Ernstfall wirkungsvoll einlösen zu können, war man auf ein enges Zusammengehen mit der Sowjetunion angewiesen. Dass eine solche, gegen Hitler-Deutschland gerichtete Konstellation auch im Sinne Moskaus sein würde, nahm man in London und Paris angesichts der bisherigen sowjetischen Außenpolitik an. Es stellte sich indes heraus, dass die Westmächte von falschen Voraussetzungen ausgegangen waren. Denn parallel dazu bahnte sich jetzt insgeheim eine Annäherung zwischen dem Deutschen Reich und der Sowjetunion an, die schließlich am 23. August 1939 im sogenannten Hitler-Stalin-Pakt und in dessen geheimem Zusatzprotokoll ihren vorläufigen Höhepunkt fand.[93]

Aufgrund verschiedener Aufzeichnungen, die nicht zuletzt aus Stalins engerem Umfeld überliefert sind, spricht vieles dafür, dass für ihn in erster Linie expansive macht-, statt defensive sicherheitspolitische Motive den Ausschlag für einen Nichtangriffspakt mit Hitler gaben.[94] Denn die im geheimen Zusatzprotokoll von Reichsaußenminister Ribbentrop zugesicherte Ausdehnung der sowjetischen Interessensphäre in Osteuropa war etwas, was ihm die Westmächte bei einschlägigen Militärbesprechungen in Moskau nicht gewähren konnten und wollten.

Wurde bislang von der sowjetischen Historiografie immer wieder behauptet, die UdSSR habe sich im August 1939 in einer alternativlosen Situation befunden,[95] so muss dies angesichts neuer sowjetischer Archivdokumente ernsthaft bezweifelt werden. Denn alternative Handlungsmöglichkeiten bestanden durchaus. So weilte im August 1939 eine britisch-französische Militärmission in der sowjetischen Hauptstadt, um mit Vertretern der dortigen Führung Fragen einer gemeinsamen Kriegführung zu verhandeln. Noch bevor die Gespräche richtig in Gang gekommen

Stalin-Karikatur auf den sowjetisch-deutschen Nichtangriffspakt über die Aufteilung Polens, aus „Marianne", 13.9.1939 (Karikatur: akg-images)

waren, wies Stalin den sowjetischen Unterhändler Vorošilov bereits am 7. August 1939 an, diese abzubrechen, sofern die westliche Delegation nicht über umfassende Handlungsvollmachten verfügte.[96] Tags darauf erhielt der sowjetische Diktator eine Nachricht Hitlers, der ihm im Gegenzug für Moskaus Zustimmung zu einem deutschen Angriff auf Polen freie Hand in Teilen Osteuropas konzidierte. Stalin zögerte nicht, darauf einzugehen.[97]

Damit erscheint die sowjetische Verständigungsbereitschaft gegenüber den Westmächten von vornherein in einem zweifelhaften Licht. Und dies umso mehr, als parallel dazu der neue sowjetische Außenminister Molotov am 11. August die inzwischen angebahnten Gespräche mit Deutschland erstmals ausdrücklich billigte und den sowjetischen Botschafter in Berlin anwies, sie fortzusetzen.[98] Somit hatte sich Moskau, offenbar noch bevor die Verhandlungen mit den Westmächten in eine entscheidende Phase gelangt waren, dafür entschieden, nun endgültig auf die lange anvisierte deutsche Karte zu setzten. Damit wurde ein neues

Kapitel sowjetischer Außenpolitik eingeleitet, das fortan die politische Entwicklung Europas für Jahrzehnte nachhaltig prägen sollte.

Stalins Pakt mit Hitler symbolisiert exemplarisch das zynische Machtverständnis des sowjetischen Diktators. Überdies steht die Übereinkunft in mehrfacher Hinsicht für eine Zäsur. Mit ihr begann der Aufstieg der Sowjetunion zur Welt- und Supermacht. Gleichzeitig markierte der Pakt aber auch den Beginn des Stalinismus in der Außenpolitik. Institutionell wurde dies bereits in dem Moment erkennbar, als man – im Auftrag Stalins – das Außenressort nach dem Amtsantritt Vjačeslav Molotovs radikal von allen Gefolgsleuten seines Vorgängers Maksim Litvinov säuberte. Die dem neuen Zeitgeist zuwiderlaufende Politik der „Kollektiven Sicherheit" sollte dadurch endgültig aus der Erinnerungskultur des sowjetischen diplomatischen Korps gestrichen werden. Damit einher ging eine stärkere Disziplinierung des Außenministeriums, das sich unter Čičerin, aber auch unter Litvinov durch mancherlei abweichende Auffassungen zu Stalin ausgezeichnet hatte. Zudem

„Der nächste Herr bitte!"

Karikatur auf Stalin und die von den baltischen Staaten erzwungenen Beistandspakte mit der Sowjetunion im September 1939, aus „Der Spalter", 27.10.1939 (Karikatur: akg-images)

drängten massiv junge und weitgehend unerfahrene Diplomaten ins Amt, die ihre politische Karriere ausschließlich dem neuen Regime verdankten und sich daher als besonders loyal erwiesen. Schließlich gewährleistete Volkskommissar Molotov, ein blinder Erfüllungsgehilfe des sowjetischen Diktators, der zugleich dessen engstem politischem Führungszirkel angehörte, dass sich das Außenressort künftig zu einer Institution entwickelte, die sich den Anweisungen der Zentrale gefügig unterwarf.[99]

Dass mit dem Pakt praktisch auch stalinistische Handlungsweisen in die sowjetische Außenpolitik Eingang fanden, wurde letztendlich durch das geheime Zusatzprotokoll begünstigt. Es definierte nicht nur eine klar abgegrenzte sowjetische Einflusssphäre im östlichen Europa, sondern legitimierte darüber hinaus die territoriale Expansion der UdSSR: Mit politischem Druck, blanker Erpressung oder militärischen Mitteln wurden Ost-Polen, die Baltischen Staaten, Bessarabien und die Bukowina dem sowjetischen Staatsverband einverleibt. Bis zum 22. Juni 1941, als die deutsche Wehrmacht die UdSSR überfiel, waren die Länder einer rücksichtslosen und brutalen Sowjetisierung ausgesetzt. Dabei kamen all jene charakteristischen Gewalt- und Terrormethoden zur Anwendung, die sich bis dahin im stalinistischen Regime der 1930er Jahre bewährt hatten.[100]

Anfänge imperialer Expansion

Es besteht kein Zweifel: Die stalinistische Sowjetunion schickte sich nunmehr an, aktiv in eine imperiale Phase einzutreten. Mit Hitlers Einverständnis hatte sie sich Territorien angeeignet, die bereits vor der Februarrevolution zum zarischen Imperium gehörten. Die Voraussetzungen dafür waren denkbar günstig und schienen anfänglich sogar noch verheißungsvollere Perspektiven zu bieten. Denn nicht zuletzt mit Moskaus Zutun hatte sich eine neue internationale Lage entwickelt, in der das gewünschte Szenario vergangener Jahre zum Greifen nahe lag: ein innerimperialistischer Krieg, der es offenbar zuließ, die verhasste kapitalistische Welt dazu zu zwingen, „ein bißchen Platz zu machen und zurückzutreten", wie Molotov es am 6. November 1939 auf der Festsitzung zum 22. Jahrestag der Oktoberrevolution pointiert formulierte.[101] Bereits zuvor, am 7. September, hatte Stalin während einer internen Unterredung mit dem Komintern-Vorsitzenden Georgij Dimitrov im Kreml ähnlich argumentiert. In seinen Tagebuchaufzeichnungen hielt der KI-Chef daraufhin fest:

> *„Der Krieg wird zwischen zwei Gruppen von kapitalistischen Staaten geführt [...] um die Neuaufteilung der Welt, um die Weltherrschaft! Wir haben nichts dagegen, daß sie kräftig aufeinanderschlagen und sich schwächen. Nicht schlecht, wenn Deutschland die Lage der reichsten kapitalistischen Länder (vor allem Englands) ins Wanken brächte. Hitler selber zerrüttet und untergräbt, ohne es zu verstehen und zu wollen, das kapitalistische System. [...] Wir können manövrieren, eine Seite gegen die andere aufbringen, damit sie sich noch stärker in die Haare kriegen.* "[102]

Angesichts einer solchen Lagebeurteilung lebten bei Stalin wieder Hoffnungen auf: Offenbar befand man sich in einer historisch einzigartigen Situation, die es ermöglichte, dem Sozialismus, der sich bislang nur auf ein Land beschränkte, mittelfristig zum Durchbruch zu verhelfen. In diesem Sinne war es nur konsequent, wenn er gleichzeitig für die Komintern einen Kurswechsel ankündigte. Dimitrovs Volksfront-Strategie gehörte von da an der Vergangenheit an. Künftig sollten die nationalen kommunistischen Parteien wieder für den Kampf gegen die bourgeoisen Regierungen, insbesondere der liberalen westlichen Demokratien mobilisiert werden, die als eigentliche Kriegstreiber zu entlarven waren.

Die auf eine Destabilisierung des Klassenfeindes im Schatten des Krieges zielende Politik wurde von Dimitrov – ungeachtet mancher Irritationen innerhalb der nationalen Sektionen der KI – sogleich eingeleitet, mehr noch: Als er Ende November 1940 Molotov auf eine beabsichtigte verschärfte Zersetzung der deutschen Besatzungstruppen in den verschiedenen europäischen Ländern ansprach, ermunterte der Außenkommissar den Kominternchef geradezu: „Selbstverständlich muß man das tun. Wir wären keine Kommunisten, wenn wir diesen Kurs nicht einhalten würden. Nur muß es lautlos geschehen." [103]

Parallel zu diesen klassischen Methoden kommunistischer Unterwanderung und Expansion strebte Stalin ambitioniert danach, die im Hitler-Stalin-Pakt festgelegte sowjetische Einflusszone mit rücksichtslosen machtpolitischen Mitteln weiter auszudehnen. Als eine Art Auftakt konnte in diesem Zusammenhang die auffällige Appeasementpolitik gewertet werden, die man in der Folgezeit gegenüber Deutschland praktizierte. Seit November 1939 war ein gegenseitiger Warenaustausch zustande gebracht worden. Dieser gipfelte zwei Monate später in einem sowjetisch-deutschen Wirtschaftsabkommen. Dabei bedachte Moskau das Deutsche Reich überaus zuvorkommend mit umfangreichen Getreide- und kriegswichtigen Rohstofflieferungen. Die scheinbar guten Beziehungen stellten aus Stalins Sicht eine wichtige Atempause dar, um das durch den Großen Terror der ausgehenden 1930er Jahre destabilisierte Land weiter zu konsolidieren und die Rote Armee, die dabei erhebliche geschwächt worden war, personell wie materiell aufzurüsten. Insbesondere der wenig erfolgreiche sowjetisch-finnische Winterkrieg im Jahre 1939/40 hatte schonungslos den desaströsen Ausbildungsstand und die mangelnde Schlagkraft der Armee offengelegt.[104] Vertragstreue gegenüber Hitler-Deutschland zu demonstrieren, bedeutete deshalb auch, ein günstiges Klima für weitere expansionspolitische Absprachen zu schaffen.

Die Erfolgaussichten verringerten sich aber spürbar seit Juli 1940. Denn Hitler hatte sich inzwischen für den lang geplanten Waffengang gegen die UdSSR entschieden und dafür entsprechende Maßnahmen einleiten lassen. Es überrascht deshalb nicht, dass der in Stalins Auftrag am 10. November 1940 nach Berlin gereiste Außenkommissar Molotov nicht auf die Zustimmung des deutschen Diktators hoffen konnte, die sowjetische Interessensphäre abermals erheblich zu erweitern. Das Werben für eine freie Hand gegenüber Nordeuropa und auf dem Balkan sowie die deutsche Unterstützung für die sowjetischen Machtinteressen in der Schwarzmeer-Region – was auf die türkischen Meerengen zielte –, im Nahen Osten und in Teilen Asiens erfuhren eine schroffe Absage. Die Tage der partnerschaftlichen Beziehungen waren gezählt. Daran änderten auch Stalins geradezu manische Bemühungen wenig, das Verhältnis zu Hitler-Deutschland zu entspannen und künftig keinen Anlass für eine wie auch immer geartete deutsche Provokation zu bieten.[105]

Kalter Krieg und deutsche Frage

Der deutsche Überfall auf die Sowjetunion am 22. Juni 1941 führte kurzerhand zu einem undogmatischen Wechsel der Allianzen.[106] Stalin befand sich nunmehr an der Seite der Westalliierten. Gemeinsam mit dem britischen Premier Winston Churchill und – ab Dezember 1941 – mit dem amerikanischen Präsidenten Franklin D. Roosevelt bildete er den Kern jener Kriegskoalition, die es sich zur Aufgabe gemacht hatte, die nationalsozialistische Aggression im Westen und den japanischen Imperialismus im asiatischen Osten zu bändigen. Was dabei mit Blick auf die sowjetische Außenpolitik überraschte, war die Tatsache, dass sich Stalins langfristige Ziele grundsätzlich nicht geändert hatten. Bereits im Dezember 1941, als die deutschen Truppen noch immer unmittelbar vor Moskau lagen und sein Regime nach wie vor am existenziellen Abgrund stand, offenbarte er sich in dieser Hinsicht gegenüber dem britischen Außenminister Anthony Eden in bemerkenswerter Offenheit. Manches erinnerte dabei fatal an die Vorgehensweise, wie sie im deutsch-sowjetischen geheimen Zusatzprotokoll vom August 1939 formuliert worden war, als der Kremlchef im bilateralen Gespräch dem Briten seine ersten Vorstellungen einer europäischen Friedensordnung präsentierte. Insgesamt war es der Versuch, bei dieser Gelegenheit zu sondieren, wie es um die britische Reaktion stand, sich künftig gemeinsam die Herrschaft über Europa zu teilen. Stalins Interesse war in diesem Zusammenhang maßgeblich davon geprägt, die europäischen Kleinstaaten und Mittelmächte fortbestehen bzw. wiedererrichten zu lassen. Gleichzeitig machte er unmissverständlich klar, dass Moskaus territorialer Vorkriegsbesitzstand unbedingt gewahrt werden musste. Und das wiederum bedeutete, die baltischen Staaten, Finnland und Bessarabien dem sowjetischen Zugriffsbereich zuzuschlagen. Freilich konnte er darüber seinem Gesprächspartner keine Zustimmung abringen.[107] Im weiteren Verlauf des Kriegsgeschehens, während der alliierten Kriegskonferenzen von Teheran (1943) und Jalta (1945), aber auch seit den 1944 forciert einsetzenden internen sowjetischen Nachkriegsplanungen zeichnete sich immer deutlicher Stalins expansionistisches Denken in Einflusssphären und Sicherheitszonen ab. Da sich mit dem erfolgreichen Vorrücken der Roten Armee nach Westen die Bedingungen hierfür insgesamt verbesserten, erweiterten sich zwangsläufig Stalins machtpolitische Ambitionen. Das ursprüngliche Kriegsziel, nämlich die ihm von Hitler zugesprochenen, unmittelbar am sowjetischen Grenzraum gelegenen Territorien zurückzugewinnen, war deshalb bald überholt. Erstmals seit Lenin, der dem Sowjetregime mit den Mitteln der Weltrevolution zum internationalen Durchbruch verhelfen wollte, damit allerdings gescheitert war, boten sich Stalin nunmehr andere Chancen. Er sollte fortan der – wenn auch regional begrenzten – Ausbreitung des Sozialismus auf andere Länder durch militärische Expansion Geltung verschaffen.

Freilich ist es verfehlt, ihm dabei ein Vorgehen zu unterstellen, das allein auf einem minutiös ausgearbeiteten „Masterplan" basierte. Gewiss agierte Stalin als Vollstrecker der marxistisch-leninistischen Ideologie. Doch seine Erfahrungen während des Krieges und während der ersten Sowjetisierungsprozesse in den Jahren 1940/41 hatten ihn erkennen lassen, dass im Rahmen der weltanschaulichen Überzeugungen sehr wohl auch Platz für taktische Sprünge und flexible Interpretationen sein musste. Manche Entscheidungen waren daher durchaus ad hoc oder reaktiv mit Blick auf mögliche Verhaltensweisen der USA und Großbritanniens angelegt. Stalins Handlungsspielräume vergrößerten sich zwar mit der näherrückenden Niederlage des Nationalsozialismus, doch waren ihm gleichzeitig auch Grenzen gesetzt. Zumindest taktische Zurückhaltung war angesagt, weil die UdSSR in der unmittelbaren Nachkriegszeit noch auf die politische Zusammenarbeit mit den Westalliierten angewiesen war. Zudem ließen es die immensen Kriegszerstörungen und die angespannte ökonomische Lage opportun erscheinen, vor allem mit den USA weiterhin wirtschaftlich zu kooperieren.

Schließlich gab es in diesem Zusammenhang noch ein weiteres Problem zu berücksichtigen, um dessentwillen man einst die Kooperation mit der Anti-Hitler-Koalition gesucht hatte: Und das war Deutschland. Die deutsche Frage gehörte von Anfang an zu

Konferenz von Teheran, 28.11.–1.12.1943: Stalin auf dem Festessen zu Ehren von Churchills 69. Geburtstag, 30.11.1943 (Foto: akg-images)

jenen Zielen stalinistischer Nachkriegsplanungen, denen der Diktator nicht zuletzt aus sicherheitspolitischen Motiven oberste Priorität eingeräumt hatte. Sie war spätestens seit 1944 nicht mehr im Alleingang, sondern nur gemeinsam mit den Kriegsverbündeten im Rahmen der alliierten Besetzung zu lösen. Um dabei den sowjetischen Interessen größtmöglichen Erfolg zu bescheren, konnten die von der Roten Armee gegen Ende des Krieges befreiten oder eroberten Länder Osteuropas nicht sofort rücksichtslos sowjetisiert werden. Wenigstens zu jenem frühen Zeitpunkt war ein solcher Schritt nicht angebracht. Er hätte sogleich das – ohnehin zunehmenden Belastungen ausgesetzte – interalliierte Vertrauensverhältnis gänzlich erschüttert und damit unweigerlich sofort deutschlandpolitische Konsequenzen nach sich gezogen.[108]

Die im letzten Kriegsjahr im Rahmen der alliierten „Europäischen Beratenden Kommission" ausgehandelten Rahmenbedingungen, die einen Obersten Kontrollrat, zuständig für Deutschland als Ganzes, die gemeinsame Verwaltung Berlins und eine

Aufteilung des Landes in Besatzungszonen vorsahen, in denen der jeweilige militärische Oberbefehlshaber das alleinige Sagen hatte, bildeten von da an den Ausgangspunkt für die sowjetische Außenpolitik und Stalins Verhalten gegenüber seinen Bündnispartnern. Wie sich bald erweisen sollte, war in dieser speziellen Konstruktion der Keim für künftige Spannungen angelegt. Sie leiteten schließlich jene Phase ein, die in die Geschichte der internationalen Beziehungen gemeinhin unter der Bezeichnung „Kalter Krieg" eingegangen ist. Dass es dazu kam, lag unter anderem daran, dass Stalin in Deutschland – wie zu zeigen sein wird – das besatzungsrechtliche Regelwerk mit politischen Inhalten füllen ließ, die deutlich von den bürgerlich-demokratischen Vorstellungen seiner westlichen Verbündeten abwichen. Überhaupt stellte sich bei dieser Gelegenheit schnell heraus, wie weit man bei vermeintlich eindeutig klingenden Begrifflichkeiten wie etwa Freiheit, Demokratie und Selbstbestimmung einem semantischen Interpretationsproblem aufsaß.

Aber auch die stalinistische Osteuropapolitik, die letztlich ein Produkt des nationalsozialistischen Krieges und damit Teil der deutschen Frage war, lieferte über kurz oder lang Zündstoff für einen unausweichlichen Bruch der Anti-Hitler-Koalition. Das schien im Februar 1945 auf der Konferenz von Jalta noch keineswegs klar zu sein. Mit großer Genugtuung registrierte dort Präsident Roosevelt, dass Uncle Joe, wie er den sowjetischen Generalsekretär intern zu nennen pflegte, die dem US-Präsidenten überaus wichtige „Erklärung über das befreite Europa" unterzeichnete. Sie kam seiner Auffassung nach einer Garantieerklärung gleich, zumal sie den „befreiten Völkern" das Recht einräumte, die „letzten Spuren des Nationalsozialismus und des Faschismus zu beseitigen, demokratische Einrichtungen nach ihrer eigenen Wahl zu schaffen" und so früh wie möglich freie Wahlen abzuhalten.[109] Stalin fiel es freilich nicht schwer, seine Unterschrift unter das Dokument zu setzen, bot es doch genügend Spielraum für Interpretationen. Außerdem wähnte er sich zumindest mit Blick auf weite Teile Südosteuropas in einer vorteilhaften Ausgangssituation. Denn dort hatte ihm der britische Premierminister Churchill am 10. Oktober 1944 im Rahmen des sogenannten Prozent-Abkommens insgeheim Zugeständnisse gemacht. Es sicherte der Sowjetunion größtmögliche politische Handlungsfreiheit in Rumänien (90 Prozent) und Bulgarien (75 Prozent) sowie eine Teilung des sowjetischen und britischen Einflusses in Ungarn und Jugoslawien zu.[110]

Innerhalb dieses Rahmens ließ sich sehr wohl eine wie auch immer geartete alliierte Kooperation erproben. Als indes spätestens 1947 das Konfliktpotenzial zwischen den ehemaligen Alliierten immer weniger Raum für Verständigung und Konsens bot, arbeitete Stalin mit größter Intensität und Entschlossenheit darauf hin, die ost-, ostmittel- und südosteuropäischen Staaten völlig in seinen Machtbereich einzubeziehen. Den Boden dafür hatte er bereits in den Jahren zuvor bereiten lassen: Allparteienregierungen der nationalen Front, in denen die Kommunisten die politischen Schlüsselressorts innehatten, bildeten hier eine wichtige Voraussetzung. Gleichwohl bedeutete die nun einsetzende Sowjetisierung keineswegs vollkommene Übereinstimmung auf allen Gebieten. Anders als noch bei der Anfang der 1940er Jahre gewaltsamen Unterwerfung und Integration von Ostpolen, dem Baltikum oder Bessarabien in den sowjetischen Staatsverband berücksichtigte man nunmehr in einem weit größeren Maße die besonderen Gegebenheiten vor Ort. Das Tempo sowie auch die Vorgehensweise hingen dabei von den geostrategischen Erwägungen, den nationalen Besonderheiten und der kulturellen Vielfalt ab, mit denen man jeweils unmittelbar konfrontiert wurde. Das galt gerade für den Balkan und die sehr heterogenen politischen, ökonomischen und gesellschaftlichen Strukturen im übrigen Südosteuropa.

Die Gleichschaltungsprozesse waren aber jeweils auch davon geprägt, ob ein Land etwa als ehemaliger Feindstaat, wie Bulgarien, Rumänien, Ungarn und Finnland, erobert und besetzt oder aber, so beispielsweise die Tschechoslowakei, vom Nationalsozialismus befreit worden war. Schließlich gab es mit Jugoslawien den Sonderfall einer Selbstbefreiung unter der Führung einer nationalen kommunistischen Partei. Damit bei aller Heterogenität aber dennoch ein einigermaßen koordiniertes Vorgehen sichergestellt werden konnte, veranlasste Stalin, angesichts des sich nun verschärfenden Kalten Krieges im September 1947 das Kommunistische Informationsbüro als eine Art europäische Nachfolgeeinrichtung der Komintern zu gründen. Die Kominform avancierte damit zu einem transnationalen Disziplinierungsinstrument für die Sowjetisierung Osteuropas, und dies nicht zuletzt aus einem guten Grund: Das Denken in ideologischen Lagern – wobei in Stalins Sichtweise die kommunistische Doktrin mit einem russisch-imperialen Weltblick zusammenfiel – hinderte den sowjetischen Führer daran, einen neutralen Raum an den Grenzen seines Herrschaftsbereichs zu akzeptieren. Seine gesamte Politik zielte deshalb darauf ab, einen „umgekehrten ‚Cordon sanitaire'" in Osteuropa zu schaffen, der die UdSSR vor den „kapitalistischen Mächten" und deren „verwerflichen" Einflüssen auf die sowjetische Bevölkerung schützen sollte.[111]

In Ländern, die allein dem Zugriff der UdSSR unterlagen, ließen sich solche Ziele wesentlich einfacher verwirklichen. In Deutschland, dem ehemaligen Hauptkriegsgegner, gestalteten sich die Verhältnisse durch die gemeinsame alliierte Verwaltung dagegen schwieriger. Während des gesamten Krieges dominierte bei Stalin die Auffassung, solange wie möglich das Wiedererstarken des Hauptverantwortlichen für die militärische Aggression gegen die Sowjetunion zu verhindern. Das galt vor allem, solange unklar war, wie weit der sowjetische Einfluss in Deutschland reichen würde. Stalin gehörte daher auf den alliierten Kriegskonferenzen zu den energischsten Befürwortern einer konsequenten territorialen Zerstückelungspolitik. Die Forderung nach radikaler Demontage und exorbitanten Reparationszahlungen – in Jalta nannte sein dafür verantwortlicher stellvertetender Außenkommissar I.M. Majskij den konkreten Mindestbetrag von 10 Milliarden Dollar allein für die UdSSR – sollten diese harte Politik flankieren.[112]

Als sich allerdings immer deutlicher abzeichnete, dass die Sowjetunion erheblichen Einfluss auf die Gestaltung Nachkriegsdeutschlands gewinnen würde, kippte Stalin noch wenige Wochen vor der bedingungslosen Kapitulation kurzerhand sein lange hartnäckig vertretenes Aufteilungskonzept. Nunmehr war eine möglichst lange Okkupation angesagt. Und dies umso mehr, als Stalin und seine für die Besatzung verantwortlichen Militärs und Zivilisten sich immer klarer darüber wurden, dass ein vorfristiger Rückzug aus dem geostrategisch und militärisch bedeutsamen Deutschland unweigerlich negative Auswirkungen auf die Truppenpräsenz der Sowjetunion in den übrigen Staaten Osteuropas nach sich ziehen musste. Folglich ließen sie sich zu keinem Zeitpunkt auf eine klare zeitliche Befristung des Okkupationsregimes ein. Alle Versuche des amerikanischen Außenministers Byrnes im Vorfeld und während der Alliierten Außenministerkonferenz von Paris im Jahre 1946, hier für mehr Klarheit zu sorgen, lehnte sein Amtskollege Molotov in Stalins Auftrag entschieden ab.[113]

Der Umstand, dass Deutschland in vier Besatzungszonen aufgeteilt worden war, bedeutete für Stalin nicht zwangsläufig, dass er sich damit automatisch von einem gesamtdeutschen Denken verabschiedet hätte.[114] Sicher mochte auf den ersten Blick ein solcher Eindruck entstehen, und das umso mehr, wenn man sich die konkrete sowjetische Besatzungspolitik im östlichen Teil Deutschland vergegenwärtigt. Dort waren die von der Sowjetischen Militäradministration (SMAD) zwischen 1945 und 1949 eingeleiteten politischen, ökonomischen und gesellschaftlichen Umgestaltungsprozesse kaum dazu angetan, Deutschland – im ursprünglichen Sinne der Alliierten – dauerhaft als besatzungspolitische Einheit zu behandeln.[115]

Für Stalin stellten diese Maßnahmen indes keinen Widerspruch zu einer auf Gesamtdeutschland bezogenen Politik dar. Im Gegenteil: Schon sehr früh versuchten seine verantwortlichen Nachkriegsplaner, den Zonenfaktor zugunsten einer auf das Ganze ausgerichteten Deutschlandpolitik auszurichten. So traten etwa die in der stalinistischen Sowjetunion für die Zeit des Besatzungsregimes eigens herangebildeten deutschen Exilkader der KPD mit einem Aktionsprogramm an, das über das eigentliche sowjetische Okkupationsgebiet hinauszielte.[116]

Überaus deutlich wurde dies, als – nach vorheriger enger Abstimmung mit der Exil-KPD – der Kreml-Chef die SMAD dazu veranlasste, am 10. Juni 1945 mit dem Befehl Nr. 2 zur Gründung von Parteien an die Öffentlichkeit zu treten. Damit wurden Maßnahmen eingeleitet, die ganz den damals vorherrschenden politischen Rahmenbedingungen entsprachen. Wenn dieser Schritt für Deutsche und westliche Bündnispartner völlig unerwartet kam, dann war dies sowjetischerseits klar einkalkuliert. Denn nicht zuletzt unter deutschlandpolitischen Gesichtspunkten wollte man vor allem gegenüber den Westalliierten in dieser Frage einen deutlichen Vorsprung erreichen. Der schnelle Aufbau des Parteiensystems sollte sich möglichst nach den Maßgaben sowjetischer Vorstellungen vollziehen, und zwar in Berlin mit der jeweiligen Zentrale der als Reichsparteien konzipierten politischen Organisationen. Gerade davon erhoffte sich Stalin eine politische Ausstrahlungskraft, die weit über die jeweiligen Zonengrenzen hinaus, sprich gesamtdeutsch, wirken würde. Und dies umso mehr, als in der alten Reichshauptstadt bereits die politischen Schlüsselpositionen im dortigen Verwaltungsapparat in den festen Händen der aus dem Moskauer Exil zurückgekehrten deutschen Kommunisten waren.[117]

Was nun die inhaltlich-praktische Seite dieses Befehls Nr. 2 betraf, ergab sich ein grundsätzliches Problem, das in der Folgezeit die politische Arbeit der in der sowjetischen Besatzungszone (SBZ) aktiven Parteien prägen sollte: Gemeint ist die semantische Ebene des Dokuments. Die darin aufgeführten Formulierungen wie „antifaschistische Parteien", „bürgerliche Freiheiten" oder etwa „demokratische Grundlagen" wurden dabei stets im Sinne der damals gültigen sowjetischen Terminologie und Konnotation interpretiert. Diese deckten sich freilich nicht mit westlichen Demokratievorstellungen. Zu einer Wiederbelebung etwa des Weimarer politischen Modells wollten es die stalinistischen Deutschlandplaner ohnehin nicht mehr kommen lassen. Das stand für sie bereits seit 1944 fest.[118] Begleitet von stalinistischem Terror sowie politischer Verfolgung insbesondere von Politikern bürgerlicher Couleur wurde schließlich das Gemeinwesen der SBZ/DDR auf ein von Kommunisten dominiertes, pseudodemokratisches Mehrparteiensystem reduziert.[119]

Der Versuch, Strukturen mit gesamtdeutschem Modellcharakter und damit die Basis für eine sowjetische Einflussnahme auf die westlichen Landesteile zu etablieren, beschränkte sich indes nicht nur auf das Parteiensystem. Ähnliche Ambitionen verfolgten auch die im Sommer 1945 errichteten deutschen Zentralverwaltungen in der SBZ. Aber dieser Vorstoß scheiterte – und das bereits sehr früh unmittelbar nach der Konferenz von Potsdam – am Veto der Franzosen. Wenn Stalin auf solche deutschlandpolitischen Initiativen setzte, die ihm indirekt ein Mitspracherecht an der die Entwicklung in den westlichen Besatzungszonen verschaffen sollten, dann lagen dem nicht nur ideologische, sondern auch sicherheitspolitische Motive zugrunde. Denn nach wie vor befand sich das Herzstück der deutschen Industrie – und damit eine potenzielle Waffenschmiede – im Ruhrgebiet, das Teil der britischen Zone war. Begleitet waren solche Schritte von den vergeblichen Bemühungen Stalins, über seinen Außenkommissar Molotov auf den alliierten Außenministerkonferenzen jene Region einer internationalen Aufsicht unterstellen zu lassen.[120]

Wie sehr gegen Ende der 1940er Jahre Stalins allgemeine Deutschlandpolitik, besonders jedoch die in der sowjetischen Zone nicht nachlassende Sowjetisierung die Basis für eine alliierte Kooperation schwinden ließ, dokumentierte nicht zuletzt 1947 seine ablehnende Haltung zum Marshall-Plan. Dadurch wurde die SBZ automatisch von dem europäischen Wiederaufbauprogramm ausgeschlossen. 1948 war schließlich das Jahr, in dem sich die Anzeichen auf Spaltung der Nation weiter verdichteten. Am 20. März ließ Stalin die Mitarbeit im Alliierten Kontrollrat aufkündigen. Im selben Monat begab er sich erneut in die politische Offensive. In einem letzten Versuch und in der Überzeugung, dies aus einer Position der Stärke heraus zu tun, wollte er den „in Vorbereitung befindlichen westdeutschen Staat aus der Welt schaffen". Als Hebel hierfür diente die in der Nacht vom 23. auf 24. Juni 1948 verhängte Berliner Blockade. Sie unterband von da den Personen- und Handelsverkehr zwischen den Westzonen und Berlins Westsektoren. Auch die bis dahin von Ost-Berlin aus erfolgte Energierversorgung wurde für den Westteil der Stadt kurzerhand eingestellt. Die im Kreml überdies zeitweilig gehegte Hoffnung, mit erpresserischen Methoden West-Berlin übernehmen und in den sowjetischen Hegemonialbereich einbeziehen zu können, erwies sich jedoch bald als illusorisch. Alles in allem beschleunigte diese Maßnahme eher den Prozess der staatlichen Teilung. Denn nicht nur in Westdeutschland, sondern vor allem bei den Westberlinern wuchsen die antisowjetische Ressentiments, je mehr die westalliierte Luftbrücke ihre Wirkung zu entfalten begann. Die Aussichtslosigkeit seines ursprünglichen Vorhabens vor Augen, lenkte Stalin schließlich ein, so dass er am 12. Mai 1949 die Blockade aufhob.[121]

Von nun an deuteten die Zeichen endgültig und für ungewisse Zeit auf Zweistaatlichkeit. Zwar begrüßte Stalin die Gründung der Deutschen Demokratischen Republik, die am 7. Oktober 1949 nach vorherigen Konsultationen zwischen dem Kreml-Chef und der SED-Führung in Moskau als vermeintliche Antwort auf die Vorgänge im politischen Bonn vollzogen wurde. Ob er indes von der Aussage in seinem Grußtelegramm an Staatspräsident Wilhelm Pieck und Ministerpräsident Otto Grotewohl, das er am 13. Oktober übermitteln ließ, gänzlich überzeugt war, mag für den ansonsten eher gesamtdeutsch denkenden sowjetischen Diktator erheblich zu bezweifeln sein. Dass die Gründung des Oststaates ein „wesentlicher Beitrag zur Sicherung des Friedens in Europa" sei, wie er bei dieser Gelegenheit formulierte, war vielmehr ein Beispiel von Autosuggestion. Sie sollte die politische Niederlage nach außen propagandistisch verschleiern und dem Westen die alleinige Verantwortung für die insgesamt unerwünschte Entwicklung anlasten.

Anders verhielt es sich dagegen mit dem zweiten Teil des Telegramms. Hier zeigte sich Stalin wesentlich authentischer. Nachdem man in den vorangegangenen Jahren im östlichen Landesteil unter der Ägide der Sowjetischen Militäradministration gemeinsam mit der SED wichtige Weichenstellungen für die Etablierung stalinistischer Strukturen gestellt hatte, war es geradezu konsequent, darin das Muster für den künftig zu schaffenden Einheitsstaat zu sehen. Folglich gipfelte seine telegrafisch übermittelte Adresse in den Worten, die DDR fortan als „Grundstein für ein einheitliches demokratisches und friedliebendes Deutschland" zu betrachten.[122] Der Oststaat war deshalb keinesfalls ein „ungeliebtes Kind", wie manche Historiker meinen.[123]

Ein letzter spektakulärer Versuch, die deutsche Frage auf die politische Tagesordnung zu bringen und ihr damit eine im sowjetischen Sinne positive Wendung zu geben, unternahm Stalin ein knappes Jahr vor seinem Tod. Am 10. März 1952 lenkte er durch die sogenannte Stalin-Note abermals die ganze politische Aufmerksamkeit der deutschen Öffentlichkeit und der Westalliierten mit dem Angebot auf sich, ein wiedervereinigtes Deutschland unter der Maßgabe der Neutralität zu akzeptieren. Freilich ist inzwischen hinlänglich belegt, dass die Offerte lediglich ein propagandistisches Störmanöver war. Sie sollte die weiteren Prozesse der bundesdeutschen Westintegration hintertreiben und vor allem die Wiederbewaffnung der Bonner Republik verhindern. Gleichzeitig zielte die Note darauf ab, die politische Stimmung in der Bundesrepublik anzuheizen und ein allgemeines Klima zu schaffen, in dem der Sturz des im Osten verhassten „Adenauer-Regimes" möglichst gelingen würde.[124] Aber auch dieser Intention war der Erfolg nicht vergönnt.

Gleichwohl ist für Stalins Deutschlandpolitik nach 1945 abschließend festzuhalten: So sehr sein politisches Maximalprogramm danach trachtete, den Sozialismus nach Möglichkeit auf das gesamte Land auszuweiten, so wenig versuchte er dies mit Hilfe einer militärischen Aggression. Politischer Druck, blanke Erpressung oder kommunistische Unterwanderungs- und Destabilisierungsversuche erschienen ihm als legitime Maßnahmen, um ein solches Ziel zu erreichen. Der Krieg als Fortsetzung der Politik mit anderen Mitteln, wie es der ihm aus der Lektüre längst vergangener Jugendtage überaus vertraute Militärtheoretiker Carl von Clausewitz einst formulierte, kam für Stalin nicht in Frage.[125]

Deutschland blieb somit weiterhin Nahtstelle des Ost-West-Konflikts in Europa. Als Exerzierfeld des Kalten Krieges, auf dem sich fortan zwei hochgerüstete antagonistische Blöcke gegenüberstanden, musste das geteilte Land von da an noch nahezu vier Jahrzehnte warten, bis unter Michail Gorbačev die deutschlandpolitischen Nachlassverwalter Iosif Stalins im Mai 1990 ihr endgültiges Plazet für die deutsche Einheit in Freiheit gaben.[126]

4. „Vergesst den Osten nicht!"

„Wer den Triumph des Sozialismus will", so Stalin im November 1918 in der durch sein Volkskommissariat für Nationalitätenfragen herausgegebenen Zeitschrift „Žizn' nacional'nostej" (Das Leben der Nationalitäten), „darf den Osten nicht vergessen".[127] Diese geradezu programmatische Aussage traf nicht nur auf die unmittelbar an der östlichen und südöstlichen Peripherie der russischen Kernlande angrenzenden Gebiete des ehemaligen Zarenreiches zu. Sie galt in weiterer Perspektive auch für die in Lenins Imperialismustheorie benannten kolonialen und halbkolonialen Länder der asiatischen Welt. In diesem Zusammenhang konzentrierte sich die Aufmerksamkeit der revolutionären Bol'ševiki von Anfang an auf China. Stellte in Westeuropa das hochindustrialisierte Deutschland mit seinem klassenbewussten Proletariat die eigentliche Basis für die weltrevolutionären Hoffnungen dar, so traf dies – freilich in abgewandelter Form – auch für China zu. Die Chinesen wurden als natürliche Verbündete im Kampf gegen Großbritannien, Europa und die USA betrachtet, weil ihr Land in weltwirtschaftlicher und geopolitischer Hinsicht in einer vergleichbaren Ausgangssituation war wie einst Russland vor der Oktoberrevolution. Sowjetrussland, das eben erst Bürgerkrieg und alliierte Intervention erfolgreich durchlebt hatte, schien deshalb geradezu paradigmatisch den Weg zu weisen, wie Eroberung oder gar territoriale Zerschlagung durch Europäer und Amerikaner abgeschmettert werden konnten.

Gleichzeitig besaß für die Bol'ševiki ihr eingeschlagener Kurs Modellcharakter, um ein Imperium und eine nationale Identität zu transformieren, ohne sich dabei auf den Staatsapparat der traditionellen Bürokratie und der reaktionären Eliten stützen zu müssen. Sollte etwas annähernd Vergleichbares in China gelingen, eine Revolution der nationalen Befreiung etwa, die Ausländer mit ihrem Kapital zum Rückzug aus diesem Land zwingen würde, hätte man dadurch der „imperialistischen Welt", allen voran den Briten, einen herben Rückschlag erteilt. Und das wiederum bedeutete nicht nur ein Zugewinn an Sicherheit für die nach wie vor international isolierte Sowjetmacht, sondern zugleich einen erheblichen „Sprung nach vorn in Richtung Revolution und Klassenemanzipation in Asien". Die dahinter stehenden gewaltigen Menschenmassen, so das Kalkül der gerade erst im eigenen Land erfolgreichen russischen Revolutionäre, würde am Ende die sichere Basis für eine globale sozialistische Revolution bilden.

Verantwortungslose Bündnispolitik

Angesichts solch ambitionierter Vorsätze überrascht es wenig, dass die junge Sowjetmacht mit größtem Nachdruck danach strebte, möglichst rasch Beziehungen zu China aufzunehmen. Sie tat dies auf insgesamt drei Ebenen. Im September 1920 gelang die diplomatische Anerkennung durch die politisch instabile chinesische Zentralregierung in Peking. Doch weitaus relevanter für die Interessen der sowjetischen Chinapolitik waren die Kontakte, die Moskau im Wesentlichen über die Komintern zu der 1921 gegründeten und noch im Aufbau befindlichen Kommunistischen Partei Chinas (KPCh) sowie zur KMT, der national-revolutionären Kuomintang, anbahnte und von da an intensiv zu pflegen versuchte.[128] Zwar lehnte die von Sun Yat-sen geführte KMT im Unterschied zur chinesischen KP das Klassenkampfmodell als revolutionären Orientierungsrahmen entschieden ab. Da sie aber in dem politisch zerrütteten Land als einzige Kraft überzeugend und mit einem organisatorisch starken Apparat den nationalen Anspruch Chinas symbolisierte, wurde sie für die Sowjetunion kurzerhand zu einem attraktiven Ansprechpartner. Das galt umso mehr, als die Kommunisten im Lande noch über keinerlei gesicherte Positionen verfügten. Und so bildete der II. Weltkongress der Komintern, der sich 1922 darauf verpflichtete, mit national-revolutionären Bewegungen zusammenzuarbeiten, um gemeinsam feudale Strukturen sowie koloniale und halbkoloniale Abhängigkeiten zu bekämpfen, die eigentliche Kooperationsbasis zwischen Moskau und der Kuomintang.[129] Im Rahmen dieses Konzepts wurde dann der nationalen KP eine ganz bestimmte Funktion zugedacht, wobei man sich auf Dauer eine verbesserte Ausgangslage für die Sache des Sozialismus versprach.

Was in diesem Zusammenhang anachronistisch anmutete, war die Tatsache, dass Moskau schon seit 1919 gegenüber der chinesischen Zentralregierung eine Politik einschlug, die sich an harten russisch-nationalen Interessen orientierte. Erinnerungen an die imperialistische Expansionsphase der zarischen Autokratie lebten wieder auf, wenn die neuen Machthaber im Kreml darauf beharrten, ihren traditionellen Einfluss in der Mandschurei und der Äußeren Mongolei wiederherzustellen. Davon begleitet waren –

ungeachtet aller Freundschaftsbekundungen – die Ansprüche auf die Ostchinesische Eisenbahn. Sie wurden kurzerhand aus der einstigen Verfügungsgewalt des Russischen Reiches abgeleitet.

Von solch imperialen Machtambitionen rückte auch Stalin grundsätzlich zu keinem Zeitpunkt ab. Schon sehr früh zeichnete er für die sowjetische Chinapolitik verantwortlich. Bereits 1922 stellte Außenkommissar Čičerin mit großer Genugtuung fest, dass die chinapolitischen Fäden bei dem soeben zum Generalsekretär der RKP (b) gewählten Politiker zusammenliefen. Moskaus „höchste Autorität in allen China betreffenden Angelegenheiten", wie der hochrangige finnische Kominternfunktionär Otto Kuusinen 1928 noch formulierte, lag von da an für nahezu drei Jahrzehnte ganz wesentlich in den Händen einer Person: Stalin.[130] Daran änderte selbst der Umstand wenig, dass zahlreiche Gremien, Organisationen und Emissäre im Auftrag der Komintern, des Narkomindel oder des Politbüros die sowjetische Politik gegenüber dem Reich der Mitte stellvertretend wahrnahmen.

Was kennzeichnete nun Stalins Vorgehen gegenüber China und wie positionierte er sich zu dem – aus seiner Sicht wenig wünschenswerten – politischen Wandel der chinesischen KP? Denn diese emanzipierte sich allmählich von ihrer weisungsabhängigen Position innerhalb der Kommunistischen Internationale zu Beginn der 1920er Jahre und stieg 1950 zu einem nahezu gleichberechtigten Bündnispartner der Sowjetunion auf, was wiederum für die Außenpolitik Moskaus, das spätestens nach 1945 als Supermacht neben den Vereinigten Staaten globale politische Verantwortung übernahm, eine besondere Herausforderung darstellte.

Bereits sehr früh kristallisierte sich in Stalins Chinapolitik ein Wesenszug heraus, der bis zur politischen Machtergreifung der dortigen Kommunisten im Jahre 1949 mehr oder weniger gleichbleibend sein sollte: Es war vor allem pragmatisch-taktisches Kalkül, das ihn veranlasste, bei der Zusammenarbeit vor Ort bevorzugt auf die organisatorisch stärker im Lande verankerte nationale Befreiungsbewegung der Kuomintang zu setzen. Ideologische Meinungsverschiedenheiten stellten in diesem Zusammenhang keinerlei Hindernisse dar. Es zählte allein die Tatsache, dass Sun Yat-Sens Organisation die instabile korrupte Zentralregierung stürzen, die Gewalt regional konkurrierender Warlords brechen und das Land am Ende politisch unter seiner Führung vereinen wollte. Da dies unweigerlich zur Folge haben würde, auf lange Sicht den – nichtsowjetischen – ausländischen Einfluss aus China zu verdrängen, erblickte man darin im Kreml zwangsläufig die Chance für eine kommunistische Machtergreifung.

Das alles sollte unter sowjetischer Regie ablaufen. Die Rolle, die Stalin dabei den chinesischen Kommunisten zuwies, glich eher von taktisch-operativ einsetzbaren Bauern in einem Schachspiel um die Macht. Sie blieben eine politische Manövriermasse, solange ihr Einfluss und ihre Akzeptanz unter der Bevölkerung nur sehr begrenzt waren und sich keinerlei realistische Aussicht bot, dass sie in dem innenpolitischen Machtkampf die Oberhand gewinnen würden. Gerade dieses mitunter rücksichtslose Verhalten Stalins führte schließlich dazu, dass es in der Folgezeit immer wieder Spannungen zwischen der KPCh und Moskau gab.[131]

Vorerst jedoch fügte man sich den Weisungen aus der Sowjetunion. Über die Komintern, die in dieser Phase Stalins Hebel zur Führung der KPCh darstellte, wurde angeordnet, mit der Kuomintang ein Blockbündnis einzugehen, diese organisatorisch zu durchdringen und politisch zu unterwandern. Gleichzeitig erhoffte man sich verbesserte Möglichkeiten, den Kommunisten eine breitere Basis innerhalb des südchinesischen Proletariats zu verschaffen. Auch hierzu sollte die KMT das eigentliche Einfallstor darstellen, zumal sie zum damaligen Zeitpunkt den Süden des Landes politisch dominierte.

Das Konzept scheiterte indes an der Haltung Sun Yat-Sens. Dieser lehnte eine Zwei-Parteien-Allianz kategorisch ab. Daraufhin änderte die Moskauer Komintern-Zentrale das strategische Vorgehen. Die Mitglieder der chinesischen KP erhielten die Order, individuell der KMT beizutreten und sich vorerst deren politischen Anordnungen zu fügen. Das Ganze zielte darauf ab, sich auf längere Sicht dort einzunisten und zur gegebenen Zeit, so die Umstände es zuließen, entsprechend die Initiative zu ergreifen.[132] Spätestens seit der zweiten Hälfte der 1920er Jahre erwies sich Moskaus Strategie als ein riskantes politisches Spiel mit fatalen Folgen. Es brachte die chinesischen Kommunisten an den Rand des existenziellen Abgrunds.[133]

Seit 1923 stand indes zunächst die nationalistische Befreiungs-
mission auf der revolutionären Agenda. Und diese trachtete mit
oberster Priorität danach, die „imperialistischen Mächte" aus dem
Land zu jagen. Über die individuelle Mitarbeit von KPCh-Mit-
gliedern setzte Moskau aber zuversichtlich darauf, die KMT für
die Zwecke des proletarischen Umsturzes und der „Agrarrevolte"
hinlänglich reformieren zu können.[134] Die Linie war freilich unter
der an der Basis wirkenden KP nicht unumstritten. Vor allem
Mao Zedong, der aufsteigende Stern der kommunistischen Bewegung, bemühte sich in zahlreichen Petitionen an die Komintern-
führung eindringlich darum, den Bruch mit der national-revolutionären Kuomintang herbeiführen zu dürfen. Doch seine
Warnungen verhallten ungehört.[135]

Stattdessen gewährte Moskau umfangreiche materielle und
finanzielle Hilfen, die vor allem der Kuomintang zugute kamen.
Besonders das Aufrüstungsprogramm und die nun vermehrt zum
Einsatz gebrachten sowjetischen Militärberater versetzten die
Bewegung in eine günstige Ausgangslage für entscheidende, auf
die Einigung des Landes zielende Militäroperationen.

Während man in der Sowjetunion daran glaubte, über die
materiellen Zuwendungen, die große Zahl an Kominterninstruk-
teuren und nicht zuletzt über die chinesische KP die Entwicklung
weitgehend im Griff zu haben, drohte die Situation vor Ort außer
Kontrolle zu geraten. Denn seit 1925 gingen die Kommunisten
mit ihren sowjetischen Helfershelfern dazu über, gemäß Stalins
Vorstellungen allmählich innerhalb der Kuomintang nach Hege-
monie zu streben. Sie versuchten insgeheim ihre Positionen in
deren Zentralem Exekutivkomitee und nicht zuletzt in der nationalistischen KMT-Regierung auszubauen.[136]

Von da an überschlugen sich die Ereignisse. Nach dem Tod
Sun Yat-sens hatte im März 1925 General Chiang Kai-shek, der
Kommandeur der Kantoner Streitkräfte, eine führende Funktion
in der KMT eingenommen. Auch er gehörte ursprünglich zu den
Befürwortern einer engen Kooperation mit der KPCh. Doch die
Beziehungen verschlechterten sich zusehends, als die Kommunisten immer unverhohlener auf Stalins Geheiß nach der Macht zu
greifen suchten. Die Bemühungen der sowjetischen Militärberater, Chiang Kai-shek von einem lang geplanten Nordfeldzug zur

Einigung des Landes abzubringen, taten ihr Übriges, um den Entfremdungsprozess zu forcieren.[137] Am 26. März 1926 reagierte der General mit einer Art Staatsstreich, um den Einfluss der KP und der sowjetischen Instrukteure in der KMT-Hochburg Kanton zurückzudrängen.

Stalin und die Komintern sahen darin indes keinen Anlass, das bestehende Bündnis, wie Mao es schon seit Jahren gefordert hatte, aufzukündigen. Selbst als im Monat darauf, am 12. April, Chiang Kai-sheks Getreue unter gewerkschaftlich organisierten Arbeitern in Shanghai ein Massaker anrichteten, kam aus Moskau die Direktive, von jeglicher Provokation abzusehen und sich unter keinen Umständen auf einen offenen Kampf einzulassen. Für Komintern und KPCh galt auch weiterhin Stalins Strategie der Einheitsfront. Gewiss wurden Chiangs Übergriffe verurteilt, und er wurde als „Verräter der Revolution" angeprangert. Doch zu weiteren Konsequenzen kam es zunächst nicht. Stalin hielt unvermindert an seiner Auffassung fest, dass man Chiang mit seinem rechten Kuomintang-Fügel „bis zu Ende ausnützen, wie eine Zitrone ausquetschen und dann wegwerfen" sollte.[138]

Erst im April 1927 kam der längst überfällige Bruch mit der KMT. Und auch dieser wurde nicht von Stalin dekretiert, sondern durch die Fakten geschaffen, die Chiang Kai-sheks neuer politischer Kurs nach sich zog. Die bereits in größte Bedrängnis geratenen chinesischen Kommunisten konnten damit aufatmen und die bis dahin von Moskau verordnete Passivität in einem Selbstbefreiungsschlag überwinden. Aber auch jetzt konnten sie sich Stalin nicht entziehen. Dieser erblickte nämlich den letzten Rettungsanker für seine im Grunde hoffnungslos gescheiterte Bündnispolitik in der verstärkten Zusammenarbeit mit der linken Kuomintang-Regierung, die sich inzwischen in der südostchinesischen Stadt Wuhan niedergelassen hatte. Um die Aussichten darauf zu verbessern, war Stalin bereit, sich mit direkten finanziellen Subventionen den linken KMT-Flügel gewogen zu stimmen:

„Denn Wuhan als gesondertes Zentrum zu verlieren bedeutet immerhin, ein Zentrum der revolutionären Bewegung zu verlieren, die Möglichkeit freier Arbeiterversammlungen und -kund-

gebungen zu verlieren, die Möglichkeit der offenen Existenz der Kommunistischen Partei zu verlieren, die Möglichkeit einer offenen revolutionären Presse zu verlieren, das Proletariat und die Revolution offen zu organisieren. Ich versichere Euch, es ist wert, Wuhan dafür weitere 3 bis 5 Millionen zu geben. Wir müßten nur die Sicherheit haben, daß Wuhan sich nicht auf Gedeih und Verderb Nanking [dem Hauptquartier der rechten Kuomintang] ausliefert und das Geld umsonst verschwendet wird."[139]

Als auch dies am Ende nichts bewirkte und die linke KMT-Regierung zu den Kommunisten weiter auf Distanz ging, sie aus ihren Reihen ausschloss und Moskaus Militärberater des Landes verwies, stand man vor einem bündnispolitischen Scherbenhaufen. Statt daraus die entsprechenden Konsequenzen zu ziehen, trat Stalin die Flucht nach vorn an. In verantwortungsloser Selbstüberschätzung stürzte er die KPCh in eine Serie bewaffneter Erhebungen, die allesamt kläglich in sich zusammenbrachen. Die aufständischen Kommunisten bezahlten diesen verzweifelten Akt nicht nur mit einem hohen Blutzoll, sondern am Ende auch mit dem Verbot ihrer Partei.

Der absolute Tiefpunkt Stalinscher Chinapolitik war damit aber noch nicht erreicht. Erst als die Nationalregierung der zwischenzeitlich wiedervereinigten Kuomintang im Dezember 1927 die diplomatischen Beziehungen zu Moskau abbrach, wurde nach außen für jedermann sichtbar, dass Stalins bündnispolitische Strategie auf breiter Front gescheitert war. Es mutet an wie eine ironische Fußnote in der Geschichte der sowjetisch-chinesischen Beziehungen, doch die KMT, aufgerüstet durch die Hilfe der Sowjetunion, ging von nun an erfolgreich dazu über, die Warlords in Nordchina zurückzudrängen. Und auch im Süden des Landes gelang es, einen ebenso siegreichen Vernichtungsfeldzug gegen die letzten versprengten Reste der Kommunisten zu führen. Diejenigen, die den grausamen Racheakten von Chiang Kai-sheks Truppen entkamen, blickten auf eine Parteiorganisation, die nur noch ein Torso war. Von nun an galt es, unter den Bedingungen ständiger Bedrohung und in mühsamer, konspirativer Kleinarbeit einen neuen Parteiapparat zu errichten.

Unterdessen war man in den politischen Führungszirkeln der Komintern und der VKP (b) dazu übergegangen, sich mit gegenseitigen Schuldzuweisungen für das Chinafiasko zu überschütten. Stalin, der nach wie vor von der Richtigkeit seiner Politik überzeugt war,[140] kam selbst dabei überaus glimpflich davon. Das wiederum sprach dafür, dass seine Position im Kampf um die innerparteiliche Macht bereits erheblich gefestigt war. Mehr noch: Er verstand es – ähnlich wie bereits in dem Debakel um den gescheiterten „Deutschen Oktober" von 1923 – geradezu virtuos, die außenpolitische Niederlage in einen Punktsieg gegen seine innenpolitischen Widersacher, die „Vereinigte Opposition" unter Trockij und Zinov'ev, umzumünzen.[141] Spätestens 1928 auf dem VI. Weltkongress der Kommunistischen Internationale stand fest, wem man – unter Verdrehung historischer Tatsachen – die eigentliche Verantwortung für das gesamte Debakel anlastete: Nicht Stalin, sondern allein der chinesischen KP-Führung wurde unterstellt, in einem Anflug von Abenteurertum in der zweiten Hälfte des Jahres 1927 eine „putschistische Linie" verfolgt und damit die eigentliche Niederlage ausgelöst zu haben.

Ideologische Rivalitäten

Stalins klägliches Scheitern in China sollte sich auf Dauer als eine schwere Hypothek erweisen, auch wenn dies zunächst keineswegs so erscheinen mochte. Das galt vor allem mit Blick auf die Person Mao Zedongs. Dieser hatte freilich zum damaligen Zeitpunkt noch nicht die führende Stellung innerhalb der Partei eingenommen. Doch in den darauf folgenden Jahren, in denen die Neuformierung der Parteiorganisation auf der politischen Tagesordnung der chinesischen Kommunisten stand, setzte sich Mao zunehmend durch. Im Oktober 1935 stand er nach dem legendären langen Marsch bereits an der Spitze der drei wichtigsten Führungsgremien: der Parteileitung, der Militärkommission des ZK und der in der Region Nord-Shaanxi wirkenden kommunistischen Sowjetregierung. Spätestens 1938 hatte er sich gegenüber seinem letzten politischen Konkurrenten Wang Ming durchgesetzt, der bis dahin die Rückendeckung Stalins genoss. Von da an blieb dem sowjetischen Diktator, der vom fernen Moskau aus

Maos unaufhaltsamen Aufstieg zum Parteiführer nur wenig beeinflussen konnte, nichts anderes übrig, als sich gezwungenermaßen auf die neuen Umstände einzustellen.[142]

Stalins Vorbehalte gegenüber Mao basierten auf zahlreiche Meinungsverschiedenheiten, die bis in die 1920er Jahre zurückreichten. Gewiss waren beide Persönlichkeiten pragmatisch genug, diesen Dissens nicht überzustrapazieren. Taktische Winkelzüge auf dem Weg zur Macht ließen es vor allem Mao geraten erscheinen, sich nicht mit dem sowjetischen Generalsekretär zu überwerfen. Doch in dem Moment, als die chinesischen Kommunisten im Verlauf der 1940er Jahre den innerchinesischen Machtkampf allmählich zu ihren Gunsten entschieden, zeichnete sich ein immer deutlicheres Rivalitätsverhältnis zwischen Stalin und Mao ab.[143]

Hatte Mao – wenn auch widerstrebend – Stalins bündnispolitische Linie aus Gründen der Parteidisziplin gegenüber Moskau mitgetragen, so setzte bei ihm 1927 ein Umdenken ein, das in mancherlei Hinsicht emanzipatorische Züge trug. Aus dem Fehlschlag der von Moskau dekretierten städtischen Revolten zog er seine Konsequenzen: Wenn die Revolution am Ende erfolgreich sein sollte, musste sie in den Dörfern verwurzelt sein, um von dort aus den Siegeszug anzutreten. Und das wiederum setzte nicht zuletzt eine radikale Bodenreform zugunsten verarmter Kleinbauern voraus. Mit seiner ultralinken, auf die revolutionäre Umwälzung von Chinas Agrarregionen zielenden Politik leitete er eine Entwicklung ein, die ihm 1949 mit seinem Sieg im chinesischen Bürgerkrieg schließlich Recht gab. Sie stand jedoch in deutlichem Widerspruch zu der damals von Stalin noch favorisierten liberalen Neuen Ökonomischen Politik. Der chinesische KP-Funktionär legte sich damit auf einen von Stalin und der Komintern unabhängigeren Kurs fest.[144] Im Kreml verfolgte der Generalsekretär der VKP (b) deshalb jene Vorgänge mit äußerster Skepsis – und dies umso mehr, als Mao vor allem auf ideologisch-theoretischem Gebiet mit weiteren Aktivitäten aufwartete. Diese stellten Stalins Autorität zwar nicht grundsätzlich in Frage, sie zeugten allerdings auch nicht davon, dass er sich dem universalistischen Führungsanspruch Stalins unreflektiert und vorbehaltlos unterwerfen wollte.

Das galt vor allem in dem Moment, als sich Mao in den 1930er Jahren immer weiter auf das Feld der Revolutionstheoretiker vorwagte. 1937 warnte er in zwei Vorlesungen davor, die Lehre des Marxismus-Leninismus, aber auch den Stalinismus schematisch auf die besonderen chinesischen Verhältnisse zu übertragen, weil sie seiner Auffassung nach einen „russifizierten Marxismus" darstellten. In zwei 1939 publizierten Broschüren über „Die Chinesische Revolution und die Chinesische Kommunistische Partei" bzw. „Über die Neue Demokratie" legte er sich mit der im Jahr zuvor in Stalins Auftrag verfassten und von ihm autorisierten offiziellen „Geschichte der Kommunistischen Partei der Sowjetunion (Bolschewiki)" an. Das unter der Bezeichnung „Kurzer Lehrgang" in die Geschichte des Stalinismus eingegangene Werk besaß geradezu kanonischen Wert. Es diente allein dazu, der kommunistischen Weltbewegung Grundorientierungen für eine erfolgreiche Revolution zu vermitteln. Abermals sprach Mao dem darin zugrunde gelegten politischen und organisatorischen Programm den Modellcharakter für China ab und beanspruchte stattdessen für sein Land eine Sonderform des Marxismus. Gleichwohl war er umsichtig genug, nicht in Opposition zu Stalin zu gehen. Es mangelte zu keiner Zeit an offenen Loyalitätsbekundungen gegenüber dem sowjetischen Generalsekretär, was den Eindruck erweckte, er würde das „Lehrer-Schüler-Verhältnis" widerspruchslos akzeptieren.

Zweifel blieben indes angebracht. Schon im Jahr darauf, im Januar 1940, schien sich Mao deutlich von Stalins vorgegebenem „sowjetischen Weg" abzusetzen. Denn die anzustrebende „chinesische demokratische Republik", in der die besondere Form einer „Neuen Demokratie" verkörpert werden sollte, wich seiner Auffassung nach von den traditionellen kapitalistischen Republiken europäisch-amerikanischer Prägung ab. Sie sollte sich aber auch von einer „sozialistischen Republik sowjetischen Typs" unterscheiden. Was bei dieser Gelegenheit im Kreml besonders aufhorchen ließ und dort überaus besorgt registriert wurde, war eine andere Tatsache: Mao schien sich nunmehr auf internationales Terrain zu begeben. Sein Konzept der „Neuen Demokratie" beanspruchte er nicht nur für China; es besaß ebenso paradigmatischen Charakter mit Blick auf die Revolutionen in „allen kolonialen und halbkolonialen Ländern". Der chinesische KP-Führer maßte sich also an, sich künftig für den Kampf und die Emanzipation der Völker, allen voran der „Völker des Ostens", engagieren zu wollen. Und damit brach er in eine traditionelle Domäne ein, die Stalin allein der Sowjetunion und ihrer Außenpolitik vorbehalten wollte.[145]

Politik im Schatten japanischer Aggression

Trotz solch ideologischer Herausforderungen kam es zum damaligen Zeitpunkt dennoch nicht zum Bruch. Wenn Stalin Maos Widerspenstigkeit zunächst billigend in Kauf nahm, dann sprachen dafür in erster Linie die historisch-politischen Sachzwänge. Denn seit Anfang der 1930er Jahre wurde die stalinistische Sowjetunion zunehmend nicht nur an ihrer Westflanke durch den europäischen Faschismus bedroht, besonders nach dem Siegeszug der Nationalsozialisten in Deutschland; auch in ihrem asiatischen Grenzgebiet gaben die politischen Entwicklungen Anlass zur ernsten Sorge: Mit der japanischen Aggression gegen die Mandschurei, die im September 1932 mit der Gründung des japanischen Marionettenstaates Mandschukuo ein vorläufiges Ende fand, entstand für Moskau eine riskante Lage. Erstmals hatte man jetzt eine gemeinsame Grenze mit dem imperialistischen Japan. Zudem war nicht mehr auszuschließen, dass die Japaner in absehbarer Zeit auch nach der Äußeren Mongolei, einem traditionell russischen Einflussgebiet, mit dem die UdSSR seit 1936 einen Beistandspakt unterhielt, ausgreifen würden. 1937 spitzte sich die Situation weiter zu. Schon seit längerem schwelte ein Konflikt zwischen Japan und China, aus dem sich Moskau tunlichst heraushielt, um keinerlei Vorwand für eine direkte Konfrontation mit der neu aufstrebenden Großmacht in Fernost zu liefern. In der Nacht vom 7. auf den 8. Juli provozierten die Japaner einen Zwischenfall auf der Marco-Polo-Brücke unweit von Peiping, was schließlich in einem offenen Krieg endete.

Das stalinistische Regime konnte dem Ganzen durchaus etwas Positives abgewinnen. Die Ereignisse in China hatten vorerst einen japanischen Angriff auf die UdSSR abgewendet. Gleichzeitig verbesserten sich unter diesen Bedingungen die politischen

Beziehungen zur damaligen Kuomintang-Regierung unter Chiang Kai-shek, was am 21. August 1937 in einem Nichtangriffs- und Freundschaftspakt gipfelte.[146]

Nicht erst jetzt wandte Moskau dem Nachbarland China wieder besondere Aufmerksamkeit zu. Schon im Vorfeld des sino-japanischen Krieges gaben Stalins sicherheitspolitische Interessen den Ausschlag, mit größtem Nachdruck auf eine antijapanische Einheitsfront von KPCh und der KMT zu drängen. Dabei wischte er auch diesmal alle ideologischen Barrieren beiseite und ließ sich ausschließlich von machtpolitischem Kalkül leiten. Ungeachtet der vorangegangenen leidvollen Erfahrungen mit Chiang Kai-sheks brutaler Politik gegenüber den chinesischen Kommunisten behandelte Stalin abermals die KMT als Vorzugspartner. Was dafür sprach, waren allein die nüchternen Zahlen: Die Kuomintang hatte etwa zwei Million Mann unter Waffen, Maos Rote Armee stellte dagegen rund 100.000 Soldaten.[147] Gegenüber dem späteren Marschall Vasilij Čujkov, der als Miliärberater und sowjetischer Verbindungsoffizier daraufhin zu Chiang Kai-shek abkommandiert wurde, machte Stalin daraus keinerlei Hehl. In für ihn ungewohnter Offenheit räumte er ein:

> *„Es sollte scheinen, [… als ob] die chinesischen Kommunisten uns näher stehen als Chiang Kai-shek. Es sollte scheinen, […] als ob] man ihnen auch die meiste Hilfe geben müsste […] Aber diese Hilfe würde wie ein Export der Revolution in ein Land aussehen, mit dem wir diplomatische Beziehungen unterhalten. Die KPCh und die Arbeiterklasse sind noch zu schwach, um Führer im Kampf gegen den Aggressor zu sein. […] Mit der Regierung Chiang-Kai-sheks wurden entsprechende Verträge [der Nichtangriffs- und Freundschaftspakt vom 21. August 1937 – S.C.] geschlossen. Machen Sie sich mit allen diesen Dokumenten vertraut, Sie werden in strikter Übereinstimmung mit ihnen tätig werden.“*[148]

Angesichts der Gefahr eines Zweifrontenkrieges mit Japan und Deutschland hatte der Kremlchef also innerhalb des unnatürlichen Bündnisses zwischen Chiangs nationalrevolutionärer Bewegung und Maos Kommunisten auf den stärkeren Allianzpartner gesetzt. Die KP hatte sich widerspruchslos unterzuordnen mit dem Ziel, den japanischen Aggressor militärisch massiv an den chinesischen Kriegsschauplatz zu binden. Es mag zynisch erscheinen, doch der sowjetische Diktator war fest entschlossen, „gegen Japan bis zum letzten Chinesen zu kämpfen".[149]

Stalins sicherheitspolitisches Kalkül, im Fernen Osten eine verstärkte Abwehrfront zu schaffen, ging letztlich auf. Die Kampfhandlungen blieben weitgehend auf China begrenzt. Als überdies zwischen der Sowjetunion und dem kaiserlichen Japan am 13. April 1941 ein Neutralitätspakt unterzeichnet worden war, konnte man im Kreml aufatmen.[150] Der Albtraum, von zwei imperialistischen Mächten in die Zange genommen zu werden, schien damit gebannt.

Unterdessen gestalteten sich die Beziehungen zu Mao allerdings sichtlich schwieriger. Und das wiederum verdeutlichte, dass die auf Stalins Betreiben zustande gekommene antijapanische Einheitsfront eher auf dem Papier als in der Praxis existierte. Nach wie vor sorgte das Misstrauen zwischen den chinesischen Bündnispartnern für Spannungen, so etwa als die KMT Ende 1938 in Wuhan kommunistische Massenorganisationen auflöste.[151] Der Kremlchef tat zudem ein Übriges, dass Mao nur zögerlich die ihm zugewiesene Funktion in der gegen Tokyo gerichteten Allianz erfüllte. Während Moskau umfangreiches Kriegsmaterial an die Militärverbände der KMT lieferte und diese großzügig aufrüstete, blieben die ebenfalls in die Kampfhandlungen gegen die Japaner verwickelten Truppen der chinesischen Roten Armee weitgehend auf sich allein gestellt. Alle Versuche Maos, in dieser Ungleichbehandlung Abhilfe zu schaffen, verliefen weitgehend erfolglos. Was dagegen aus der Sowjetunion eintraf, beschränkte sich zumeist auf Medikamente und politische Literatur, darunter die Werke Stalins und Lenins. Die bekannt gewordenen Waffenlieferungen besaßen eher symbolischen Charakter. So ließ man beispielsweise zu Beginn des Jahres 1943 den KP-Verbänden sechs Flugabwehrkanonen und 120 Maschinengewehre über die Kuomintang zukommen.

Gleichzeitig erwartete die sowjetische Führung, dass sich Maos Verbände rücksichtslos, ohne die Sicherheit der bis dahin von den Kommunisten beherrschten Gebiete zu gewährleisten, in den

Kampf gegen die Japaner werfen sollten. Das allerdings widersprach den Intentionen Maos und seiner Weggefährten. Anstatt sich leichtfertig durch die UdSSR für verlustreiche offene Feldschlachten instrumentalisieren zu lassen, verlegte man sich in erster Linie auf Guerillataktik. Es galt, die eigenen kommunistischen Kräfte zu schonen, um nach dem Ende des Zweiten Weltkriegs den innerchinesischen Machtkampf zugunsten von Maos Modell einer „Neuen Demokratie" zu entscheiden.[152]

Imperialer Expansionist

Bis dahin sollten aber noch vier Jahre vergehen. Denn seit der Konferenz von Jalta im Februar 1945 boten sich Stalin im Rahmen der alliierten Kriegskoalition Optionen, die es mit Blick auf China wenig opportun erscheinen ließen, dort sogleich forciert auf eine kommunistische Machtübernahme hinzuwirken. Angesichts einzigartiger imperialer Expansionsmöglichkeiten im Fernen Osten hatte aus Sicht des Kreml das revolutionäre Moment zunächst einmal in den Hintergrund zu treten. So hatte sich Stalin den Kriegseintritt gegen Japan auf der Krimkonferenz durch ausgesprochen verlockende Zusagen seiner westlichen Bündnispartner abringen lassen. US-Präsident Roosevelt und der britische Premierminister Winston Churchill stimmten nicht nur prinzipiell zu, die ehemaligen russischen Privilegien in der Mandschurei, die das Zarenreich nach der Niederlage im russisch-japanischen Krieg von 1905 verloren hatte, wiederherzustellen. Sie sicherten auch die Rückgabe Süd-Sachalins und der damals verloren gegangenen Kurilen zu. Schließlich akzeptierten sie das sowjetische Protektorat über die Äußeren Mongolei, räumten Stalin die exterritoriale Kontrolle über die Ostchinesische Eisenbahn ein und gaben ihr Plazet zur Verpachtung von Port Arthur an die Sowjetunion.

Im Gegenzug für die anglo-amerikanische Tolerierung dieser Einflusssphäre wurde dem sowjetischen Diktator allerdings ebenso ein Entgegenkommen abverlangt. Washington und London erwarteten von Stalin, künftig die nationalchinesische Kuomintang-Regierung Chiang Kai-sheks als einzig legitimes Regierungsorgan anzuerkennen und fortan Chinas Souveränität in der

Mandschurei zu akzeptieren. Angesichts dieser ungeahnten Perspektiven zögerte man in Moskau nicht allzu lange. Allein die Frage blieb, ob die chinesische Seite sich bereitfinden würde, eine solche Regelung mitzutragen. Jetzt trat die US-amerikanische Administration auf den Plan. Um dem Ganzen Nachdruck zu verleihen und die Zugeständnisse von Jalta auf eine rechtlich solide Ausgangsbasis zu stellen, übte sie sanften Druck auf Chiang Kai-shek und dessen KMT-Regierung aus. Und dieser blieb letztlich nicht anderes übrig, als am 14. August 1945 in einen sowjetisch-chinesischen Bündnisvertrag mit entsprechenden Zusatzvereinbarungen einzuwilligen.[153]

Im Lager der KPCh rief Stalins Verhalten größten Unmut hervor. Das Wort von Moskaus Verrat an den chinesischen Kommunisten machte dort die Runde. Zwar befürwortete auch Mao nachhaltig Stalins Eintritt in den Krieg gegen Japan, denn gemeinsam mit den Truppen der sowjetischen Armee hoffte er den verhassten japanischen Aggressor endlich zu besiegen und zugleich die erforderliche Unterstützung der Sowjetunion für die Machtergreifung zu erhalten. Doch in dem nun entbrannten Bürgerkrieg hielt sich Stalin vorerst mit Beistandszusagen zugunsten der Kommunisten zurück. Geradezu fassungslos nahm das Nordostbüro der KPCh im November 1945 die sowjetische Anweisung auf, die mandschurischen Städte, in denen sich Einheiten der chinesischen Roten Armee im Schatten der sowjetischen Eroberungen festgesetzt hatte, wieder räumen zu müssen. Damit zerbrachen Maos Träume, bald Herr über die Mandschurei zu sein und das für China zurückeroberte Territorium als eine weitere Bastion für einen möglichst landesweiten kommunistischen Triumph zu nutzen. Stattdessen musste er hinnehmen, dass Stalins Truppen das Vordringen von Chiang Kai-sheks in der Südmandschurei tolerierten.[154]

Die Politik des Kremlchefs zeichnete sich in jener Phase durch ausgesprochen taktisches Lavieren aus. Unter allen Umständen wollte er keine Situation herbeiführen, in der die Vereinigten Staaten auf Seiten der Kuomintang militärisch aktiv in das Bürgerkriegsgesehen eingreifen würden. In diesem Zusammenhang ging es ihm weniger um das Wohlergehen der dortigen Kommunisten als vielmehr um harte sowjetische Machtinteressen. Ein

Eingreifen der USA hätte den sowjetischen Diktator vor die unliebsame Wahl gestellt, entweder offen Partei für Maos KP und damit eine unmittelbare militärische Konfrontation mit den Amerikanern zu riskieren, oder aber davon abzusehen. Die chinesischen Genossen in eine existenzgefährdende Krise zu stürzen und sie dabei abermals im Stich zu lassen, war aus Glaubwürdigkeitsgründen mit Blick auf den universalistischen Führungsanspruch der UdSSR gegenüber der kommunistischen Weltbewegung aber auch nicht opportun. Solange die internationale Situation keine klare und keine der sowjetischen Interessenlage widersprechende Option zuließ, musste Stalin deshalb verhindern, allzu direkt in den chinesischen Bürgerkrieg verwickelt zu werden.[155]

Das galt vor allem, solange die UdSSR noch in der Manschurei ein Besatzungsregime unterhielt, das durch umfangreiche Reparationen und die Demontage wichtiger Industriezweige – immerhin handelte es sich um den am höchsten entwickelten Industriestandort Chinas – eine Politik imperialistischer Selbstbereicherung betrieb. Auch hier stellte Stalin die nationalen Vorteile für die Sowjetunion über die Interessen der chinesischen Kommunisten.[156] Freilich versuchte er, die Situation zu entschärfen. Die Gelegenheit dazu bot sich, als die UdSSR nach zehnmonatiger Besatzungsherrschaft im Mai 1946 den Rückzug antrat. Während Stalin die Regierung Chiang Kai-sheks, zu der er immerhin offiziell diplomatische Beziehungen unterhielt, über diesen Schritt lange Zeit im Unklaren ließ, wurde die KP insgeheim rechtzeitig darüber informiert. Auf diese Weise wollte man sicherstellen, dass mit dem sowjetischen Abzug die chinesische Rote Armee sogleich nachrücken und die im November in den mandschurischen Städten aufgegebenen Positionen wieder besetzen konnte.

Doch der Heimvorteil währte nicht lange. Die Kommunisten hielten den anstürmenden Truppen der KMT nicht stand, mehr noch: Sie waren kurz vor dem militärischen Zusammenbruch. Die daraufhin an Moskaus Adresse gerichteten Appelle, den bedrängten Verbänden der KPCh sofort zur Hilfe zu kommen, blieben wirkungslos. Stalin konnte und wollte es in dieser scheinbar aussichtslosen Situation nicht durch einseitige offene Eingriffe in das Kampfgeschehen zur Eskalation der internationalen Lage kommen lassen. Die einzige Konzession an den bedrängten Mao bestand darin, die nahe gelegenen sowjetischen Grenzregionen sowie die sowjetischen Enklaven Port Arthur und Dalian als Rückzugsgebiet für die versprengten KPCh-Einheiten anzubieten. Von dort aus konnte man dann versuchen, auf längere Sicht und mit Mitteln der Guerillataktik dem Bürgerkrieg eine Wende zugunsten der Kommunisten zu geben.

Parallel dazu betrieb Stalin aber bereits vorsichtig die verdeckte Aufrüstung von Maos Roter Armee. Im Verlauf der Zeit wurden rund 16 größere militärische Ausbildungslager eingerichtet und chinesische Offiziere an sowjetischen Militärakademien geschult. Aus der Verfügungsmasse der japanischen Armee wurden Flugzeuge, Panzer, Artillerie, Gewehre, Munition und sonstige Ausrüstungsgegenstände transferiert. Darüber hinaus überstellte die UdSSR in aller Heimlichkeit japanische Kriegsgefangene an die chinesische KP, die sich als überaus nützliche und kampferprobte Ausbilder erwiesen. Militärische Verstärkung erfuhren die Kommunisten zudem durch ein koreanisches Truppenkontingent von rund 200.000 Mann. Es wurde im sowjetisch besetzten Teil Nordkoreas von sowjetischen und japanischen Militärs geschult und über die mandschurisch-koreanische Grenze nach China geschleust. Schließlich trugen sowjetische Ingenieure und Techniker dazu bei, das Eisenbahnnetz in den von den Kommunisten beherrschten Gebieten instand zu setzen. Und das wiederum verbesserte die Rahmenbedingungen, als Mao im Juni 1948 plante, zum großen Sturm auf die gesamte Mandschurei überzugehen.[157]

Stalins offener Seitenwechsel in der Chinapolitik vollzog sich in dem Moment, als sich der unaufhaltsame Siegeszug der Kommunisten abzuzeichnen begann und damit seine lang gehegten letzten Zweifel ausgeräumt waren. Die wurde in mehreren Geheimverhandlungen geklärt, darunter Sondierungsgespräche seines Emissärs Anastas Mikojan im Januar und Februar 1949, die im Verlauf des Sommers in Moskau fortgesetzt wurden. Bei all dem spielte gewiss auch die Verschärfung des Kalten Kriegs in Europa eine nicht unwichtige Rolle. Die Aussicht, nach einem endgültigen Sieg Maos im chinesischen Bürgerkrieg die dortigen Kommunisten als Verbündete zu gewinnen, begünstigte seine Haltung. Denn während sich an der europäischen Westflanke der

UdSSR mit Gründung der NATO im April 1949 eine – aus Stalins Sicht – erneute kapitalistische Umklammerung abzuzeichnen drohte, versprachen die politischen Ereignisse im Fernen Osten Hoffnung auf eine strategische Entlastung.[158]

Allianz mit Mao und Korea-Krieg

Als am 14. Februar 1950 die Sowjetunion und die Volksrepublik China einen Bündnisvertrag unterzeichneten, war Stalins sicherheitspolitisches Kalkül abermals aufgegangen. Die auf diesem Abkommen basierende Allianz gehörte zweifellos zu den herausragendsten diplomatiegeschichtlichen Ereignissen des 20. Jahrhunderts. Dass es dazu kam, war keinesfalls zwangsläufig. Und das umso weniger, wenn man bedenkt, wie angespannt die Beziehungen zwischen Stalin und Mao in den zurückliegenden zwei Jahrzehnten immer wieder gewesen waren. Begünstigt wurde die Entwicklung vor allem durch den Umstand, dass sich Washington mit Maos Machtergreifung in China inzwischen offenbar abgefunden hatte. So zumindest nahm es Stalin wahr.

Gleichwohl gingen dem Abschluss der Allianz überaus zähe Verhandlungen voraus, in denen Stalin den Chinesen und vor allem Mao immer wieder die Überlegenheit der sowjetischen Seite zu demonstrieren suchte. So besaß Maos Aufenthalt in Moskau während der Jahreswende 1949/50 mitunter überaus demütigende Momente, in denen der Kremlchef seinen chinesischen Gesprächspartner über Tage hinweg auf einer Datscha unweit von Moskau zur Untätigkeit verdammte.[159] Dieser war – nach mehreren hinhaltenden Bescheiden Stalins, ihn nicht zu empfangen – im Dezember 1949 schließlich in die sowjetische Hauptstadt gereist, um ein neues Kapitel in der Geschichte der chinesisch-sowjetischen Beziehungen einzuleiten. Angesichts der Tatsache, dass ihm die Einigung Chinas unter dem roten Banner gelungen war, war er überaus zuversichtlich, Stalin selbstbewusst ein Abkommen abringen zu können, das sein Regime vorbehaltlos als eine sozialistische Regierung anerkennen würde. Gleichzeitig wollte er die sowjetische Politik gegenüber den chinesischen Grenzgebieten geregelt sehen sowie umfangreiche sowjetische Wirtschaftshilfen und sicherheitspolitische Garantien erhalten.

Vieles von dem, was der chinesische Parteiführer erwartete, wurde durch die ausgehandelte Allianz letztlich abgedeckt. Das betraf etwa einschlägige sowjetische Zusagen zur Unterstützung von Chinas Ökonomie ebenso wie Moskaus Bereitschaft zur Militärhilfe. Darüber hinaus sicherte Stalin dem Pekinger Regime militärischen Beistand im Falle einer japanischen Aggression oder eines Angriffs anderer mit Japan kooperierender Staaten zu, was eindeutig in Richtung USA zielte. Schließlich flankierte das Abkommen ein großzügig gewährter sowjetischer Kredit von 300 Mio. US-Dollar. Er sollte dazu dienen, durch Waffenkäufe in der UdSSR die chinesische Luftwaffe und Artillerie zu modernisieren.[160]

Das Ganze war im Grunde ein guter Kompromiss, mit dem auch Stalin leben konnte. Denn der Allianzvertrag war ein „zweckmäßiges Instrument, um jene Konzessionen zu erlangen, die er versucht hatte, 1945 von der Kuomintang zu bekommen". In einer Serie von Geheimabkommen ließ er sich deshalb im Gegenzug dafür, dass Mao ihm abgerungen hatte, Port Arthur vorfristig bis 1952 – anstatt 1975 – zu räumen und die Rechte an der Ostchinesischen Eisenbahn abzutreten, eine Reihe von Privilegien garantieren. So sollten außer sowjetischen keine anderen Unternehmen das Recht erhalten, künftig in der Mandschurei und in Sinkiang wirtschaftlich aktiv zu werden – das Ganze auf der Grundlage eines für die Volksrepublik äußerst ungünstigen Rubel-Yuan-Wechselkurses.[161]

Auf außenpolitischem Gebiet hatte Stalin indes Maos Vorstöße ausgebremst. Bereits unmittelbar vor der Moskau-Reise des chinesischen KP-Führers war der Kremlchef wenig gewillt gewesen, Fragen der regionalen Vorherrschaft zu erörtern. Das Thema Korea, das – außer Vietnam – auf Maos außenpolitischer Prioritätenskala auf Platz zwei rangierte, gehörte nicht zum Gegenstand der offiziellen Verhandlungen in Moskau. Auch gegenüber den Vereinigten Staaten, so hatte der sowjetische Diktator gegenüber der chinesischen Seite unmissverständlich durchblicken lassen, sei äußerste Zurückhaltung angebracht. Das galt in weiterer Perspektive auch für Maos expansionistische Gelüste gegenüber der Insel Taiwan, wohin sich die unterlegene Bürgerkriegspartei der Kuomintang inzwischen zurückgezogen hatte.

Es bestand kein Zweifel: In Stalins politisches Weltbild passte keine Macht, die auf dem Terrain der internationalen Politik von Moskau unkontrollierte konkurrierende Aktivitäten entfalten sollte. Er betrachtete die chinesische Volksrepublik in diesem Zusammenhang allenfalls als Juniorpartner, den man – falls erforderlich – im internationalen Mächtespiel des Kalten Krieges zu gegebener Zeit instrumentalisieren konnte.[162]

Eine solche Situation ergab sich mit dem Korea-Krieg im Herbst des Jahres 1950. Es ist heute aufgrund sowjetischer Akten hinlänglich bekannt, dass Stalin an der Vorbereitung dieses ersten und einzigen heißen Konflikts, der während des Kalten Krieges die beiden Supermächte bedrohlich ernst miteinander konfrontierte, maßgeblich beteiligt war. Dabei schien er ganz unter dem Eindruck der Vorgänge in Europa zu handeln, vor allem vor dem Hintergrund seiner gescheiterten Berlinpolitik im Jahre 1948/49. Zudem meinte er offenbar, nach dem Abzug der US-Streitkräfte aus Südkorea ein solches militärisches Abenteuer ohne größere Gefahren wagen zu können. Stalin führte zwar nicht direkt sowjetische Truppen in den Konflikt, doch fädelte er in Absprache mit dem nordkoreanischen Diktator Kim Il Sung den nordkoreanischen Überfall auf die durch demokratische Wahlen legitimierte prowestliche „Republik Korea" ein. Er sagte indirekte Unterstützung in Form von Waffen- und Munitionslieferungen zu, machte dies aber – im Sinne eines Stellvertreterkrieges – von einer aktiven chinesischen Beteiligung abhängig. Und Mao versperrte sich weder aus persönlichen noch aus ideologischen Motiven den militärischen Ambitionen des Nordkoreaners. Im Gegenteil: Die Aussicht auf einen erfolgreichen Waffengang versprach seinen eigenen außenpolitischen Handlungsspielraum gegenüber Stalin zu erweitern.[163]

Am Ende hatte Stalin das gesamte Vorhaben maßgeblich unterschätzt. Womit er und Mao kaum gerechnet hatten, war der Umstand, dass der Westen – ähnlich wie im Jahr zuvor während der Berlin-Blockade – sofort reagieren würde. Und diesmal waren es nicht nur passive Gegenmaßnahmen unterhalb der Gewaltschwelle, die unter Führung der Vereinigten Staaten eingeleitet wurden. Korea war für die westliche Supermacht ein klarer Anlass, der östlichen Provokation militärisch entschlossen entgegenzutreten. Schnell fuhren sich die militärischen Operationen fest und endeten in einem verlustreichen Stellungskrieg. Das traf besonders für die nordkoreanische und chinesische Seite zu.

Wenn Stalin dennoch unvermindert an diesem fernöstlichen Stellvertreterkrieg festhielt – erst sein Tod im März 1953 ebnete den Weg für einen bis heute bestehenden Waffenstillstand –, dann gab es dafür gute Gründe. Aus seiner Sicht stärkte der Konflikt Moskaus internationale Position. Er lieferte nützliche geheimdienstliche Informationen über die wahre Kampfkraft des großen ideologischen Widersachers Amerika. Gleichzeitig, so das Kalkül, wurden den Vereinigten Staaten nicht nur wichtige ökonomische Ressourcen entzogen, sondern die Truman-Adminstration wurde mit jedem amerikanischen Kriegsopfer weiter geschwächt, um nicht zu sagen: destabilisiert. Für die stalinistische Sowjetunion traf dies weit weniger zu. Sicher band auch Moskau Wirtschaftskapazitäten in diesem Kampf.[164] Doch dazu war Stalin aus zynischer Machtvollkommenheit zum damaligen Zeitpunkt gerne bereit: und dies umso mehr, als davon auszugehen war, dass man damit den immer selbstbewusster auftretenden Mao nicht nur disziplinieren, sondern auch weiterhin in sowjetischer Abhängigkeit halten konnte.

Das Ganze erwies sich insgesamt allerdings als Trugschluss. Freilich war es nicht mehr der sowjetische Diktator selbst, sondern es waren seine politischen Nachfolger, denen das außenpolitische Vermächtnis der stalinistischen Chinapolitik in den nachfolgenden Jahrzehnten zunehmend Probleme bescheren sollte.

Epilog

Als Stalin am 9. März 1953 – vier Tage nach seinem unerwarteten Tod – zu Grabe getragen wurde, war das gesamte Land nach wie vor paralysiert. Kaum jemand hätte sich zum damaligen Zeitpunkt vorstellen können, dass der Diktator schon wenige Monate nach seinem Ableben seine volle Wirkungskraft verlieren würde. Denn innerhalb der politischen Führung, die noch unter dem Eindruck der letzten Tage in der Stalin-Datscha in Kuncevo stand und nun aufatmen konnte, weil es nicht mehr zu einer erneuten Terrorwelle gekommen war, stand es bereits fest: Keiner, nicht einmal der berüchtigte Innenminister Berija, wollte an der für den Stalinismus charakteristischen exzessiven Gewaltkultur festhalten.

Eine der ersten Maßnahmen, die die neue Parteiführung in Moskau einleitete, bestand deshalb darin, die weiteren Vorbereitungen für den von Stalin noch im Jahr zuvor eingefädelten Ärzteprozess unverzüglich zu stoppen. Alle Inhaftierten kamen daraufhin sofort frei. Auch die damit einhergegangene Antisemitismus-Kampagne wurde sogleich eingestellt. Und das Heer der GULag-Häftlinge klammerte sich hoffnungsvoll an die Amnestieankündigung, die das Präsidium des Zentralkomitees der KPdSU bereits 22 Tage nach Stalins Tod am 27. März in den zentralen Presseorganen der Sowjetunion veröffentlichte – und das nicht vergebens: Innerhalb der nächsten drei Monate erlangten rund 1,5 Millionen Gefangene, das waren etwa 60 Prozent aller Lagerinsassen, die Freiheit.[1] Für die von Stalin unterdrückten kleinen Völkerschaften und Volksgruppen brachte diese Entwicklung ebenfalls Erleichterungen mit sich: Viele von ihnen wurden rehabilitiert und kehrten in die zivile Welt zurück.

Was das innerparteiliche Leben betraf, so bahnten sich auch hier vorsichtige Veränderungen an. Fortan wurde die von Stalin in einer Person konzentrierte Machtfülle auf die Schultern einer kollektiven politischen Führung verteilt. Freilich waren dies nach wie vor die alten Kader, die engsten Weggefährten des Diktators.

Sie belebten zwar wieder die politische Bedeutung von Politbüro, Zentralkomitee oder von Parteitagen. Gleichwohl waren sie zum damaligen Zeitpunkt aber nicht in der Lage, mit dem Erbe des sowjetischen Diktators radikal zu brechen, denn dessen langer Schatten holte sie immer wieder ein. Ein vollkommener Schnitt mit der Vergangenheit hätte über kurz oder lang nicht nur ihre eigene Autorität destabilisiert, sondern vor allem den daraus abgeleiteten Führungsanspruch ad absurdum geführt. So kam es, dass lediglich Stalins langjähriger brutaler Geheimdienstchef und Innenminister Lavrentij Berija, der seinen Mitgenossen in der neuen kollektiven Führung zu mächtig zu werden drohte, als eine Art Bauernopfer aus der Riege der ehemaligen stalinistischen Führungsmannschaft ausgestoßen wurde. Am 24. Juni 1953 ließ man ihn verhaften, um ihm am 23. Dezember desselben Jahres den Geheimprozess zu machen, der mit einem Todesurteil endete.

Eine Entstalinisierung war damit allerdings nicht eingeleitet worden. Und selbst die Geheimrede gegen den Personenkult von Nikita Chruščev auf dem XX. Parteitag der KPdSU 1956 in Moskau kann kaum als konsequenter Bruch mit der stalinistischen Vergangenheit bezeichnet werden. Zunächst richteten sich seine Enthüllungen über die Verbrechen des drei Jahre zuvor verstorbenen Diktators allein an die internen Gremien der kommunistischen Parteien des sowjetischen Hegemonialbereichs. Doch auch die sowjetische Öffentlichkeit erfuhr über kurz oder lang von jenen Entwicklungen hinter den Kremlmauern. Allmählich wurde auch sie von dem nun einsetzenden, vermeintlich neuen Geist des politisch-kulturellen „Tauwetters" erfasst – einer kurzen Zeitspanne, deren Hoffnungen und Erwartungen sich in jenen Jahren besonders eindrucksvoll in den Werken des Dichters Evgenij Evtušenko widerspiegelten. Gleichwohl hegte er ernste Zweifel, ob die sowjetische Gesellschaft ihre eigene Vergangenheit bewältig hatte und nicht wieder von ihr eingeholt würde, wenn er im Gefolge jener Ereignisse seinen Gedichtszyklus „Nasledniki Stalina" (Die Erben Stalins) mit den eindringlich mahnenden Worten enden ließ:

„Verdoppelt die Wachen, verdreifacht sie vor diesem Grab!
Damit Stalin nicht aufsteht, und mit Stalin die Vergangenheit!"[2]

Gewiss, Stalin kam nicht mehr hervor aus seinem Grab. Im Gegenteil: 1961 wurde der einbalsamierte Leichnam des angeblich engsten Weggefährten Lenins auf Beschluss der höchsten Parteigremien in einer Nacht- und Nebelaktion aus dem Mausoleum am Roten Platz entfernt und an der Kremlmauer beigesetzt. Von da an wurde es in der sowjetischen Historiographie und im öffentlichen Geschichtsbewusstsein merklich still um ihn.

Erst im Zuge von *glasnost'* und *perestrojka* setzte seit Mitte der 1980er Jahre erstmals eine zunehmend kritischere Auseinandersetzung mit dem früheren sowjetischen Diktator ein. Hier waren es zunächst weniger die Genossen Parteihistoriker, die sich dieser Thematik annahmen. Die Forderung nach Aufarbeitung jener düsteren Epoche der sowjetischen Geschichte ging vielmehr von Journalisten, Schriftstellern und anderen Künstlern aus. Die sowjetische und postsowjetische Geschichtswissenschaft zog erst allmählich nach, lieferte im Verlauf der Jahre dann jedoch respektable Ergebnisse.[3] Ob diese allerdings Impulse für eine tiefgreifende innergesellschaftliche Bewältigung der stalinistischen Vergangenheit geben kann, ist eher fraglich. Die – zu Beginn dieser Stalin-Biographie erwähnte – gegenwärtige staatliche Geschichtspolitik in Russland gibt in diesem Zusammenhang wenig Grund zu Optimismus.

Anmerkungen

Einleitung

1 Stalin soll heilig werden, in: Süddeutsche Zeitung vom 22.7. 2008.
2 Glückliches Geschichtsbewusstsein: Wie an russischen Hochschulen die richtige patriotische Gesinnung durchgesetzt wird, in: Frankfurter Allgemeine Zeitung vom 20.3.2008. – Volkslexikon als Pamphlet. Heiliges Russland, in: Frankfurter Allgemeine Zeitung vom 23.5.2005.
3 Russia's Past. The Rewriting of History, in: The Economist vom 10.11.2007, S. 67.
4 Molotow hatte recht, in: Frankfurter Allgemeine Zeitung vom 5.5.2008.
5 90 Jahre später. Moskau rehabilitiert den letzten russischen Zaren, in: Süddeutsche Zeitung vom 2./3.10.2008.

I. Ende und Anfang eines Revolutionärs

1 Georges Bortoli: The Death of Stalin. New York 1975, S. 147 (künftig zitiert: Bortoli, Death). – Edvard Radzinsky: Stalin. The First-In-Depth Biography on Explosive New Documents from Russia's Secret Archives. New York et al. 1996, S. 566 (künftig zitiert: Radzinsky, Stalin).
2 Zitiert nach dem offiziellen Kommuniqué der Nachrichtenagentur TASS vom 4.3.1953.
3 Zum Problem des Personenkultes siehe: Sarah Davis: Popular Opinion in Stalin's Russia. Terror, Propaganda and Dissent, 1934–1941. Cambridge et al. 1997, S. 147–182. – Benno Ennker: The Stalin Cult, Bolshevik Rule and Kremlin Interaction, in: Apor Balázs et al. (Eds.): The Leader Cult in Communist Dictatorships. Stalin and the Eastern Bloc. Houndmills 2004, S. 83–101. – Benno Ennker: Politische Herrschaft und Stalinkult 1929–1939, in: Stefan Plaggenborg (Hrsg.): Stalinismus. Neue Forschungen und Konzepte. Berlin 1998, S. 151–182.
4 Bortoli, Death, S. 147–148.
5 Kommuniqué der Nachrichtenagentur TASS vom 4.3.1953.
6 Nikita S. Krushchev: Khrushchev Remembers. Boston/Toronto 1970, S. 321–341 (künftig zitiert: Khrushchev Remembers). – Swetlana Allilujewa: Zwanzig Briefe an einen Freund. Wien 1967 (künftig zitiert: Allilujewa, Briefe).
7 Dmitri Wolkogonow: Triumph und Tragödie. Düsseldorf 1989, S. 766–774 (künftig zitiert: Wolkogonow, Triumph). – Noch fundierter und u.a. gestützt auf bislang unzugängliche Unterlagen aus dem Präsidentenarchiv ist eine von Volkogonovs späteren Publikationen: Dmitri Volkogonov: Autopsy for an Empire. The Seven Leaders Who

Built the Soviet Regime. New York et al. 1998, S. 166–180 (künftig zitiert: Volkogonov, Autopsy).

8   Ebd., S. 171. – Heinz-Dietrich Löwe: Stalin. Der entfesselte Revolutionär (= Persönlichkeit und Geschichte, Bd. 162, 2. Teilbde). Göttingen 2002, S. 365 (künftig zitiert: Löwe, Stalin).

9   N.S. Chruščev: Memuary Nikity Sergeeviča Chruščeva, in: Voprosy istorii, 1991, Nr. 2/3, S. 90–91. – Radzinsky, Stalin, S. 567–569.

10 Robert Service: Stalin. A Biography. London 2005, S. 573, 582 (künftig zitiert: Service, Stalin).

11 So Pavel Lozgačev in einem Interview mit Edvard Radzinsky. Radzinsky, Stalin, S. 571.

12 Wolkogonow, Triumph, S. 771. – Service, Stalin, S. 583.

13 Yakov Rapoport: The Doctors' Plot. Stalin's Last Crime. London 1991, S. 151–152. – Wolkogonow, Triumph, S. 572–573. – Service, Stalin, S. 584. – Klaus Kellmann: Stalin. Eine Biographie. Darmstadt 2005, S. 261 (künftig zitiert: Kellmann, Stalin).

14 Ebd. – Wolkogonow, Triumph, S. 573. – Service, Stalin, S. 586.

15 Siehe die offizielle Mitteilung des Zentralkomitees der KPdSU, abgedruckt in deutscher Sprache in: Neues Deutschland vom 7.3.1953.

16 Hiroaki Kuromiya: Stalin (= Profiles in Power). Harlow 2005, S. 194–195 (künftig zitiert: Kuromiya, Stalin).

17 Jörg Baberowski: Der rote Terror. Die Geschichte des Stalinismus. München 2003, S. 255–256 (künftig zitiert: Baberowski, Stalinismus). – Volkogonov, Autopsy, S. 170–171.

18 Ebd., S. 172.

19 Molotov Remembers. Inside Kremlin Politics. Conversations with Felix Chuev. Chicago 1993, S. 161, 237 (künftig zitiert: Molotov Remembers). – Bislang gibt es dafür keine Belege, siehe etwa: Amy Knight: Beria: Stalin's First Lieutenant. Princeton/NJ 1993. – Service, Stalin, S. 587.

20 Zitiert aus der offiziellen Mitteilung des Zentralkomitees der KPdSU, abgedruckt in deutscher Sprache in: Neues Deutschland vom 7.3.1953.

21 Ebd. – Bortoli, Death, S. 157.

22 Zum Problem der Perzeption einer potenziellen Kriegsgefahr siehe: Vladislav M Zubok: A Failed Empire: The Soviet Union and the Cold War From Stalin to Gorbachev. Chapel Hill 2007, S. 85–86 (künftig zitiert: Zubok, Empire). – Timothy Johnston: Subversive Tales? War Rumours in the Soviet Union 1945–1947, in: Juliane Fürst (Ed.): Late Stalinist Russia: Society between Reconstruction and Reinvention. London/New York 2006, S. 62–78 (künftig zitiert: Fürst, Late Stalinist Russia).

23 Bortoli, Death, S. 157–159, 160, 162. – Service, Stalin, S. 588. – Yevgeny Yevtushenko: A Precocious Autobiography. New York 1963, S. 84–87 (künftig zitiert: Yevtushenko, Autobiography).

24 Naimark, Norman M.: Stalins Tod und die internationale Lage, in: Jahrbuch für historische Kommunismusforschung, Jg. 2003, S. 20–21 (künftig zitiert: Naimark, Stalins Tod). – Siegfried Prokop: Intellektu-

elle im Jahr 1953. Reaktionen auf Stalins Tod, in: Wladislaw Hedeler (Hrsg.): Stalins Tod. Hoffnungen und Enttäuschungen (= Rosa-Luxemburg-Stiftung, Manuskripte 43). Berlin 2002, S. 34–37. – Georges Bortoli: Als Stalin starb. Kult und Wirklichkeit. Stuttgart 1974, S. 219–220 (künftig zitiert: Bortoli, Stalin). – Bortoli, Death, S. 159.

25 Aleksei Tikhonov: The End of the GULag, in: Paul R. Gregory/Valery Lazarev (Eds.): The Economics of Forced Labor. The Soviet GULag. Stanford/CA 2003, S. 67 (künftig zitiert: Gregory/Lazarev, Forced Labor).

26 J.W. Stalin ruht an der Seite W.I. Lenins. Auf dem Roten Platz in Moskau, in: Neues Deutschland vom 10.3.1953. – Bortoli, Stalin, S. 232–234.

27 Siehe dazu die ausführlichere Analyse in Kapitel III „Der Außenpolitiker".

28 Siehe dazu etwa: Donald Filtzer: Soviet Workers and Stalinist Industrialization. Armonk, NY 1986, S. 34–67, 68–115, 116–112 (künftig zitiert: Filtzer, Stalinist Industrialization). – Donald Filtzer: Soviet Workers and Late Stalinism. Labour and Restauration of the Stalinist Regime after World War II. Cambridge 2002, passim (künftig zitiert: Filtzer, Late Stalinism). – Ausführlicher dazu in den nachfolgenden Kapiteln dieses Buches.

29 Christopher Read (Ed.): The Stalin Years. A Reader. Houndmills 2003, S. 189 (künftig zitiert: Read, Stalin Years).

30 Kniga o vkusnoj i zdorovoj pišče. Moskva 1952.

31 Siehe dazu ausführlicher die Ergebnisse von: Sheila Fitzpatrick: Everyday Stalinism. Ordinary Life in Extraordinary Times: Soviet Russia in the 1930s. Oxford 1999, S. 220 (künftig zitiert: Fitzpatrick, Everyday Stalinism). – Veronique Garrors et al. (Eds.): Intimicy and Terror: Soviet Diaries of the 1930s. New York 1995. – Jochen Hellbeck (Hrsg.): Tagebuch aus Moskau 1931–1939. München 1996. – Jochen Hellbeck: Revolution On My Mind. Writing a Diary Under Stalin. Cambridge/MA et al. 2006.

32 Grigorij Uratadze: Vospominanija gruzinskogo social-demokrata. Stanford/CA 1968, S. 68, zitiert nach: Alfred J. Rieber: Stalin, Man of the Borderlands, in: American Historical Review, 53. Jg. (2001), S. 1651 (künftig zitiert: Rieber, Borderlands).

33 Josef Iremaschwili: Stalin und die Tragödie Georgiens. Berlin 1932 (künftig zitiert: Iremaschwili, Tragödie).

34 Leo Trotzky: Stalin. Eine Biographie. Köln o.J. (Künftig zitiert: Trotzky, Stalin).

35 So Nikolaj Ivanovič Bucharin, gleichfalls ein Weggefährte und am Ende ein Opfer des Stalinschen Terrors der 1930er Jahre, zitiert in: Donald Rayfield: Stalin und seine Henker. München 2004, S. 72 (künftig zitiert: Rayfield, Stalin).

36 Die zahlreichen Gerüchte, Stalin habe in den Jahren seiner Untergrundtätigkeit in Dienste der zarischen Geheimpolizei Ochrana gestan-

den, werden vor allem aufgegriffen von: Roman Brackman: The Secret File of Joseph Stalin. A Hidden Life. London 2003 (künftig zitiert: Brackman, Secret File). – Eric Lee: The Eremin Letter: Documentary Proof that Stalin was an Okhrana Spy?, in: Revolutionary Russia, 6. Jg. (1993), No. 1, S. 55–96.

37 So die Charakterisierung durch Lenin: Wladimir Iljitsch Lenin: Briefe an Maxim Gorki 1908–1913. Wien 1924, S. 74.

38 Rieber, Borderlands, S. 1653. Für die Gruppe der ersten Interpretation stehen stellvertretend: Isaac Deutscher: Stalin. Eine politische Biographie. Berlin 1990 (künftig zitiert: Deutscher, Stalin). – E.H. Carr: Socialism in One Country, 1924–1926. 2 Bde. New York 1958. – Den Gedanken der pathologischen Persönlichkeit greifen u.a. auf: R.C. Tucker: Stalin as Revolutionary 1879–1929. New York 1973 (künftig zitiert: Tucker, Revolutionary). – R.C. Tucker: Stalin in Power. The Revolution From Above, 1928–1941. New York 1990 (künftig zitiert: Tucker, Power). – Daniel Rancourt-Laferriere: The Mind of Stalin: A Psychoanalytic Survey. Ann Arbor 1988. – Dem dritten Erklärungsansatz verbunden sieht sich u.a.: Trotzky, Stalin.

39 Izvestija, 17.11.1937. – Vladimir Kaminskij/I. Verščagin: Detstvo i junost' voždja: Dokumenty, zapiski, rasskazy, in: Molodaja Gvardija, 12. Jg. (1939), S. 22–101. – Für die gesammelten Werke Stalins ist hier die deutschsprachige Ausgabe zitiert: J.W. Stalin. Werke. Bd. 1: 1901–1907. Berlin-Ost 1953 (künftig zitiert: Stalin, Werke, Bd. 1). – J.W. Stalin. Werke. Bd. 2: 1907–1913. Berlin-Ost [5]1953 (künftig zitiert: Stalin, Werke, Bd. 2). Der dritte Band der Werkausgabe setzt mit dem Jahr 1917 ein.

40 G.F. Alexandrow et al.: Josef Wissarionowitsch Stalin. Kurze Lebensbeschreibung. Moskau 1947 (künftig zitiert: Alexandrow, Stalin).

41 Siehe hier die deutsche Ausgabe: Geschichte der Kommunistischen Partei der Sowjetunion (Bolschewiki). Kurzer Lehrgang. Unter der Redaktion des Zentralkomitees der KPdSU (b). Gebilligt vom ZK der KPdSU (b), 1938. Berlin-Ost 1946.

42 Erst 1990 wurde das tatsächliche Geburtsdatum bekannt. Stalin selbst hatte es 1921 gefälscht und auf den 21. Dezember 1879 datiert. Siehe dazu: L.M. Spirin: Kogda rodilsja Stalin: popravka k oficial'noj biografii, in: Izvestija vom 25. Januar 1990.

43 Baberowski, Stalinismus, S. 13, 15, 21. – Zum Problem der Gewalttradition und Gewaltkultur im russischen Dorf siehe: Orlando Figes: Die Tragödie eines Volkes. Die Epoche der russischen Revolution 1891 bis 1924. Berlin 1998, S. 109–111 (künftig zitiert: Figes, Tragödie). – Stephen P. Frank: Crime, Cultural Conflict, and Justice in Rural Russia, 1856–1914. Berkeley/CA 1999, S. 85–114 (künftig zitiert: Frank, Crime). – Jörg Baberowski: Diktaturen der Eindeutigkeit. Ambivalenz und Gewalt im Zarenreich und in der frühen Sowjetunion, in: Jörg Baberowski (Hrsg.): Moderne Zeiten? Krieg, Revolution und Gewalt

im 20. Jahrhundert (= Schriften der Bundeszentrale für Politische Bildung, Bd. 585). Bonn 2006, S. 37–59.

44 V.A. Nevežin: Zastol'nye reči Stalina. Moskva 2003, S. 158.

45 Zum Problem des multiethnischen zarischen Imperiums und den Spannungen zwischen Zentrum und Peripherie siehe grundlegend: Jörg Baberowski: Der Feind ist überall. Stalinismus im Kaukasus. München 2003 (künftig zitiert: Baberowski, Feind). – Austin Jersild: Orientalism and Empire. North Caucasus Mountain Peoples and the Georgian Frontier, 1845–1917. Montreal et al. 2002. – Eva-Maria Auch: Muslim – Untertan – Bürger. Identitätswandel in gesellschaftlichen Transformationsprozessen der muslimischen Ostprovinzen Südkaukasiens (Ende 18. – Anfang 20. Jh.). Ein Beitrag zur vergleichenden Nationalismusforschung (= Kaukasus Studien – Caucasian Studies, Bd. 7). Wiesbaden 2004. – Ronald Grigor Suny: The Making of the Georgian Nation. Bloomington/IN ²1994 (künftig zitiert: Suny, Georgian Nation). – Daniel R. Brower/Edward J. Lazzerini (Eds.): Russia's Orient. Imperial Borderlands and Peoples, 1700–1917. Bloomington 1997. – Michael David-Fox et al. (Eds.): Orientalism and Empire (= Kritika Historical Studies, Vol. 3). Bloomington 2006 (künftig zitiert: David-Fox, Orientalism). – Ronald Grigor Suny: Beyond Psychohistory: The Young Stalin in Georgia, in: Slavic Review, 50. Jg. (1991), No. 1, S. 53 (künftig zitiert: Suny, Psychohistory).

46 Alfred J. Rieber: Stalin as Georgian: The Formative Years (künftig zitiert: Rieber, Stalin as Georgian), in: Sarah Davies/James Harris (Eds.): Stalin. A New History. Cambridge 2005, S. 19–20 (künftig zitiert: Davies/Harris, Stalin). – Zur Aufstandsbewegung Šamils vor allem in Tschetschenien und Dagestan siehe: Uwe Halbach: Von Mansur bis Dudajew? Widerstandstraditionen der nordkaukasischen Bergvölker, in: Uwe Halbach/Andreas Kappeler (Hrsg.): Krisenherd Kaukasus. Köln 1995, S. 196–215. – C.P. Sidorko: Die Eroberung Tschetscheniens und Dagestans als Fallbeispiel kolonialer Expansion des Zarenreiches im 19. Jahrhundert, in: Jahrbücher für Osteuropäische Geschichte, 47. Jg. (1999), S. 505–511.

47 Suny, Psychohistory, S. 49, 56.– Heinz-Dietrich Löwe: Stalin. Der entfesselte Revolutionär (= Persönlichkeit und Geschichte, Bd. 162, 2 Teilbde). Göttingen 2002, S. 30 (künftig zitiert: Löwe, Revolutionär).

48 Suny, Psychohistory, S. 50, 53. – Baberowski, Feind, S. 77–83. – Anna Geifmann: Thou Shalt Kill. Revolutionary Terrorism in Russia, 1894–1917. Princeton/NJ 1993, S. 23–24.

49 Rieber, Stalin as Georgian, S. 20–23. – Suny, Georgian Nation, Kapitel 7. – Suny, Psychohistory, S. 52.

50 Rieber, Stalin as Georgian, S. 23.

51 Baberowski, Terror, S. 12–13.

52 Rieber, Stalin as Georgian, S. 25–29. – Sofron Mgalobišvili: Vospominanija o moej žizni. Nezabyvaemye vstreči. Tbilisi 1974, S. 44–47, 54–55, 109–121. – Service, Stalin, S. 15.

53 Simon Sebag Montefiore: Der junge Stalin. Frankfurt/Main 2007, S. 51, 56, 59 (künftig zitiert: Sebag Montefiore, Stalin).

54 Ebd., S. 60–61, 64–65, 67. – Kellmann, Stalin, S. 9.

55 Sebag Montefiore, Stalin, S. 68–69, 71, 73. – Suny, Psychohistory, S. 51.

56 Sebag Montefiore, Stalin, S. 93, 95, 126, 193. – Kuromiya, Stalin, S. 11.

57 Iremaschwili, Tragödie, S. 12.

58 Gustav Bychowski: Joseph V. Stalin: Paranoia and the Dictatorship of the Proletariat, in: Benjamin B. Wolman (Ed.): The Psychoanalytic Interpretation of History. New York 1971, S. 115–149. – Daniel Rancour-Laferriere: The Mind of Stalin: A Psychoanalytic Study. Ann Arbor/MI 1988.

59 Suny, Psychohistory, S. 54. – Service, Stalin, S. 20–21, 25–27. – Sebag Montefiore, Stalin, S. 78–80.

60 Service, Stalin, S. 23–24.

61 Löwe, Revolutionär, S. 32. – Sebag Montefiore, Stalin, S. 82–83.

62 Ebd., S. 95–97. – Service, Stalin, S. 32, 34, 37. – Rieber, Stalin as Georgian, S. 30. – Suny, Psychohistory, S. 54–55.

63 Noe Žordanija: Moja žizn'. Stanford/CA 1968, S. 8 (künftig zitiert: Žordanija, Žizn').

64 T. Darlington: Education in Russia. London 1909, S. 286–288. – Service, Stalin, S. 35–36. – Hans Fenske et al.: Geschichte der politischen Ideen. Von der Antike bis zur Gegenwart. Frankfurt/Main 62001, S. 72.

65 Stalins Begeisterung für das Lesen belegt nicht zuletzt auch die ideengeschichtliche Studie von Erik van Ree, der u.a. auf der Grundlage von Stalins Privatbibliothek, deren Überreste immerhin noch rund 20.000 Bände umfassen, das politische Denken des sowjetischen Diktators untersucht. Siehe dazu Erik van Ree: The Political Thought of Joseph Stalin. A Study in Twentieth-Century Revolutionary Patriotism. London 2002, passim (künftig zitiert: Ree, Political Thought). – Zu seiner Lesebegeisterung, die selbst in schwicrigsten Lebenslagen nicht nachließ, siehe auch: Rayfield, Stalin, S. 42–43.

66 Zum intellektuellen Leben und Angebot im Tiflis des 19. Jahrhunderts siehe ausführlicher bei: Austin Jersild/Neli Melkadze: The Dilemmas of Enlightenment in the Eastern Borderlands. The Theatre and Library in Tbilissi, in: David-Fox, Orientalism, S. 295–316.

67 Žordanija, Žizn', S. 25, 27. – Service, Stalin, S. 37.

68 Rieber, Stalin as Georgian, S. 32. – Service, Stalin, S. 40.

69 Sebag Montefiroe, Stalin, S. 105–106. – Rayfield, Stalin, S. 38, 42–44. – In seiner privaten Bibliothek, die nach seinem Tode in das Moskauer Institut für Marxismus-Leninismus überführt wurde, befanden sich bedeutende klassische und moderne Geschichtsautoren, darunter Herodot, Xenophon, P. Vinogradov, R. Vipper, I. Bel'jaminov, D. Ilovajskij, K.A. Ivanov sowie die großen Nationalhistoriker des ausgehenden 18.

und 19. Jahrhunderts mit ihren mehrbändigen Gesamtdarstellungen zur russischen Geschichte. B.S. Ilizarov: Tajnaja žizn' Stalina. Po materialam ego biblioteki i archiva. K istorii stalinizma. Moskva 2002, S. 163–164 (künftig zitiert: Ilizarov, Tajnaja žizn').

70 Sebag Montefiore, Stalin, S. 99–102. – Zu Stalin als Poet siehe ausführlicher: Donald Rayfield: Stalin the Poet, in: PN Review, 44. Jg. (1984), S. 44–47. – Service, Stalin, S. 38–39.

71 Figes, Tragödie, S. 144–145. – Sebag Montefiore, Stalin, S. 106.

72 Siehe hier die auf der russischen Originalausgabe von 1938 basierende deutsche Übersetzung: Alexandrow, Stalin, S. 8.

73 Gemeint ist die Bewegung der sogenannten Volksfreunde. So bezeichneten sich jene revolutionären Anhänger, die seit den 1860er Jahren die Idee eines russischen Bauernsozialismus propagierten und diesen durch „Ins-Volk-Gehen" umzusetzen versuchten.

74 Rieber, Stalin as Georgian, S. 30, 32, 34–36. – Service, Stalin, S. 40–42. – Sebag Montefiore, Stalin, S. 105, 108–110, 112–113, 116, 118–119.

75 Alexandrow, Stalin, S. 10. – Siehe auch: Tucker, Revolutionary, S. 91.

76 Suny, Psychohistory, S. 50.

77 Joseph Davrichewy: Ah! Ce qu'on rigolait bien avec mon copain Staline. Paris 1979, S. 123.

78 Allilujewa, Briefe, S. 55.

79 Robert Service: Lenin. Eine Biographie. München 2000, S. 200–272 (künftig zitiert: Service, Lenin). – Service, Stalin, S. 71.

80 Erik van Ree: Stalin's Bolshevism: The First Decade, in: International Review of Social History, Vol. 39 (1994), S. 362, 380 (künftig zitiert: Ree, First Decade). – Service, Stalin, S. 57, 63, 95. – Sebag Montefiore, Stalin, S. 313. – Siehe hierzu auch ausführlicher weiter unten, wo u.a. die Meinungsverschiedenheiten zwischen Lenin und Stalin erläutert werden.

81 Ree, First Decade, S. 367–370. – Kuromiya, Stalin, S. 9.

82 Zitiert nach: Rayfield, Stalin, S. 33.

83 Rieber, Stalin as Georgian, S. 42, 43.

84 Service, Stalin, S. 47–49. – Kuromiya, Stalin, S. 9–10.

85 J.W. Stalin. Werke. Bd. 8: 1926 Januar – November. Berlin-Ost 1952, S. 155 (künftig zitiert: Stalin, Werke, Bd. 8). – Ronald Grigor Suny: A Journeyman for Revolution: Stalin and the Labour Movement in Baku, June 1907–May 1908, in: Soviet Studies, Vol. 23 (1972), No. 3, S. 384 (künftig zitiert: Suny, Journeyman). – Kuromiya, Stalin, S. 18.

86 Sergo Ordžonikidze: Bor'ba s men'ševikami. Dvadcat' pjat let bakinskoj organizacii bol'ševikov. Baku 1924, S. 42. – Suny, Journeyman, S. 374.

87 Stalin, Werke. Bd. 2, S. 131.

88 Kuromiya, Stalin, S. 18.

89 Service, Stalin, S. 71, 76–77.

90 Robert Himmer: First Impressions Matter: Stalin's Initial Encounter with Lenin, Tammerfors 1905, in: Revolutionary Russia, Vol. 14

(2001), No. 2, S. 73–74, 78–81 (künftig zitiert: Himmer, First Impressions). – Service, Stalin, S. 60–61. – Ree, First Decade, S. 372.

91 Service, Stalin, S. 94.

92 Figes, Tragödie, S. 243–244. – Abraham Ascher: P.A. Stolypin. The Search for Stability in Late Imperial Russia. Stanford/CA 2001, S. 150–260.

93 Service, Stalin, S. 95. – Service, Lenin, S. 254–262. – Ree, First Decade, S. 380.

94 Ebd., S. 367. – Service, Stalin, S. 59, 65. – Sebag Montefiore, Stalin, S. 252. – Rayfield, Stalin, S. 51.

95 Diese Angaben basieren im wesentlichen auf der jüngsten Untersuchung von: Sebag Montefiore, Stalin, S. 45–46, 141, 230, 303, 314. – Brackman, Secret File, S. 58–65. – Leonhard Schapiro: Die Geschichte der Kommunistischen Partei der Sowjetunion. Frankfurt/Main 1961, S. 121 (künftig zitiert: Schapiro, Kommunistische Partei der Sowjetunion).

96 Brackman, Secret File, S. 106. – Zu diesem Problem siehe auch: Ju.G. Fel'štinskij: Byl li Stalin agentom Ochrany? Sbornik statej materialov i dokumentov. Moskva 1999.

97 Z.I. Peregudova: Političeskij sysk Rossii 1880–1917. Moskva 2000, S. 243–267, 272. – Service, Stalin, S. 72, 82. – Sebag Montefiore, S.157–159, 161, 299–304. – Service, Lenin, S. 294–296. – Zu Malinovskij siehe die klassische Arbeit von: R.C. Elwood: Roman Malinowsky: A Life without a Cause. Newtonville/MA 1977.

98 E.C. Elwood (Ed.): Vserossijskaja Konferencija Rossijskoj Social-Demokratičeskoj Rabočej Partii 1912 goda. London 1982, S. XXI. – Kellmann, Stalin, S. 25–26. – Schapiro, Kommunistische Partei der Sowjetunion, S. 143. – Service, Stalin, S. 82–83.

99 Ebd.

100 Ebd., S. 85, 92–93. – Siehe dazu ausführlicher im Kapitel III „Der Außenpolitiker".

101 Ebd., S. 105. – Kuromiya, Stalin, S. 21. – Kellmann, Stalin, S. 28–29.

102 Kuromiya, Stalin, S. 7, 21. – Service, Stalin, S. 105–107, 110–111. – V.A. Toročinov/A.M. Leontjuk: Vokrug Stalina: istoriko-biografičeskij spravočnik. St. Peterburg 2000, S. 173, 420–423. – I.V. Stalin an R.V Malinovskij, 10.4.1914, in: Bol'ševistskoe rukovodstvo. Perepiska. 1912–1927 (= Dokumenty sovetskoj istorii). Moskva 1996, S. 18–19 (künftig zitiert: Bol'ševistskoe rukovodstvo). – S. Spandarjan, I.V. Stalin an Lenin, 27.2.1915, in: Bol'ševistskoe rukovodstvo, S. 21–22.

103 Kuromiya, Stalin, S. 28–29.

104 Zum Problem der Doppelherrschaft siehe ausführlicher in dem lesenswerten Klassiker: Dietrich Geyer: Die Russische Revolution. Historische Probleme und Perspektiven (= Kleine Vandenhoeck Reihe, Bd. 1433). Göttingen [4]1985.

105 Kuromiya, Stalin, S. 30. – J.W. Stalin. Werke. Bd. 3: 1917, März – Oktober. Berlin-Ost 1951, S. 4–8 (künftig zitiert: Stalin, Werke, Bd. 3). – Service, Stalin, S. 128. – Sebag Montefiore, S. 344.

106 Robert M. Slusser: Stalin in October: The Man Who Missed the Revolution. Baltimore/London 1987, S. 65, 76, 82, 94–95 (künftig zitiert: Slusser, Stalin in October). – Sed'maja (aprel'skaja) vserossijskaja konferencija RSDRP (bol'ševikov). Petrogradskaja konferencija obščegorodskaja konferencija RSDRP (bol'ševikov). Aprel' 1917. Moskva 1958, S. 228 (künftig zitiert: Sed'maja (aprel'skaja) vserossijskaja konferencija RSDRP (bol'ševikov)).

107 Kellmann, Stalin, S. 38–39. – Service, Stalin, S. 132–133.

108 Ebd., S. 133, 136–137.

109 So auch Slusser, Stalin in October, S. 239. – Im Folgenden in Anlehnung an: Erik van Ree: Stalin's Bolshevism: The Year of the Revolution, in: Revolutionary Russia, Vol. 13 (2000), No. 1, S. 29–54 (künftig zitiert: Ree, Stalin's Bolshevism).

110 Siehe dazu etwa die etwas später in deutscher Übersetzung erschienene Ausgabe der Festschrift zu Stalins 50. Geburtstag: J.W. Stalin: Festschrift zum 50. Geburtstag. Berlin 1930. – Für die einschlägige Foto- und Bildpropaganda siehe etwa: David King: The Commissar Vanishes. The Falsification of Photographs and Art in Stalin's Russia. Edinburgh 1997, S. 28, 30 (künftig zitiert: King, Commissar).

111 Trotzky, Stalin, S. 351–352. – Ähnlich auch in seinen Memoiren: Leo Trotzki: Mein Leben. Versuch einer Autobiographie. Frankfurt/Main 1981, S. 287 (künftig zitiert: Trotzki, Leben).

112 Kuromiya, Stalin, S. 34–35. – Sebag Montefiore, Stalin, S. 444.

113 Service, Stalin, S. 143–147. – Ree, Stalin's Bolshevism, S. 49–51. – Sebag Montefiore, Stalin, S. 445–448.

114 Jeremy Smith: Stalin as Commissar for Nationality Affairs, 1918–1922 (künftig zitiert: Smith, Stalin as Commissar), in: Davies/Harris, Stalin, S. 65–67, 51. Siehe hierzu ausführlicher im Kapitel über Stalin als Außenpolitiker. – Sebag-Montefiore, S. 420.

II. Der Innenpolitiker

  1 Oleg V. Khlevniuk: Stalin as Dictator: The Personalisation of Power (künftig zitiert: Khlevniuk, Stalin as Dictator), in: Davies/Harris, Stalin, S. 109, 119. – James Harris: Stalin as General Secretary: The Appointments Process and the Nature of Stalin's Power (künftig zitiert: Harris, Stalin as General Secretary), in: Davies/Harris, Stalin, S. 77. – Kuromiya, Stalin, S. 50, 59–64, 70. – Stalins Griff zur absoluten Macht ist überdies gut dokumentiert in: A.V. Kvašonkin et al. (Hrsg.): Sovetskoe rukovodstvo. Perepiska, 1928–1941gg. Moskva 1999 (künftig zitiert: Kvašonkin, Sovetskoe rukovodstvo). – V.P. Danilov et al. (Hrsg.): Kak lomali NEP. Stenogrammy plenumov CK VKP (b), 1928–1929gg. 5 t. Moskva 2000/2001.

2   Firuz Kazemzadeh: Demokratischer Zentralismus, in: C.D. Kernig (Hrsg.): Marxismus im Vergleich. Grundbegriffe 1: Abweichung bis Kameradschaftsgericht. Frankfurt, Main/New York 1973, S. 52–54.

3   Jörg Baberowski: „Entweder für den Sozialismus oder nach Archangel'sk!" Stalinismus als Feldzug gegen das Fremde, in: Osteuropa, 50. Jg. (2000), H. 6, S. 617 (künftig zitiert: Baberowski, Stalinismus als Feldzug).

4   Leo Trotzkij: Literatur und Religion. Berlin 1967, S. 213. – Zinov'ev, zitiert in: George Leggett: The Cheka. Lenin's Political Police. Oxford 1981, S. 114.

5   Kuromiya, Stalin, S. 54, 58. – Service, Stalin, S. 189.

6   Siehe dazu ausführlicher bei: Figes, Tragödie, S. 762–815.

7   Kuromiya, Stalin, S. 51–52. – Zur „Neuen Ökonomischen Politik" siehe ausführlicher bei: A.M. Ball: Russia's Last Capitalists: The Nepmen, 1921–1929. Berkeley/CA 1987.

8   Kuromiya, Stalin, S. 52–53. – Richard Day: Leon Trotsky and the Politics of Economic Isolation. Cambridge 1973, S. 4, 6, 170.

9   Service, Lenin, S. 545–546. – Chris Ward: Stalin's Russia (= Reading History). London et al. ²1999, S. 9–10 (künftig zitiert: Ward, Stalin's Russia).

10 Service, Stalin, S. 186–190.

11 Löwe, Stalin, Bd. 1, S. 114.

12 E.A. Rees: Stalin as Leader 1924–1927: From Oligarch to Dictator (künftig zitiert: Rees, Stalin as Leader), in: E.A. Rees (Ed.): The Nature of Stalin's Dictatorship. The Politbüro, 1924–1953 (= Studies in Russian and East European History and Society). Houndmills 2004, S. 30–33 (künftig zitiert: Rees, Nature of Stalin's Dictatorship).

13 Löwe, Stalin, Bd. 1, S. 114–115.

14 Sie u.a. bei: Adam B. Ulam: Stalin: The Man and His Era. New York 1973. – Robert Conquest: Stalin, Breaker of the Nations. New York 1991. – Peter Kenez: A History of the Soviet Union from the Beginning to the End. Cambridge 1999. – Christopher Read: The Making and the Breaking of the Soviet System. Basingstoke 2001. – Deutscher, Stalin. – Tucker, Revolutionary. – Volkogonov, Triumph.

15 Harris, Stalin as General Secretary, S. 79, 81.

16 Ebd., S. 73.

17 Siehe dazu u.a. ausführlicher bei: A.V. Kvašonkin et al. (Hrsg.): Stalinskoe politbjuro v 30-e gody. Sbornik dokumentov. Moskva 1995. – Lars T. Lih et al. (Hrsg.): Stalin – Briefe an Molotow 1925–1936. Berlin 1996 (künftig zitiert: Lih, Briefe an Molotow). – J. Arch Getty/Oleg V. Naumov (Eds.): The Road to Terror. Stalin and the Self-Destruction of the Bolsheviks, 1933–1939 (= Annals of Communism). New Haven 1999 (künftig zitiert: Getty/Naumov, Road to Terror). – Kvašonkin, Sovetskoe rukovodstvo.

18 Harris, Stalin as General Secretary, S. 65, 72–73, 75, 81. – Zu den Auswirkungen der „Revolution von oben" und dem Problem des Terrors siehe Kapitel II. 2 „Terror und Gewaltkultur".

19 Service, Stalin, S. 192. – Ward, Stalin's Russia, S. 10–11.

20 Lenins „politisches Testament", Brief an den Parteitag (Auszug), 24. Dezember 1922, in: Helmut Altrichter. Die Sowjetunion. Von der Oktoberrevolution bis zu Stalins Tod. Bd. 1: Staat und Partei (= dtv Dokumente). München 1986, S. 79–80 (künftig zitiert: Altrichter, Sowjetunion).

21 Service, Stalin, S: 209.

22 Ergänzung zum Brief vom 24. Dezember 1922, in: Altrichter, Sowjetunion, S. 81.

23 Service, Lenin, S. 602–603, 605.

24 Service, Stalin, S. 209.

25 Ebd., S. 212–214.

26 Dvenadcatyj s"ezd RKP (b). 17–25 aprelja 1923 goda: Stenografičeskij otčet. Moskva 1968, S. 821.

27 Siehe dazu Lih, Briefe an Molotow, S. 79–80. – Service, Stalin, S. 216–217.

28 Boris Bažanov: Vospominanija byvšego sekretar'ja Stalina. Paris 1980, S. 106–107. – V.A. Sacharov: „Političeskoe zaveščanie" Lenina. Real'nost' istorii i mify politiki. Moskva 2003, S. 579–586. – Jurij Murin: Ešče raz ob otstavkach I. Stalina, in: Rodina, 1994, Nr. 7, S. 73.

29 Löwe, Stalin, Bd. 1, S. 143.

30 Über die Grundlagen des Leninismus. Vorlesungen an der Swerdlow-Universität, in: J.W. Stalin. Werke. Bd. 6: 1924. Berlin-Ost 1952, S. 62–166 (künftig zitiert: Stalin, Werke, Bd. 6).

31 Service, Stalin, S. 221.

32 Im Folgenden in Anlehnung an: Rees, Stalin as Leader, S: 20–22.

33 Siehe dazu etwa die Rede Stalins auf dem VIII. Kongress des Leninschen Kommunistischen Jugendverbands der Sowjetunion, 16.5.1928, in: J.W. Stalin. Werke. Bd. 11: 1928–März 1929. Berlin-Ost 1954, S. 59–69 (künftig zitiert: Stalin, Werke, Bd. 11).

34 Siehe dazu u.a. in: Derek Watson: Molotov and Soviet Government: Sovnarkom, 1930–41 (= Studies in Russian and East European History and Society). Basingstoke 1996, S. 43–45. – L. Košeleva et al. (Hrsg.): Pis'ma I.V, Stalina V.M. Molotovu, 1925–1936: Sbornik dokumentov. Moskva 1996, S. 222.

35 Lih, Briefe an Molotow, S. 79–80.

36 Boris Souvarine: Stalin. Anmerkungen zur Geschichte des Bolschewismus. München 1980, S. 335–336, 354. – Ward, Stalin's Russia, S. 12–14. – Kuromiya, Stalin, S. 65–66, 68.

37 Siehe dazu etwa Stalins Auftreten in der sogenannten Max Eastman-Affäre 1925 oder seine systematischen Diffamierungsattacken gegen Trockij als Verantwortlichen für das Bauprogramm des Dnepr-Wasser-

kraftwerkes, dokumentiert in: Lih, Briefe an Molotow, S. 80–83, 98–100, 102–106.

38 Siehe zu all diesen Vorgängen ausführlicher u.a. bei: Service, Stalin, S. 240–264. – Lih, Briefe an Molotow. – Löwe, Stalin, S. 142–210. – Stephen F. Cohen: Bukharin and the Bolshevik Revolution: A Political Biography. 1888–1938. New York 1973, S. 270–336. – Bol'ševistskoe rukovodstvo. – Kvašonkin, Sovetskoe rukovodstvo. – Tucker, Revolutionary, S. 407–420. – Wolkogonov, Triumph, S. 258–277.

39 Zur generellen Funktion, Problematik und zum Ausmaß des politischen Stalin-Kults siehe ausführlicher bei: Benno Ennker: Politische Herrschaft und Stalinkult 1929–1939, in: Stefan Plaggenborg (Hrsg.): Stalinismus. Neuere Forschungen und Konzepte. Berlin 1998, S. 151–182 (künftig zitiert: Ennker, Stalinkult). – Benno Ennker: The Stalin Cult, Bolshevik Rule and Kremlin Interaction, in: Apor Balázs et al. (Eds.): The Leader Cult in Communist Dictatorships. Stalin and the Eastern Bloc. Houndmills 2004, S. 83–101. – Sarah Davies: Popular Oppinion in Stalin's Russia. Terror, Propaganda and Dissent, 1934–1941. Cambridge et al. 1997, S. 147–182.

40 Im Folgenden in Anlehnung an: Khlevniuk, Stalin as Dictator, S. 108–119 – Rees, Stalin as Leader, S. 39–55. – Siehe auch: Oleg W. Chlewnjuk: Das Politbüro. Mechanismen der politischen Macht in der Sowjetunion der dreißiger Jahre. Hamburg 1998 (künftig zitiert: Chlewnjuk, Politbüro).

41 Khlevniuk, Stalin as Dictator, S. 110.

42 Ebd., S. 113.

43 Ebd., S. 109.

44 Rees, Stalin as Leader, S. 20, 26–30, 41–42.

45 Sie dazu etwa ausführlicher u.a. bei: Kniga pogromov. Pogromy na Ukraine, v Belorussii i evropejskoj časti Rossii v period Graždanskoj vojny 1918–1922. Sbornik dokumentov. Moskva 2008. – V. Borovkin (Ed.): The Bolsheviks in Russian Society. The Revolution and the Civil War. New Haven 1997. – D.P. Koenker et al. (Eds.): Party, State, and Society in the Russian Civil War. Explorations in Social History. Bloomington/IN 1989. – Orlando Figes: Peasant Russia, Civil War: The Volga Countryside in Revolution 1917–1921. Oxford 1989. – Figes, Tragödie, S. 623–775. – Dietrich Beyrau: Petrograd 1917, 25. Oktober 1917. Die russische Revolution und der Aufstieg des Kommunismus (= 20 Tage im 20. Jahrhundert). München 2001, S. 9–13.

46 Baberowski, Stalinismus, S. 36–39.

47 Martyn Lacis in einem Artikel für die Zeitschrift „Krasnyj terror" (Roter Terror) im November 1918, zitiert bei: George Leggett: The Cheka. Lenin's Political Police. The All-Russian Extraordinary Commission for Combating Counter-Revolution and Sabotage (December 1917 to February 1922). Oxford 1981, S. 114 (künftig zitiert: Leggett, Cheka).

48 Zur Rolle Lenins in diesem Zusammenhang siehe u.a. bei: Richard
    Pipes (Ed.): The Unknown Lenin. From the Secret Archive. New
    Haven 1996, S. 46. – Sevice, Lenin, S. 510–511. – S.P. Melgunov:
    Krasnyj terrror v Rossii. Moskva 1991. – A.G. Latyšev: Rassekrečennyj
    Lenin. Moskva 1996, S. 20, 44–45, 57. – Leggett, Cheka, S. 103,
49 Dekrety sovetskoj vlasti. Bd, 3. Moskva 1961, S. 291. – Peter Scheibert:
    Lenin an der Macht. Das russische Volk in der Revolution 1918–1922.
    Weinheim 1984, S. 75–100.
50 Siehe dazu ausführlicher bei: Leggett, Cheka.
51 Siehe dazu ausführlicher etwa die siebenbändige russische Quellenedi-
    tion: Istorija stalinskogo GULaga. Konec 1920-ch – pervaja polovina
    1950-ch godov. Sobranie dokumentov v semi tomach. Bd. 1–7.
    Moskva 2004/2005. – GULag (Glavnoe upravlenie lagerej). 1918–
    1969 (= Rossija. XX Vek. Dokumenty). Moskva 2000. – Anne Apple-
    baum: Der GULag. Berlin 2003. – Oleg V. Khlevniuk: The History of
    the Gulag. From Collectivization to the Great Terror (= Annals of
    Communism). New Haven/London 2004. – Ralf Stettner: Archipel
    GULag: Stalins Zwangslager – Terrorinstrument und Wirtschaftsgi-
    gant. Entstehung, Organisation und Funktion des sowjetischen Lager-
    systems 1928–1956. Paderborn 1996. – Lubjanka. Stalin i BČK–
    GPU–OGPU–NKVD. Janvar' 1922–dekabr' 1936 (= Rossija. XX vek.
    Dokumenty). Moskva 2003. – Lubjanka. Stalin i Glavnoe upravlenie
    gosbezopasnosti NKVD. 1937–1938 (= Rossija. XX vek. Dokumenty).
    Moskva 2004. – Lubjanka. Stalin i NKVD–NKGB–GUKR
    „Smerš"1939–mart 1946 (= Rossija. XX vek. Dokumenty). Moskva
    2006.
52 Ward, Stalin's Russia, S. 46.
53 Zu den Maßnahmen und Auswirkungen der stalinistischen Industriali-
    sierungspolitik siehe ausführlicher u.a bei: Donald Filtzer: Soviet Wor-
    kers and Stalinist Industrialization. The Formation of Modern Soviet
    Production Relations, 1928–1941. London et al. 1986, S. 34–121. –
    Tucker, Power, S. 69–118. – Andrei Sokolov: Forced Labor in Soviet
    Industry: The End of the 1930s to the Mid-1950s: An Overview, in:
    Gregory/Lazarev, Forced Labor, S. 23–42. – Oleg Khevniuk: The
    Economy of the OGPU, NKVD, and MVD of the USSR, 1930–1953.
    The Scale, Structure, and Trends of Development, in: Gregory/Lazarev,
    Forced Labor, S. 43–66, hier v.a. S. 44–46. – Aleksei Tikhonov: The
    End of the Gulag (künftig zitiert: Tikhonov, End of the Gulag), in: Gre-
    gory/Lazarev, Forced, Labor, S. 67–73. – Stephen Kotkin: Magnetic
    Mountain. Stalinism as Civilization. Berkeley/CA 1995. – L.H. Siegel-
    baum: Stakhanovism and the Politics of Productivity in the USSR,
    1935–1941. Cambridge 1988. – Hiroaki Kuromiya: Stalin's Industrial
    Revolution: Politics and Workers 1928–1932. Cambridge 1988.
54 Service, Stalin, S. 259. – Baberowski, Stalinismus, S. 119–120, Zitat
    S. 120.
55 Ebd., S. 113. – Service, Stalin, S. 268.

56 Zum Phänomen der Fassadengesellschaft im sowjetischen Alltag siehe ausführlicher bei: Carsten Goehrke: Russischer Alltag. Eine Geschichte in neun Zeitbildern. Bd. 3: Sowjetische Moderne und Umbruch. Zürich 2005, S. 270–274 (künftig zitiert: Goehrke, Russischer Alltag, Bd. 3).

57 Baberowski, Stalinismus, S. 94.

58 Siehe dazu beispielsweise: Irina Korovushkina Paert: Popular Religion and Local Identity During the Stalin Revolution. Old Believers in the Urals, 1928–41, in: Donald J. Raleigh (Ed.): Provincial Landscapes. Local Dimensions of Soviet Power, 1917–1953 (= Pitt Series in Russian and East European Studies). Pittsburgh/PA 2001, S. 170–193. – Für die kaukasische Peripherie siehe dazu ausführlich das Beispiel Azerbajdžan bei: Baberowski, Feind, passim.

59 Zum Problem der Kollektivierung der Landwirtschaft und den damit verbundenen Repressalien siehe ausführlicher u.a. bei: Stephan Merl: Die Anfänge der Kollektivierung in der Sowjetunion. Der Übergang zur staatlichen Reglementierung der Produktion und Marktbeziehungen im Dorf (1928–1930) (= Veröffentlichungen des Osteuropa-Institutes München. Reihe Geschichte, Bd. 52). Wiesbaden 1985. – Stephan Merl: Bauern unter Stalin. Die Formierung des sowjetischen Kolchossystems, 1930–1941 (= Gießener Abhandlungen zur Agrar- und Wirtschaftsforschung des europäischen Ostens, Bd. 175). Berlin 1990. – R.W. Davies: The Socialist Offensive. The Collectivisation of Soviet Agriculture, 1929–1930. London 1980. – R.W. Davies: The Soviet Collective Farm, 1929–1930. London 1980. – Lynne Viola: Peasant Rebels Under Stalin. Collectivization and Culture of Peasant Resistance. New York/Oxford 1996 (künftig zitiert: Viola, Peasant Rebels Under Stalin). – Lynne Viola: The Best Sons of the Fatherland: Workers in the Vanguard of the Collectivization. Oxford 1987 (künftig zitiert: Viola, Best Sons). – Sheila Fitzpatrick: Stalin's Peasants. Resistance and Survival in the Russian Village After the Collectivization. New York/Oxford 1994 (künftig zitiert: Fitzpatrick, Stalin's Peasants). – Lynne Viola et al. (Hrsg.): Rjazanskaja derevnja v 1929–1930gg. Chronika golovokrušenija. Dokumenty i materialy. Moskva 1998. – Jörg Baberowski: Stalinismus „von oben". Kulakendeportation in der Sowjetunion 1929–1933, in: Jahrbücher für Geschichte Osteuropas, 46. Jg. (1998), H. 4, S. 572–595. – Lynne Viola (Eds.): The War Against the Peasantry, 1927–1930. The Tragedy of the Soviet Countryside. Vol. 1 (= Annals of Communism). New Haven 2005.

60 Baberowski, Stalinismus als Feldzug, S. 618.

61 Im Folgenden nach: Manfred Hildermeier: Stalinismus und Terror, in: Osteuropa, 50. Jg. (2000), H. 6, S. 595 (künftig zitiert: Hildermeier, Stalinismus).

62 Lynne Viola: The Other Archipelago: Kulaks Deportations to the North in 1930, in: Slavic Review, Vol. 60 (Winter 2001), No. 4, S. 730–755.

63 Hildermeier, Stalinismus, S. 595.

64 Ansprache Molotovs vor Parteisekretären aller Sowjetrepubliken und Gebietskomitees, Ende Februar 1930, zitiert nach: Baberowski, Stalinismus als Feldzug, S. 618–619.

65 Im Folgenden in Anlehnung an: Fitzpatrick, Stalin's Peasants, S. 48–79.

66 Siehe dazu grundlegend: Viola, Best Sons.

67 Baberowski, Stalinismus, S. 122, 125, 127.

68 Baberowski, Stalinismus als Feldzug, S. 631–633. – Siehe dazu ausführlicher bei: Baberowski, Feind, S. 669–752.

69 Fitzpatrick, Stalin's Peasants, S. 52–53, 62, 65–67.

70 Vor Erfolgen vom Schwindel befallen. Zu den Fragen der kollektivwirtschaftlichen Bewegung, 2.3.1930, in: J.W. Stalin. Werke. Bd. 12: April 1929–Juni 1930. Berlin-Ost 1954, S. 168–175 (künftig zitiert: Stalin, Werke, Bd. 12), Zitat S. 169.

71 Ennker, Stalinkult, S. 166–171.

72 Hildermeier, Stalinismus, S. 596.

73 Ebd., S. 597–598. – Baberowski, Stalinismus, S. 126, Zitat ebd.

74 Fitzpatrick, Stalin's Peasants, S. 69–78. – Hildermeier, Stalinismus, S. 596–598. – Service, Stalin, S. 312, geht von rund sechs Millionen Hungertoten aus.

75 R.W. Davies et al. (Eds.): The Stalin–Kaganovich Correspondence 1931–36 (= Annales of Communism). New Haven/London 2003, S. 9–13, 282, 290, 359, 479 (künftig zitiert: Davies, Stalin–Kaganovich Correspondence). – Fitzpatrick, Stalin's Peasants, S. 73. – Baberowski, Stalinismus, S. 123–124.

76 Service, Stalin, S. 312.

77 Ward, Stalin's Russia, S. 49, 111–112.

78 Baberowski, Stalinismus, S. 188–189. – Zur Stalin-Verfassung von 1936 siehe auch weiterführend: Peter H. Solomon: Soviet Criminal Justice Under Stalin (= Cambridge Russian, Soviet and Post-Soviet Studies, Vol. 100). Cambridge 1996, S. 191–194 (künftig zitiert: Solomon, Criminal Justice Under Stalin).

79 Siehe diese und ähnliche Beispiele bei: Baberowski, Feind, S. 795–796, 799–800. – Baberowski, Stalinismus, S. 158. – Merle Fainsod: Smolensk Under Soviet Rule. Cambridge/MA 1958, S. 212–216. – J. Arch Getty: The Origins of the Great Purges: The Soviet Communist Party Reconsidered, 1933–1938. Cambridge 1985, S. 85–87 (künftig zitiert: Getty, Origins).

80 Baberowski, Stalinismus, S. 139.

81 Siehe dazu ausführlicher bei: Solomon, Criminal Justice Under Stalin, S. 230–266. – Getty, Origins, S. 265. – Lesely A. Rimmel: A Microcosm of Terror, or Class Warfare in Leningrad: The March 1935 Exile of „Alien Elements", in: Jahrbücher für Geschichte Osteuropas, 48. Jg. (2000), H. 4, S. 529–551. – Baberowski, Stalinismus, S. 147–148.

82 Service, Stalin, S. 315.

83 Lew Rasgon: Nichts als die reine Wahrheit. Erinnerungen. Berlin 1992, S. 216. – Alla A. Kirilina: Neizvestnyj Kirov. St. Peterburg 2001, S. 264.

84 M. Jansen/N. Petrov: Stalin's Loyal Executioner: People's Commissar Nikolai Ezhov, 1895–1940. Stanford 2002, S. 202–203 (künftig zitiert: Jansen/Petrov, Stalin's Loyal Executioner).

85 Baberowski, Stalinismus, S. 142, 144, 148. – Jansen/Petrov, Stalin's Loyal Executioner, passim.

86 Hildermeier, Stalinismus, S. 599.

87 Siehe dazu u.a. ausführlicher bei: Wladislaw Hedeler: Chronik der Moskauer Schauprozesse 1936, 1937 und 1938. Planung, Inszenierung und Wirkung. Berlin 2003. – Siehe ebenso den in Neuauflage erschienenen Klassiker von: Robert Conquest: The Great Terror. A Reassessment. New York 1990 (künftig zitiert: Conquest, Great Terror).

88 Jansen/Petrov, Stalin's Loyal Executioner, S. 204.

89 Zu Stalins Rolle und Eingriffen vor und während der Schauprozesse siehe u.a. auch bei: Davies, Stalin–Kaganovich Correspondence, S. 630–643. – Getty/Naumov, Road to Terror, S. 396–400.

90 Theo Pirker (Hrsg.): Die Moskauer Schauprozesse 1936–1938 (= dtv Dokumente). München 1963, S. 141. – Hildermeier, Stalinismus, S. 599.

91 Prozeßbericht über die Strafsache des antisowjetischen „Blocks der Rechten und Trotzkisten". Vollständiger stenographischer Bericht. Moskau 1938 (Reprint: London 1974), S. 754 (künftig zitiert: Strafsache des antisowjetischen „Blocks der Rechten und Trotzkisten")

92 Ebd., S. 681–682.

93 Baberowski, Stalinismus, S. 150, 156, Zitat ebd.

94 Stalin zitiert nach: ebd., S. 166. – Zum ZK-Plenum und den Folgen siehe auch: David Shearer: Social Disorder, Mass Repression and the NKVD During the 1930s, in: Barry McLoughlin et al. (Eds.): Stalin's Terror. High Politics and Mass Repression in the Soviet Union. Houndmills et al. 2003, S. 87–89 (künftig zitiert: McLoughlin/McDermott, Stalin's Terror).

95 Siehe dazu ausführlicher: Oleg V. Khlevniuk, In Stalin's Shadow. The Career of Sergo Ordzhonikidze. Armonk/NY 1995, S. 137–138, 126–149, 202, 209–212, 309, 338.

96 Zu den Massenoperationen der Jahre 1937/38 im Überblick siehe: Barry McLoughlin: Mass Operations of the NKVD, 1937–8, in: McLoughlin/ McDermott, Stalin's Terror, S. 118–152.

97 Jansen/Petrov, Stalin's Loyal Executioner, S. 205. – Baberowski, Stalinismus, S. 191, 193–194, 197–198, 200. – Baberowski, Feind, S. 791–830.

98 Siehe dazu ausführlicher bei: O.F. Suvenirov: Tragedija RKKA 1937–1938. Moskva 1998, passim (künftig zitiert: Suvenirov, Tragedija). – Tucker, Power, S. 379–384, 432–440. – Conquest, Great Terror, S. 182–213. – Roger R. Reese: The Red Army and Great Purges, in: J.

Arch Getty/Roberta T. Manning (Eds.): Stalin's Terror: New Perspectives. Cambridge/MA 1993, S. 198–214.

99   Jansen/Petrov, Stalin's Loyal Executioner, S. 70. – Suvenirov, Tragedija, S. 315. – Baberowski, Stalinismus, S. 171–172.

100 Siehe dazu ausführlicher in Kapitel II. 3.

101 Jansen/Petrov, Stalin's Loyal Executioner, S. 205, 207/–208. – O.V. Chlewnjuk: Politbjuro. Mechanizmy političeskoj vlasti v 1930-e gody. Moskva 1996, S. 207–208, 290–291. – Posetiteli kremlevskogo kabineta I.V.Stalina, in: Istoričeskij archiv, 1994, H. 6; 1995, H. 2–6.

102 Goehrke, Russischer Alltag, Bd. 3, S. 195, 203, 228–230. –Hildermeier, Stalinismus, S. 601. – Zu den Auswirkungen des Massenterrors auf das Privatleben der damaligen Sowjetbürger siehe auch die jüngste Veröffentlichung von: Orlando Figes: The Whisperers. Private Life in Stalin's Russia. New York 2007, S. 227–378. – Veronique Garrors et al. (Eds.): Intimicy and Terror: Soviet Diaries of the 1930s. New York 1995, passim.

103 Jansen/Petrov, Stalin's Loyal Executioner, S. 205. – Baberowski, Stalinismus, S. 200. – Hildermeier, Stalinismus, S. 602. – Goehrke, Russischer Alltag, Bd. 3, S. 202, Zitat ebd.

104 Baberowski, Stalinismus, S. 202.

105 Jansen/Petrov, Stalin's Loyal Executioner, S. 158–193.

106 Siehe dazu ausführlicher in Kapitel III. 3.

107 Iz istorii velikoj otečestvennoj vojny. Nakanune vojny (1940–1941gg.), in: Izvestija CK KPSS, 1990, Nr. 4, S. 221.

108 Kuromiya, Stalin, S. 150.

109 Albert L. Weeks: Stalin's Other War. Soviet Grand Strategy, 1939–1941. Lanham et al. 2002, S. 130 (künftig zitiert: Weeks, Stalin's Other War).

110 Einen ersten Überblick über diese Phase und das Denken innerhalb der politischen und militärischen Führung in der UdSSR gewährt u.a.: L.E. Rešin et al. (Hrsg.): 1941 god v 2-ch knigach (= Rossija XX vek. Dokumenty). Moskva 1998 (künftig zitiert: Rešin, 1941 god). Zu den Warnungen an Stalin wegen deutscher Truppenbewegungen im Grenzgebiet siehe beispielsweise den Geheimdienstbericht vom 31.3.1941, in: Rešin, 1941 god, Bd. 1, S. 808–810.

111 Viktor Suvorov: Ledokol. Kto načal vtoruju mirovuju vojnu? Moskva 1993. – Viktor Suvorov: Den' M. Kogda načalas' vtoraja mirovaja vojna? Prodolženie knigi „Ledokol". Moskva 1994.

112 Zu den Einwänden gegen solche Thesen siehe ausführlicher u.a. bei: G.A. Bordjugov/V.A. Nevežin (Red.): Gotovil li Stalin nastupatel'nuju vojnu protiv Gitlera? Nezaplanirovannaja diskussija. Sbornik materialov. Moskva 1995. – Stefan Voß: Stalins Kriegsvorbereitungen – erforscht, gedeutet und instrumentalisiert. Eine Analyse postsowjetischer Geschichtsschreibung (= Hamburger Beiträge zur Geschichte des östlichen Europa, Bd. 3). Hamburg 1998. – Bianka Pietrow-Ennker (Hrsg.): Präventivkrieg? Der deutsche Angriff auf die Sowjetunion.

Frankfurt/Main 2000. – Gabriel Gorodetsky: Die Große Täuschung. Hitler, Stalin und das Unternehmen „Barbarossa". Berlin 2001. – Weeks, Stalin's Other War.

113 G.K. Žukov: Vospominanija i razmyšlenija. Bd. 2. Moskva 1995, S. 8–10 (künftig zitiert: Žukov, Vospominanija). – Georgi K. Schukow: Erinnerungen und Gedanken. Stuttgart 1969, S. 233–234 (künftig zitiert Schukow, Erinnerungen).

114 Ebd., S. 234. – Žukov, Vospominanija, S. 10.

115 Vypiska iz žurnalov zapiski lic, prinjatych I.V. Stalinym, in: Rešin, 1941 god, Bd. 2, S. 428–430. – Ju. Gor'kov: Gosudarstvennyj komitet oborony postanovljaet (1941–1945). Cifry, dokumenty. Moskva 2002, S. 223–224. – Žukov, Erinnerungen, S. 234–237.

116 A.I. Mikojan: Tak bylo. Razmyšlenija o minuvšem. Moskva 1999, S. 388–391.

117 Rešin, 1941 god, Bd. 2, S. 499. – Klaus Segbers: Die Sowjetunion im Zweiten Weltkrieg. Die Mobilisierung von Verwaltung, Wirtschaft und Gesellschaft im „Großen Vaterländischen Krieg" 1941–1943. München 1987.

118 Vystuplenie I.V. Stalina po radio 3 ijulja 1941g., in: Rešin, 1941 god, Bd. 2, S. 448–452. – I. Stalin: O Velikoj Otečestvennoj Vojny Sovetskogo Sojuza. Moskva 1946, S. 34–36. Die beiden Reden sind in deutscher Übersetzung abrufbar unter: http://www.stalinwerke.de/vaterlandkrieg/vk.html.

119 Siehe dazu etwa: Antony Beevor/Luba Vinogradova: Ein Schriftsteller im Kriege. Wassili Grossman und die Rote Armee 1941–1945. München 2007, passim (künftig zitiert: Beevor/Vinogradova, Schriftsteller). – Cathrine Merridale: Iwans Krieg. Die Rote Armee 1939–1945. Frankfurt/Main 2006, S. 115 (künftig zitiert: Merridale, Iwans Krieg).

120 Rešin, 1941 god, Bd. 2, S. 469–470. – Dmitrij A. Volkogonov: Stalin als Oberster Befehlshaber, in: Bernd Wegner (Hrsg.): Zwei Wege nach Moskau. Vom Hitler-Stalin-Pakt zum „Unternehmen Barbarossa". München 1991 (künftig zitiert: Wegner, Zwei Wege nach Moskau), S. 489. – Bernd Bonwetsch: Stalin, the Red Army, and the „Great Patriotic War" (künftig zitiert: Bonwetsch, Red Army), in: Ian Kershaw/Moshe Lewin (Eds.): Stalinism and Nazism. Dictatorships in Comparison. Cambridge 2000, S. 189, 195, 198–201 (künftig zitiert: Kershaw/Lewin, Stalinism and Nazism). – Zur Problematik der sowjetischen Kriegsgefangenen in Deutschland siehe ausführlich: Christian Streit: Keine Kameraden. Die Wehrmacht und die sowjetischen Kriegsgefangenen. Stuttgart 1981. – Alfred Streim: Die Behandlung sowjetischer Kriegsgefangener im Fall „Barbarossa". Heidelberg/Karlsruhe 1981. – Alfred Streim: Das Völkerrecht und die sowjetischen Kriegsgefangenen, in: Wegner, Zwei Wege nach Moskau, S. 291–308.

121 Siehe dazu in Kapitel II. 2.

122 Bonwetsch, Red Army, S. 195.

123 Baberowski, Stalinismus, S. 228–229. – Bonwetsch, Red Army, S. 200.

124 Bernd Bonwetsch: Ein Sieg mit Schattenseiten. Die Sowjetunion im Zweiten Weltkrieg, in: Kriegsgefangene – Voennoplennye. Sowjetische Kriegsgefangene in Deutschland – Deutsche Kriegsgefangene in der Sowjetunion. Düsseldorf 1995, S. 136–140 (künftig zitiert: Kriegsgefangene – Voennoplennye). – Viktor Semskow: Angst vor der Rückkehr. Die Repatriierung sowjetischer Staatsbürger und ihr weiteres Schicksal (1944–1956), in: Kriegsgefangene – Voennoplennye, S. 157–162. – Zum Problem der Repatriierung siehe auch: Pavel M. Poljan: Deportiert nach Hause. Sowjetische Kriegsgefangene im „Dritten Reich" und ihre Repatriierung (= Kriegsfolgen-Forschung, Bd. 2). München/Wien 2001.

125 Bonwetsch, Red Army, S. 200. – Konstantin Simonow: Aus der Sicht meiner Generation. Gedanken über Stalin. Berlin 1990, S. 369. – Baberowski, Stalinismus, S. 230–231.

126 Ebd., S. 237. – Merridale, Iwans Krieg, S. 106, 111–113, 135.

127 Ebd., S. 19, 121–122.

128 Siehe dazu ausführlicher: Bernhard Chiari: Alltag hinter der Front. Besatzung, Kollaboration und Widerstand in Weißrußland 1941–1944 (= Schriften des Bundesarchivs, Bd. 53). Düsseldorf 1998. – C. Gerlach: Kalkulierte Morde. Die deutsche Wirtschafts- und Vernichtungspolitik in Weißrußland 1941–1944. Hamburg 1999. – Alexander Dallin: Deutsche Herrschaft in Rußland 1941–1945. Königstein/Ts. 1981, Düsseldorf 1958 (künftig zitiert: Dallin, Deutsche Herrschaft). – Peter Longerich: Vom Massenmord zur „Endlösung". Die Erschießung von jüdischen Zivilisten in den ersten Monaten des Ostfeldzuges im Kontext des nationalsozialistischen Judenmords, in: Wegner, Zwei Wege nach Moskau, S. 251–274. – Elena Zubkova: Pribaltika i Kreml' 1940–1953 (= Istorija stalinizma). Moskva 2008, S. 44–127 (künftig zitiert: Zubkova, Pribaltika i Kreml').

129 Bonwetsch, Red Army, S. 203–206.

130 Zu den Vorgängen um die letzte große sowjetische Offensive um Berlin und die Schlacht auf den Seelower Höhen siehe u.a.: Richard Overy: Russlands Krieg 1941–1945. Reinbek bei Hamburg 2003, S. 402–419, Zitat S. 404 (künftig zitiert: Overy, Russlands Krieg). – Service, Stalin, S. 473. – Beevor/Vinogradova, Schriftsteller, S. 407–408. – John Erickson: The Road to Berlin. Stalin's War With Germany. London 1983. – Antony Beevor: Berlin 1945. Das Ende. München 2002.

131 Siehe dazu: The Nomination Database for the Nobel Prize in Peace, 1901–1955, in: http://nobelprize.org/nomination/peace/nomination.php?action=show (abgerufen am 3.9.2008). –Baberowski, Stalinismus, S. 232.

132 Merridale, Iwans Krieg, S. 138.

133 Zu den Stimmungen verzweifelter Moskauer Bürger siehe: K.I. Bukov et al. (Hrsg.): Moskva voennaja. Memuary i archivnye dokumenty 1941–1945gg. Moskva 1995, S. 69. – Mikhail M. Gorinov: Muscovites' Moods, 22. June to May 1942 (künftig zitiert: Gorinov, Musco-

vites' Moods), in: Robert W. Thurston/Bernd Bonwetsch (Eds.): The People's War. Responses to World War II in the Soviet Union. Urbana, Il./Chicago 2000, S. 120–122 (künftig zitiert: Thurston/Bonwetsch, People's War).

134 Merridale, Iwans Krieg, S. 138–139. – Baberowski, Stalinismus, S. 220–221. – Gorinov, Muscovites' Moods, S. 115–117. – Gennadi Bordiugov: The Popular Mood in the Unoccupied Soviet Union: Continuity and Change During the War, in: Thurston/Bonwetsch, People's War, S. 54–70. – J. Barber: The Moscow Crisis of October 1941, in: J. Cooper/M. Perrie (Eds.): Soviet History, 1917–1953. Essays in Honour of R.W. Davies. London 1995, S. 201–218.

135 Zur besonderen Situation im belagerten Leningrad siehe u.a. ausführlicher bei: Jörg Ganzenmüller: Das belagerte Leningrad 1941–1944: Eine Großstadt in den Strategien von Angreifern und Verteidigern (= Krieg in der Geschichte, Bd. 22). Paderborn et al. ²2007. – L. Ginsburg: Aufzeichnungen eines Blockademenschen. Frankfurt/Main 1997. – Aileen Rambow: Zersplitterung und Einheit der Leningrader Bevölkerung während der Blockade, in: Stefan Creuzberger et al. (Hrsg.): St. Petersburg, Leningrad, St. Petersburg. Eine Stadt im Spiegel der Zeit. Stuttgart 2000, S. 196–210.

136 Gorinov, Muscovites' Moods, S. 125–126, 130–131.

137 Baberowski, Stalinismus, S. 225.

138 Siehe dazu etwa die ernüchternden und ungeschminkten Eindrücke, die Grossman als Korrespondent der „Krasnaja zvezda" sowohl für die Frontsoldaten als auch für die Heimatfront wiedergab, in: Beevor/Vinogradova, Schriftsteller, S. 257–377.

139 Siehe dazu ausführlicher u.a. bei: Mark Harrison: Accounting for War: Soviet Production, Employment, and the Defence Burden, 1940–1945. Cambridge 1996. – Mark Harrison: Soviet Planning in Peace and War, 1938–45. Cambridge 1985. – John Barber/Mark Harrison: The Soviet Homefront, 1941–45. London 1991, S. 121–193. – Baberowski, Stalinismus, S. 235. – William C. Fuller, Jr.: The Great Fatherland War and Late Stalinism, 1941–1953 (künftig zitiert: Fuller, Great Fatherland War), in: Gregory Freeze (Ed.): Russia. A History. Oxford 2000, S. 330–333. – Jacques Sapir: The Economics of War in the Soviet Union During World War II, in: Kershaw/Lewin, Stalinism and Nazism, S. 225–236. – Michail Ju. M'agkov: Quantitative und qualitative Veränderungen in der sowjetischen Rüstungswirtschaft im Jahre 1942, in: Horst Möller/Aleksandr Tschubarjan (Hrsg.): Mitteilungen der Gemeinsamen Kommission für die Erforschung der jüngeren Geschichte der deutsch-russischen Beziehungen. Bd. 2. München 2005, S. 45–51.

140 Orlando Figes: Nataschas Tanz. Eine Kulturgeschichte Russlands. Berlin 2003, S. 508 (künftig zitiert: Figes, Nataschas Tanz).

141 Siehe dazu u.a. Richard Stites: Soviet Russian Wartime Culture: Free-
     dom and Control, Spontaneity and Consciousness, in: Thurston/Bon-
     wetsch, People's War, S. 171–184.
142 So etwa: Jeffrey Brooks: Pravda Goes to War, in: Richard Stites (Ed.):
     Culture and Entertainment in Wartime Russia. Bloomington/IN 1995,
     S. 6 (künftig zitiert: Stites, Culture).
143 Nina Tumarkin: The War of Remembrance, in: Stites, Culture, S. 204.
144 Zur Kirchenpolitik Stalins während des Großen Vaterländischen Krie-
     ges und den damit verfolgten Intentionen siehe ausführlicher bei: Ste-
     ven Merrit Miner: Stalin's Holy War. Religion, Nationalism, and
     Alliance Politics, 1941–1945. Chapel Hill, NC/London 2003, passim.
     – Löwe, Stalin, Bd. 2, S. 318. – Figes, Nataschas Tanz, S. 508. – F.
     Corley: Religion in the Soviet Union. An Archival Reader. Basingstoke
     1996, S. 142ff. – William C. Fletcher: The Soviet Bible Belt: World
     War II's Effects on Religion, in: Susan J. Linz (Ed.): The Imact of
     World War II on the Soviet Union. Totowa/NJ 1985, S. 91–106
     (künftig zitiert: Linz, Impact). – Daniel Peris: „God is on Our Side":
     The Religious Revival on Unoccupied Soviet Territory During World
     War II, in: Kritika. Explorations in Russian and Eurasian History,
     2000, H. 1, S. 97–118. – Michail V. Škarovskij: Russkaja pravoslavnaja
     cerkov v 1943–1957 godach, in: Voprosy istorii, 1995, H. 8, S. 36–56.
145 Overy, Russlands Krieg, S. 402. – Allilujewa, Briefe, S. 266–267.
146 Service, Stalin, S. 480, 487.
147 Schukow, Erinnerungen, S. 633–634. – Service, Stalin, S. 480–481.
148 Zu den Angaben Stalins siehe in: Bol'ševik, 1946, H. 5, S. 3. – Zur Dis-
     kussion um die Opferbilanz des Krieges siehe u.a.: M. Ellman/
     S. Maksudov: Soviet Death in the Great Patriotic War. A Note, in:
     Europe-Asia Studies, 1994, No. 4, S. 671–680. – Boris Sokolow: Der
     Preis des Sieges. Anmerkungen zu den Menschenverlusten in der
     UdSSR (1941–1945), in: Jacobsen et al., Zeitenwende, S. 521–537.
149 In diesem Zusammenhang siehe ausführlicher bei: Service, Stalin,
     S. 482–483. – Dallin, Deutsche Herrschaft, S. 332–421, 441–463. –
     Baberowski, Stalinismus, S. 241–242. – Venjamin F. Zima: Golod v
     SSSR 1946–1947 godov. Proischoždenie i poledstvija. Moskva 1996,
     S. 11. – Elena Zubkova: Russia After the War. Hopes, Illusions and
     Disappointments. Armonk/N.Y. 1998 (künftig zitiert: Zubkova, Russia
     After the War). – Elena Zubkova: Russia After the War. Hopes, Illu-
     sions and Disappointments, in: David L. Hoffmann (Ed.): Stalinism.
     Oxford 2003, S. 277–301. – Elena Zubkova: Die sowjetische Gesell-
     schaft nach dem Krieg, in: Vierteljahrshefte für Zeitgeschichte, 47 Jg.
     (1999), H. 3, S. 363–383. – Sheila Fitzpatrick: Postwar Soviet Society:
     "The Return to Normalcy", 1945–1943, in: Linz, Impact, S. 129–156.
     – Beate Fieseler: Innenpolitik in der Nachkriegszeit 1945–1953 (künf-
     tig zitiert: Fieseler, Innenpolitik der Nachkriegszeit), in: Stefan Plaggen-
     borg (Hrsg.): Handbuch der Geschichte Russlands. Bd. 5.1: 1945–
     1991. Vom Ende des Zweiten Weltkriegs bis zum Zusammenbruch der

Sowjetunion. Stuttgart 2002, S. 36–77 (künftig zitiert: Plaggenborg, Handbuch).

150 Zu diesen historischen Ereignissen siehe im Überblick bei: Figes, Nataschas Tanz, S. 98–172.

151 Service, Stalin, S. 492.

152 So eine Charakterisierung bei Nikolaus Katzer: Die belagerte Festung. Wiederaufbau, Nachkriegsgesellschaft und innerer Kalter Krieg in der Sowjetunion, 1945 bis 1953, in: Osteuropa, 50. Jg. (2000), H. 3, S. 280 (künftig zitiert: Katzer, Belagerte Festung). – Zu Stalins Rolle bei der Entstehung des Kalten Krieges siehe ausführlicher in Kapitel III. 3 und III. 4.

153 Siehe dazu u.a.: Zubkova, Pribaltika i Kreml', S. 191–156, 257–319, 337. – David Feest: Zwangskollektivierung im Baltikum. Die Sowjetisierung des estnischen Dorfes 1944–1953 (= Beiträge zur Geschichte Osteuropas, Bd. 40). Köln et al. 2007. – David Feest: Terror und Gewalt auf dem estnischen Dorf, in: Osteuropa, 50. Jg. (2000), H. 6, S. 656–671. – Olaf Mertelsmann: Der stalinistische Umbau in Estland. Von der Markt- zur Kommandowirtschaft (= Hamburger Beiträge zur Geschichte des östlichen Europa, Bd. 14). Hamburg 2006. – Service, Stalin, S. 492–493. – Baberowski, Stalinismus, S. 248.

154 Andrej Sacharow: Mein Leben. München et al. 1991, S. 67.

155 Siehe dazu ausführlicher in Kapitel II. 3.

156 Baberowski, Stalinismus, S. 242. – Katzer, Belagerte Festung, S. 282.

157 Allilujewa, Briefe, S. 268.

158 Katzer, Belagerte Festung, S. 283. – Juliane Fürst: Introduction – Late Stalinist Society: Policies and People (künftig zitiert: Fürst, Late Stalinist Society), in: Fürst, Late Stalinist Russia, S. 16. – David Holloway: Stalin and the Bomb: The Soviet Union and Atomic Energy, 1939–1956. New Haven 1994. – A.K. Kruglov: Kak sozdavalas' atomnaja promyšlennost' v SSSR. Moskva 1995. – Nauka i obščestvo. Istorija sovetskogo atomnogo proekta. Moskva 1997. – Matthias Uhl: Stalins V-2. Der Technologietransfer der deutschen Fernlenkwaffentechnik in die UdSSR und der Aufbau der sowjetischen Raketenindustrie 1945 bis 1959 (= Wehrtechnik und wissenschaftliche Waffenkunde, Bd. 14). Bonn 2001.

159 Donald Filtzer: Soviet Workers and Late Stalinism. Labour and the Restauration of the Stalinist System after World War II. Cambridge 2002, S. 158–200 (künftig zitiert: Filtzer, Soviet Workers and Late Stalinism).

160 Solomon, Criminal Justice Under Stalin, S. 405.

161 Siehe dazu ausführlicher u.a. bei: Vladimir Shlapentokh: Public and Private Life of the Soviet People. Changing Values in Post-Stalin Russia. New York 1989. – Donald A. Filtzer: Soviet Workers and De-Stalinization: The Consolidation of the Modern System of Soviet Production Relations, 1953–1964. New York 1992. – Katzer, Belagerte Festung, S. 283.

162 W. Moskoff: The Bread of Affliction. The Food Supply in the USSR During World War II. Cambridge 1990. – Zubkova, Russia After the War, S. 59–67.

163 Katzer, Belagerte Festung, S. 285–286.

164 Service, Stalin, S. 495–496.

165 Im Folgenden und weiterführend siehe u.a. bei: Baberowski, Stalinismus, S. 253. – Service, Stalin, S. 499, 526, 529, 540. – Katzer, Belagerte Festung, S. 291. – Yoram Gorlizki: Stalin's Cabinet: The Politburo and Decision Making in the Postwar Years, in: Christopher Read (Ed.): The Stalin Years. A Reader. Houndmills 2003, S. 192–212. – Yoram Gorlizki/Oleg Khlevniuk: Cold Peace. Stalin and the Soviet Ruling Circle, 1945–1953. Oxford 2004, S. 19–29. – E.A. Rees: Stalin as Leader, 1937–1953: From Dictator to Despot, in: Rees, Nature of Stalin's Dictatorship, S. 200–299.

166 O.V. Chlevnjuk et al. (Hrsg.): Politbjuro CK VKP (b) i Sovet Ministrov SSSR 1945–1953 (= Dokumenty sovetskoj istorii). Moskva 2002, S. 29 (künftig zitiert: Chlevnjuk et al., Politbjuro CK VKP (b)).

167 Baberowski, Stalinismus, S. 253–255.

168 Chlevnjuk et al., Politbjuro CK VKP (b), S. 312–313.

169 Baberowski, Stalinismus, S. 249–250. – Siehe dazu ausführlicher u.a. bei: Fieseler: Innenpolitik der Nachkriegszeit, S. 50–57. – Dietrich Beyrau: Intelligenz und Dissens. Die russischen Bildungsschichten in der Sowjetunion 1917 bis 1985. Göttingen 1993, S. 80–117. – D.G. Nadžafov/Z.S. Belousova (Hrsg.): Stalin i kosmopolitizm. Dokumenty agitpropa CK KPSS 1945–1953 (= Rossija XX vek. Dokumenty). Moskva 2005, passim.

170 Die nachfolgenden Ausführungen in Anlehnung an: Baberowski, Stalinismus, S. 250–251. – Löwe Stalin, Bd. 2, S. 378–391. – Vladimir Naumov: Die Vernichtung des Jüdischen Antifaschistischen Komitees, in: Leonid Luks (Hrsg.): Der Spätstalinismus und die „jüdische Frage". Zur antisemitischen Wende des Kommunismus (= Schriften des Zentralinstituts für Mittel- und Osteuropastudien, Bd. 3). Köln 1998, S. 117–141. – Arno Lustiger: Rotbuch: Stalin und die Juden. Die tragische Geschichte des Jüdischen Antifaschistischen Komitees und der sowjetischen Juden. Berlin ²2002, 184–274. – Simon Sebag Montefiore: Stalin. The Court of the Red Tsar. London 2003, S. 509–510. – J. Fringer: The Doctor's Plot: Stalin's Solution to the Jewish Question, in: J. Ro'i (Ed.): Jews and Jewish Life in Russia and Soviet Union. Ilford 1995, S. 103–124. – Jonathan Brent/Vladimir P. Naumov: Stalin's Last Crime. The Doctor's Plot. London 2003. – G.V. Kostyrčenko (Hrsg.): Gosudarstvennyj antisemitizm v SSSR ot načala do kul'minacii 1938–1953 (= Rosssija XX vek. Dokumenty). Moskva 2005, passim.

171 Siehe dazu in Kapitel I. 1.

172 Fürst, Late Stalinist Society, S. 16. – Siehe auch ausführlicher dazu bei: Donald Filtzer: Standard of Living Versus Quality of Live. Struggling

With the Urban Environment in Russia During the Early Years of Post-War Reconstruction, in: Fürst, Late Stalinist Russia, S. 81–102.

173 Siehe dazu ausführlicher bei: Cynthia Hooper: A Darker „Big Deal": Concerning Party Crimes in the Post-Second World War Era, in: Fürst, Late Stalinist Russia, S. 142–163.

174 Fürst, Late Stalinist Society, S. 11–13. – Siehe dazu ausführlicher bei: Juliane Fürst: The Importance of Being Stylish: Youth, Culture and Identity in Late Stalinism, in: Fürst, Late Stalinist Society, S. 209–230.

175 Dazu ausführlicher bei: Beate Fieseler: The Bitter Legacy of the „Great Patriotic War": Red Army Disabled Soldiers Under Late Stalinism, in: Fürst, Late Stalinist Society, S. 46–61.

III. Der Außenpolitiker

1 So Lev Trockij in seinen Memoiren und seiner Stalin-Biographie, siehe: Trotzky, Stalin, passim. – Trotzki, Leben, passim. – Siehe auch die einschlägigen Stalin-Biographien von: Boris Souvarine: Stalin. Anmerkungen zur Geschichte des Bolschewismus. München 1980, S. 279. – Isaac Deutscher: Stalin. Eine politische Biographie. Stuttgart 1962, S. 255–256 (künftig zitiert: Deutscher, Stalin).

2 Siehe dazu und zu den daraus folgenden Konsequenzen ausführlicher in Kapitel III. 2.

3 So im Wesentlichen die Argumentation bei: Tucker, Power.

4 Ree, Political Thought, S. 9, 13, 276 – Erik van Ree: Stalin as Marxist: the Western Roots of Stalin's Russification of Marxism (künftig zitiert: Ree, Stalin as Marxist), in: Davies/Harris, Stalin, S. 159.

5 Ree, Political Thought, S. 15–16.

6 Ebd., S. 16, 278–280.

7 Ebd., S. 16.

8 Siehe hierzu ausführlicher u.a. bei: S.V. Utechin: Geschichte der politischen Ideen in Rußland. Stuttgart et al. 1963. – Peter Scheibert: Von Bakunin zu Lenin. Geschichte der revolutionären Ideologien. Bd. 1. Leiden 1956.

9 Sebag Montefiore, Stalin, S. 108.

10 Ebd., S. 211.

11 Zum besonderen Status von Finnland siehe: Andreas Kappeler: Rußlands Vielvölkerreich. Entstehung, Geschichte, Zerfall. München 1992, S. 87–90, 214, 281.

12 Sebag Montefiore, Stalin, S. 224–225; Zitat ebd., S. 225.

13 So die Charakterisierung von: Peter Ackroyd: London. Die Biographie. München 2002, S. 671–681.

14 Sebag Montefiore, Stalin, S. 243, 245–247, 250; die Äußerungen Stalins zitiert nach ebd., S. 247.

15 Ebd., S. 265. – Milovan Djilas: Gespräche mit Stalin. Frankfurt/Main 1962, S. 99.

16 Zur Rolle Stalin siehe: Sebag Montefiore, Stalin, S. 273.

17 Ebd.

18 Hierbei handelt es sich vor allem um folgende Publikationen: Synopticus (Pseud. für Karl Renner): Staat und Nation. Wien 1899. – Otto Bauer: Nationalitätenfrage und die Sozialdemokratie. Wien 1908.

19 Zu Stalins Position in der Nationalitätenfrage siehe ausführlicher im Kapitel III. 2.

20 Zitiert nach Edward Ellis Smith: Der junge Stalin. München 1969, S. 289.

21 Sebag Montefiore, Stalin, S. 353–356, 491; Zitat auf S. 356.

22 Dietrich Geyer: Voraussetzungen sowjetischer Außenpolitik in der Zwischenkriegszeit (künftig zitiert: Geyer, Voraussetzungen), in: Dietrich Geyer (Hrsg.): Osteuropa-Handbuch. Sowjetunion. Außenpolitik, Bd. 1: 1917–1955. Köln/Wien 1972, S. 20, 24–25 (künftig zitiert: Geyer, Sowjetunion Außenpolitik, Bd. 1). – W.I. Lenin: Der Imperialismus als höchstes Stadium des Kapitalismus, in: Werke, Bd. 22. Berlin-Ost 1960, S. 191–309.

23 Siehe dazu die Auswertung von: Robert McNeal (Bearb.): Stalin's Works. An Annotated Bibliography (= Hoover Institution Bibliographical Series, Vol. XXVI). Stanford/CA 1967, S. 21–44.

24 Stalin, zitiert nach: Sebag Montefiore, Stalin, S. 343.

25 Service, Stalin, S. 109. – Sebag Montefiore, Stalin, S. 419. – Geyer, Voraussetzungen, S. 26. Zur Zimmerwalder Bewegung siehe auch: H. Lademacher (Hrsg.): Die Zimmerwalder Bewegung. Protokolle und Korrespondenz. 2 Bde. Den Hague 1967. – A. Reisberg: Lenin und die Zimmerwalder Bewegung. Berlin 1966.

26 Service, Stalin, S. 122, 128.

27 Über den Krieg, in: Stalin, Werke, Bd. 3, S. 4–8.

28 Ebd., S. 7. – Service, Stalin, S. 122, 124, 130.

29 Šestoj s"ezd RSDRP (b). Avgust 1917 goda. Protokoly. Moskva 1958, S. 250.

30 Siehe dazu etwa: Löwe, Stalin, Bd. 1, S. 110–121. – Siehe ausführlicher dazu im Kapitel II.

31 Dass sich der Blick auf Stalins Zeit unmittelbar nach der bolschewistischen Machtübernahme verändert und althergebrachte Klischees zu revidieren beginnt, ist nicht zuletzt auf eine Reihe unlängst erschienener Untersuchungen zurückzuführen. Siehe dazu u.a.: Jeremy Smith: The Bolsheviks and the National Question, 1917–23 (= Studies in Russia and East Europe). Houndmills et al. 1999 (künftig zitiert: Smith, National Question). – Smith, Stalin as Commissar, S. 45–46. – Terry Martin: The Affirmative Action Empire: Nations and Nationalism in the Soviet Union, 1923–1939. Ithaca 2001 (künftig zitiert: Martin, Empire). – Erik van Ree: Stalin and the National Question, in: Revolutionary Russia, 7. Jg. (1994), H. 2, S. 214–238.

32 Baberowski, Feind, S. 185, 197.

33 Smith, Stalin as Commissar, S. 45.

34 Hier in terminologischer Anlehnung an Begrifflichkeiten, die in der Geschichtswissenschaft für die Beschreibung jener Prozesse verwandt

werden, als im 14. und 15. Jahrhundert der in Teilfürstentümer zersplitterte russische Nordosten und Nordwesten unter der Vorherrschaft Moskaus politisch vereinigt wurden.

35 Baberowski, Feind, S. 195, 200. – Siehe dazu ausführlicher in: Marxismus und nationale Frage, in: Stalin, Werke, Bd. 2, S. 266–333.

36 Sed'maja (aprel'skaja) vserossijskaja konferencija RSDRP (bol'ševikov), S. 227. – Kellmann, Stalin, S. 367.

37 Service, Stalin, S. 152–153.

38 Baberowski, Feind, S. 187–188.

39 Zu den programmatischen Vorstellungen der weißgardistischen Bürgerkriegsopposition siehe grundlegend: Nikolaus Katzer: Die weiße Bewegung in Rußland: Herausbildung, praktische Politik und politische Programmatik im Bürgerkrieg (= Beiträge zur Geschichte Osteuropas, Bd. 28). Köln et al. 1999.

40 Jörg Baberowski: Auf der Suche nach Eindeutigkeit: Kolonialismus und zivilisatorische Mission im Zarenreich und in der Sowjetunion, in: Jahrbücher für Geschichte Osteuropas, 47. Jg. (1999), H. 4, S. 498–499. – Martin, Empire, S. 31–74.

41 Kongress der Völker Dagestans, 13. November 1920, in: J.W. Stalin. Werke. Bd. 4: November 1917–1920. Berlin-Ost 1951, S. 348–349 (künftig zitiert: Stalin, Werke, Bd. 4).

42 An die Deputiertensowjets und die Parteiorganisationen Turkestans, 12.2.1919, in: Stalin, Werke, Bd. 4, S. 203–204.

43 Smith, Stalin as Commissar, S. 47, 55, 57. – Stephen Blank: The Sorcer as Apprentice. Stalin as Commissar of Nationalities, 1917–1924 (= Contribution in Military Studies, No. 145). Westport, Con./London 1994, S. 68–81.

44 So Stalin in zwei Artikeln: Vergeßt den Osten nicht! (24.11.1918); Der Oktoberumsturz und die nationale Frage (19.11.1918), in: Stalin, Werke. Bd. 4, S. 146, 150–151.

45 Service, Stalin, S. 158, 160, 179–180. – Zitat Stalins vom 25.4.1923 aus: XII s"ezd RKP (b). Stennogramma zasedanija sekcii s"ezd po nacional'nomu voprosu 25 aprelja 1923, in: Izvestija CK KPSS, 1991, H. 4, S. 171.

46 So Stalin in einem Brief an Lenin am 12.6.1920, abgedruckt in: W.I. Lenin: Sämtliche Werke. Bd. 25. Wien/Berlin 1930, S. 737–738. – Das Schreiben ist nicht in die offizielle Werkausgabe der Stalin-Schriften aufgenommen worden, wohl nicht zuletzt um den Dissens mit Lenin zu verschleiern.

47 Service, Stalin, S. 159–162, 173–174. – Zu den Hintergründen der innerparteilichen Diskussionen um den Friedensvertrag von Brest-Litovsk siehe ausführlicher bei: Richard K. Debo: Revolution and Survival. The Foreign Policy of Soviet Russia 1917–18. Liverpool 1979, S. 91–169.

48 Zu der hier skizzierten Rolle Stalins während der Krieges gegen Polen siehe u.a.: Bol'ševistskoe rukovodstvo, S. 143, 147, 150–152 künftig

zitiert: Bol'ševistskoe rukovodstvo). – Service, Stalin, S. 174, 179–184.
– Zum Aspekt des weltrevolutionären Kalküls, das die Bol'ševiki mit
jenem Krieg verknüpften, siehe: Richard Pipes: Die Russische Revolution. Bd. 3: Rußland unter dem neuen Regime. Berlin 1993, S. 289–
299.

49 Siehe dazu ausführlicher im nachfolgenden Kapitel.

50 Bol'ševistskoe rukovodstvo, S. 190–191.

51 Hierzu und im Folgenden: Baberowski, Feind, S. 215–223, Zitate auf
S. 216 und 217. – Siehe auch Sebag Montefiore, Stalin, S. 480–482.

52 Service, Stalin, S. 194–195, 203.

53 Bol'ševistskoe rukovodstvo, S. 214.

54 Alexander Fischer: Sowjetische Außenpolitik 1917–1945 (= Quellen
und Arbeitshefte zur Geschichte und Politik). Stuttgart 1973, S. 34–35.

55 Siehe dazu ausführlicher bei: Service, Stalin, S. 186–190.

56 Fritz T. Epstein: Außenpolitik in Revolution und Bürgerkrieg, 1917–
1920, in: Geyer, Sowjetunion Außenpolitik, Bd. 1, S. 145.

57 Derek Watson: The Politburo and Foreign Policy in the 1930s (künftig
zitiert: Watson, Foreign Policy), in: Rees, Nature of Stalin's Dictatorship, S. 136. – Zu Čičerin als einem selbstbewusst auftretenden Diplomaten, der durchaus im Gegensatz zu Stalin auch andere Positionen
einnehmen konnte, siehe u.a.: Jon Jacobson: When the Soviet Union
Entered World Politics. Berkeley et al. 1994, S. 175 (künftig zitiert:
Jacobson, World Politics).

58 Watson, Foreign Policy, S. 135–136.

59 Ebd., S. 138–139, 143, 151–152.

60 Service, Stalin, S. 191.

61 Siehe zu dieser Problematik ausführlicher bei: Horst G. Linke: Der
Weg nach Rapallo. Strategie und Taktik der deutschen und sowjeti-
schen Außenpolitik, in: Historische Zeitschrift, 264 (1997) S. 55–109.
– Manfred Zeidler: Reichswehr und Rote Armee 1920–1933, in:
Deutschland und das bolschewistische Rußland von Brest-Litowsk bis
1941. Berlin 1991, S. 25–47. – Manfred Zeidler: Reichswehr und Rote
Armee 1920–1933. Wege und Stationen einer ungewöhnlichen
Zusammenarbeit (= Beiträge zur Militärgeschichte, Bd. 36). München
1993 (künftig zitiert: Zeidler, Reichswehr). – Hans-Werner Niemann:
Die deutsch-sowjetischen Wirtschaftsbeziehungen von Rapallo (1922)
bis zum Angriff auf die Sowjetunion, in: Deutschland und das bolschewistische Rußland von Brest-Litowsk bis 1941. Berlin 1991, S. 87–110.

62 Alfred J. Rieber: Stalin as Foreign Policy-Maker: Avoiding War, 1927–
1953 (künftig zitiert: Rieber, Foreign Policy-Maker), in: Davies/Harris,
Stalin, S. 141–142. – Zum Problem des Stalinismus als Feldzug gegen
das Fremde ebenso wie den Deportationen von nationalen Minderheiten siehe ausführlicher bei: Baberowski, Stalinismus als Feldzug,
S. 617–637. – Baberowski, Feind, S. 553–752. – Terry Martin: Terror
gegen Nationen in der Sowjetunion, in: Osteuropa, 50. Jg. (2000), H.
6, S. 606–616. – Zum Problem des bäuerlichen Widerstands siehe u.a.:

Viola, Peasant Rebels Under Stalin. – Siehe dazu auch ausführlicher in Kapitel II der vorliegenden Studie.

63 Über die Aufgaben der Wirtschaftler. Rede auf der ersten Unionskonferenz der Funktionäre der sozialistischen Industrie, 4.2.1931, in: J.W. Stalin. Werke, Bd. 13: Juli 1930–Januar 1934. Berlin-Ost 1955, S. 35–36 (künftig zitiert: Stalin, Werke, Bd. 13).

64 In diesem Sinne legte Stalin bereits am 19. Januar 1925 seine außenpolitische Strategie in einer Rede auf der Plenartagung des ZK der KPR (b) dar. Das Schlüsseldokument wurde erst 1947 veröffentlicht. Hier in Anlehnung an die später publizierte, deutsche Ausgabe: J.W. Stalin. Werke. Bd. 7: 1925. Berlin-Ost 1952, S. 7, 9–12 (künftig zitiert: Stalin, Werke, Bd. 7).

65 Siehe etwa dazu die von Stalin im Jahre 1918 unterstützte Politik Lenins, mit Hilfe des Friedensvertrages von Brest-Litovsk mit dem Deutschen Kaiserreich eine entsprechende Atempause für das Überleben der jungen Sowjetmacht zu schaffen. Hierzu ausführlicher in Kapitel III. 2.

66 Zur Rolle des territorialen Revisionismus wie auch insgesamt zur Rolle Polens in der sowjetischen Außenpolitik der 1920er und 1930er Jahre siehe u.a. bei Bogdan Musial: Kampfplatz Deutschland. Stalins Kriegspläne gegen den Westen. Berlin 2008, S. 23–67 (künftig zitiert Musial, Kampfplatz).

67 Im Folgenden in Anlehnung an: Bernhard H. Bayerlein et al. (Hrsg.): Deutscher Oktober 1923. Ein Revolutionsplan und sein Scheitern (= Archive des Kommunismus – Pfade des XX. Jahrhunderts, Bd. 3). Berlin 2003, S. 38ff. – Otto Wenzel: Die gescheiterte deutsche Oktoberrevolution. Münster 2003 (= Diktatur und Widerstand, Bd. 7), S. 175–256 – Siehe auch: Musial, Kampfplatz, S. 114–128. – Siehe auch: Leonid Babičenko: Politbjuro CK RKP (b), Komintern i sobytija v Germanii v 1923g. Novye archivnye materialy, in: Novaja i novejšaja istorija, 1994, H. 2, S. 125–157.

68 Dietrich Möller: Stalin und der „deutsche Oktober", in: Jahrbücher für Geschichte Osteuropas, N.F., Bd. 13 (1965), S. 213–216, 219–220.

69 Bayerlein, Oktober, S. 40.

70 Musial, Kampfplatz, S. 117, 120–121.

71 Ebd., S. 121–124.

72 Bayerlein, Oktober, S. 43, 212.

73 Ebd., S. 41–42, 141–143.

74 Ebd., S. 56–57.

75 Jacobson, World Politics, S. 134, 174. – Stalin, Werke, Bd. 7, S. 79.

76 Gerhard Wettig: Stalin and the Cold War in Europe, 1939–1953 (= The Harvard Cold War Studies Book Series). Lanham et al. 2007, S. 9 (künftig zitiert: Wettig, Stalin and the Cold War). – Zur Kooperation von Reichswehr und Roter Armee siehe neben der unter Fn. 61 genannten Literatur auch grundlegend bei: S.A. Gorlov: Soveršenno sekretno. Al'jans Moskva–Berlin 1920–1933 (Voenno-političeskie

otnošenija SSSR – Germanija. Moskva 2001 (künftig zitiert: Gorlov, Soveršenno sekretno). – Auf dem Gebiet der sowjetisch-deutschen Wissenschafts- und Kulturbeziehungen siehe u.a.: Christoph Mick: Kulturbeziehungen und außenpolitisches Interesse. Neue Materialien zur „Deutschen Gesellschaft zum Studium Osteuropas" in der Zeit der Weimarer Republik, in: Osteuropa, 43. Jg. (1993), H. 10, S. 914–928. – Christoph Mick: Sowjetische Propaganda, Fünfjahrplan und deutsche Rußlandpolitik 1928–1932 (= Quellen und Studien zur Geschichte des östlichen Europa, Bd. 42). Stuttgart 1995, S. 244–298.

77 Jacobson, World Politics, S. 136–137, 173, 175. – Musial, Kampfplatz, S. 89–113, 140–179.

78 Bert Hoppe: Stalin und die KPD in der Weimarer Republik (künftig zitiert: Hoppe, Stalin und die KPD), in: Jürgen Zarusky (Hrsg.): Stalin und die Deutschen (= Schriftenreihe der Vierteljahrshefte für Zeitgeschichte, Sonder-Nr.). München 2006, S. 23 (künftig zitiert: Zarusky, Stalin und die Deutschen). – Zur Rolle Moskaus im Kontext internationaler Abrüstungskonferenzen in der zweiten Hälfte der 1920er Jahre siehe u.a.: Hans-Adolf Jacobsen: Primat der Sicherheit, 1928–1938 (künftig zitiert: Jacobsen, Primat der Sicherheit), in: Geyer, Sowjetunion Außenpolitik, Bd. 1, S. 218–223.

79 Sergej Slutsch: Deutschland und die UdSSR 1918–1939. Motive und Folgen außenpolitischer Entscheidungen. Eine neue russische Perspektive (künftig zitiert: Slutsch, Deutschland und die UdSSR), in: Hans-Adolf Jacobsen et al. (Hrsg.): Deutsch-russische Zeitenwende. Krieg und Frieden 1941–1995 (= Schriften der Paul-Kleinewefers-Stiftung, Bd. 2). Baden-Baden 1995, S. 56 (künftig zitiert: Jacobsen et al., Zeitenwende).

80 G.V. Čičerin an I.V. Stalin, 22.3.1929, zitiert nach: V.V. Sokolov: Neizvestnyj Čičerin, in: Novaja i novejšaja istorija, 1994, H. 2, S. 12.

81 Im Folgenden in Anlehnung an: Hoppe, Stalin und die KPD, S. 23–31, 34. Siehe dazu ausführlicher bei: Bert Hoppe: In Stalins Gefolgschaft. Moskau und die KPD 1928–1933 (= Studien zur Zeitgeschichte, Bd. 74). München 2007.

82 Aufzeichnung des Staatssekretärs des Auswärtigen Amts von Bülow über die Kabinettsitzung vom 26.9.1933, in: Akten zur Deutschen Auswärtigen Politik. Serie C: 1933–1937. Das Dritte Reich: Die ersten Jahre. Bd. I, 2: 16. Mai bis 14. Oktober 1933. Göttingen 1971, S. 839–840, Dok. 457.

83 I.V. Stalin: Otčetnyj doklad o rabote CK VKP (b), in: XVII s"ezd Vsesojuznoj Kommunističeskoj partii (b). 26. janvarja–10 fevralja 1934. Stenografičeskij otčet. Moskva 1934, S. 8. – Sergej Slutsch: Stalin und Hitler 1933–1941: Kalküle und Fehlkalkulationen des Kreml (künftig zitiert: Slutsch, Stalin und Hitler), in: Zarusky, Stalin und die Deutschen, S. 61.

84 Zeidler, Reichswehr, S. 302. – Ju.L. D'jakov/T.S. Bušueva: Fašistskij meč Kovalsja v SSSR: Krasnaja Armija i rejchsver. Tajnoe sotrudni-

čestvo, 1922–1933. Neizvestnye dokumenty. Moskva 1992, S. 317–320. – Gorlov, Soveršenno sekretno, S. 299f. –Slutsch, Stalin und Hitler, S. 62.

85 Ausführlich dazu siehe vor allem bei: Jonathan Haslam: The Soviet Union and the Struggle for Collective Security in Europe 1933–1939. London 1983. – Jonathan Haslam: The Soviet Union and the Threat from the East, 1933–41. Moscow, Tokyo and the Prelude to the Pacific War (= Series in Russian and East European Studies, No. 16). Pittsburgh/PA 1992. – Jiri Hochman: The Soviet Union and the Failure of the Collective Security, 1934–1938 (= Cornell Studies in Security Affairs). London 1998. – Jonathan Haslam: Comintern and Soviet Foreign Policy, 1919–1941, in: Ronald Grigor Suny (Ed.): The Cambridge History of Russia. Vol. III: The Twentieth Century. Cambridge 2006, S. 646–655 (künftig zitiert: Haslam, Comintern).

86 Alexander Fischer: Sowjetische Außenpolitik 1917–1945 (= Quellen und Arbeitshefte zur Geschichte und Politik). Stuttgart 1973, S. 76–79, Dokumente 74–76 (künftig zitiert: Fischer, Sowjetische Außenpolitik). – Slutsch, Deutschland und die UdSSR, S. 71.

87 Alexander Dallin/F.I. Firsov (Eds.): Dimitrov and Stalin 1934–1943. Letters from the Soviet Archives (= Annals of Communism). New Haven/London 2000, S. 9–16 (künftig zitiert: Dallin/Firsov, Letters). – O.V. Chlevnjuk et al. (Hrsg.): Stalin i Kaganovič. Perepiska. 1931–1936gg. Moskva 2001, S. 388f., Dok. 400. – Watson, Foreign Policy, S. 147. – G.M. Adibekov et al. (Hrsg.): Politbjuro CK RKP (b) – VKP (b) i Komintern 1919–1943. Dokumenty. Moskva 2004, S. 14, 713–716.

88 Davies, Stalin–Kaganovich Correspondence, S. 192–193.

89 Wettig, Stalin and the Cold War, S. 10. – Slutsch, Stalin und Hitler, S. 63–64.

90 Zu den Sondermissionen Kandelakis siehe ebd., S. 64–76. – Watson, Foreign Policy, S. 144–145, 147–148. – Siehe auch: N.A. Abramov/ L.A. Bezymenskij: Osobaja missija Davida Kandelaki, in: Voprosy Istorii, 1991, H. 4/5, S. 144–156. – M.M. Narinskij: Missija D. Kandelaki v Berline i sovetsko-germanskie otnošenija (1935–1937gg.), in: 200 let MID Rossii. Tret'i Gorčakovskie čtenija (Moskva, 25 aprelja 2002 g.). Materialy i doklady. Moskva 2003, S. 174–187. – Lew Besymenski: Geheimmission in Stalins Auftrag? David Kandelaki und die deutsch-sowjetischen Beziehungen Mitte der dreißiger Jahre, in: Vierteljahrshefte für Zeitgeschichte, 40. Jg. (1992), S. 339–357. – Lew Besymenski: Stalin und Hitler. Das Pokerspiel der Diktatoren (= Archive des Kommunismus – Pfade des XX. Jahrhunderts, Bd. 1). Berlin 2002, S. 62–88 (künftig zitert: Besymenski, Pokerspiel).

91 Wettig, Stalin and the Cold War, S. 11–12. – Rieber, Foreign Policy-Maker, S. 145. – Hugh Ragsdale: The Soviets, the Munich Crisis and the Coming of World War II. Cambridge 2004.

92 Slutsch, Stalin und Hitler, S. 79–80.

93 Zur Geschichte des Geheimen Zusatzprotokolls und der historiografischen Diskussion in der Sowjetunion/Russland siehe: Jan Lipinsky: Das Geheime Zusatzprotokoll zum deutsch-sowjetischen Nichtangriffsvertrag vom 23. August 1939 und seine Entstehung- und Rezeptionsgeschichte von 1939 bis 1999 (= Europäische Hochschulschriften. Reihe III: Geschichte und ihre Hilfswissenschaften, Bd. 991). Frankfurt/Main et al. 2004, S. 23–75. – Wettig, Stalin and the Cold War, S. 12–20.

94 Siehe etwa die Tagebuchnotizen des Komintern-Vorsitzenden Georgij Dimitrov über eine Unterredung mit Stalin am 7. September 1939. Bernhard H. Bayerlein (Hrsg.): Georgi Dimitroff: Tagebücher 1933–1943. Berlin 2000, S. 273–274 (künftig zitiert: Dimitroff, Tagebücher). – A.O. Tschubarjan: Die UdSSR nach der Unterzeichnung des deutsch-sowjetischen Pakts (September – November 1939), in: Mitteilungen der Gemeinsamen Kommission für die Erforschung der jüngeren Geschichte der deutsch-russischen Beziehungen. Bd. 1. Berlin 2002, S. 95–96.

95 So wurde unter anderem behauptet, die Sowjetunion sei im Jahre 1939 in einer Zwangssituation gewesen. Um den Zweifrontenkrieg auszuschließen, habe Moskau, nachdem die Westmächte – so die sowjetische Lesart – die Verhandlungen scheitern ließen, erzwungenermaßen den Pakt mit Hitler schließen müssen. (M.I. Mel'tjuchov: Predystorija velikoj otečestvennoj vojny v sovremennych diskussijach, in: Istoričeskie issledovanija v Rossii. Tendencii poslednych let. Moskva 1996, S. 279). Das Argument der zweiten Front, womit auf eine militärische Auseinandersetzung mit Japan im Fernen Osten angespielt wurde, überzeugt indes nicht. Denn bereits zum damaligen Zeitpunkt, so Stalin am 24. August 1939 im Gespräch mit Ribbentrop, bestand im Fernen Osten keine ernste Kriegsgefahr mehr. E.M. Carroll/F.T. Epstein (Hrsg.): Das nationalsozialistische Deutschland und die Sowjetunion. Akten aus dem Archiv des Deutschen Auswärtigen Amts. Berlin 1948, S. 81–83.

96 Instrukcija narodnomu komissaru oborony SSSR K.E. Vorošilovu, glave sovetskoj delegacii na peregovorach s voennymi missijami Velikobritanii i Francii, 7. Avgusta 1939 g., in: Dokumenty vnešnej politiki. 1939 god. Tom dvadcat' vtoroj, kniga pervaja: 1. janvarja–31 avgusta 1939 g. Moskva 1992, S. 584. – Slutsch, Deutschland und die UdSSR 1918–1939, S. 86–87. – Stefan Creuzberger: „Ich war in einem völlig anderen Krieg ...“ Die sowjetische und russische Historiographie über den „Großen Vaterländischen Krieg", in: Osteuropa, 48. Jg. (1998), H. 5, S. 510–511.

97 Wettig, Stalin and the Cold War, S. 16.

98 Telegramma narodnogo komissara inostrannych del SSSR V.M. Molotova vremennomu poverennomu v delach SSSR v Germanii G.A. Astachovu, 11. avgusta 1939, in: God krizisa 1938–1939. Tom II. 2 ijunija 1939g. – 4 sentjabrja 1939g. Dokumenty i materialy. Moskva 1990, S. 184.

99 Donal O'Sullivan: „Je später man uns um Hilfe bittet, desto teurer wird
    man sie uns bezahlen" – die sowjetische Außenpolitik zwischen dem
    Münchener Abkommen und dem 22. Juni 1941, in: Ludmilla Thomas/
    Viktor Knoll (Hrsg.): Zwischen Tradition und Revolution. Determi-
    nanten und Strukturen sowjetischer Außenpolitik 1917–1941 (= Quel-
    len und Studien zur Geschichte des östlichen Europa, Bd. 59). Stuttgart
    2000, S. 188 (künftig zitiert: O'Sullivan, Sowjetische Außenpolitik).

100 Siehe dazu ausführlicher: Donal O'Sullivan: Die Sowjetisierung Osteu-
    ropas 1939–1941, in: Forum für osteuropäische Ideen- und Zeitge-
    schichte, 2. Jg. (1998), H. 2, S. 109–160. – Wettig, Stalin and the Cold
    War, S. 20–23.

101 Slutsch, Stalin und Hitler, S. 82.

102 Dimitroff, Tagebücher, S. 273.

103 Ebd., S. 274 (Tagebucheintrag vom 7.9.1939), S. 320 (Tagebuchein-
    trag vom 25.11.1940).

104 Zum Problem der Wirtschaftskooperation siehe ausführlicher bei:
    Manfred Zeidler: Deutsch-sowjetische Wirtschaftsbeziehungen im Zei-
    chen des Hitler-Stalin-Paktes, in: Bernd Wegner (Hrsg.): Zwei Wege
    nach Moskau. Vom Hitler-Stalin-Pakt zum „Unternehmen Barba-
    rossa". München 1991, S. 93–110. – Heinrich Schwendemann: Die
    wirtschaftliche Zusammenarbeit zwischen dem Deutschen Reich und
    der Sowjetunion von 1939 bis 1941. Alternative zu Hitlers Ostpro-
    gramm? Berlin 1993. – Karl Heinz Blumenhagen: Die deutsch-sowjeti-
    schen Handelsbeziehungen 1939–1941. Ihre Bedeutung für die
    jeweilige Kriegswirtschaft (= Hamburger Beiträge zur Geschichte des
    östlichen Europa, Bd. 2). Hamburg 1998.

105 Wettig, Stalin and the Cold War, S. 23. – Besymenski, Pokerspiel,
    S. 314–340. – Slutsch, Stalin und Hitler, S. 84–85.

106 Zu Stalins Reaktionen unmittelbar nach dem deutschen Überfall siehe
    ausführlicher in Kapitel II. 3.

107 Siehe dazu ausführlicher in: Dokumenty vnešnej politiki. 22 ijunja
    1941–1 janvarja 1942. Tom XXIV. Moskva 2000, S. 501–510.

108 Stefan Creuzberger/Manfred Görtemaker: Das Problem der Gleich-
    schaltung osteuropäischer Parteien im Vergleich. Eine Synthese (künf-
    tig zitiert: Creuzberger/Görtemaker, Synthese), in: Stefan Creuzberger/
    Manfred Görtemaker (Hrsg.): Gleichschaltung unter Stalin? Die Ent-
    wicklung der Parteien im östlichen Europa 1944–1949. Paderborn et
    al. 2002, S. 420–421 (künftig zitiert: Creuzberger/Görtemaker, Gleich-
    schaltung). – Siehe auch Creuzberger/Görtemaker, Gleichschaltung,
    S. 12. – Donal O'Sullivan: „Wer immer ein Gebiet besetzt …" Sowjeti-
    sche Osteuropapolitik 1943–1947/48 (künftig zitiert: O'Sullivan, Ost-
    europapolitik), in: ebd., S. 79, 83. – Rieber, Foreign Policy Maker,
    S. 149. – Siehe auch dazu generell: Donal O'Sullivan: Stalins „Cordon
    Sanitaire". Die sowjetische Osteuropapolitik und die Reaktionen des
    Westens 1939–1949. Paderborn et al. 2003 (künftig zitiert: O'Sullivan,
    Cordon Sanitaire). – Wettig, Stalin and the Cold War, S. 246.

109 Deklaracija ob osvoboždennoj Evrope (Erklärung über das befreite Europa), in: Sovetskij sojuz na meždunarodnoj konferencijach perioda Velikoj otečestvennoj vojny 1941–1945gg. Tom IV: Krymskaja konferencija rukovoditelej trech sojuznych deržav – SSSR, SŠA i Velikobritanii (4–11 fevralja 1945g.). Sbornik dokumentov. Moskva 1984, S. 257.

110 Jens Hacker: Der Ostblock. Entstchung, Entwicklung und Struktur 1939–1980. Baden-Baden 1983, S. 147–148.

111 O'Sullivan, Osteuropapolitik, S. 48–49, 73. – O'Sullivan, Cordon Sanitaire. – Creuzberger/Görtemaker, Gleichschaltung, passim. – Wettig, Stalin and the Cold War, S. 148–149. – Grant M. Adibekov: Das Kominform und Stalins Neuordnung Europas (= Zeitgeschichte, Kommunismus, Stalinismus. Materialien und Forschungen, Bd. 1). Frankfurt/Main et al. 2002.

112 Alexander Fischer: Sowjetische Deutschlandpolitik im Zweiten Weltkrieg 1941–1945 (= Studien zur Zeitgeschichte). Stuttgart 1975, S. 122–126 (künftig zitiert: Fischer, Sowjetische Deutschlandpolitik). – Rieber, Foreign Policy-Maker, S. 155, 158. – Gerhard Wettig: Bereitschaft zu Einheit in Freiheit? Die sowjetische Deutschland-Politik 1945–1955. München 1999, S. 36–38 (künftig zitiert: Wettig, Deutschland-Politik).

113 Vladislav M. Zubok: A Failed Empire: The Soviet Union and the Cold War From Stalin to Gorbachev. Chapel Hill 2007, S. 63, 66 (künftig zitiert: Zubok, Empire). – Hermann Graml: Die Alliierten und die Teilung Deutschlands. Konflikte und Entscheidungen 1941–1948. Frankfurt/Main 1985, S. 141–164. – Wettig, Stalin and the Cold War, S. 32–33. – Wettig, Deutschland-Politik, S. 111.

114 Wettig, Stalin and the Cold War, S. 32–33.

115 Zur Sowjetisierung- und Besatzungspolitik der SMAD siehe ausführlicher u.a.: Jan Foitzik: Sowjetische Militäradministration in Deutschland (SMAD) 1945–1949. Struktur und Funktion (= Quellen und Darstellungen zur Zeitgeschichte, Bd. 44. München 1999. – Norman M. Naimark: Die Russen in Deutschland. Die Sowjetische Besatzungszone 1945 bis 1949. Berlin 1997. – Stefan Creuzberger: Die sowjetische Besatzungsmacht und das politische System der SBZ (= Schriften des Hannah-Arendt-Instituts für Totalitarismusforschung, Bd. 3). Köln et al. 1996 (künftig zitiert: Creuzberger, Sowjetische Besatzungsmacht). – Edward N. Peterson: Russian Commands and German Resistance. The Soviet Occupation, 1945–1949 (= Studies in Modern European History, Vol. 29). Frankfurt/Main et al. 1999. – Wettig, Deutschland-Politik, passim. – Siehe auch die einschlägigen Beiträge des Sammelbandes von: Andreas Hilger et al. (Hrsg.): Sowjetisierung oder Neutralität? Optionen sowjetischer Besatzungspolitik in Deutschland und Österreich 1945–1955 (= Schriften des Hannah-Arendt-Instituts für Totalitarismusforschung, Bd. 32). Göttingen 2006.

116 Zu den in enger Abstimmung mit den sowjetischen Nachkriegsplanern erfolgten Aktionsprogrammen der Moskauer KPD-Exilführung siehe

ausführlicher bei: Fischer, Sowjetische Deutschlandpolitik, S. 83–119, 136–146. – Peter Erler et al. (Hrsg.): „Nach Hitler kommen wir." Dokumente zur Programmatik der Moskauer KPD-Führung 1944/45 für Nachkriegsdeutschland. Berlin 1994.

117 Rolf Badstübner/Wilfried Loth (Hrsg.): Wilhelm Pieck – Aufzeichnungen zur Deutschlandpolitik 1945–1953. Berlin 1994, S. 50–53. – Wettig, Stalin and the Cold War, S. 96. – Gerhard Keiderling (Hrsg.): „Gruppe Ulbricht" in Berlin April bis Juni 1945. Von den Vorbereitungen im Sommer 1944 bis zur Wiedergründung der KPD im Juni 1945. Eine Dokumentation. Berlin 1993, passim.

118 Gerhard Wettig: Neue Aufschlüsse über Moskauer Planungen für die politisch-gesellschaftliche Ordnung in Deutschland nach dem Zweiten Weltkrieg, in: Jahrbuch für Historische Kommunismusforschung. Berlin 1995, S. 159–160.

119 Stefan Creuzberger: „Antifaschismus" und Gleichschaltung des Parteiensystems in der sowjetischen Besatzungszone Deutschlands (SBZ). Der SMAD-Befehl Nr. 2 vom 9. Juni 1945, in: 100(0) Schlüsseldokumente der russischen Geschichte (http://osteuropa.bsb-muenchen.de).

120 Wettig, Stalin and the Cold War, S. 91–92.

121 Wettig, Deutschland-Politik, S. 142–152, Zitat S. 140.

122 Creuzberger, Sowjetische Besatzungsmacht, S. 187–188. – Alexander Fischer: Die Sowjetunion und die „deutsche Frage" 1945–1949, in: Die Deutschlandfrage und die Anfänge des Ost-West-Konflikts 1945–1949 (= Studien zur Deutschlandfrage, Bd. 7). Berlin 1984, S. 57. – Dokumente zur Deutschlandpolitik der Sowjetunion. Band I: Vom Potsdamer Abkommen am 2. August 1945 bis zur Herstellung der Souveränität der Deutschen Demokratischen Republik am 25. März 1954. Berlin-Ost 1957, S. 238f.

123 So die in der Forschung kontrovers diskutierte These des Essener Historikers Wilfried Loth: Stalins ungeliebtes Kind. Warum Moskau die DDR nicht wollte. Berlin 1994.

124 Jürgen Zarusky (Hrsg.): Die Stalin-Note vom 10. März 1952. Neue Quellen und Analysen. Mit Beiträgen von Wilfried Loth, Hermann Graml und Gerhard Wettig (= Schriftenreihe der Vierteljahrshefte für Zeitgeschichte, Bd. 84). München 2002. – Peter Ruggenthaler (Hrsg.): Stalins großer Bluff. Die Geschichte der Stalin-Note in Dokumenten der sowjetischen Führung (= Schriftenreihe der Vierteljahrshefte für Zeitgeschichte, Bd. 95). München 2007.

125 Wettig, Stalin and the Cold War, S. 252. – Zubok, Empire, S. 67–68. – Zu den östlichen Unterwanderungs- und Destabilisierungsmethoden und den entsprechenden westlichen Abwehrmaßnahmen siehe u.a.: Stefan Creuzberger: Kampf für die Einheit. Das gesamtdeutsche Ministerium und die politische Kultur des Kalten Krieges 1949–1969 (= Schriften des Bundesarchivs, Bd. 69). Düsseldorf 2008, S. 431–458.

126 Siehe zur letzten Phase der Überwindung der staatlichen Teilung u.a.: Anatolij Černjaev: Michail Gorbačev und die deutsche Frage, in: Horst

Möller/Aleksandr Čubar'jan (Hrsg.): Mitteilungen der Gemeinsamen Kommission für die Erforschung der jüngeren Geschichte der deutsch-russischen Beziehungen. Bd. 3. München 2008, S. 2–17. – Aleksej Filitov: Die deutsche Vereinigung und die sowjetische Politik, in: ebd., S. 18–37. – Aleksandr Galkin/Anatolij Černjaev: Michail Gorbačev i Germanskij vopros. Sbornik dokumentov 1986–1991gg. Moskva 2006.

127 So Stalin in zwei Artikeln: Vergeßt den Osten nicht! (24.11.1918), in: Stalin, Werke, Bd. 4, S., 151.

128 Jacobson, World Politics, S. 120–121.

129 Wolfgang Eichwede: Der Eintritt Sowjetrußlands in die internationale Politik, 1921–1927 (künftig zitiert: Eichwede, Eintritt), in: Geyer, Sowjetunion Außenpolitik, Bd. 1, S. 101.

130 Dieter Heinzig: Die Sowjetunion und das kommunistische China 1945–1950. Der beschwerliche Weg zum Bündnis (= Schriftenreihe des Bundesinstituts für ostwissenschaftliche und internationale Studien, Köln, Bd. 34). Baden-Baden 1998, S. 3 (künftig zitiert Heinzig, Sowjetunion).

131 Ebd., S. 4, 628.

132 Jacobson, World Politics, S. 122–123.

133 Siehe dazu ausführlich bei: Conrad Brandt: Stalin's Failure in China, 1924–1927. New York 1966. – Alexander Pantsov: Stalin's Policy in China, 1925–27: New Light from Russian Archives, in: Issues & Studies, 34. Jg. (1998), No. 1, S. 129–160 (künftig zitiert: Pantsov, Stalin's Policy). – Die Ereignisse sind inzwischen gut dokumentiert in: RKP(b), Komintern und die national-revolutionäre Bewegung in China. Dokumente. Bd. 1: 1920–1925. Paderborn et al. 1996. – KPdSU(b), Komintern und die national-revolutionäre Bewegung in China. Dokumente. Bd. 2: 1926–1927. 2 Teilbde (= Berliner China-Studien: Quellen und Dokumente, Bd. 1). Münster 1998.

134 Jane Degras (Ed.): The Communist International, 1919–1943. Documents. Vol. 2: 1923–1928. London et al. 1960, S. 5–6, 25–26.

135 Siehe dazu ausführlicher bei: Hans J. van de Ven: From Friend to Comrade: The Forming of the Chinese Communist Party, 1920–1927. Berkeley/CA 1991, S. 123–126, 130, 134–136. – V.I. Glunin: The Comintern and the Rise of the Communist Movement in China, 1920–1927, in: R.A. Ulyanovskii (Ed.): The Comintern and the East: The Struggle for the Leninist Strategy and Tactics in National Liberation Movements. Moscow 1979, S. 280–344.

136 Pantsov, Stalin's Policy, S. 133–139. – Lih, Briefe an Molotov, S. 22.

137 Eichwede, Eintritt, S. 203.

138 Hier wie im Folgenden auf der Grundlage von: Heinzig, Sowjetunion, S. 4–6. – Pantsov, Stalin's Policy, S. 152–159. – Lorenz M. Lüthi: The Sino-Soviet Split: Cold War in the Communist World. Princeton/NJ 2008, S. 24 (künftig zitiert: Lüthi, Sino-Soviet Split). – Odd Arne Westad: Introduction, (künftig zitiert: Westad, Introduction), in: Odd

Arne Westad (Ed.): Brothers in Arms. The Rise and Fall of the Sino-Soviet Alliance 1945–1956 (= Cold War International History Project Series). Washington, D.C./Stanford, CA 1998, S. 5–6 (künftig zitiert: Westad, Brothers in Arms).

139 Lih, Briefe an Molotov, S. 45, 150 (Dok. Nr. 33).

140 Ebd., S. 158 (Dok. 37).

141 Siehe dazu u.a. bei: Alfred G. Meyer: The War Scare of 1927, in: Soviet Union, 5 (1978), S. 1–25.

142 Heinzig, Sowjetunion, S. 6, 9–12.

143 Jung Chang/Jon Halliday: Mao. Das Leben eines Mannes, das Schicksal eines Volkes. München 2005, S. 439–450 (künftig zitiert: Chang/Halliday, Mao).

144 Jürgen Domes: Vertagte Revolution. Die Politik der Kuomintang in China 1923–1937. Berlin 1969, S. 279f. – Jerome Ch'en: The Communist Movement 1927–1937, in: John K. Fairbank/Albert Feuerwerker (Eds.): The Cambridge History of China. Vol. 13. Cambridge et al. 1986, S. 183–198. – Thomas Scharping: Mao Chronik. Daten zu Leben und Werk. München/Wien 1976, S. 30f. – Lüthi, Sino-Soviet Split, S. 24.

145 Ebd., S. 26–27. – Heinzig, Sowjetunion, S. 15–16.

146 Alexander Fischer: Kollektive Sicherheit und imperialistischer Krieg. Sowjetische Außenpolitik im chinesisch-japanischen Konflikt 1937/38, in: Saeculum, 1977, H. 4, S. 419–420, 425. – Jacobsen, Primat der Sicherheit, S. 261–262, 264, 267.

147 Siehe dazu die Angaben bei: History of the Sino-Japanese War (1937–1945). Taipei 1971, S. 172. – Edgar O'Ballance: The Red Army of China. London 1962, S. 125f. – F.F. Liu: A Military History of Modern China. Port Washington/NY et al. 1956, S. 135. – Andrej Leodovskij: Zapiski diplomata, in: Problemy Dal'nogo Vostoka, 1991, H. 1, S. 109–118.

148 V.I. Čujkov: Missija v Kitae. Zapiski voennogo sovetnika. Moskva 1981, S. 57f. (künftig zitiert: Čujkov, Missija)

149 Heinzig, Sowjetunion, S. 32 (Zitat), 629. – E.P. Bažanov: Kitaj i vnešnij mir. Moskva 1990, S. 35.

150 Fischer, Sowjetische Außenpolitik, S. 131.

151 Lyman van Slyke (Ed.): The Chinese Communist Movement. A Report of the United States War Department, July 1945. Stanford/CA 1968, S. 67. – Čujkov, Missija, S. 141–150.

152 Siehe dazu ausführlicher bei: Heinzig, Sowjetunion, S. 36–64.

153 Chang/Halliday, Mao, S. 370–371. – Heinzig, Sowjetunion, S. 90–118. – Eva-Maria Stolberg: Stalin und die chinesischen Kommunisten 1945–1953. Eine Studie zur Entstehungsgeschichte der sowjetisch-chinesischen Allianz vor dem Hintergrund des Kalten Krieges (= Quellen und Studien zur Geschichte des östlichen Europa, Bd. 48). Stuttgart 1997, S. 25–59 (künftig zitiert: Stolberg, Stalin).

154 Westad, Introduction, S. 7. – Chang/Halliday, Mao, S. 380.

155 Heinzig, Sowjetunion, S. 631.
156 Stolberg, Stalin, S. 88–92.
157 Chang/Halliday, Mao, S. 382–384, 390–391. – Westad, Introduction, S. 8.
158 Heinzig, Sowjetunion, S. 632. – Westad, Introduction, S. 8–9.
159 Zu den Gesprächen zwischen Stalin und Mao sowie zum Zustande-kommen des Bündnisvertrages siehe ausführlich u.a. bei: Sergei N. Goncharov et al.: Uncertain Partners: Stalin, Mao and the Korean War. Stanford/CA 1993 (künftig zitiert: Goncharov, Uncertain Partners). – Ivan Koval'ev: Dialog Stalina s Mao Czedunem, in: Problemy Dal'nogo Vostoka, 1991, H. 6, S. 83–93; 1992, H. 1–3, S. 77–91. – N.T. Fedo-renko: Stalin i Mao Czedun, in: Novaja i novejšaja istorija, 1992, H. 5, S. 98–113; 1992, H. 6, S. 83–95.
160 Westad, Introduction, S. 11.
161 Heinzig, Sowjetunion, S. 634–635. – Lüthi, Sino-Soviet Split, S. 31, Zitat ebd.
162 Westad, Introduction, S. 12.
163 Zur Problematik des Korea-Kriegs siehe ausführlicher bei: Goncharov, Uncertain Partners, passim. – A.V. Torkunov: Zagadočnaja vojna: Korejskij konflikt 1950–1953. Moskva 2000. – M.S. Kapica: Na raznych paralleljach. Moskva 1996. – A.M. Ledovskij: Stalin, Mao Cze-dun i korejskaja vojna 1950–1953, in: Novaja i novejšaja istorija, 2005, H. 5, S. 79–113. – Kathryn Weathersby: „Should We Fear This?" Sta-lin and the Danger of War with America (= Cold War International History Project, Working Paper, No. 39). Washington/D.C. 2002. – Kathryn Weathersby: Stalin, Mao, and the End of the Korean War (künftig zitiert: Weathersby, End of Korean War), in: Westad, Brothers in Arms, S. 90–116. – Sh. Zhihua: Sino-Soviet Relations and the Ori-gins of the Korean War: Stalin's Strategic Goals in the Far East, in: Journal of Cold War Studies, 2. Jg. (2000), No. 2, S. 44–68. – Rolf Steininger: Der vergessene Krieg. Korea 1950–1953. München 2006. – Bernd Stöver: Der Kalte Krieg. Geschichte eines radikalen Zeitalters 1947–1991. München 2007, S. 94–96. – Chang/Halliday, Mao, S. 465–495.
164 Weathersby, End of Korean War, S. 109–110.

Epilog

1 Tikhonov, End of the Gulag, S. 67.
2 zitiert nach: Dietrich Geyer: Stalin und der Stalinismus, in: Gerhard Schulz (Hrsg.): Die große Krise der dreißiger Jahre. Vom Niedergang der Weltwirtschaft zum Zweiten Weltkrieg. Göttingen 1985, S. 174–175.
3 Einen kurzen Überblick dazu liefern u.a.: Gerhard und Nadia Simon: Verfall und Untergang des sowjetischen Imperiums (= dtv Wissen-schaft). München 1993, S. 43–68, bes. 54–58. – Robert W. Davies: Perestroika und Geschichte. Die Wende in der sowjetischen Historio-

graphie. München 1991, passim. – Zu den neueren biographischen Arbeiten der russischen Historikerzunft zum Thema Stalin siehe etwa: N.I. Kapčenko: Političeskaja biografija Stalina. Tom I: 1879–1924. Tver' 2004. – N.I. Kapčenko: Političeskaja biografija Stalina. Tom II: 1924–1939. Tver' 2006. – Jurij Emel'janov: Stalin. Put' k vlasti. Moskva 2006. – Jurij Emel'janov: Stalin. Na veršine vlasti. Moskva 2006. – Roj Medvedev: Okruženie Stalina Roj Medvedev: Okruženie Stalina. Moskva 2006. Moskva 2006.

Anhang

Abkürzungen

Bd., Bde	Band, Bände
CA	California
CK	Central'nyj komitet [Zentralkomitee]
ČSR	Tschechoslowakische Republik
D.C.	District of Columbia
DDR	Deutsche Demokratische Republik
Dok.	Dokument
Ebd.	Ebenda
Ed., Eds.	Editor, Editors (Herausgeber)
et al.	et alii (und andere)
f.	folgende
Fn.	Fußnote
FSB	Federal'naja služba bezopasnosti [Föderaler Dienst für Sicherheit]
GKO	Gosudarstvennyj Komitet Oborony [Staatskomitee für Verteidigung]
GPU	Gosudarstvennoe politiceskoe upravlenie [Staatliche Politische Verwaltung, Nachfolgeorganisation der Tscheka]
GULag	Gosudarstvennoe upravlenie ispravitel'no-trudovych lagerej [Staatliche Lagerverwaltung]
H.	Heft
Hrsg.	Herausgeber
IN	Indiana
Il.	Illinois
JAFK	Jüdisches Antifaschistisches Komitee
Jg.	Jahrgang
KI, Komintern	Kommunistische Internationale
km	Kilometer
KMT	Kuomintang
Kominform	Kommunistisches Informationsbüro
Komsomol	Kommunisticeskij sojuz molodeži [Kommunistischer Jugendverband]
KPCh	Kommunistische Partei Chinas

KPD	Kommunistische Partei Deutschlands
KpdSU	Kommunistische Partei der Sowjetunion, seit 1952
KpdSU (b)	Kommunistische Partei der Sowjetunion (Bol'ševiki)
KPR (b)	Kommunistische Partei Russlands (Bol'ševiki)
MA	Massachusetts
MI	Michigan
NC	North Carolina
NKID,	Nardodnyj kommissariat innostrannych del
Narkomindel	[Volkskommissariat für auswärtige Angelegenheiten]
NKVD	Narodnyj kommissariat vnutrennich del
	[Volkskommissariat für innere Angelegenheiten]
NJ	New Jersey
No.	number
PA	Pennsylvania
Nr.	Nummer
o.J.	ohne Jahr
p., pp.	page [Seite], pages [Seiten]
RKKA	Raboče-krest'janskaja Krasnaja Armija
	[Rote Arbeiter- und Bauernarmee]
RKP (b)	Rossijskaja Kommunističeskaja partija (bol'ševiki)
	[Russische Kommunistische Partei (Bol'ševiki), 1918–1925]
RSDAP	Russische Sozialdemokratische Arbeiterpartei, 1918–1925
RSDRP	Russkaja Social-demokratičeskaja Rabočaja Partija
	[Russische Sozialdemokratische Arbeiterpartei, 1903–1918]
RSFSR	Russische Sozialistische Föderative Sowjetrepublik
S.	Seite
samizdat	samizdatel'stvo [Selbstverlag]
SBZ	Sowjetische Besatzungszone Deutschlands
SED	Sozialistische Einheitspartei Deutschlands
SMAD	Sowjetische Militäradministration in Deutschland
SPD	Sozialdemokratische Partei Deutschlands
TASS	Telegrafnoe agenstvo Sovetskogo Sojuza
	[Telegrafenagentur der Sowjetunion]
Tscheka	siehe VČK
UdSSR	Union der Sozialistischen Sowjetrepubliken
USA	United States of Amerika [Vereinigte Staaten von Amerika]

VČK	Vserossijskaja črezvyčajnaja komissija po bo'be s kontr-revoljuciej i sabotažem [Allrussische Außerordentliche Kommission für den Kampf gegen die Konterrevolution und Sabotage], Tscheka
VKP (b)	Vsesojuznaja Kommunističeskaja partija (bol'ševiki) [Kommunistlsche Allunionspartei (der Bolschewiken), 1925–1952]
Vol.	volume (Band)
ZK	Zentralkomitee
ZKK	Zentrale Kontroll-Kommission

Quellen- und Literaturverzeichnis

1. Gedruckte Quellen und zeitgenössisches Schrifttum

Adibekov, G.M. et al. (Hrsg.): Politbjuro CK RKP (b) – VKP (b) i Komintern 1919–1943. Dokumenty. Moskva 2004.

Akten zur Deutschen Auswärtigen Politik. Serie C: 1933–1937. Das Dritte Reich: Die ersten Jahre. Bd. I, 2: 16. Mai bis 14. Oktober 1933. Göttingen 1971.

Altrichter, Helmut: Die Sowjetunion. Von der Oktoberrevolution bis zu Stalins Tod. Bd. 1: Staat und Partei (= dtv Dokumente). München 1986.

Badstübner, Rolf/Loth, Wilfried (Hrsg.): Wilhelm Pieck – Aufzeichnungen zur Deutschlandpolitik 1945–1953. Berlin 1994.

Bayerlein, Bernhard H. (Hrsg.): Georgi Dimitroff: Tagebücher 1933–1943. Berlin 2000

Bayerlein, Bernhard H. et al. (Hrsg.): Deutscher Oktober 1923. Ein Revolutionsplan und sein Scheitern (= Archive des Kommunismus – Pfade des XX. Jahrhunderts, Bd. 3). Berlin 2003.

Bol'ševistskoe rukovodstvo. Perepiska. 1912–1927 (= Dokumenty sovetskoj istorii). Moskva 1996.

Bukov, K.I. et al. (Hrsg.): Moskva voennaja. Memuary i archivnye dokumenty 1941–1945gg. Moskva 1995.

Carroll, E.M./Epstein, F.T. (Hrsg.): Das nationalsozialistische Deutschland und die Sowjetunion. Akten aus dem Archiv des Deutschen Auswärtigen Amts. Berlin 1948

Chlevnjuk, O.V. et al. (Hrsg.): Stalin i Kaganovič. Perepiska. 1931–1936gg. Moskva 2001.

Chlevnjuk, O.V. et al. (Hrsg.): Politbjuro CK VKP (b) i sovet Ministrov SSSR 1945–1953 (= Dokumenty sovetskoj istorii). Moskva 2002.

Dallin, Alexander/Firsov, F.I. (Eds.): Dimitrov and Stalin 1934–1943. Letters from the Soviet Archives (= Annals of Communism). New Haven/London 2000.

Danilov, V.P. et al. (Hrsg.): Kak lomali NEP. Stenogrammy plenumov CK VKP (b), 1928–1929gg. 5 t. Moskva 2000/2001.

Davies, R.W. et al. (Eds.): The Stalin–Kaganovich Correspondence 1931–36 (= Annales of Communism). New Haven/London 2003.

Degras, Jane (Ed.): The Communist International, 1919–1943. Documents. 3 Vols. London et al. 1956–1965.

Dekrety sovetskoj vlasti. Bd. 3. Moskva 1961.

Dokumente zur Deutschlandpolitik der Sowjetunion. Band I: Vom Potsdamer Abkommen am 2. August 1945 bis zur Herstellung der Souveränität der Deutschen Demokratischen Republik am 25. März 1954. Berlin-Ost 1957.

Dokumenty vnešnej politiki. 1939 god. Tom XXII. 1 janvarja–31 avgusta 1939 g. Tom Moskva 1992.

Dokumenty vnešnej politiki. 22 ijunja 1941–1 janvarja 1942. Tom XXIV. Moskva 2000.

Dvenadcatyj s"ezd RKP (b). 17–25 aprelja 1923 goda: Stenografičeskij otčet. Moskva 1968.

Elwood, E.C. (Ed.): Vserossijskaja Konferencija Rossijskoj Social-Demokratičeskoj Rabočej Partii 1912 goda. London 1982.

Erler, Peter et al. (Hrsg.): „Nach Hitler kommen wir." Dokumente zur Programmatik der Moskauer KPD-Führung 1944/45 für Nachkriegsdeutschland. Berlin 1994.

Fedorenko, N.T.: Stalin i Mao Czedun, in: Novaja i novejšaja istorija, 1992, H. 5, S. 98–113; 1992, H. 6, S. 83–95.

Fischer, Alexander: Sowjetische Außenpolitik 1917–1945 (= Quellen und Arbeitshefte zur Geschichte und Politik). Stuttgart 1973.

Galkin, Aleksandr/Černjaev, Anatolij: Michail Gorbačev i Germanskij vopros. Sbornik dokumentov 1986–1991gg. Moskva 2006.

Geschichte der Kommunistischen Partei der Sowjetunion (Bolschewiki). Kurzer Lehrgang. Unter der Redaktion des Zentralkomitees der KPdSU (b). Gebilligt vom ZK der KPdSU (b), 1938. Berlin-Ost 1946.

Getty, J. Arch/Naumov, Oleg V. (Eds.): The Road to Terror. Stalin and the Self-Destruction of the Bolsheviks, 1933–1939 (= Annals of Communism). New Haven 1999.

God krizisa 1938–1939. Tom II. 2 ijunija 1939g. – 4 sentjabrja 1939g. Dokumenty i materialy. Moskva 1990.

Gor'kov, Ju.: Gosudarstvennyj komitet oborony postanovljaet (1941–1945). Cifry, dokumenty. Moskva 2002.

GULag (Glavnoe upravlenie lagerej). 1918–1969 (= Rossija. XX Vek. Dokumenty). Moskva 2000.

Istorija stalinskogo GULaga. Konec 1920-ch – pervaja polovina 1950-ch godov. Sobranie dokumentov v semi tomach. Bd. 1–7. Moskva 2004/2005.

Iz istorii velikoj otečestvennoj vojny. Nakanune vojny (1940–1941gg.), in: Izvestija CK KPSS, 1990, Nr. 4, S. 198–222.

Kaminskij, Vladimir/Vcrščagin, I.: Detstvo i junost' voždja: Dokumenty, zapiski, rasskazy, in: Molodaja Gvardija, 12. Jg. (1939), S. 22–101.

Keiderling, Gerhard (Hrsg.): „Gruppe Ulbricht" in Berlin April bis Juni 1945. Von den Vorbereitungen im Sommer 1944 bis zur Wiedergründung der KPD im Juni 1945. Eine Dokumentation. Berlin 1993.

Khlevniuk, Oleg V.: The History of the Gulag. From Collectivization to the Great Terror (= Annals of Communism). New Haven/London 2004.

Kniga pogromov. Pogromy na Ukraine, v Belorussii i evropejskoj časti Rossii v period Graždanskoj vojny 1918–1922. Sbornik dokumentov. Moskva 2008.

Košeleva L. et al. (Hrsg.): Pis'ma I.V. Stalina V.M. Molotovu, 1925–1936: Sbornik dokumentov. Moskva 1996.

Kostyrčenko, GV (Hrsg.): Gosudarstvennyj antisemitizm v SSSR ot načala do kul'minacii 1938–1953 (= Rosssija XX vek. Dokumenty). Moskva 2005.

Koval'ev, Ivan: Dialog Stalina s Mao Czedunem, in: Problemy Dal'nogo Vostoka, 1991, H. 6, S. 83–93; 1992, H. 1–3, S. 77–91.

KPdSU (b), Komintern und die national-revolutionäre Bewegung in China. Dokumente. Bd. 2: 1926–1927. 2 Teilbde (= Berliner China-Studien: Quellen und Dokumente, Bd. 1). Münster 1998.

Kvašonkin, A.V. et al. (Hrsg.): Stalinskoe politbjuro v 30-e gody. Sbornik dokumentov. Moskva 1995.

Kvašonkin, A.V. et al. (Hrsg.): Sovetskoe rukovodstvo. Perepiska, 1928–1941gg. Moskva 1999.

Lademacher, H. (Hrsg.): Die Zimmerwalder Bewegung. Protokolle und Korrespondenz. 2 Bde. Den Hague 1967.

Ledovskij, A.M.: Stalin, Mao Czedun i korejskaja vojna 1950–1953, in: Novaja i novejšaja istorija, 2005, H. 5, S. 79–113.

Lenin, W.I.: Der Imperialismus als höchstes Stadium des Kapitalismus, in: Werke, Bd. 22. Berlin-Ost 1960, S. 191–309.

Lenin, W.I.: Sämtliche Werke. Bd. 25. Wien/Berlin 1930.

Lih, Lars T. et al. (Hrsg.): Stalin – Briefe an Molotov 1925–1936. Berlin 1996.

Lubjanka. Stalin i BČK–GPU–OGPU–NKVD. Janvar' 1922–dekabr' 1936 (= Rossija. XX vek. Dokumenty). Moskva 2003.

Lubjanka. Stalin i Glavnoe upravlenie gosbezopasnosti NKVD. 1937–1938 (= Rossija. XX vek. Dokumenty). Moskva 2004.

Lubjanka. Stalin i NKVD–NKGB–GUKR „Smerš" 1939–mart 1946 (= Rossija. XX vek. Dokumenty). Moskva 2006.

Nadžafov, D.G./Belousova, Z.S. (Hrsg.): Stalin i kosmopolitizm. Dokumenty agitpropa CK KPSS 1945–1953 (= Rossija XX vek. Dokumenty). Moskva 2005.

Pipes, Richard (Ed.): The Unknown Lenin. From the Secret Archive. New Haven 1996.

Pirker, Theo (Hrsg.): Die Moskauer Schauprozesse 1936–1938 (= dtv Dokumente). München 1963.

Prozeßbericht über die Strafsache des antisowjetischen „Blocks der Rechten und Trotzkisten". Vollständiger stenographischer Bericht. Moskau 1938 (Reprint: London 1974).

Posetiteli kremlevskogo kabineta I.V. Stalina, in: Istoričeskij archiv, 1994, H. 6; 1995, H. 2–6.

Rešin, L.E. et al. (Hrsg.): 1941 god v 2-ch knigach (= Rossija XX vek. Dokumenty). Moskva 1998.

RKP (b), Komintern und die national-revolutionäre Bewegung in China. Dokumente. Bd. 1: 1920–1925. Paderborn et al. 1996.

Ruggenthaler, Peter (Hrsg.): Stalins großer Bluff. Die Geschichte der Stalin-Note in Dokumenten der sowjetischen Führung (= Schriftenreihe der Vierteljahrshefte für Zeitgeschichte, Bd. 95). München 2007.

Sed'maja (aprel'skaja) vserossijskaja konferencija RSDRP (bol'ševikov). Petrogradskaja konferencija obščegorodskaja konferencija RSDRP (bol'ševikov). Aprel'1917. Moskva 1958.

Šestoj s"ezd RSDRP (b). Avgust 1917 goda. Protokoly. Moskva 1958.

XII s"ezd RKP (b). Stennogramma zasedanija sekcii s"ezd po nacional'nomu voprosu 25 aprelja 1923, in: Izvestija CK KPSS, 1991, H. 4, S. 158–176.

Sovetskij sojuz na meždunarodnoj konferencijach perioda Velikoj otečestvennoj vojny 1941–1945gg. Tom IV: Krymskaja konferencija rukovoditelej trech sojuznych deržav – SSSR, SŠA i Velikobritanii (4–11 fevralja 1945g.). Sbornik dokumentov. Moskva 1984.

Stalin I.: O Velikoj Otečestvennoj Vojny Sovetskogo Sojuza. Moskva 1946.

Stalin, I.V.: Sočinenija. T. 1–13. Moskva 1946–1952.

Stalin, J.W.: Festschrift zum 50. Geburtstag. Berlin 1930.

Stalin, J.W.: Werke. Bd. 1–13. Berlin-Ost 1951–1955.

XVII s"ezd Vsesojuznoj Kommunističeskoj partii (b). 26 janvarja–10 fevralja 1934. Stenografičeskij otčet. Moskva 1934.

Viola, Lynne et al. (Hrsg.): Rjazanskaja derevnja v 1929–1930gg. Chronika golovokrušenija. Dokumenty i materialy. Moskva 1998.

Viola, Lynne (Eds.): The War Against the Peasantry, 1927–1930. The Tragedy of the Soviet Countryside. Vol. 1 (= Annals of Communism). New Haven 2005.

2. Memoiren und Tagebücher

Allilujewa, Swetlana: Zwanzig Briefe an einen Freund. Wien 1967.

Bažanov, Boris: Vospominanija byvšego sekretar'ja Stalina. Paris 1980.

Chruščev, N.S.: Memuary Nikity Sergeeviča Chruščeva, in: Voprosy istorii, 1991, Nr. 2/3, S. 62–82.

Čujkov, V.I.: Missija v Kitae. Zapiski voennogo sovetnika. Moskva 1981.

Davrichewy, Joseph: Ah! Ce qu'on rigolait bien avec mon copain Staline. Paris 1979.

Djilas, Milovan: Gespräche mit Stalin. Frankfurt/Main 1962.

Garrors, Veronique et al. (Eds.): Intimacy and Terror: Soviet Diaries of the 1930s. New York 1995.

Ginsburg, L.: Aufzeichnungen eines Blockademenschen. Frankfurt/Main 1997.

Hellbeck, Jochen (Hrsg.): Tagebuch aus Moskau 1931–1939. München 1996.

Iremaschwili, Josef: Stalin und die Tragödie Georgiens. Berlin 1932.

Krushchev, Nikita S.: Khrushchev Remembers. Boston/Toronto 1970.

Lenin, Wladimir Iljitsch: Briefe an Maxim Gorki 1908–1913. Wien 1924.

Leodovskij, Andrej: Zapiski diplomata, in: Problemy Dal'nogo Vostoka, 1991, H. 1, S. 108–118.

Mikojan, A.I.: Tak bylo. Razmyšlenija o minuvšem. Moskva 1999.

Molotov Remembers. Inside Kremlin Politics. Conversations with Felix Chuev. Chicago 1993.

Mgalobišvili, Sofron: Vospominanija o moej žizni. Nezabyvaemye vstreči. Tbilisi 1974.

Rapoport, Yakov: The Doctors' Plot. Stalin's Last Crime. London 1991.

Rasgon, Lew: Nichts als die reine Wahrheit. Erinnerungen. Berlin 1992.

Sacharow, Andrej: Mein Leben. München et al. 1991.

Schukow, Georgi K.: Erinnerungen und Gedanken. Stuttgart 1969.

Simonow, Konstantin: Aus der Sicht meiner Generation. Gedanken über Stalin. Berlin 1990

Trotzki, Leo: Mein Leben. Versuch einer Autobiographie. Frankfurt/Main 1981.

Uratadze, Grigorij: Vospominanija gruzinskogo social-demokrata. Stanford/CA 1968.

Yevtushenko, Yevgeny: A Precocious Autobiography. New York 1963.

Žordanija, Noe: Moja žizn'. Stanford/CA 1968.

Žukov, G.K.: Vospominanija i razmyšlenija. Bd. 2. Moskva 1995.

3. Forschungsliteratur

Abramov, N.A./Bezymenskij, L.A.: Osobaja missija Davida Kandelaki, in: Voprosy istorii, 1991, H. 4/5, S. 144–156.

Ackroyd, Peter: London. Die Biographie. München 2002.

Adibekov, Grant M.: Das Kominform und Stalins Neuordnung Europas (= Zeitgeschichte, Kommunismus, Stalinismus. Materialien und Forschungen, Bd. 1). Frankfurt/Main et al. 2002.

Alexandrow, G.F. et al.: Josef Wissarionowitsch Stalin. Kurze Lebensbeschreibung. Moskau 1947.

Applebaum, Anne: Der GULag. Berlin 2003.

Ascher, Abraham: P.A. Stolypin. The Search for Stability in Late Imperial Russia. Stanford/CA 2001

Auch, Eva-Maria: Muslim – Untertan – Bürger. Identitätswandel in gesellschaftlichen Transformationsprozessen der muslimischen Ostprovinzen Südkaukasiens (Ende 18. – Anfang 20. Jh.). Ein Beitrag zur vergleichenden Nationalismusforschung (= Kaukasus Studien – Caucasian Studies, Bd. 7). Wiesbaden 2004.

Baberowski, Jörg: Stalinismus „von oben". Kulakendeportation in der Sowjetunion 1929–1933, in: Jahrbücher für Geschichte Osteuropas, 46. Jg. (1998), H. 4, S. 572–595.

Baberowski, Jörg: Auf der Suche nach Eindeutigkeit: Kolonialismus und zivilisatorische Mission im Zarenreich und in der Sowjetunion, in: Jahrbücher für Geschichte Osteuropas, 47. Jg. (1999), H. 4, S. 482–503.

Baberowski, Jörg: „Entweder für den Sozialismus oder nach Archangel'sk!" Stalinismus als Feldzug gegen das Fremde, in: Osteuropa, 50. Jg. (2000), H. 6, S. 617–637.

Baberowski, Jörg: Der rote Terror. Die Geschichte des Stalinismus. München 2003.

Baberowski, Jörg: Der Feind ist überall. Stalinismus im Kaukasus. München 2003.

Baberowski, Jörg: Diktaturen der Eindeutigkeit. Ambivalenz und Gewalt im Zarenreich und in der frühen Sowjetunion, in: Baberowski, Jörg (Hrsg.): Moderne Zeiten? Krieg, Revolution und Gewalt im 20. Jahrhundert (= Schriften der Bundeszentrale für Politische Bildung, Bd. 585). Bonn 2006, S. 37–59.

Baberowski, Jörg (Hrsg.): Moderne Zeiten? Krieg, Revolution und Gewalt im 20. Jahrhundert (= Schriften der Bundeszentrale für Politische Bildung, Bd. 585). Bonn 2006.

Babičenko, Leonid: Politbjuro CK RKP (b), Komintern i sobytija v Germanii v 1923g. Novye archivnye materialy, in: Novaja i novejšaja istorija, 1994, H. 2, S. 125–157.

Balandin, Rudol'f/Mironov, Sergej: „Klubok" vokrug Stalina. Zarovory i bor'ba za vlast' v 1930-e gody. Moskva 2002.

Balázs, Apor et al. (Eds.): The Leader Cult in Communist Dictatorships. Stalin and the Eastern Bloc. Houndmills 2004.

Ball, A.M.: Russia's Last Capitalists: The Nepmen, 1921–1929. Berkeley/CA 1987.

Barber, John/Harrison, Mark: The Soviet Homefront, 1941–45. London 1991.

Barber, J.: The Moscow Crisis of October 1941, in: Cooper, J./Perrie, M. (Eds.): Soviet History, 1917–1953. Essays in Honour of R.W. Davies. London 1995, S. 201–218.

Bauer, Otto: Nationalitätenfrage und die Sozialdemokratie. Wien 1908.

Bažanov, E.P.: Kitaj i vnešnij mir. Moskva 1990.

Beevor, Antony: Berlin 1945. Das Ende. München 2002.

Beevor, Antony/Vinogradova, Luba: Ein Schriftsteller im Krieg. Wassili Grossman und die Rote Armee 1941–1945. München 2007.

Besymenski, Lew: Geheimmission in Stalins Auftrag? David Kandelaki und die deutsch-sowjetischen Beziehungen Mitte der dreißiger Jahre, in: Vierteljahrshefte für Zeitgeschichte, 40. Jg. (1992), S. 339–357.

Besymenski, Lew: Stalin und Hitler. Das Pokerspiel der Diktatoren (= Archive des Kommunismus – Pfade des XX. Jahrhunderts, Bd. 1). Berlin 2002.

Besymensky, Lew A.: Wjatscheslaw Molotows Berlin-Besuch vom November 1940 im Licht neuer Dokumente, in: Pietrow-Ennker, Bianka (Hrsg.): Präventivkrieg? Der deutsche Angriff auf die Sowjetunion. Frankfurt/Main 2000, S. 113–127.

Beyrau Dietrich: Intelligenz und Dissens. Die russischen Bildungsschichten in der Sowjetunion 1917 bis 1985. Göttingen 1993.

Beyrau, Dietrich: Petrograd 1917, 25. Oktober 1917. Die russische Revolution und der Aufstieg des Kommunismus (= 20 Tage im 20. Jahrhundert). München 2001.

Blank, Stephen: The Sorcer as Apprentice. Stalin as Commissar of Nationalities, 1917–1924 (= Contribution in Military Studies, No. 145). Westport, Con./London 1994.

Blumenhagen, Karl Heinz: Die deutsch-sowjetischen Handelsbeziehungen 1939–1941. Ihre Bedeutung für die jeweilige Kriegswirtschaft (= Hamburger Beiträge zur Geschichte des östlichen Europa, Bd. 2). Hamburg 1998.

Bonwetsch, Bernd: Ein Sieg mit Schattenseiten. Die Sowjetunion im Zweiten Weltkrieg, in: Kriegsgefangene – Voennoplennye. Sowjetische Kriegsgefangene in Deutschland – Deutsche Kriegsgefangene in der Sowjetunion. Düsseldorf 1995, S. 135–140.

Bonwetsch, Bernd: Stalin, the Red Army, and the „Great Patriotic War", in: Kershaw, Ian/Lewin, Moshe (Eds.): Stalinism and Nazism. Dictatorships in Comparison. Cambridge 2000, S. 185–207.

Bordjugov, G.A./Nevežin, V.A. (Red.): Gotovil li Stalin nastupatel'nuju vojnu protiv Gitlera? Nezaplanirovannaja diskussija. Sbornik materialov. Moskva 1995.

Bordiugov, Gennadi: The Popular Mood in the Unoccupied Soviet Union: Continuity and Change During the War, in: Thurston, Robert W./Bonwetsch, Bernd (Eds.): The People's War. Responses to World War II in the Soviet Union. Urbana, Il./Chicago 2000, S. 54–70.

Borovkin, V. (Ed.): The Bolsheviks in Russian Society. The Revolution and the Civil War. New Haven 1997.

Bortoli, Georges: Als Stalin starb. Kult und Wirklichkeit. Stuttgart 1974.

Bortoli, Georges: The Death of Stalin. New York 1975.

Brackman, Roman: The Secret File of Joseph Stalin. A Hidden Life. London 2003.

Brandt, Conrad: Stalin's Failure in China, 1924–1927. New York 1966.

Brent Jonathan/Naumov, Vladimir P.: Stalin's Last Crime. The Doctor's Plot. London 2003.

Brooks, Jeffrey: Pravda Goes to War, in: Stites, Richard (Ed.): Culture and Entertainment in Wartime Russia. Bloomington/IN 1995, S. 9–27.

Brower, Daniel R./J. Lazzerini, Edward (Eds.): Russia's Orient. Imperial Borderlands and Peoples, 1700–1917. Bloomington 1997.

Bychowski, Gustav: Joseph V. Stalin: Paranoia and the Dictatorship of the Proletariat, in: Wolman, Benjamin B. (Ed.): The Psychoanalytic Interpretation of History. New York 1971, S. 115–149.

Carr, E.H.: Socialism in One Country, 1924–1926. 2 Bde. New York 1958.

Černjaev, Anatolij: Michail Gorbačev und die deutsche Frage, in: Möller, Horst/Čubar'jan, Aleksandr (Hrsg.): Mitteilungen der Gemeinsamen Kommission für die Erforschung der jüngeren Geschichte der deutsch-russischen Beziehungen. Bd. 3. München 2008, S. 2–17.

Chang, Jung/Halliday, Jon: Mao. Das Leben eines Mannes, das Schicksal eines Volkes. München 2005.

Ch'en, Jerome: The Communist Movement 1927–1937, in: Fairbank, John K./Feuerwerker, Albert (Eds.): The Cambridge History of China. Vol. 13. Cambridge et al. 1986, S. 168–229.

Chiari, Bernhard: Alltag hinter der Front. Besatzung, Kollaboration und Widerstand in Weißrußland 1941–1944 (= Schriften des Bundesarchivs, Bd. 53). Düsseldorf 1998.

Chlewnjuk, Oleg W.: Das Politbüro. Mechanismen der politischen Macht in der Sowjetunion der dreißiger Jahre. Hamburg 1998.

Cohen, Stephen F.: Bukharin and the Bolshevik Revolution: A Political Biography. 1888–1938. New York 1973.

Conquest, Robert: The Great Terror. A Reassessment. New York 1990.

Conquest, Robert: Stalin, Breaker of the Nations. New York 1991.

Cooper, J./Perrie, M. (Eds.): Soviet History, 1917–1953. Essays in Honour of R.W. Davies. London 1995.

Corley, F.: Religion in the Soviet Union. An Archival Reader. Basingstoke 1996.

Creuzberger, Stefan: Die sowjetische Besatzungsmacht und das politische System der SBZ (= Schriften des Hannah-Arendt-Instituts für Totalitarismusforschung, Bd. 3). Köln et al. 1996.

Creuzberger, Stefan: „Ich war in einem völlig anderen Krieg …" Die sowjetische und russische Historiographie über den „Großen Vaterländischen Krieg", in: Osteuropa, 48. Jg. (1998), H. 5, S. 505–518.

Creuzberger, Stefan: „Antifaschismus" und Gleichschaltung des Parteiensystems in der sowjetischen Besatzungszone Deutschlands (SBZ). Der SMAD-Befehl Nr. 2 vom 9. Juni 1945, in: 100(0) Schlüsseldokumente der russischen Geschichte (http://osteuropa.bsb-muenchen.de).

Creuzberger, Stefan et al. (Hrsg.): St. Petersburg, Leningrad, St. Petersburg. Eine Stadt im Spiegel der Zeit. Stuttgart 2000.

Creuzberger, Stefan/ Görtemaker, Manfred: Das Problem der Gleichschaltung osteuropäischer Parteien im Vergleich. Eine Synthese, in: Creuzberger, Stefan/Görtemaker, Manfred (Hrsg.): Gleichschaltung unter Stalin? Die Entwicklung der Parteien im östlichen Europa 1944–1949. Paderborn et al. 2002, S. 419–434.

Creuzberger, Stefan/Görtemaker, Manfred (Hrsg.): Gleichschaltung unter Stalin? Die Entwicklung der Parteien im östlichen Europa 1944–1949. Paderborn et al. 2002.

Creuzberger, Stefan: Kampf für die Einheit. Das gesamtdeutsche Ministerium und die politische Kultur des Kalten Krieges 1949–1969 (= Schriften des Bundesarchivs, Bd. 69). Düsseldorf 2008.

Dallin, Alexander: Deutsche Herrschaft in Rußland 1941–1945. Königstein/Ts. 1981, Düsseldorf 1958.

Darlington, T.: Education in Russia. London 1909.

David-Fox, Michael et al. (Eds.): Orientalism and Empire (= Kritika Historical Studies, Vol. 3). Bloomington 2006.

Davies, R.W.: The Socialist Offensive. The Collectivisation of Soviet Agriculture, 1929–1930. London 1980.

Davies, R.W.: The Soviet Collective Farm, 1929–1930. London 1980.

Davies, Robert W.: Perestroika und Geschichte. Die Wende in der sowjetischen Historiographie. München 1991.

Davies, Sarah: Popular Opinion in Stalin's Russia. Terror, Propaganda and Dissent, 1934–1941. Cambridge et al. 1997.

Davies, Sarah/Harris, James (Eds.): Stalin. A New History. Cambridge 2005.

Day, Richard: Leon Trotsky and the Politics of Economic Isolation. Cambridge 1973.

Debo, Richard K.: Revolution and Survival. The Foreign Policy of Soviet Russia 1917–18. Liverpool 1979.

Deutscher, Isaac: Stalin. Eine politische Biographie. Stuttgart 1962.

Deutschland und das bolschewistische Rußland von Brest-Litowsk bis 1941. Berlin 1991.

D'jakov, Ju.L./Bušueva, T.S.: Fašistskij meč kovalsja v SSSR: Krasnaja Armija i rejchsver. Tajnoe sotrudničestvo, 1922–1933. Neizvestnye dokumenty. Moskva 1992.

Domes Jürgen: Vertagte Revolution. Die Politik der Kuomintang in China 1923–1937. Berlin 1969.

Eichwede, Wolfgang: Der Eintritt Sowjetrußlands in die internationale Politik, 1921–1927, in: Geyer, Dietrich (Hrsg.): Osteuropa-Handbuch. Sowjetunion. Außenpolitik, Bd. 1: 1917–1955. Köln/Wien 1972, S. 150–212.

Ellman, M. /Maksudov, S.: Soviet Death in the Great Patriotic War. A Note, in: Europe-Asia Studies, 1994, No. 4, S. 671–680.

Elwood, R.C.: Roman Malinowsky: A Life without a Cause. Newtonville/ MA 1977.

Emel'janov, Jurij: Stalin. Put' k vlasti. Moskva 2006.

Emel'janov, Jurij: Stalin. Na veršine vlasti. Moskva 2006.

Ennker, Benno: Politische Herrschaft und Stalinkult 1929–1939, in: Stefan Plaggenborg (Hrsg.): Stalinismus. Neuere Forschungen und Konzepte. Berlin 1998, S. 151–182.

Ennker, Benno: The Stalin Cult, Bolshevik Rule and Kremlin Interaction, in: Balázs, Apor et al. (Eds.): The Leader Cult in Communist Dictatorships. Stalin and the Eastern Bloc. Houndmills 2004, S. 83–101.

Erickson, John: The Road to Berlin. Stalin's War With Germany. London 1983.

Etinger, J.: The Doctor's Plot: Stalin's Solution to the Jewish Question, in: Ro'i, J. (Ed.): Jews and Jewsih Life in Russia and Soviet Union. Ilford 1995, S. 103–124.

Fainsod, Merle: Smolensk Under Soviet Rule. Cambridge/M A 1958.

Fairbank, John K./Feuerwerker, Albert (Eds.): The Cambridge History of China. Vol. 13. Cambridge et al. 1986.

Feest, David: Terror und Gewalt auf dem estnischen Dorf, in: Osteuropa, 50. Jg. (2000), H. 6, S. 656–671.

Feest, David: Zwangskollektivierung im Baltikum. Die Sowjetisierung des estnischen Dorfes 1944–1953 (= Beiträge zur Geschichte Osteuropas, Bd. 40). Köln et al. 2007.

Fel'štinskij, Ju.G.: Byl li Stalin agentom Ochrany? Sbornik statej materialov i dokumentov. Moskva 1999.

Fenske, Hans et al.: Geschichte der politischen Ideen. Von der Antike bis zur Gegenwart. Frankfurt/Main [6]2001.

Fieseler, Beate: Innenpolitik in der Nachkriegszeit 1945–1953, in: Plaggenborg, Stefan (Hrsg.): Handbuch der Geschichte Russlands. Bd. 5.1:

1945–1991. Vom Ende des Zweiten Weltkriegs bis zum Zusammenbruch der Sowjetunion. Stuttgart 2002, S. 36–77.

Fieseler, Beate: The Bitter Legacy of the „Great Patriotic War": Red Army Disabled Soldiers Under Late Stalinism, in: Fürst, Juliane (Ed.): Late Stalinist Russia: Society Between Reconstruction and Reinvention. London/New York 2006, S. 46–61.

Figes, Orlando: Peasant Russia, Civil War: The Volga Countryside in Revolution 1917–1921. Oxford 1989.

Figes, Orlando: Die Tragödie eines Volkes. Die Epoche der russischen Revolution 1891 bis 1924. Berlin 1998.

Figes, Orlando: Nataschas Tanz. Eine Kulturgeschichte Russlands. Berlin 2003.

Figes, Orlando: The Whisperers. Private Life in Stalin's Russia. New York 2007.

Filitov, Aleksej: Die deutsche Vereinigung und die sowjetische Politik, in: Möller, Horst/Čubar'jan, Aleksandr (Hrsg.): Mitteilungen der Gemeinsamen Kommission für die Erforschung der jüngeren Geschichte der deutsch-russischen Beziehungen. Bd. 3. München 2008, S. 18–37.

Filtzer, Donald: Soviet Workers and Stalinist Industrialization. The Formation of Modern Soviet Production Relations, 1928–1941. London et al. 1986.

Filtzer, Donald A.: Soviet Workers and De-Stalinization: The Consolidation of the Modern System of Soviet Production Relations, 1953–1964. New York 1992.

Filtzer, Donald: Soviet Workers and Late Stalinism. Labour and the Restauration of the Stalinist System after World War II. Cambridge 2002.

Filtzer, Donald: Standard of Living Versus Quality of Live. Struggling With the Urban Environment in Russia During the Early Years of Post-War Reconstruction, in: Fürst, Juliane (Ed.): Late Stalinist Russia: Society Between Reconstruction and Reinvention. London/New York 2006, S. 81–102.

Fischer, Alexander: Sowjetische Deutschlandpolitik im Zweiten Weltkrieg 1941–1945 (= Studien zur Zeitgeschichte). Stuttgart 1975.

Fischer, Alexander: Kollektive Sicherheit und imperialistischer Krieg. Sowjetische Außenpolitik im chinesisch-japanischen Konflikt 1937/38, in: Saeculum, 1977, H. 4, S. 419–431.

Fischer, Alexander: Die Sowjetunion und die „deutsche Frage" 1945–1949, in: Die Deutschlandfrage und die Anfänge des Ost-West-Konflikts 1945–1949 (= Studien zur Deutschlandfrage, Bd. 7). Berlin 1984, S. 41–57.

Fitzpatrick, Sheila: Postwar Soviet Society: "The Return to Normalcy", 1945–1943, in: Linz, Susan J. (Ed.): The Imact of World War II on the Soviet Union. Totowa/NJ 1985, S. 129–156.

Fitzpatrick, Sheila: Stalin's Peasants. Resistance and Survival in the Russian Village After the Collectivization. New York/Oxford 1994.

Fitzpatrick, Sheila: Everyday Stalinism. Ordinary Life in Extraordinary Times: Soviet Russia in the 1930s. Oxford 1999.

Fletcher, William C.: The Soviet Bible Belt: World War II's Effects on Religion, in: Linz, Susan J. (Ed.): The Imact of World War II on the Soviet Union. Totowa/NJ 1985, S. 91–106.

Foitzik, Jan: Sowjetische Militäradministration in Deutschland (SMAD) 1945–1949. Struktur und Funktion (= Quellen und Darstellungen zur Zeitgeschichte, Bd. 44. München 1999.

Frank, Stephen P.: Crime, Cultural Conflict, and Justice in Rural Russia, 1856–1914. Berkeley/CA 1999.

Freeze, Gregory (Ed.): Russia. A History. Oxford 2000.

Fuller, William C., Jr.: The Great Fatherland War and Late Stalinism, 1941–1953, in: Gregory Freeze (Ed.): Russia. A History. Oxford 2000, S. 319–346.

Fürst, Juliane (Ed.): Late Stalinist Russia: Society Between Reconstruction and Reinvention. London/New York 2006.

Fürst, Juliane: Introduction – Late Stalinist Society: Policies and People, in: Fürst, Juliane (Ed.): Late Stalinist Russia: Society Between Reconstruction and Reinvention. London/New York 2006, S. 1–19.

Ganzenmüller, Jörg: Das belagerte Leningrad 1941–1944: Eine Großstadt in den Strategien von Angreifern und Verteidigern (= Krieg in der Geschichte, Bd. 22). Paderborn et al. ²2007.

Geifmann, Anna: Thou Shalt Kill. Revolutionary Terrorism in Russia, 1894–1917. Princeton/NJ 1993.

Gerlach, C.: Kalkulierte Morde. Die deutsche Wirtschafts- und Vernichtungspolitik in Weißrußland 1941–1944. Hamburg 1999.

Getty, J. Arch: The Origins of the Great Purges: The Soviet Communist Party Reconsidered, 1933–1938. Cambridge 1985.

Getty, J. Arch/Manning, Roberta T. (Eds.): Stalin's Terror: New Perspectives. Cambridge/MA 1993.

Geyer, Dietrich (Hrsg.): Osteuropa-Handbuch. Sowjetunion. Außenpolitik, Bd. 1: 1917–1955. Köln/Wien 1972.

Geyer, Dietrich: Voraussetzungen sowjetischer Außenpolitik in der Zwischenkriegszeit, in: Geyer, Dietrich (Hrsg.): Osteuropa-Handbuch. Sowjetunion. Außenpolitik, Bd. 1: 1917–1955. Köln/Wien 1972, S. 1–85.

Geyer, Dietrich: Die Russische Revolution. Historische Probleme und Perspektiven (= Kleine Vandenhoeck Reihe, Bd. 1433). Göttingen ⁴1985.

Geyer, Dietrich: Stalin und der Stalinismus, in: Schulz, Gerhard (Hrsg.): Die große Krise der dreißiger Jahre. Vom Niedergang der Weltwirtschaft zum Zweiten Weltkrieg. Göttingen 1985, S. 57–78.

Glunin, V.I.: The Comintern and the Rise of the Communist Movement in China, 1920–1927, in: Ulyanovskii, R.A. (Ed.): The Comintern and the East: The Struggle for the Leninist Strategy and Tactics in National Liberation Movements. Moscow 1979, S. 280–344.

Goehrke, Carsten: Russischer Alltag. Eine Geschichte in neun Zeitbildern. Bd. 3: Sowjetische Moderne und Umbruch. Zürich 2005.

Goncharov, Sergei N. et al.: Uncertain Partners: Stalin, Mao and the Korean War. Stanford/CA 1993.

Gorinov, Mikhail M.: Muscovites' Moods, 22 June 1941 to May 1942, in: Thurston, Robert W./Bonwetsch, Bernd (Eds.): The People's War. Responses to World War II in the Soviet Union. Urbana, Il./Chicago 2000, S. 108–134.

Gorlizki, Yoram: Stalin's Cabinet: the Politburo and Decision Making in the Postwar Years, in: Read, Christopher (Ed.): The Stalin Years. A Reader. Houndmills 2003, S. 192–212.

Gorlizki, Yoram/Khlevniuk, Oleg: Cold Peace. Stalin and the Soviet Ruling Circle, 1945–1953. Oxford 2004.

Gorlov, S.A.: Soveršenno sekretno. Al'jans Moskva–Berlin 1920–1933 (Voenno-političeskie otnošenija SSSR – Germanija). Moskva 2001.

Gorodetsky, Gabriel: Die Große Täuschung. Hitler, Stalin und das Unternehmen „Barbarossa". Berlin 2001.

Graml, Hermann: Die Alliierten und die Teilung Deutschlands. Konflikte und Entscheidungen 1941–1948. Frankfurt/Main 1985.

Gregory, Paul R./Lazarev, Valery (Eds.): The Economics of Forced Labor. The Soviet GULag. Stanford/CA 2003.

Hacker, Jens: Der Ostblock. Entstehung, Entwicklung und Struktur 1939–1980. Baden-Baden 1983.

Halbach, Uwe: Von Mansur bis Dudajew? Widerstandstraditionen der nordkaukasischen Bergvölker, in: Halbach, Uwe/Kappeler, Andreas (Hrsg.): Krisenherd Kaukasus. Köln 1995, S. 196–215.

Harris, James: Stalin as General Secretary: The Appointments Process and the Nature of Stalin's Power, in: Davies, Sarah/Harris, James (Eds.): Stalin. A New History. Cambridge 2005, S. 63–81.

Harrison, Mark: Accounting for War: Soviet Production, Employment, and the Defence Burden, 1940–1945. Cambridge 1996.

Harrison, Mark: Soviet Planning in Peace and War, 1938–45. Cambridge 1985.

Haslam, Jonathan: The Soviet Union and the Struggle for Collective Security in Europe 1933–1939. London 1983.

Haslam, Jonathan: The Soviet Union and the Threat from the East, 1933–41. Moscow, Tokyo and the Prelude to the Pacific War (= Series in Russian and East European Studies, No. 16). Pittsburgh/PA 1992.

Haslam, Jonathan: Comintern and Soviet Foreign Policy, 1919–1941, in: Ronald Grigor Suny (Ed.): The Cambridge History of Russia. Vol. III: The Twentieth Century. Cambridge 2006, S. 636–661.

Hedeler, Wladislaw (Hrsg.): Stalins Tod. Hoffnungen und Enttäuschungen (= Rosa-Luxemburg-Stiftung, Manuskripte 43). Berlin 2002,

Hedeler, Wladislaw: Der Tod des Diktators, in: Hedeler, Wladislaw (Hrsg.): Stalins Tod. Hoffnungen und Enttäuschungen (= Rosa-Luxemburg-Stiftung, Manuskripte 43). Berlin 2002, S. 10–15.

Hedeler, Wladislaw: Chronik der Moskauer Schauprozesse 1936, 1937 und 1938. Planung, Inszenierung und Wirkung. Berlin 2003.

Heinzig, Dieter: Die Sowjetunion und das kommunistische China 1945–1950. Der beschwerliche Weg zum Bündnis (= Schriftenreihe des Bundesinstituts für ostwissenschaftliche und internationale Studien, Köln, Bd. 34). Baden-Baden 1998.

Hellbeck, Jochen: Revolution On My Mind. Writing a Diary Under Stalin. Cambridge/MA et al. 2006.

Hildermeier, Manfred: Stalinismus und Terror, in: Osteuropa, 50. Jg. (2000), H. 6, S. 593–605.

Hilger, Andreas et al. (Hrsg.): Sowjetisierung oder Neutralität? Optionen sowjetischer Besatzungspolitik in Deutschland und Österreich 1945–1955 (= Schriften des Hannah-Arendt-Instituts für Totalitarismusforschung, Bd. 32). Göttingen 2006.

History of the Sino-Japanese War (1937–1945). Taipei 1971, S. 172.

Hochman, Jiri: The Soviet Union and the Failure of the Collective Security, 1934–1938 (= Cornell Studies in Security Affairs). London 1998.

Himmer, Robert: First Impressions Matter: Stalin's Initial Encounter with Lenin, Tammerfors 1905, in: Revolutionary Russia, Vol. 14 (2001), No. 2, S. 73–84.

Holloway, David: Stalin and the Bomb: The Soviet Union and Atomic Energy, 1939–1956. New Haven 1994.

Hooper, Cynthia: A Darker „Big Deal": Concerning Party Crimes in the Post-Second World War Era, in: Fürst, Juliane (Ed.): Late Stalinist Russia: Society Between Reconstruction and Reinvention. London/New York 2006, S. 142–163

Hoppe, Bert: Partner oder Hindernis? Die KPD und die sowjetische Außenpolitik 1927–1933, in: Der Weg in den Abgrund. Ständiges Kolloquium zur Historischen Sozialismus- und Kommunismusforschung, 28. Februar 2003. Berlin 2003, S. 33–45.

Hoppe, Bert: Stalin und die KPD in der Weimarer Republik, in: Zarusky, Jürgen (Hrsg.): Stalin und die Deutschen (= Schriftenreihe der Vierteljahrshefte für Zeitgeschichte, Sonder-Nr.). München 2006, S. 19–42.

Hoppe, Bert: In Stalins Gefolgschaft. Moskau und die KPD 1928–1933 (Studien zur Zeitgeschichte, Bd. 74). München 2007.

Hoffmann, David L. (Ed.): Stalinism. Oxford 2003.

Jacobsen, Hans-Adolf: Primat der Sicherheit, 1928–1938, in: Geyer, Dietrich (Hrsg.): Osteuropa-Handbuch. Sowjetunion. Außenpolitik, Bd. 1: 1917–1955. Köln/Wien 1972, S. 213–269.

Jacobsen, Hans-Adolf et al. (Hrsg.): Deutsch-russische Zeitenwende. Krieg und Frieden 1941–1995 (= Schriften der Paul-Kleinewefers-Stiftung, Bd. 2). Baden-Baden 1995.

Jacobson, Jon: When the Soviet Union Entered World Politics. Berkeley et al. 1994.

Jansen, M./Petrov, N.: Stalin's Loyal Executioner: People's Commissar Nikolai Ezhov, 1895–1940. Stanford 2002.

Jersild, Austin: Orientalism and Empire. North Caucasus Mountain Peoples and the Georgian Frontier, 1845–1917. Montreal et al. 2002.

Jersild, Austin/Melkadze, Neli: The Dilemmas of Enlightenment in the Eastern Borderlands. The Theatre and Library in Tbilissi, in: David-Fox, Michael et al. (Eds.): Orientalism and Empire (= Kritika Historical Studies, Vol. 3). Bloomington 2006, S. 295–316.

Johnston, Timothy: Subversive Tales? War Rumours in the Soviet Union 1945–1947, in: Juliane Fürst (Ed.): Late Stalinist Russia: Society Between Reconstruction and Reinvention. London/New York 2006, S. 62–78.

Katzer, Nikolaus: Die weiße Bewegung in Rußland: Herausbildung, praktische Politik und politische Programmatik im Bürgerkrieg (= Beiträge zur Geschichte Osteuropas, Bd. 28). Köln et al. 1999.

Katzer, Nikolaus: Die belagerte Festung. Wiederaufbau, Nachkriegsgesellschaft und innerer Kalter Krieg in der Sowjetunion, 1945 bis 1953, in: Osteuropa, 50. Jg. (2000), H. 3, S. 280–299.

Kapčenko, N.I.: Političeskaja biografija Stalina. Tom I: 1879–1924. Tver' 2004.

Kapčenko, N.I.: Političeskaja biografija Stalina. Tom II: 1924–1939. Tver' 2006.

Kapica, M.S.: Na raznych paralleljach. Moskva 1996.

Kazemzadeh, Firuz: Demokratischer Zentralismus, in: Kernig, C.D. (Hrsg.): Marxismus im Vergleich. Grundbegriffe 1: Abweichung bis Kameradschaftsgericht. Frankfurt, Main/New York 1973, S. 51–59.

Kellmann, Klaus: Stalin. Eine Biographie. Darmstadt 2005.

Kenez, Peter: A History of the Soviet Union from the Beginning to the End. Cambridge 1999.

Kernig, C.D. (Hrsg.): Marxismus im Vergleich. Grundbegriffe 1: Abweichung bis Kameradschaftsgericht. Frankfurt, Main/New York 1973.

Kershaw, Ian/Lewin, Moshe (Eds.): Stalinism and Nazism. Dictatorships in Comparison. Cambridge 2000.

Khevniuk, Oleg: The Economy of the OGPU, NKVD, and MVD of the USSR, 1930–1953. The Scale, Structure, and Trends of Development, in: Gregory, Paul R./ Lazarev, Valery (Eds.): The Economics of Forced Labor. The Soviet GULag. Stanford/CA 2003, S. 43–66.

Khlevniuk, Oleg V., In Stalin's Shadow. The Career of Sergo Ordzhonikidze. Armonk/NY 1995.

Khlevniuk, Oleg V.: The History of the Gulag. From Collectivization to the Great Terror (= Annals of Communism). New Haven/London 2004.

Khlevniuk, Oleg V.: Stalin as Dictator: The Personalisation of Power, in: Davies, Sarah/Harris, James (Eds.): Stalin. A New History. Cambridge 2005, S. 108–120.

King, David: The Commissar Vanishes. The Falsification of Photographs and Art in Stalin's Russia. Edinburgh 1997.

Kirilina, Alla A.: Neizvestnyj Kirov. St. Peterburg 2001.

Kniga o vkusnoj i zdorovoj pišče. Moskva 1952.

Knight, Amy: Beria: Stalin's First Lieutenant. Princeton/NJ 1993.

Koenker, D.P. et al. (Eds.): Party, State, and Society in the Russian Civil War. Explorations in Social History. Bloomington/IN 1989.

Korovushkina, Paert Irina: Popular Religion and Local Identity During the Stalin Revolution. Old Believers in the Urals, 1928–41, in: Raleigh, Donald J. (Ed.): Provincial Landscapes. Local Dimensions of Soviet Power, 1917–1953 (= Pitt Series in Russian and East European Studies). Pittsburgh/PA 2001, S. 170–193.

Kotkin, Stephen: Magnetic Mountain. Stalinism as Civilization. Berkeley/CA 1995.

Kriegsgefangene – Voennoplennye. Sowjetische Kriegsgefangene in Deutschland – Deutsche Kriegsgefangene in der Sowjetunion. Düsseldorf 1995.

Kruglov, A.K.: Kak sozdavalas' atomnaja promyšlennost' v SSSR. Moskva 1995.

Kuromiya, Hiroaki: Stalin's Industrial Revolution: Politics and Workers 1928–1932. Cambridge 1988.

Kuromiya, Hiroaki: Stalin (= Profiles in Power). Harlow 2005.

Latyšev, A.G.: Rassekrečennyj Lenin. Moskva 1996

Lee, Eric: The Eremin Letter: Documentary Proof that Stalin was an Okhrana Spy?, in: Revolutionary Russia, 6. Jg. (1993), No. 1, S. 55–96.

Leggett, George: The Cheka. Lenin's Political Police. The All-Russian Extraordinary Commission for Combating Counter-Revolution and Sabotage (December 1917 to February 1922). Oxford 1981.

Linz, Susan J. (Ed.): The Imact of World War II on tht Soviet Union. Totowa/NJ 1985.

Lipinsky, Jan: Das Geheime Zusatzprotokoll zum deutsch-sowjetischen Nichtangriffsvertrag vom 23. August 1939 und seine Entstehung- und Rezeptionsgeschichte von 1939 bis 1999 (= Europäische Hochschulschriften. Reihe III: Geschichte und ihre Hilfswissenschaften, Bd. 991). Frankfurt/Main et al. 2004.

Litvin, Alter/Keep, John: Stalinism. Russian and Western Views at the Turn of the Millenium. New York 2005.

Liu, F.F.: A Military History of Modern China. Port Washington/NY et al. 1956.

Löwe, Heinz-Dietrich: Stalin. Der entfesselte Revolutionär (= Persönlichkeit und Geschichte, Bd. 162, 2 Teilbde). Göttingen 2002.

Longerich, Peter: Vom Massenmord zur „Endlösung". Die Erschießung von jüdischen Zivilisten in den ersten Monaten des Ostfeldzuges im Kontext des nationalsozialistischen Judenmords, in: Wegner, Bernd (Hrsg.): Zwei Wege nach Moskau. Vom Hitler-Stalin-Pakt zum „Unternehmen Barbarossa". München 1991, S. 251–274.

Loth, Wilfried: Stalins ungeliebtes Kind. Warum Moskau die DDR nicht wollte. Berlin 1994.

Lüthi, Lorenz M.: The Sino-Soviet Split: Cold War in the Communist World. Princeton/NJ 2008.

Leonid, Luks, (Hrsg.): Der Spätstalinismus und die „jüdische Frage". Zur antisemitischen Wende des Kommunismus (= Schriften des Zentralinstituts für Mittel- und Osteuropastudien, Bd. 3). Köln 1998.

Lustiger, Arno: Rotbuch: Stalin und die Juden. Die tragische Geschichte des Jüdischen Antifaschistischen Komitees und der sowjetischen Juden. Berlin ²2002.

M'agkov, Michail Ju.: Quantitative und qualitative Veränderungen in der sowjetischen Rüstungswirtschaft im Jahre 1942, in: Möller Horst/Tschubarjan, Aleksandr (Hrsg.): Mitteilungen der Gemeinsamen Kommission für die Erforschung der jüngeren Geschichte der deutsch-russischen Beziehungen. Bd. 2. München 2005, S. 45–51.

Martin, Terry: Terror gegen Nationen in der Sowjetunion, in: Osteuropa, 50. Jg. (2000), H. 6, S. 606–616.

Martin, Terry: The Affirmative Action Empire: Nations and Nationalism in the Soviet Union, 1923–1939. Ithaca 2001.

McLoughlin, Barry: Mass Operations of the NKVD, 1937–8, in: McLoughlin, Barry/McDermott, Kevin M. (Eds.): Stalin's Terror. High Politics and Mass Repression in the Soviet Union. Houndmills et al. 2003, S. 118–152.

McLoughlin, Barry/McDermott, Kevin M. (Eds.): Stalin's Terror. High Politics and Mass Repression in the Soviet Union. Houndmills et al. 2003.

McNeal, Robert (Bearb.): Stalin's Works. An Annotated Bibliography (= Hoover Institution Bibliographical Series, Vol. XXVI). Stanford/CA 1967.

Medvedev, Roj: Okruženie Stalina (= Žizn' zamečatel'nych ljudej. Serija biografii). Moskva 2006.

Melgunov, S.P.: Krasnyj terrror v Rossii. Moskva 1991.

Mel'tjuchov, M.I.: Predystorija velikoj otečestvennoj vojny v sovremennych diskussijach, in: Istoričeskie issledovanija v Rossii. Tendencii poslednych let. Moskva 1996, S. 278–307.

Merl, Stephan: Die Anfänge der Kollektivierung in der Sowjetunion. Der Übergang zur staatlichen Reglementierung der Produktion und Marktbeziehungen im Dorf (1928–1930) (= Veröffentlichungen des Osteuropa-Institutes München. Reihe Geschichte, Bd. 52). Wiesbaden 1985.

Merl, Stephan: Bauern unter Stalin. Die Formierung des sowjetischen Kolchossystems, 1930–1941 (= Gießener Abhandlungen zur Agrar- und Wirtschaftsforschung des europäischen Ostens, Bd. 175). Berlin 1990.

Merridale, Cathrine: Iwans Krieg. Die Rote Armee 1939–1945. Frankfurt/Main 2006.

Mertelsmann, Olaf: Der stalinistische Umbau in Estland. Von der Markt- zur Kommandowirtschaft (= Hamburger Beiträge zur Geschichte des östlichen Europa, Bd. 14). Hamburg 2006.

Meyer, Alfred G.: The War Scare of 1927, in: Soviet Union, 5 (1978), S. 1–25.

Mick, Christoph: Kulturbeziehungen und außenpolitisches Interesse. Neue Materialien zur „Deutschen Gesellschaft zum Studium Osteuropas" in der Zeit der Weimarer Republik, in: Osteuropa, 43. Jg. (1993), H. 10, S. 914–928.

Mick, Christoph: Sowjetische Propaganda, Fünfjahrplan und deutsche Rußlandpolitik 1928–1932 (= Quellen und Studien zur Geschichte des östlichen Europa, Bd. 42). Stuttgart 1995.

Miner, Steven Merrit: Stalin's Holy War. Religion, Nationalism, and Alliance Politics, 1941–1945. Chapel Hill, NC/London 2003.

Möller Horst/Tschubarjan, Aleksandr (Hrsg.): Mitteilungen der Gemeinsamen Kommission für die Erforschung der jüngeren Geschichte der deutsch-russischen Beziehungen. Bd. 2. München 2005.

Moskoff, W.: The Bread of Affliction. The Food Supply in the USSR During World War II. Cambridge 1990.

Murin, Jurij: Ešče raz ob ostavkach I. Stalina, in: Rodina, 1994, Nr. 7, S. 73–73.

Musial, Bogdan: Kampfplatz Deutschland. Stalins Kriegspläne gegen den Westen. Berlin 2008.

Naimark, Norman M.: Die Russen in Deutschland. Die Sowjetische Besatzungszone 1945 bis 1949. Berlin 1997.

Naimark, Norman M.: Stalins Tod und die internationale Lage, in: Jahrbuch für historische Kommunismusforschung, Jg. 2003, S. 13–28.

Narinskij, M.M.: Missija D. Kandelaki v Berline i sovetsko-germanskie otnošenija (1935–1937gg.), in: 200 let MID Rossii. Tret'i Gorčakovskie čtenija (Moskva, 25 aprelja 2002 g.). Materialy i doklady. Moskva 2003, S. 174–187.

Nevežin, V.A.: Zastol'nye reči Stalina. Moskva 2003.

Naumov, Vladimir: Die Vernichtung des Jüdischen Antifaschistischen Komitees, in: Luks, Leonid (Hrsg.): Der Spätstalinismus und die „jüdische Frage". Zur antisemitischen Wende des Kommunismus (= Schriften des Zentralinstituts für Mittel- und Osteuropastudien, Bd. 3). Köln 1998, S. 117–141.

Nauka i obščestvo. Istorija sovetskogo atomnogo proekta. Moskva 1997.

Niemann, Hans-Werner: Die deutsch-sowjetischen Wirtschaftsbeziehungen von Rapallo (1922) bis zum Angriff auf die Sowjetunion, in: Deutschland und das bolschewistische Rußland von Brest-Litowsk bis 1941. Berlin 1991, S. 87–110.

O'Balance, Edgar: The Red Army of China. London 1962.

O'Sullivan, Donal: Die Sowjetisierung Osteuropas 1939–1941, in: Forum für osteuropäische Ideen- und Zeitgeschichte, 2. Jg. (1998), H. 2, S. 109–160.

O'Sullivan, Donal: „Je später man uns um Hilfe bittet, desto teurer wird man sie uns bezahlen" – die sowjetische Außenpolitik zwischen dem Münchener Abkommen und dem 22. Juni 1941, in: Thomas, Ludmilla/Knoll, Viktor (Hrsg.): Zwischen Tradition und Revolution. Determinanten und Strukturen sowjetischer Außenpolitik 1917–1941 (= Quellen und Studien zur Geschichte des östlichen Europa, Bd. 59). Stuttgart 2000, S. 157–203.

O'Sullivan, Donal: „Wer immer ein Gebiet besetzt …" Sowjetische Osteuropapolitik 1943–1947/48, in: Creuzberger, Stefan/Görtemaker, Manfred (Hrsg.): Gleichschaltung unter Stalin? Die Entwicklung der Parteien im östlichen Europa 1944–1949. Paderborn et al. 2002, S. 45–83.

O'Sullivan, Donal: Stalins „Cordon Sanitaire". Die sowjetische Osteuropapolitik und die Reaktionen des Westens 1939–1949. Paderborn et al. 2003.

Ordžonikidze, Sergo: Bor'ba s men'ševikami. Dvadcat' pjat let bakinskoj organizacii bol'ševikov. Baku 1924.

Ostrovskij, A.V.: Kto stojal za spinoj Stalina? St. Peterburg 2003.

Overy, Richard: Russlands Krieg 1941–1945. Reinbek bei Hamburg 2003.

Overy, Richard: The Dictators. Hitler's Germany and Stalin's Russia. London 2004.

Pantsov, Alexander: Stalin's Policy in China, 1925–27: New Light from Russian Archives, in: Issues & Studies, 34. Jg. (1998), No. 1, S. 129–160.

Peris, Daniel: „God is on Our Side": The Religious Revival on Unoccupied Soviet Territory During World War II, in: Kritika. Explorations in Russian and Eurasian History, 2000, H. 1, S. 97–118.

Peregudova, Z.I.: Politićeskij sysk Rossii 1880–1917. Moskva 2000.

Peterson, Edward N.: Russian Commands and German Resistance. The Soviet Occupation, 1945–1949 (= Studies in Modern European History, Vol. 29). Frankfurt/Main et al. 1999.

Pietrow-Ennker, Bianka (Hrsg.): Präventivkrieg? Der deutsche Angriff auf die Sowjetunion. Frankfurt/Main 2000.

Pietrow-Ennker, Bianka: „Mit den Wölfen heulen …" Stalinistische Außen- und Deutschlandpolitik 1939–1941, in: Pietrow-Ennker, Bianka (Hrsg.): Präventivkrieg? Der deutsche Angriff auf die Sowjetunion. Frankfurt/Main 2000, S. 77–94.

Pipes, Richard: Die Russische Revolution. Bd. 3: Rußland unter dem neuen Regime. Berlin 1993.

Plaggenborg, Stefan (Hrsg.): Stalinismus. Neue Forschungen und Konzepte. Berlin 1998.

Plaggenborg, Stefan (Hrsg.): Handbuch der Geschichte Russlands. Bd. 5.1: 1945–1991. Vom Ende des Zweiten Weltkriegs bis zum Zusammenbruch der Sowjetunion. Stuttgart 2002.

Poljan, Pavel M.: Deportiert nach Hause. Sowjetische Kriegsgefangene im „Dritten Reich" und ihre Repatriierung (= Kriegsfolgen-Forschung, Bd. 2). München/Wien 2001.

Prokop, Siegfried: Intellektuelle im Jahr 1953. Reaktionen auf Stalins Tod, in: Hedeler, Wladislaw (Hrsg.): Stalins Tod. Hoffnungen und Enttäuschungen (= Rosa-Luxemburg-Stiftung, Manuskripte 43). Berlin 2002, S. 32–40.

Radzinsky, Edvard: Stalin. The First-In-Depth Biography on Explosive New Documents from Russia's Secret Archives. New York et al. 1996.

Ragsdale, Hugh: The Soviets, the Munich Crisis and the Coming of World War II. Cambridge 2004.

Raleigh, Donald J. (Ed.): Provincial Landscapes. Local Dimensions of Soviet Power, 1917–1953 (= Pitt Series in Russian and East European Studies). Pittsburgh/PA 2001.

Rambow, Aileen: Zersplitterung und Einheit der Leningrader Bevölkerung während der Blockade, in: Creuzberger, Stefan et al. (Hrsg.): St. Petersburg, Leningrad, St. Petersburg. Eine Stadt im Spiegel der Zeit. Stuttgart 2000, S. 196–210.

Rancour-Laferriere, Daniel: The Mind of Stalin: A Psychoanalytic Study. Ann Arbor/MI 1988.

Rayfield, Donald: Stalin the Poet, in: PN Review, 44. Jg. (1984), S. 44–47.

Rayfield, Donald: Stalin und seine Henker. München 2004.

Read, Christopher (Ed.): The Stalin Years. A Reader. Houndmills 2003.

Read, Christopher: The Making and the Breaking of the Soviet System. Basingstoke 2001.

Ree, Erik van: Stalin and the National Question, in: Revolutionary Russia, 7. Jg. (1994), H. 2, S. 214–238.

Ree, Erik van: Stalin's Bolshevism: The First Decade, in: International Review of Social History, Vol. 39 (1994), S. 361–381.

Ree, Erik van: Stalin's Bolshevism: The Year of the Revolution, in: Revolutionary Russia, Vol. 13 (2000), No. 1, S. 29–54.

Ree, Erik van: The Political Thought of Joseph Stalin. A Study in Twentieth-Century Revolutionary Patriotism. London 2002.

Ree, Erik van: Stalin as Marxist: the Western Roots of Stalin's Russification of Marxism, in: Davies, Sarah/Harris, James (Eds.): Stalin. A New History. Cambridge 2005, S. 159–180.

Rees, E.A. (Ed.): The Nature of Stalin's Dictatorship. The Politburo, 1924–1953 (= Studies in Russian and East European History and Society). Houndmills 2004.

Rees, E.A.: Stalin as Leader, 1937–1953: From Dictator to Despot, in: Rees, E.A. (Ed.): The Nature of Stalin's Dictatorship. The Politburo, 1924–1953 (= Studies in Russian and East European History and Society). Houndmills 2004, S. 200–299.

Rees, E.A.: Stalin as Leader 1924–1927: From Oligarch to Dictator, in: Rees, E.A. (Ed.): The Nature of Stalin's Dictatorship. The Politburo, 1924–1953 (= Studies in Russian and East European History and Society). Houndmills 2004, S. 19–58.

Reese, Roger R.: The Red Army and Great Purges, in: Getty, J. Arch/Manning, Roberta T. (Eds.): Stalin's Terror: New Perspectives. Cambridge/MA 1993, S. 198–214.

Reisberg, A.: Lenin und die Zimmerwalder Bewegung. Berlin 1966.

Rieber, Alfred J.: Stalin, Man of the Borderlands, in: American Historical Review, 53. Jg. (2001), S. 1651–1691.

Rieber, Alfred J.: Stalin as Georgian: The Formative Years, in: Davies, Sarah/Harris, James (Eds.): Stalin. A New History. Cambridge 2005, S. 18–44.

Rieber Alfred J.: Stalin as Foreign Policy-Maker: Avoiding War, 1927–1953, in: Davies, Sarah/Harris, James (Eds.): Stalin. A New History. Cambridge 2005, S. 140–158.

Rimmel, Lesely A.: A Microcosm of Terror, or Class Warfare in Leningrad: The March 1935 Exile of „Alien Elements", in: Jahrbücher für Geschichte Osteuropas, 48. Jg. (2000), H. 4, S. 529–551.

Roberts, Geoffrey: The Soviet Union and the Origins of the Second World War. Russo-German Relations and the Road to War, 1933–1941. London/Basingstoke 1995.

Ro'i, J. (Ed.): Jews and Jewish Life in Russia and Soviet Union. Ilford 1995.

Sacharov, V.A.: „Političeskoe zaveščanie" Lenina. Real'nost' istorii i mify politiki. Moskva 2003.

Schapiro, Leonhard: Die Geschichte der Kommunistischen Partei der Sowjetunion. Frankfurt/Main 1961.

Sapir, Jacques: The Economics of War in the Soviet Union During World War II, in: Kershaw, Ian/Lewin, Moshe (Eds.): Stalinism and Nazism. Dictatorships in Comparison. Cambridge 2000, S. 208–236.

Scharping, Thomas: Mao Chronik. Daten zu Leben und Werk. München/Wien 1976.

Scheibert, Peter: Von Bakunin zu Lenin. Geschichte der revolutionären Ideologien. Bd. 1. Leiden 1956.

Scheibert, Peter: Lenin an der Macht. Das russische Volk in der Revolution 1918–1922. Weinheim 1984.

Schulz, Gerhard (Hrsg.): Die große Krise der dreißiger Jahre. Vom Niedergang der Weltwirtschaft zum Zweiten Weltkrieg. Göttingen 1985.

Schwendemann, Heinrich: Die wirtschaftliche Zusammenarbeit zwischen dem Deutschen Reich und der Sowjetunion von 1939 bis 1941. Alternative zu Hitlers Ostprogramm? Berlin 1993.

Sebag Montefiore, Simon: Stalin. The Court of the Red Tsar. London 2003.

Sebag Montefiore, Simon: Stalin. Am Hof der roten Zaren. Frankfurt/Main 2005.

Sebag Montefiore, Simon: Young Stalin. Toronto 2007.

Sebag Montefiore, Simon: Der junge Stalin. Frankfurt/Main 2007.

Segbers, Klaus: Die Sowjetunion im Zweiten Weltkrieg. Die Mobilisierung von Verwaltung, Wirtschaft und Gesellschaft im „Großen Vaterländischen Krieg" 1941–1943. München 1987.

Semskow, Viktor: Angst vor der Rückkehr. Die Repatriierung sowjetischer Staatsbürger und ihr weiteres Schicksal (1944–1956), in: Kriegsgefangene – Voennoplennye Sowjetische Kriegsgefangene in Deutschland – Deutsche Kriegsgefangene in der Sowjetunion. Düsseldorf 1995, S. 157–162.

Service, Robert: Lenin. Eine Biographie. München 2000.

Service, Robert: Stalin. A Biography. London 2005.

Shearer, David: Social Disorder, Mass Repression and the NKVD During the 1930s, in: McLoughlin, Barry et al. (Eds.): Stalin's Terror. High Politics and Mass Repression in the Soviet Union. Houndmills et al. 2003, S. 85–117.

Shlapentokh, Vladimir: Public and Private Life of the Soviet People. Changing Values in Post-Stalin Russia. New York 1989.

Sidorko, C.P.: Die Eroberung Tschetscheniens und Dagestans als Fallbeispiel kolonialer Expansion der Zarenreiches im 19. Jahrhundert, in: Jahrbücher für Osteuropäische Geschichte, 47. Jg. (1999), S. 505–511.

Siegelbaum, L.H.: Stakhanovism and the Politics of Productivity in the USSR, 1935–1941. Cambridge 1988.

Simon, Gerhard und Nadia: Verfall und Untergang des sowjetischen Imperiums (= dtv Wissenschaft). München 1993.

Škarovskij, Michail V.: Russkaja pravoslavnaja cerkov v 1943–1957 godach, in: Voprosy istorii, 1995, H. 8, S. 36–56.

Slusser, Robert M.: Stalin in October: The Man Who Missed the Revolution. Baltimore/London 1987.

Slutsch, Sergej: Deutschland und die UdSSR 1918–1939. Motive und Folgen außenpolitischer Entscheidungen. Eine neue russische Perspektive, in: Jacobsen, Hans-Adolf et al. (Hrsg.): Deutsch-russische Zeitenwende. Krieg und Frieden 1941–1995 (= Schriften der Paul-Kleinewefers-Stiftung, Bd. 2). Baden-Baden 1995, S. 28–90.

Slutsch, Sergej: Stalin und Hitler 1933–1941: Kalküle und Fehlkalkulationen des Kreml, in: Zarusky, Jürgen (Hrsg.): Stalin und die Deutschen (= Schriftenreihe der Vierteljahrshefte für Zeitgeschichte, Sonder-Nr.). München 2006, S. 59–78.

Smith, Edward Ellis: Der junge Stalin. München 1969.

Smith, Jeremy: The Bolsheviks and the National Question, 1917–23 (= Studies in Russia and East Europe). Houndmills et al. 1999.

Smith, Jeremy: Stalin as Commissar for Nationality Affairs, 1918–1922, in: Davies, Sarah/Harris, James (Eds.): Stalin. A New History. Cambridge 2005, S. 45–62.

Sokolov, Andrei: Forced Labor in Soviet Industry: The End of the 1930s to the Mid-1950s: An Overview, in: Gregory, Paul R./Lazarev, Valery (Eds.): The Economics of Forced Labour. The Soviet GULag. Stanford/CA 2003, S. 23–42.

Sokolov, V.V.: Neizvestnyj Čičerin, in: Novaja i novejšaja istorija, 1994, H. 2, S. 3–18.

Sokolow, Boris: Der Preis des Sieges. Anmerkungen zu den Menschenverlusten in der UdSSR (1941–1945), in: Jacobsen, Hans-Adolf et al. (Hrsg.): Deutsch-russische Zeitenwende. Krieg und Frieden 1941–1995 (= Schriften der Paul-Kleinewefers-Stiftung, Bd. 2). Baden-Baden 1995, S. 521–537.

Solomon, Peter H.: Soviet Criminal Justice Under Stalin (= Cambridge Russian, Soviet and Post-Soviet Studies, Vol. 100). Cambridge 1996.

Souvarine, Boris: Stalin. Anmerkungen zur Geschichte des Bolschewismus. München 1980.

Spirin, L.M.: Kogda rodilsja Stalin: popravka k oficial'noj biografii, in: Izvestija vom 25. Januar 1990.

Steininger, Rolf: Der vergessene Krieg. Korea 1950–1953. München 2006.

Stettner, Ralf: Archipel GULag: Stalins Zwangslager – Terrorinstrument und Wirtschaftsgigant. Entstehung, Organisation und Funktion des sowjetischen Lagersystems 1928–1956. Paderborn 1996.

Stites, Richard (Ed.): Culture and Entertainment in Wartime Russia. Bloomington/IN 1995.

Stöver, Bernd: Der Kalte Krieg. Geschichte eines radikalen Zeitalters 1947–1991. München 2007.

Stolberg, Eva-Maria: Stalin und die chinesischen Kommunisten 1945–1953. Eine Studie zur Entstehungsgeschichte der sowjetisch-chinesischen Allianz vor dem Hintergrund des Kalten Krieges (= Quellen und Studien zur Geschichte des östlichen Europa, Bd. 48). Stuttgart 1997.

Streim, Alfred: Die Behandlung sowjetischer Kriegsgefangener im Fall „Barbarossa". Heidelberg/Karlsruhe 1981.

Streim, Alfred: Das Völkerrecht und die sowjetischen Kriegsgefangenen, in: Wegner, Bernd (Hrsg.): Zwei Wege nach Moskau. Vom Hitler-Stalin-Pakt zum „Unternehmen Barbarossa". München 1991, S. 291–308.

Streit, Christian: Keine Kameraden. Die Wehrmacht und die sowjetischen Kriegsgefangenen. Stuttgart 1981.

Suny, Ronald Grigor: A Journeyman for Revolution: Stalin and the Labour Movement in Baku, June 1907–May 1908, in: Soviet Studies, Vol. 23 (1972), No. 3, S. 373–394.

Suny, Ronald Grigor: Beyond Psychohistory: The Young Stalin in Georgia, in: Slavic Review, 50. Jg. (1991), No. 1, S. 48–58.

Suny, Ronald Grigor: The Making of the Georgian Nation. Bloomington/IN [2]1994.

Suvenirov, O.F.: Tragedija RKKA 1937–1938. Moskva 1998.

Suvorov, Viktor: Ledokol. Kto načal vtoruju mirovuju vojnu? Moskva 1993.

Suvorov, Viktor: Den' M. Kogda načalas' vtoraja mirovaja vojna? Prodolženie knigi „Ledokol". Moskva 1994.

Synopticus (Pseud. für Karl Renner): Staat und Nation. Wien 1899.

Thomas, Ludmilla/Knoll, Viktor (Hrsg.): Zwischen Tradition und Revolution. Determinanten und Strukturen sowjetischer Außenpolitik 1917–1941 (= Quellen und Studien zur Geschichte des östlichen Europa, Bd. 59). Stuttgart 2000.

Thurston, R.W.: Life and Terror in Stalin's Russia 1934–1941. New Haven 1996.

Thurston, Robert W./Bonwetsch, Bernd (Eds.): The People's War. Responses to World War II in the Soviet Union. Urbana, Il./Chicago 2000.

Tikhonov, Aleksei: The End of the GULag, in: Gregory, Paul R./Lazarev, Valery (Eds.): The Economics of Forced Labor. The Soviet GULag. Stanford/CA 2003, S. 67–73.

Torkunov, A.V.: Zagadočnaja vojna: Korejskij konflikt 1950–1953. Moskva 2000.

Toročinov, V.A./Leontjuk, A.M.: Vokrug Stalina: istoriko-biografičeskij spravočnik. St. Peterburg 2000.

Trotzky, Leo: Stalin. Eine Biographie. Köln o.J.

Trotzkij, Leo: Literatur und Religion. Berlin 1967.

Tschubarjan, A.O.: Die UdSSR nach der Unterzeichnung des deutsch-sowjetischen Pakts (September – November 1939), in: Mitteilungen der Gemeinsamen Kommission für die Erforschung der jüngeren Geschichte der deutsch-russischen Beziehungen. Bd. 1. Berlin 2002, S. 81–98.

Tucker, R.C.: Stalin as Revolutionary 1879–1929. New York 1973.

Tucker, R.C.: Stalin in Power. The Revolution From Above, 1928–1941. New York 1990.

Tumarkin, Nina: The War of Remembrance, in: Stites, Richard (Ed.): Culture and Entertainment in Wartime Russia. Bloomington/IN 1995, S. 194–207.

Ulam, Adam B.: Stalin: The Man and His Era. New York 1973.

Uhl, Matthias: Stalins V-2. Der Technologietransfer der deutschen Fernlenkwaffentechnik in die UdSSR und der Aufbau der sowjetischen Raketenindustrie 1945 bis 1959 (= Wehrtechnik und wissenschaftliche Waffenkunde, Bd. 14). Bonn 2001.

Ulyanovski, R.A. (Ed.): The Comintern and the East: The Struggle for the Leninist Strategy and Tactics in National Liberation Movements. Moscow 1979.

Utechin, S.V.: Geschichte der politischen Ideen in Rußland. Stuttgart et al. 1963.

van de Ven, Hans J.: From Friend to Comrade: The Forming of the Chinese Communist Party, 1920–1927. Berkeley/CA 1991.

van Slyke, Lyman (Ed.): The Chinese Communist Movement. A Report of the United States War Department, July 1945. Stanford/CA 1968.

Viola, Lynne: The Best Sons of the Fatherland: Workers in the Vanguard of the Collectivization. Oxford 1987.

Viola, Lynne: Peasant Rebels Under Stalin. Collectivization and Culture of Peasant Resistance. New York/Oxford 1996.

Viola, Lynne: The Other Archipelago: Kulaks Deportations to the North in 1930, in: Slavic Review, Vol. 60 (Winter 2001), No. 4, S. 730–755.

Volkogonov, Dmitrij A.: Stalin als Oberster Befehlshaber, in: Bernd Wegner (Hrsg.): Zwei Wege nach Moskau. Vom Hitler-Stalin-Pakt zum „Unternehmen Barbarossa". München 1991, S. 480–497.

Volkogonov, Dmitri: Autopsy for an Empire. The Seven Leaders Who Built the Soviet Regime. New York et al. 1998.

Voß, Stefan: Stalins Kriegsvorbereitungen – erforscht, gedeutet und instrumentalisiert. Eine Analyse postsowjetischer Geschichtsschreibung (= Hamburger Beiträge zur Geschichte des östlichen Europa, Bd. 3). Hamburg 1998.

Ward, Chris: Stalin's Russia (= Reading History). London et al. ²1999.

Watson, Derek: Molotov and Soviet Government: Sovnarkom, 1930–41 (= Studies in Russian and East European History and Society). Basingstoke 1996.

Watson, Derek: The Politburo and Foreign Policy in the 1930s, in: Rees, E.A. (Ed.): The Nature of Stalin's Dictatorship. The Politburo, 1924–1953 (= Studies in Russian and East European History and Society). Houndmills 2004, S. 134–167.

Weathersby, Kathryn: Stalin, Mao, and the End of the Korean War, in: Westad, Odd Arne (Ed.): Brothers in Arms. The Rise and Fall of the Sino-Soviet Alliance 1945–1956 (= Cold War International History Project Series). Washington, D.C./Stanford, CA 1998, S. 90–116.

Weathersby, Kathryn: „Should We Fear This?" Stalin and the Danger of War with America (= Cold War Internatinonal History Project, Working Paper, No. 39). Washington/D.C. 2002.

Weeks, Albert L.: Stalin's Other War. Soviet Grand Strategy, 1939–1941. Lanham et al. 2002.

Wegner, Bernd (Hrsg.): Zwei Wege nach Moskau. Vom Hitler-Stalin-Pakt zum „Unternehmen Barbarossa". München 1991.

Wenzel, Otto: Die gescheiterte deutsche Oktoberrevolution (= Diktatur und Widerstand, Bd. 7). Münster 2003.

Westad, Odd Arne (Ed.): Brothers in Arms. The Rise and Fall of the Sino-Soviet Alliance 1945–1956 (= Cold War International History Project Series). Washington, D.C./Stanford, CA 1998.

Westad, Odd Arne: Introduction, in: Westad, Odd Arne (Ed.): Brothers in Arms. The Rise and Fall of the Sino-Soviet Alliance 1945–1956 (= Cold War International History Project Series). Washington, D.C./Stanford, CA 1998, S. 1–46.

Wettig, Gerhard: Bereitschaft zu Einheit in Freiheit? Die sowjetische Deutschland-Politik 1945–1955. München 1999.

Wettig, Gerhard: Stalin and the Cold War in Europe, 1939–1953 (= The Harvard Cold War Studies Book Series). Lanham et al. 2007.

Wolkogonow, Dmitri: Triumph und Tragödie. Düsseldorf 1989.

Wolman, Benjamin B. (Ed.): The Psychoanalytic Interpretation of History. New York 1971.

Zarusky, Jürgen (Hrsg.): Die Stalin-Note vom 10. März 1952. Neue Quellen und Analysen. Mit Beiträgen von Wilfried Loth, Hermann Graml und Gerhard Wettig (= Schriftenreihe der Vierteljahrshefte für Zeitge-schichte, Bd. 84). München 2002.

Zarusky, Jürgen (Hrsg.): Stalin und die Deutschen (= Schriftenreihe der Vierteljahrshefte für Zeitgeschichte, Sonder-Nr.). München 2006.

Zeidler, Manfred: Reichswehr und Rote Armee 1920–1933, in: Deutsch-land und das bolschewistische Rußland von Brest-Litowsk bis 1941. Berlin 1991, S. 25–47.

Zeidler, Manfred: Deutsch-sowjetische Wirtschaftsbeziehungen im Zei-chen des Hitler-Stalin-Paktes, in: Wegner, Bernd (Hrsg.): Zwei Wege nach Moskau. Vom Hitler-Stalin-Pakt zum „Unternehmen Barba-rossa". München 1991, S. 93–110.

Manfred Zeidler: Reichswehr und Rote Armee 1920–1933. Wege und Sta-tionen einer ungewöhnlichen Zusammenarbeit (= Beiträge zur Militär-geschichte, Bd. 36). München 1993.

Zhihua, Sh.: Sino-Soviet Relations and the Origins of the Korean War: Stalin's Strategic Goals in the Far East, in: Journal of Cold War Studies, 2. Jg. (2000), No. 2, S. 44–68.

Zima, Venjamin F.: Golod v SSSR 1946–1947 godov. Proischoždenie i poledstvija. Moskva 1996.

Zubkova, Elena: Russia After the War. Hopes, Illusions and Disappoint-ments. Armonk/N.Y. 1998.

Zubkova, Elena: Die sowjetische Gesellschaft nach dem Krieg, in: Viertel-jahrshefte für Zeitgeschichte, 47. Jg. (1999), H. 3, S. 363–383.

Zubkova, Elena: Russia After the War. Hopes, Illusions and Disappoint-ments, in: Hoffmann, David L. (Ed.): Stalinism. Oxford 2003, S. 277–301.

Zubkova, Elena: The Soviet Regime and the Soviet Society in the Postwar Years: Innovations and Conservatisms, 1945–1953, in: Journal of Modern European History, Vol. 2 (2004), No. 1, S. 134–152.

Zubkova, Elena: Pribaltika i Kreml' 1940–1953 (= Istorija stalinizma). Moskva 2008.

Zubok, Vladislav M.: A Failed Empire: The Soviet Union and the Cold War From Stalin to Gorbachev. Chapel Hill 2007.

4. Periodika

Frankfurter Allgemeine Zeitung, Jge. 2005, 2008.
Izvestija, Jge. 1937, 1990.
Neues Deutschland, Jg. 1953.
Süddeutsche Zeitung, Jg. 2008.
The Economist, Jg. 2007.

Transliterationstabelle

Zur wissenschaftlichen Transliteration kyrillischer Buchstaben

Im Buch wird die wissenschaftliche Transliteration kyrillischer Buchstaben verwendet. Daher ist bei der Aussprache transliterierter Namen und Begriffe Folgendes zu beachten:

s	= stimmloses s (wie ß)
š	= stimmloses sch
z	= stimmhaftes s
ž	= stimmhaftes sch (wie das zweite g in Garage)
c	= tz
č	= tsch
šč	= schtsch
t', n', s'	= j-Erweichung des vorhergehenden Konsonanten

Personenindex

Uborevič, I.P. 135
Unser, Jutta 13
Uratadze, Grigorij I. 49

Vasilevna, Valentina 167
Vasilevskij, Aleksandr M. 70
Vinogradov, P. 276
Vipper, R. 276
Vlasik, Nikolaj S. 38
Volkogonov, Dmitrij A. 37, 271
Volodičeva, Marija 98
Vorošilov, Kliment E. 18, 42, 71, 92, 101, 106, 211, 231
Vrangel', P.N. 202
Vyšinskij, Andrej Ja. 71, 131

Wang Ming 254
Weiland, Olga 187

Xenophon 62, 276

Young, Owen D. 224

Ždanov Andrej A. 23, 41, 174–175
Žemčužina, Polina S. 172–173
Zinov'ev, Grigorij E. 18, 84, 87–88, 96–101, 104–107, 111, 129–131, 212, 217, 219, 254
Zola, Émile 64
Žordanija Noe 61
Zoščenko, Michail M. 174
Žukov, Georgij K. 140–141, 146, 151, 160
Zulukidze, Aleksandr 57